Weitere BLV Zimmerpflanzenbücher

Davidson   Mit Ikebana wohnen
Herwig   Die 200 schönsten Zimmerpflanzen
Jacobi   Hausbuch der Zimmerpflanzen
Lamb   100 Kakteen in Farbe
Muller-Idzerda   100 Zimmerpflanzen in Farbe
Richter   Blüten und Zweige zauberhaft arrangiert
Schubert/Herwig   Wohnen mit Blumen
Schubert   Mehr Blumenfreude durch Hydrokultur
Wegener   Ikebana

Weitere BLV Gartenbücher

Galjaard   100 Gartenstauden in Farbe
de Haas   Naturgemäßer Obstbaumschnitt
Hage   201 Ziergehölze in Farbe
Herwig   Gartengestaltung – Tips und Ideen
Herwig   Leichter gärtnern
Herwig   201 Gartenpflanzen in Farbe
Jacobi   Pflanzen am Haus
Michaeli-Achmühle   Gartenpraxis A–Z
Mierswa   Kleingewächshäuser – Folien und Frühbeete
Oldale   Gartenpflanzen richtig vermehren
Oudshoorn   201 Sommerblumen in Farbe
Pardatscher   Ziergehölze – blühend und immergrün
Pichardi   Die schönsten Gärten und Parks
Sadovsky   Orchideen im eigenen Garten
Scheerer   Rosen in unserem Garten
Schmitt/Jacobi   Der Garten im Jahreslauf
Schubert   Im Garten zu Hause
Seiffert   Wohnraum Garten
Stangl   Mein Hobby – der Garten
Stangl   Unbekannte Gartenschätze
Stangl   Gesundheit selbst gezogen

Roy Hay   F. R. McQuown   Gillian und Kenneth Beckett

Das große Buch der Zimmer- und Gewächshauspflanzen

mit über 500 Farbfotos

BLV Verlagsgesellschaft München Bern Wien

Übersetzung: Inge und Rudger von Werden
Titelbild: Klaus Ott, München

Titel der englischen Originalausgabe:
»The Dictionary of House Plants«
© Rainbird Reference Books Limited, London

© der deutschsprachigen Ausgabe:
BLV Verlagsgesellschaft mbH, München, 1976

Alle Rechte der Vervielfältigung und Verbreitung
einschließlich Film, Funk und Fernsehen sowie der Fotokopie
und des auszugsweisen Nachdrucks vorbehalten

Satz und Druck des Textteils: Georg Wagner, Nördlingen
Buchbinder: Conzella, Urban Meister, München

Printed in Germany · ISBN 3-405-11609-0

Inhalt

Einführung	7
Vermehrung	7
Pflege der Pflanzen	11
Gewächshäuser und Frühbeetkästen	15
Krankheiten und Schädlinge	16
Kakteen und andere Sukkulenten	17
Pflege	18
Vermehrung	19
Krankheiten und Schädlinge	25
Farbbildteil	27
Zimmer- und Gewächshauspflanzen von A-Z	125

Einführung

Seit dem frühen neunzehnten Jahrhundert ist das Halten von Zimmerpflanzen in Europa und Amerika sehr beliebt. Es gab Zeiten, wo in keinem Salon die Topfpalme fehlte, und die Schusterpalme (Aspidistra) wurde von Arm und Reich gleichermaßen liebevoll gepflegt.

Die Viktorianische Zeit, die Blütezeit des britischen Bürgertums in der zweiten Hälfte des neunzehnten Jahrhunderts, war in England auch die Blütezeit des Treibhauses, eines Glasanbaus am Haus, der gewöhnlich von einem Boiler mit Koksfeuerung beheizt wurde.

Mit dem Ansteigen der Heizungs- und Lohnkosten während und zwischen den Weltkriegen kam der Niedergang der Treibhäuser. Heute kann man aber schon wieder viele Anbauten oder Wintergärten mit Glaswänden sehen und auch bei uns erobern mehr und mehr Kleingewächshäuser die Gärten.

Wer sein Gewächshaus beheizen will, der sollte bei der Planung der Zentralheizung eine solche – vielleicht erst später durchzuführende – Erweiterung des Hauses berücksichtigen.

In Wohnhäusern kann man durch Verlegen einer Bodenheizung auf Fensterbrettern und Pflanzenbänken nicht nur Heizkosten sparen, sondern auch für die nötige Wärme an den Wurzeln der Pflanzen sorgen, ohne daß dabei die Lufttemperatur in den Räumen zu hoch werden muß. Wenn natürlich ein Glasanbau als zusätzliche Wohnfläche für den Winter gedacht ist, sind auch dort Raumtemperaturen um 21 °C erforderlich; dadurch wird aber das Halten einer Reihe von Pflanzen eingeschränkt. Für manche ist dann die Temperatur gerade richtig, andere jedoch fühlen sich nicht so wohl.

Aber auch ohne ein Glashaus kann man viele Blatt- und Blütenpflanzen im Haus auf dem Fensterbrett und in Blumenkästen in Hydrogefäßen und anderen Behältern mit Erfolg halten.

Heute stehen vor allem Pflanzgefäße aus Kunststoff in zahlreichen Formen und Farben für jeden Geschmack und Geldbeutel zur Verfügung.

Im allgemeinen sind Pflanzen wirkungsvoller, wenn man sie in Gruppen in einem hübschen Gefäß zusammenpflanzt, als wenn man sie einzeln ans Fenster stellt oder sie in kleinen Körben aufhängt.

Ein Treibhaus oder geheiztes Gewächshaus bietet ungleich mehr Möglichkeiten zum Halten einer Vielzahl hübscher Pflanzen. Natürlich gibt es viele, die jahrelang im Wohnzimmer gedeihen. Viel mehr jedoch können vom Gewächshaus für einige Wochen oder Monate als Schmuck ins Haus gebracht werden. Aber sie müssen danach wieder ins Gewächshaus zurück, wo ihnen die Bedingungen besser zusagen und sie sich erholen können. Mit Hilfe eines Gewächshauses kann man darüber hinaus auch noch viele Topfpflanzen heranziehen, die man während der Blütezeit ins Haus stellt.

Vermehrung

Zimmer- und Gewächshauspflanzen lassen sich auf verschiedene Weise vermehren: durch Samen, Stecklinge, Abmoosen und in einigen Fällen durch Teilung. Das Aussäen wird später noch eingehend behandelt.

Stecklinge

Stecklinge können halb verholzt sein, wie etwa die halbreifen Triebspitzen von Azaleen. Die meisten Zimmer- und Gewächshauspflanzen werden jedoch durch weiche, grüne Stecklinge, auch Kopfstecklinge genannt, vermehrt. Manche Pflanzen kann man durch Blattstecklinge vermehren: *Streptocarpus* (Drehfrucht) *Begonia Rex*-Hybriden, sowie *Saintpaulia* (Usambaraveilchen).

Halb verholzte und weiche Stecklinge, z. B. von Pelargonien, Hortensien u. ä., gewinnt man aus den Spitzen von Trieben, die 5 bis 10 cm lang sind; man schneidet sie unterhalb eines Auges (knotenförmige Verdickung an den Stengeln) oder einer Blattachsel ab, gewöhnlich etwa vier Augen oder Blattachseln unterhalb der Triebspitze.

Das unterste Blattpaar wird gewöhnlich entfernt; die Wurzelbildung wird um so mehr beschleunigt, je kürzer und gedrungener der Steckling ist.

Die Stecklinge kann man in Blumenerde setzen, die mit Torf und Sand vermischt und für Stecklinge und Sämlinge besonders geeignet ist, oder in eine Mischung aus Blumenerde und grobem Sand. Besonders zu beachten ist, daß der Sand auch wirklich grob ist; manche Händler bezeichnen ihn sogar als Kies. Der normale feine, gelbe Sand ist nicht geeignet für die Wurzelbildung von Stecklingen.

Von links nach rechts: Kopfstecklinge von Hortensie, Pelargonium zonale und Jasmin, untere Blattpaare entfernt, fertig zum Eintopfen.

Dieselben Stecklinge in Töpfen mit Anzuchterde.

Man kann die Stecklinge in einen großen Topf einsetzen oder in einen Vermehrungskasten; die Temperatur sollte 12 bis 18 °C betragen. Einige Pflanzen benötigen höhere Temperaturen und können sich nur in einem Vermehrungsbeet mit eingebauter Bodenheizung und belüftbarer Plastikhaube (Floratherm-Vermehrungsbeet) bewurzeln. Hierin wachsen selbst die verwöhntesten Pflanzenkinder. Stecklinge wurzeln auch sehr gut in den sogenannten Jiffy Pots.

Einige Pflanzen, z. B. Efeu, Fleißiges Lieschen und andere, schlagen auch Wurzeln, wenn man kurze Stecklinge in eine Vase oder einen Krug stellt, wobei etwa 2 bis 3 cm des Stecklings unter Wasser sein sollten. Haben sich Wurzeln gebildet, so setzt man die Stecklinge in Töpfe mit Blumenerde.

Wie schon erwähnt, können manche Pflanzen durch Blattstecklinge vermehrt werden. Blätter von Gloxinien, *Streptocarpus* und *Saintpaulia* werden in Anzuchterde gesetzt und zwar so, daß der Blattstiel 2 bis 3 cm in der Erde steckt. Bei Blättern von Begonien und *Streptocarpus* kann man auch folgende Methode anwenden: Sie werden in Sektoren bzw. Rechtecke geschnitten und dann aufrecht in die Erde gesteckt oder flach auf die Erde gelegt. Legt man ganze Blätter auf, so werden stärkere Blattadern mit einer Rasierklinge in einem Abstand von ca. 5 cm angeschnitten, jeweils unterhalb einer Gabelung. Die Blätter werden mit gebogenen Drahtstücken festgehakt oder mit kleinen Steinen beschwert, um die Schnittstellen in Berührung mit der Erde zu bringen, die immer feucht gehalten wird. An den Schnittstellen erscheinen dann kleine Pflänzchen. Eine hohe Temperatur (18–24 °C) ist nötig, und die Stecklinge sollten mit einer Glasscheibe oder mit einer Plastikhaube bedeckt werden.

Über Erfolg oder Mißerfolg entscheiden einige unerläßliche Pflegemaßnahmen: Sonnenschutz durch Überdecken mit Papier, Anfeuchten (nicht Gießen) der Stecklinge mit

Von links nach rechts: Jiffy Pot, Jiffy Pot vollgesaugt mit Wasser, Hortensiensteckling in einem Jiffy Pot.

Vermehrung durch Blattstecklinge.

Oben links: Begonienblatt; Mitte links: Abschnitte eines Streptocarpus-Blattes und Blatt eines Usambaraveilchens; unten links: rechteckige Abschnitte eines Begonienblattes. Unten, von links nach rechts: das Begonienblatt mit Schnitten in den Blattadern, auf die Erde gelegt und mit gebogenem Draht festgehakt; darunter die rechteckigen Abschnitte eines Begonienblattes; Abschnitte eines Streptocarpus-Blattes, aufrecht in die Erde gesteckt; Blätter eines Usambaraveilchens deren Stiele in die Anzuchterde gesteckt sind.

einem Sprühgerät und Luftverbesserung durch tägliches Anheben der Glas- bzw. Foliendecke.

Geradezu perfektionieren kann man die Arbeit durch einen Kasten mit elektrisch beheizter Erde, den man – wie später beschrieben – baut und einen stabförmigen Thermostat, der in die Erde versenkt wird, um die Bodentemperatur bei 21 bis 24 °C zu halten. Dann werden Spritzdüsen, die die Stecklinge fein besprühen, über den Kasten gesetzt und mit einem automatischen Ventil an die Wasserleitung angeschlossen. Ein Hygrostat wird eingebaut, der das Besprühen der Stecklinge je nach Bedarf bewirkt. Eine etwas komplizierte Sache für den Normalverbraucher; der Bastler wird jedoch seine helle Freude daran haben.

Aussaat

Viele Gewächshaus- und Zimmerpflanzen können aus Samen gezogen werden, z. B. *Asparagus, Begonia, Bougainvillea, Browallia*, verschiedene Bromelien, *Clivia, Coleus, Ficus, Grevillea, Lantana, Monstera, Primula, Saintpaulia* und *Streptocarpus*.

Die meisten dieser Pflanzen benötigen ziemlich hohe Temperaturen, um erfolgreich zu keimen, und zwar zwischen 21 und 27 °C, außerdem dauernde Luftfeuchtigkeit. Es ist nicht leicht, diese Pflanzen in einem Wohnraum aus Samen zu ziehen, weil die Temperatur zwar normalerweise bei 21 °C gehalten werden kann, es aber andererseits schwierig ist, den keimenden Sämlingen die nötige Luftfeuchtigkeit zu verschaffen. Dies Problem läßt sich aber leicht überwinden, indem man sie in das bereits erwähnte Vermehrungsbeet setzt. Auch einfache Plastikkästen mit einer durchsichtigen, farblosen Plastikhaube können mit Erfolg verwendet werden.

Braucht man nur wenige Pflanzen, die man zu Hause halten will, ist es wahrscheinlich leichter, die Sämlinge in kleine Töpfe zu vereinzeln oder, was noch einfacher ist, in sogenannte Jiffy Pots. Diese sind äußerst praktisch. Ein Jiffy Pot ist ein runder Block aus Düngetorf, der zusammengepreßt ist auf einen Durchmesser von 4,5 und eine Höhe von 0,5 cm. Er befindet sich in einem Plastiknetz. Wenn man ihn in Wasser legt, quillt der Jiffy Pot in wenigen Minuten zu einer Höhe von 3,5 cm auf. Sämlinge können einzeln in Jiffy Pots gesetzt werden; auch Stecklinge schlagen leicht in ihnen Wurzeln.

Große Samen, wie die des *Asparagus*, können ebenfalls in Jiffy Pots ausgesät werden. Die Wurzeln der Sämlinge oder Ableger wachsen durch das Plastiknetz. Wenn die jungen Pflanzen in den Jiffy Pots genügend Wurzeln ausgebildet haben, setzt man sie in Töpfe von geeigneter Größe (9 bis 12 cm Durchmesser). Das Plastiknetz muß nicht entfernt werden, da die Wurzeln es durchdringen.

Natürlich kann man Sämlinge auch in Saatgefäße aus Holz oder Plastik einsetzen, die mit geeigneter Erde gefüllt sind. Wenn man ein Saatgefäß verwendet, muß man wahrscheinlich die Pflanzen früher in Töpfe umsetzen als bei der Verwendung von Jiffy Pots, die eine größere Menge von angereichertem Torf pro Pflanze enthalten als man sie normalerweise in Saatgefäßen vorfindet.

In der Regel tut man besser daran, Sämlinge dann zu versetzen, wenn sie groß genug sind. Manche Samen, besonders die einiger Kakteenarten, sind ziemlich unberechenbar, da sie sehr viel Zeit zum Keimen benötigen. Erst wenn die Sämlinge groß genug geworden sind, entnimmt man sie einzeln und vor allem mit großer Sorgfalt. Zucht und Vermehrung von Kakteen und anderen Sukkulenten werden in dem Kapitel ›Kakteen und andere Sukkulenten‹ (Seite 17) genauer beschrieben.

Abmoosen

Nach dieser Methode werden hochwachsende Pflanzen wie Gummibäume, *Ficus* oder Philodendren vermehrt, die gelegentlich zu groß für Wohnzimmer oder Gewächshaus werden. Sie ist sehr einfach.

Im Sommer, wenn sich die Pflanze im vollen Wachstum befindet, wird dicht unter einem Blatt ein 3 bis 5 Zentimeter langer, schräger Schnitt von oben nach unten in den Stamm geführt; dabei muß der Stamm genau bis zur Hälfte angeschnitten werden. Dann schiebt man ein kleines Steinchen in die Schnittstelle, um ein Schließen und Verheilen der Wunde zu verhüten. Und jetzt wird der »Verband« in Form von feuchtem Torf oder Torfmoos (Sphagnum) an die Wunde gebracht und zur Befestigung lose mit Bastfäden umwickelt.

Damit sich die Feuchtigkeit im Moos oder Torf gut hält und nichts abbröckelt, umhüllt man das Ganze mit durchsichtiger Plastikfolie, die unten fest und oben lose zugeschnürt werden muß.

Bereits nach sechs bis acht Wochen, in denen auf genügend Feuchtigkeit im Plastikbeutel geachtet werden muß, erscheinen die ersten Wurzeln. In der Klarsichtfolie kann man die Wurzelbildung genau verfolgen und erkennen, wann die junge Pflanze soweit ist, um, losgelöst von der Mutterpflanze, ein eigenes, selbständiges Leben zu führen. Dann nichts wie herunter mit Folie, Bast und Torf, den »Jüngling« unterhalb der letzten Wurzel abschneiden und in einen kleinen Topf pflanzen.

Pflege der Pflanzen

Eintopfen

Sobald die Sämlinge groß genug sind oder die Stecklinge kräftige Wurzeln geschlagen haben, sollte man sie in Töpfe verpflanzen. Sie dürfen jedoch nicht zu groß sein, da die Erde dann oft zu naß ist und sauer werden kann.

In Jiffy Pots (s. o.) fühlen sich Sämlinge und Stecklinge monatelang recht wohl und die Gefahr, daß sie verfaulen, weil ihre Wurzeln zu großer Nässe ausgesetzt sind, ist gering. Neue Tontöpfe müssen etwa eine Stunde in Wasser gelegt werden, bevor man sie mit Blumenerde füllt. Das Topfloch wird mit Topfscherben zugedeckt.

Meistens verwendet man für Aussaat, Ableger und Eintopfen eine Erde, die aus abgepackter Blumenerde mit Sandzusätzen besteht. Als beste Anzuchterde hat sich Torfkultursubstrat TKS 1 bewährt, dem man vor der Verwendung ein Drittel Sand zumischt.

Bei Verwendung von lehmhaltiger Blumenerde kann man die Pflanzen fest mit den Fingern andrücken. Dagegen sollten sie bei Torfmischungen nur leicht eingedrückt und gegossen werden, damit sich (wie später erklärt wird) die Blumenerde setzen kann. Man lasse immer gut 1 cm – bei größeren Töpfen mehr – zwischen der Blumenerde und dem Topfrand frei, damit beim Gießen kein Wasser überläuft. Torfhaltige Mischungen dürfen nie austrocknen.

Umtopfen

Das Umtopfen wird nach dem unterschiedlichen Wurzelwachstum vorgenommen. Niemals zu früh umtopfen und in nicht zu große Töpfe. Einige Pflanzen, vor allem *Hippeastrum*, *Cyclamen* und *Primula obconica*, gedeihen jahrelang gut im selben Topf.

Wenn man jedoch den Eindruck hat, daß die Pflanze verkümmert, sollte man sie umtopfen. Halten Sie die Finger über die Oberfläche des Erdballens, drehen Sie den Topf um und klopfen Sie ihn leicht gegen die Ecke eines Tisches. So löst sich der Ballen leicht vom Topf. Meistens stellt sich dabei heraus, daß der Erdballen von einer dichten Wurzelschicht umgeben ist. Ist dies der Fall, so ist Umtopfen erforderlich.

War die Pflanze in einem Topf von 8 cm Durchmesser, so sollte der neue Topf 10 bis 12 cm Durchmesser haben. Betrug der Durchmesser 10 bis 12 cm, so sollte der neue Topf 15 bis 17 cm groß sein. Die beste Zeit für das Umtopfen ist das Frühjahr.

Befand sich die Pflanze in einem Tontopf, so war das Abzugsloch am Topfboden mit einer oder mehreren Scherben (Deckscherben) bedeckt. Man nehme sie heraus und verwende sie im neuen Tontopf wieder; wenn nötig nimmt man ein paar mehr. Bei Verwendung von Plastiktöpfen sind Scherben überflüssig, da die meisten Kunststofftöpfe zahlreiche kleine Abzugslöcher besitzen.

Gebrauchte Ton- und Plastiktöpfe müssen vor der Wiederverwendung ausgewaschen werden; neue Tontöpfe sind vor Gebrauch etwa eine Stunde lang in Wasser zu legen. Der neue Topf wird zum Teil mit Blumenerde angefüllt, auf die man die Pflanze gibt. Der Platz zwischen Ballen und Topfwand wird dann ebenfalls mit Erde aufgefüllt und der Topf bis etwa 2 cm unterhalb seines Randes aufgefüllt, damit das Gießwasser nicht überläuft. Lehmhaltige Blumenerde wird mit den Fingern fest angedrückt, torfhaltige Erde dagegen nur leicht. Beim Gießen setzt sie sich. Die umgetopften Pflanzen erhalten in den nächsten Wochen weniger Wasser als zuvor; etwa die Hälfte der sonst üblichen Wasserration.

Haltestäbe

Zum Glück benötigen die meisten Zimmerpflanzen kaum Stützen. Einige jedoch brauchen Haltestäbe, wie etwa Fuchsien, Hyazinthen, Narzissen und Tulpen.

Dabei ergibt sich das Problem, daß große Pflanzen, die in einer lockeren Torfmischung wachsen, sich nur schwer stützen lassen, da die Stützen keinen festen Halt haben. Durch eine am Topfrand angebrachte Drahtspange, die den Stab in der Topfmitte aufrecht hält, kann man Abhilfe schaffen.

Verschiedene Kletterpflanzen – Efeu, *Plumbago*, *Cissus* z. B. – benötigen eine Stütze, wozu verschiedene Arten von Spalieren erhältlich sind. Man kann auch selbst ein Rankgitter aus Stäben anfertigen, das man zelt- oder spalierförmig gestaltet, wobei man entsprechend dem Wachstum der Pflanze weitere Stäbe hinzufügt.

Pflanzen im Haus

Manche Leute haben mit Zimmerpflanzen eine glückliche Hand, andere dagegen sind wahre »Pflanzentöter«. Zunächst sei festgestellt, daß es Pflanzen gibt, die leicht, solche, die nicht leicht, und solche, die schwierig zu halten sind.

Die Gründe, warum dies so ist, hängen hauptsächlich von dem Aufrechterhalten einer ihnen zusagenden Temperatur und Luftfeuchtigkeit ab. Es gibt auch Pflanzen, die große Temperaturschwankungen und falsches Gießen ertragen.

Für die meisten Zimmerpflanzen ist eine konstante Temperatur von etwa 21° empfehlenswert. Sie paßt jedoch nicht allen Pflanzen; so gedeihen *Cyclamen* am besten bei Temperaturen, die 16° nicht übersteigen. Sie gedeihen auch bei noch tieferen Temperaturen gut.

Die Versorgung mit genügend Luftfeuchtigkeit ist in einem Wohnzimmer gar nicht leicht, kann jedoch für gewisse Pflanzenarten erreicht werden (*Saintpaulia* oder Usambaraveilchen).

Im allgemeinen gedeihen Zimmerpflanzen am besten, wenn man sechs, acht oder mehr zusammen in einem Blumenkasten, einen Trog auf Hydrokulturbasis, eine große Keramikschale oder in ein anderes geeignetes Blumengefäß setzt. In diese Behälter kann man die Blumentöpfe in Torf setzen, der immer feucht gehalten werden muß. Die aus dem Torf aufsteigende Feuchtigkeit erzeugt ein von den Pflanzen begrüßtes Kleinklima um die Pflanzen herum. Dazu kommt noch, daß Pflanzen in einem Behälter mit ihrem Blattwerk eine Art Gewölbe bilden, das die Feuchtigkeit speichert. So werden Pflanzen immer besser gedeihen, als wenn man sie einzeln auf das Fensterbrett postiert oder in einem Körbchen von der Decke oder der Wand herunterhängen läßt.

Natürlich kann man auch gute Wuchsbedingungen schaffen, ohne viel Geld für solche großen Behälter auszugeben. Es gibt flache Plastikschalen in verschiedenen Formen und Größen zu kaufen. Diese kann man mit grobem Kies, kleinen Steinen oder grobem Sand auffüllen; sie müssen immer Wasser enthalten. Die Töpfe werden in den Kies eingebettet, und die Pflanzen nehmen sich, wenn sie in Plastiktöpfen stehen, das nötige Wasser. Bei Pflanzen in Tontöpfen muß man die Deckscherben vom Topfboden entfernen und stattdessen einen Ballen Glaswolle auf das Abzugsloch legen. So versorgt sich die Pflanze nicht nur selbst mit Wasser, sondern das verdunstende Wasser sorgt auch für Luftfeuchtigkeit.

Es ist von größer Wichtigkeit, daß man die Blätter von Zimmerpflanzen staubfrei hält. Staub schadet den Pflanzen und wenn auch die Pflanze nicht eingeht, so wird sie doch in ihrer Entfaltung behindert.

Bei großblättrigen Pflanzen wie etwa *Ficus*, *Sansevieria*, *Aspidistra* und ähnlichen nimmt man dazu einen in lauwarmes Wasser getauchten Schwamm. Man sollte die Pflanzen mindestens zweiwöchentlich, besser aber wöchentlich abstauben. Kleinblättrige Pflanzen taucht man in ein Becken mit lauwarmem Wasser. Man hält die Hände über die Topfoberfläche, dreht den Topf um und taucht das Laub mehrmals vorsichtig ins Wasser.

Blumenzwiebeln

Einige Arten von Blumenzwiebeln können mit Erfolg im Haus zur Blüte gebracht werden. Während die meisten von ihnen nicht gedeihen, wenn man sie länger als ein Jahr im Wohnzimmer stehen hat, können andere, z. B. Rittersten, Nerine, Jakobslilie und Amaryllis jahrelang in Töpfen im Haus gehalten werden.

Die beliebtesten Zwiebeln zur Zucht in Töpfen und Schalen sind Hyazinthen, Tulpen und Narzissen, aber auch Krokusse, Traubenhyazinthen, Schneeglöckchen und Zwiebel-Iris. Diese kleinen Blumenzwiebeln läßt man am besten im Freien bis sich die Knospen zeigen und bringt sie dann ins Haus. Wo es ihnen zu warm ist, bilden sie überlange Blätter aus und haben oft keine Blüten.

Narzissen und Tulpen, die unter kühlen Bedingungen gezüchtet wurden, können zu Weihnachten blühen. Wenn man sie nach mehrwöchigem Aufenthalt in kühlen Räumen in Töpfe oder Schalen setzt, wachsen sie rasch.

Hyazinthen dagegen werden warm gehalten, und wenn

man sie im September in Schalen setzt, blühen sie an Weihnachten.

Tulpen oder Narzissen sollten sofort nach ihrer Ankunft an einen möglichst kalten Platz gestellt werden. Die Tüten muß man oben öffnen. Man pflanzt sie unverzüglich in Behälter und stellt sie an einen schattigen Platz ins Freie, wo sie so weit in den Boden eingegraben werden, daß die Oberfläche des Topfes oder der Schüssel 15 cm unter dem Boden ist. Die Stelle wird markiert, damit man sie leicht wieder findet. Ebenso kann man sie an schattiger Stelle ebenerdig aufstellen und sie 15 bis 20 cm hoch mit Torf, Stroh oder alten Ziegelsteinen umgeben. Stroh ist nicht unbedingt ideal, da Nacktschnecken, die sich mit Vorliebe über Tulpen hermachen, es durchdringen können, was ihnen bei Torf oder Ziegeln nicht so leicht gelingt.

Wenn das Wetter zu heiß wird, berieselt man das Deckmaterial mit Wasser. Die Verdunstungskälte kühlt die Zwiebeln.

Nach etwa acht Wochen schaut man nach den Zwiebeln, und wenn sich bei den Hyazinthen deutlich ein Trieb zeigt, kann man sie ins Haus bringen. Tulpen kann man ebenfalls ins Warme stellen, wenn die Knospe etwa 5 cm hoch ist. Man kann mit Zeigefinger und Daumen die leichte Schwellung in dem Tulpenschößling fühlen, die anzeigt, daß die Blütenknospe aus der Zwiebel herausragt.

Narzissen bringt man ins Warme, wenn sie etwa 5 cm gewachsen sind; wie bei Tulpen ist dies gewöhnlich acht Wochen nach dem Einpflanzen der Fall.

Blumenzwiebeln gedeihen gut in einer torfhaltigen Blumenerde. Tulpen und Narzissen, nicht jedoch Hyazinthen, können in zwei Lagen in einen großen Topf gesetzt werden, wodurch sie, wenn sie blühen, hübsch aussehen. Tulpen können sogar in mehreren Lagen in großen Töpfen gepflanzt werden, wenn man eine Art mit kleinen Zwiebeln nimmt.

Bei Hyazinthen auf Gläsern ist zu beachten: Der Wasserstand in den Gläsern soll etwa 2 cm vom Zwiebelboden entfernt sein; bei niederem Wasserstand nachfüllen! Die Gläser mit den Zwiebeln zu Anfang kühl und dunkel (Hyazinthenhütchen) aufstellen. Erst nach etwa 8 Wochen, wenn der Trieb ca. 8 cm lang ist, kommen die Gläser ins warme Zimmer. Hütchen erst abnehmen, wenn der Trieb die Hütchen anhebt.

Düngung

Alle Topfpflanzen brauchen Düngung und die Hersteller von flüssigem und löslichem Dünger geben gewöhnlich genaue Instruktionen über die Stärke des Mittels und wie oft damit gedüngt werden soll. Im allgemeinen ruhen die Pflanzen im Winter und brauchen nur ein Minimum an Wasser und fast keinen Dünger.

Wenn aber die Tage länger werden, dann beginnen sie wieder zu wachsen und benötigen Dünger. Man darf Flüssigdünger nie auf trockene Erde geben, sondern muß diese vorher gießen.

Gießen

Zimmerpflanzen gehen eher durch zu vieles als durch zu weniges Gießen ein. Die Pflanze signalisiert den Wunsch nach Wasser gewöhnlich durch leichtes Welken, jedoch sollte es eigentlich nie so weit kommen. Topfpflanzen können mit Wasser versorgt werden, indem man sie auf eine Unterlage aus Kies oder Grobsand stellt. Wenn sie jedoch von oben her gegossen werden müssen, muß man fast jeden Tag nach ihnen schauen. Man kann aber leider keine genauen Anweisungen für das Gießen geben, da es von verschiedenen Faktoren der Umgebung abhängt. Ausschlaggebend ist die Raumtemperatur, die Größe der Pflanzen sowie die Zahl und Größe der Blätter.

Man lernt ziemlich schnell, wann eine Pflanze Wasser braucht. Manche Leute können es sagen, indem sie den Topf heben – wenn er leicht ist, braucht sie Wasser, wenn er schwer ist, keines; auch durch Klopfen an Tontöpfe läßt sich vom Klang her sagen, ob Wasser nötig ist – wenn es hohl klingt, ist die Erde trocken; ein dumpfer schwerer Ton zeigt dagegen Feuchtigkeit an.

Bei vielen Pflanzen wird heute torfhaltige Blumenerde verwendet, die nur schwer wieder feucht gemacht werden kann, wenn sie einmal ausgetrocknet ist. Man kann sie bis zum Topfrand in lauwarmes Wasser stellen, oder aber die Erde von oben mehrmals alle paar Stunden gießen.

Bei manchen Pflanzen, besonders Alpenveilchen sollte besser kein Wasser die Pflanze selbst berühren, da dies Fäulnis hervorrufen kann. Auch sollte kein Wasser zwischen Hyazinthenblätter dringen und an die Knospe gelangen, damit sich die kleinen Blüten nicht braun färben.

Wie schon bemerkt, zeigen durstige Pflanzen ihr Wasserbedürfnis oft durch leichtes Welken an. Eine ständig zu stark gegossene Pflanze jedoch kann gewöhnlich keine solchen Warnsignale geben. Wenn die Blätter braun und gelb werden, die ganze Pflanze Zeichen von Wurzelfäule zeigt oder andere Symptome aufweist, die durch Zuvielgießen verursacht wurden, ist es meist schon zu spät. Alles, was man noch tun kann, ist, sie nahezu trocken zu halten und zu hoffen, daß sie sich erholt. Unter keinen Umständen darf man eine kränkelnde Pflanze düngen.

Luftfeuchtigkeit

Um ein gewisses Maß an Luftfeuchtigkeit in geheizten Räumen zu gewährleisten, sind verschiedene Arten von elektrisch betriebenen Luftbefeuchtern erhältlich. Es sind auch einfache Behälter, die man mit Wasser füllt und an Heizkörpern anbringt, im Handel. Für Pflanzen und für den Menschen wird dadurch die Luft zuträglicher.

In Gewächshäusern ist ebenfalls Luftfeuchtigkeit wichtig. Man erzielt sie am einfachsten, indem man den Fußboden und die Blumengestelle mit Wasser begießt und dann etwa eine Stunde lang das Haus geschlossen hält.

Es gibt auch automatische Feuchtigkeitsregler, Hygrostaten, die gar nicht teuer sind.

Zugluft und Rauch

Wenige Pflanzen vertragen Zugluft. Viele gedeihen nicht, wenn die Temperaturen stark schwanken – nachts 25 °C und gegen Morgen ein Absinken auf 5 °C zum Beispiel. Der Raum zwischen Vorhang und Fenster kann bei Nachtfrost sehr kalt werden. Wenn man also den Vorhang nicht so anbringen kann, daß er zwischen den Pflanzen und dem Fenster ist, stellt man die Pflanzen am besten vom Fensterbrett weg auf einen Tisch, in einen Blumenständer oder einen anderen Behälter im Zimmer.

Für die meisten Pflanzen sind auch Rauch und Abgase von Öfen und Heizungen aller Art sehr schädlich; sie sollten nach Möglichkeit davor geschützt werden.

Heizen von Gewächshäusern und Wintergärten

Gewächshäuser, Wintergärten und andere Anbauten sind nur dann von wirklichem Wert, wenn sie so geheizt werden können, daß keine Temperaturen unter 0 °C auftreten können, besser noch, wenn eine Mindesttemperatur von 10 °C während der Nacht aufrechterhalten werden kann. Wenn das Haus eine Zentralheizung hat, lassen sich in einem Wintergarten oder sonstigem Anbau leicht die nötigen zusätzlichen Heizkörper anbringen.

Ein kleines Gewächshaus kann mit einem oder mehreren freistehenden Ölöfen beheizt werden. Man kann noch zusätzliche Heizkörper an diese Öfen anschließen, um die Wärme besser zu verteilen, besonders unter den Stellagen. Es gibt heute automatische Heizgeräte, die je nach Größe des Tanks und bei niedriger Einstellung 10 bis 20 Tage brennen, so daß man nicht jeden Tag nachfüllen muß.

Am besten ist jedoch elektrische Heizung. Die Verlegung von Strom ist auch günstig, wenn man Treibkästen und Zuchtschalen verwendet, bei Klimaanlagen und für die Schädlings- und Krankheitsbekämpfung mittels Sprühgeräten. Dadurch können auch zusätzliche Lichtquellen geschaffen werden, die in manchen Jahreszeiten für viele Pflanzen zuträglich sind. Elektrische Heizungen eignen sich vor allem für kleine Gewächshäuser und sind leicht zu verlegen. Die billigste Art der elektrischen Heizung ist ein Heizlüfter, den man an der der Tür des Gewächshauses gegenüberliegenden Seite auf den Boden stellt; die warme Luft steigt zur Decke empor. Die Installation ist denkbar billig, da man als Anschluß nur eine Steckdose benötigt. Zu empfehlen sind die sogenannten Florathermik-Heizungen, die mit vollautomatisch arbeitendem Temperaturregler ausgestattet sind, der die Temperatur zwischen 5–30 °C einstellen kann.

Am besten ist freilich in jedem Falle der Anschluß des Gewächshauses an die Zentralheizung. Sehr wichtig ist es auch, den richtigen Thermostaten zu verwenden; am besten sind Stabthermostaten mit einer Genauigkeit von plus/minus 1 °C. Ebenfalls muß beachtet werden, daß der Thermostat an der richtigen Stelle angebracht wird. Er sollte sich in zwei Drittel Raumhöhe in der Mitte des Gewächshauses befinden. Wenn das Gewächshaus von Osten nach Westen verläuft, so befestigt man ihn an der Nordseite, verläuft es nord-südlich, so sollte er an der Ostseite sein. Unabhängig von der Art der Beheizung sollte stets die Wirtschaftlichkeit und Wirksamkeit des Heizsystems von Gewächs- und Treibhäusern oder Anbauten untersucht werden.

Die meisten Pflanzen, die der Blumenliebhaber mit Vorliebe hält, gedeihen – abgesehen von einigen Orchideen und anderen tropischen Pflanzen – im Haus bei einer Mindesttemperatur nachts von 7 °C, vorausgesetzt die Bodentemperatur beträgt etwa 13 °C.

Im Freien ist die Bodentemperatur nachts immer wärmer als die Lufttemperatur. Für Pflanzen gilt: »kühler Kopf und warme Füße«. Pflanzen wachsen im Winter bei einer Nachttemperatur von 7 °C nicht weiter; gehen jedoch nicht ein. Bei einer Nachttemperatur von 13 °C entwickeln sie sich aber auch im Winter weiter.

Wenn man elektrische Bodenheizung verlegt, läßt sich die gewünschte Bodentemperatur leicht erzeugen.

Beim Verlegen von Bodenheizung in einem Gewächs- oder Treibhausbeet ist es ratsam, einen Transformator einzubauen und damit die Spannung auf 12 Volt zu verringern. Bei Beeten ist nämlich immer die Möglichkeit gegeben, daß jemand mit Spaten oder Grabgabel arbeitet und eine Heizschlange beschädigt, was sehr gefährlich ist, wenn diese die Normalspannung aufweist.

Auf Stellagen jedoch ist die Gefahr einer Beschädigung viel geringer und stark isolierte Heizschlangen mit Netzspannung können verwendet werden.

Die Stellagen sollten solide gebaut sein und das beträchtliche Gewicht einer Sandschicht und der Blumentöpfe oder -kästen aushalten. Als Boden eignen sich gewellte Asbestzementplatten (Eternit), unter die man über die ganze Länge der Stellage alte Wasserrohrstücke zur Gewichtsverteilung legen kann. Bei einer 100 cm breiten Stellage nehme man zwei oder auch drei Rohrlängen, die man unter den Asbest legt.

Auf dem Asbest wird gewöhnlicher Bausand oder Kies ca. 5 cm hoch aufgeschüttet. Die Heizschlangen werden auf den Sand gelegt und mit weiteren 5 cm Sand bedeckt. Der Sand wird natürlich feucht gehalten, damit die Wärme von den Heizschlangen zu den Pflanzenwurzeln aufsteigen kann. Blumentöpfe oder -kästen werden fest auf den feucht-warmen Sand gestellt und die Zwischenräume mit Torfmull ausgefüllt, damit die Wärme nicht entweichen kann. Auch der Torf sollte feucht gehalten werden.

Es sind auch verschiedene Arten von elektrisch beheizbaren Saatschalen im Handel, bei denen die Temperatur auf 21–27 °C gestellt werden kann. In ihnen lassen sich viele Pflanzen aus Samen ziehen oder durch Stecklinge vermehren.

Die Lüftung läßt sich am besten mit einem thermostatkontrollierten Ventilator an der Außenwand regeln, der Luft aus dem Inneren absaugt. Es ist angezeigt, den Thermostaten so einzustellen, daß der Ventilator eingeschaltet wird, wenn die Temperatur auf 15 °C im Winter ansteigt, im Sommer aber bereits bei 10 °C. Wenn man nämlich den Thermostat im Winter auf 10 °C stellt und es nachmittags sonnig und warm ist, dann saugt der Ventilator bis abends Warmluft ab und die Temperatur sinkt womöglich rasch auf 5 °C ab und die Heizung wird eingeschaltet. Wenn der Thermostat jedoch auf 15 °C eingestellt ist, heizt die Sonne den Raum auf und die Heizung ist erst mehrere Stunden später nötig.

Im Sommer aber, wenn die Heizung abgestellt ist, ist es günstig, den Ventilator auf nur 10 °C zu stellen, damit die Luft bewegt wird, die kondensierte Feuchtigkeit von den Blättern getrocknet wird und die Gefahr der Entwicklung von schädlichen Keimen im Blattwerk verringert wird.

In den letzten Jahren hat man erkannt, daß es von Vorteil ist, einen kleinen Ventilator einzubauen, der die Warmluft, die an die Decke oder in den Giebel aufsteigt, wieder nach unten bläst; gleichzeitig wird damit im Herbst und Winter unerwünschte Feuchtigkeit auf den Pflanzen getrocknet und so das Auftreten von Schimmel und anderen Schäden eingedämmt.

Ein solcher Ventilator ist von besonderem Wert, wenn Heizlüfter verwendet werden, da bei diesen Warmluft viel schneller zur Decke aufsteigt als bei Heizung mit Heizkörpern. Gelegentlich können Temperaturunterschiede zwischen Boden und Decke bis zu 8 °C auftreten. Durch Umlenken der Warmluft zum Boden läßt sich dieser Unterschied bis auf 1 °C verringern.

Sonnenschutz

Gegen zu starke Sonne müssen Pflanzen im Sommer durch Abschirmung geschützt werden. Ausgezeichnet sind Plastik-Jalousetten auf der Innenseite an der Süd- und Westseite der Glasdächer; auch gibt es verschiedene Schattierfarben, die in Wasser aufgelöst werden und die auf das Glas aufgetragen oder gespritzt werden.

Auch automatisch gesteuerte Rollos und Jalousiefenster sind erhältlich; sie sind allerdings entsprechend teuer.

Gewächshäuser und Frühbeetkästen

Wo genügend Platz vorhanden ist, stellt ein freistehendes oder an die Hauswand angebautes Gewächshaus, aber auch ein einfacher Anbau mit Glaswänden eine ausgezeichnete Anlage dar. Im allgemeinen vertragen blühende Pflanzen mit wenigen Ausnahmen auf die Dauer die trockene und viel zu warme Luft eines Wohnzimmers nicht. Man kann zwar für die Zeit der Blüte Azaleen, Alpenveilchen, Primeln, Klivien und viele andere ins Wohnzimmer stellen, danach sollten sie aber wieder zurück ins Gewächshaus, wo sie fürs nächste Jahr Kraft zum Blühen schöpfen.

Man muß sich überlegen, ob man ein Gewächshaus aus Metall oder Holz, freistehend oder angebaut, wählt. Im Einzelfalle muß man entscheiden, was das günstigste ist. Gewächshäuser mit Alu-Rahmen sind sehr beliebt. Früher waren sie erheblich teurer als Holzhäuser. Heute sind die Kosten von Holz und seiner Bearbeitung so hoch, daß Alu-Häuser preislich konkurrieren können. Außerdem ist Aluminium pflegeleicht und äußerst haltbar.

Oft wird eingewendet, daß die Heizkosten von Häusern aus Metall viel höher liegen als von solchen aus Holz. Dies ist ein Irrtum. Dazu kommt die Frage, ob das Glas bis zum Boden reichen soll oder ob man bis in etwa 1 m Höhe (also der Höhe der Stellagen) die Außenwände aus Ziegelstein oder Holz machen soll. Wenn man nur ein Gewächshaus errichten will, ist es am besten, Vollglaswände zu wählen, gleichgültig ob es sich um ein freistehendes oder angebautes handelt. So kann man Pflanzen auf und unter den Stellagen, ja sogar auf Regalen darüber wachsen lassen und damit das Haus voll nutzen. Viele Zimmerpflanzen, vor allem Blattpflanzen wie Efeu, Cissus, Peperomien, Begonien, Farne usw. gedeihen gut unter den Stellagen.

Was ist der geeignetste Platz für das Gewächshaus? Heizt man es elektrisch, so sollte es möglichst nahe am Stromnetz sein, um Installationskosten zu sparen. Man muß aber stets beachten, daß es möglichst viel Sonnenlicht erhält und nicht von Bäumen oder anderen Gebäuden beschattet wird. Häufig stehen Gewächshäuser in der hintersten Ecke des Gartens, wo man sie nicht sieht. Dies erfordert eine lange und teure Kabelverlegung. Je näher am Haus das Gewächshaus ist, um so eher ist man auch bereit, in kalten oder schneereichen Nächten nach den Pflanzen zu sehen.

Natürlich hat man im Falle eines einfachen Anbaus wenig Wahl. Aber wenn es sich machen läßt, so sollte man ihn an der Süd- oder Westwand anbringen. Bei einem freistehenden Gewächshaus ist es wahrscheinlich am besten, wenn es von Ost nach West verläuft und sich die Tür auf der Westseite befindet. So wird die tiefstehende Wintersonne am besten genutzt. Die Heizung ist dann relativ billig, wogegen zusätzliche Lichtquellen meist teuer kommen.

Ein Preisvergleich der verschiedenen Gewächshausarten ist wichtig. Der entscheidende Punkt sind dabei die Kosten pro m^2 überglaster Nutzfläche. Diese können bei den verschiedenen Ausführungen sehr differieren.

Bei einem Gewächshaus von 3 mal 2 m braucht man einen Gang von 60 cm Breite. Damit hat man auf jeder Seite Platz für ein Beet oder eine Stellage von 70 cm Breite, d. h. eine Nutzfläche von nur 4,2 m^2. Bei einem Gewächshaus von 3 mal 2,5 m und einem 60 cm breiten Gang hat man eine Beet- bzw. Stellagenbreite von jeweils 95 cm, was eine Nutzfläche von 5,7 m^2 ergibt. Auf dieser Basis sollte man die Preise vergleichen.

Doch nun zu den Frühbeetkästen. Wo kein Platz für ein Gewächshaus ist oder wenn es zu teuer ist, (aber auch zusätzlich) können elektrisch beheizte Frühbeetkästen sehr nützlich sein. Sie sind billig zu beheizen, da Wände aus Holz, Kunststoffplatten oder Ziegelsteinen die Wärme gut speichern, in kalten Nächten dienen Schilfrohrmatten oder alte Säcke als zusätzliche Wärmeisolierung.

Krankheiten und Schädlinge

Viruskrankheiten

Krankheitsbild	Heilung
Bei Viruserkrankungen gerät das Wachstum ins Stocken, so daß die Diagnose meist auf Nahrungsmangel oder ungünstige Lebensbedingungen lautet. Virosen werden auch deshalb nicht sofort erkannt, weil sie nur selten zum Absterben der ganzen Pflanze führen. Die Mosaikkrankheit erkennt man an unregelmäßigen Flecken oder Streifen (an Blättern weiß oder gelblich, an Blüten hell- oder dunkelfarbig). Befallen werden vor allem Begonien, Pelargonien, Primeln und Tulpen. Bei der Kräuselkrankheit kräuseln sich die Blätter, wölben sich bucklig auf und bekommen »Falten«; Blüten werden mißgestaltig, z. B. bei Geranien und Primeln. Gelb oder gelblichgrün färben sich die Blätter bei den Vergilbungskrankheiten. Oft erscheinen Triebe oder auch ganze Pflanzen gestaucht; sie verbräunen, werden brüchig oder erscheinen unvermutet in Zwergengestalt. Ein klares Erkennen einer bestimmten Viruskrankheit ist recht schwer, weil zumeist eine Infektion durch verschiedene Virusarten stattfindet.	Direkte Bekämpfung mit chemischen Mitteln ist nicht möglich. Vermieden wird Virusbefall durch die Bekämpfung saugender Insekten, die oft die Virosen von kranken auf gesunde Pflanzen übertragen. Virusüberträger sind Blattläuse und Blasenfüße. Auch sollten alle befallenen Pflanzenteile sofort abgeschnitten und verbrannt werden. Hände danach sofort waschen und die gebrauchten Messer oder Scheren in Spiritus oder andere desinfizierende Mittel tauchen.

Die wichtigsten tierischen Schädiger

Krankheitsbild	Krankheitserreger	Heilung
Verkrümmte, gekräuselte Blätter, auch andere Pflanzenteile gleichermaßen verunstaltet, allgemeine Wachstumshemmung. Folge von Blattlausbefall ist Rußtau = Ansiedlung von Schwärzepilzen auf den klebrigen Ausscheidungen der Läuse.	Blattläuse (saugende, grüne, graue oder schwarze, ungeflügelte oder mit Flügeln versehene Insekten)	Mit Präparaten Insekten bekämpfen (Anwendungsvorschrift beachten); die Spritzmittel mit starkem Druck auf die Pflanzen bringen und möglichst fein verteilen.
Verunstaltung der Pflanzen, Verschmutzung der Pflanzenteile durch Rußtau (siehe Blattläuse). Läuse sitzen in Blattachseln, an Stengeln und Blattunterseiten. Vor allem an hartlaubigen Gewächsen.	Schildläuse (saugend; napf- oder kommaförmige Schildchen), Woll- und Schmierläuse (wollig-weiße Insekten)	Nur die jungen (beweglichen) Läuse können durch Spritzmittel bekämpft werden; ältere Schildläuse mit Bürste oder Schwamm abwaschen, ebenso Woll- und Schmierläuse bekämpfen.
Blattunterseiten mit zartem Gespinst überzogen; Blätter verfärben sich gelb und fallen ab.	Rote Spinne (winzige, rote, eiförmige Spinnmilben)	Befallene Pflanzen nicht sonnig aufstellen; Blattunterseiten mit kaltem Wasser abspritzen. Wenn das nicht hilft, Blattlausmittel verwenden.
Blätter bekommen gelbe Flecken, sterben ab; außerdem Verunreinigung durch Rußtau. Vornehmlich befallen werden Geranien und Fuchsien.	Weiße Fliege (Insekt mit dachartigen Flügeln; Larven saugen an den Blattunterseiten)	Bekämpfung wie bei Blattläusen, aber regelmäßig wiederholen, um sämtliche »Generationen« zu treffen.
Blätter zuerst glausig, später gelblichbraun, schließlich erscheinen schwarze, umrandete Flecke, Blätter verfaulen und sterben ab, manchmal stirbt sogar die ganze Pflanze (Blattälchen). Mißbildungen an Stengeln wie Schwellungen, Verkrümmungen, Verkürzungen, an Blättern Verdickungen und Kräuselungen (Stengel- und Stockälchen). Kleine Knoten an den Wurzeln und Kümmerwuchs der Pflanzen (Wurzelgallenälchen).	Älchen, auch Nematoden genannt, sind winzig kleine, mit bloßem Auge nicht erkennbare Fadenwürmer, die mit einem Mundstachel aus den Pflanzen den »Saft« aussaugen.	Befallene Pflanzen sind meistens nicht mehr zu retten, deshalb Älchenkranke vernichten (Mülltonne). Bei schwächerem Befall durch Blatt- und Stengelälchen, kranke Blätter entfernen (verbrennen), Pflanzen nicht spritzen oder sprühen, überhaupt kein Wasser an die oberirdischen Teile der Pflanzen gelangen lassen.

Die wichtigsten pilzlichen Schädiger

Krankheitsbild	Krankheitserreger	Heilung
Blätter welken, schrumpfen und fallen ab; auf den Blättern, Stielen und Stämmen mehliger, grauweißer, staubfeiner Belag.	Echter Mehltau	Stäuben mit Pilzgiften. Befallene Pflanzenteile absammeln, abschneiden und verbrennen.
Blätter welken, fallen ab, Stengelteile faulen; wie beim Echten Mehltau sind die Pflanzenteile mit grauweißem Staub gepudert (bei den Blättern auf der Unterseite).	Falscher Mehltau	Spritzen mit Pilzgiften. Frische Luft, viel Licht und wenig Wasser helfen heilen.
Fäulnis an Pflanzenteilen, vor allem bei in kalten, feuchten Kellern überwinternden Balkonpflanzen. Am grauen, dichten, stäubenden Schimmelrasen zu erkennen.	Grauschimmel (Botrytis)	Befallene Pflanzenteile abschneiden (Messer danach abwaschen) und vernichten. Kranke Pflanzen hell, luftig, trocken aufstellen, bis zur Heilung nicht mehr düngen.
Da verschiedene Erreger am Werk sind, ist das Krankheitsbild uneinheitlich. Meist braune, runde, eingesunkene Flecken auf den Blättern, aber auch an Stielen und Trieben. Oft bräunen sich sogar die Blattränder.	Blattfleckenkrankheit (verschiedene Erreger, die bestimmte Pflanzen bevorzugen)	Befallene Pflanzenteile, auch die noch nicht abgestorbenen, abschneiden und verbrennen. Spritzen mit Pilzgiften.
Vergilben und Abfallen der mit rostroten und braunen Pusteln übersäten Blätter. Bei Geranien auf der Blattunterseite auffällige, in Ringen angeordnete Rotpusteln.	Rostpilze	Befallene Pflanzenteile abschneiden und vernichten. Spritzen mit pilztötenden Mitteln, um Ausbreitung und Ansteckungsgefahr auszuschalten.
Scharf umrandete, eingesunkene gelbbraune, erst kleine, dann größer werdende Flecken an Blättern. Flecken enthalten kleine Pusteln, die rosarote Sporen ausstoßen.	Brennfleckenkrankheit (verschiedene Erreger)	Kranke Blätter entfernen, befallene Pflanzen nicht mehr absprühen oder gar Blätter waschen. Spritzungen mit Pilzgiften.

Kakteen und andere Sukkulenten

Es ist sinnvoll, gewisse Unterschiede zwischen der Familie der Kakteen, *Cactaceae* und den anderen Sukkulenten zu betonen, die zahlreichen anderen Familien zugehören. Leider bezeichnen Laien oft andere Sukkulenten als Kakteen, was viel Verwirrung und auch falsche Pflege zur Folge hat. Deshalb soll hier kurz erklärt werden, was Sukkulenten sind und wie sie sich verhalten, denn dies ist für ihre Haltung sehr wichtig.

Sukkulenten passen sich in ihrem Wasserhaushalt widrigen Umständen an. Dies bedeutet etwa, daß sie an Stellen gedeihen können, wo die Wasseraufnahme schwierig ist, wie z. B. in Salzsümpfen und an Stellen, wo die Wurzeln Frost ausgesetzt sind. Sukkulenten, die normalerweise zu Hause und im Gewächshaus gehalten werden, können zumindest während eines Teils des Jahres unter sehr trockenen Bedingungen gedeihen. Obwohl Orchideen und einige hartblättrige Pflanzen, z. B. Fetthenne, Sukkulenten sind, denkt man gewöhnlich nicht an sie, wenn man von Sukkulenten spricht.

Sukkulenten, die vor allem in den Wurzeln Wasser speichern, wachsen nicht oft in Zimmern oder Gewächshäusern. Die Arten, die hier hauptsächlich anzutreffen sind, speichern Wasser entweder in den Blättern, z. B. Echeverien; oder in den Stämmen, z. B. Kakteen. Man kann sie schwer unterscheiden, denn Echeverien haben sukkulente Stämme, und einige Kakteen haben Blätter.

Die Hauptwasserspeicher sind gewöhnlich dickfleischig, d. h. das Volumen dieser Organe ist im Verhältnis zur Oberfläche groß. Bei den Blattsukkulenten stehen die dicken Blätter oft in dichten Rosetten, wodurch sie sich gegenseitig vor der Trockenheit schützen. Bei den meisten Stammsukkulenten übernehmen die Stämme die eigentliche Funktion der Blätter und die Pflanzen sind manchmal fast kugelförmig ausgeprägt, da eine Kugel einer Fläche das größtmögliche Volumen verschafft. Andere Anpassungserscheinungen sind die starke Reduzierung der Stomata (Spaltöffnungen), die manchmal nur bei Nacht geöffnet sind, und das Vorhandensein von chemischen Stoffen im Pflanzensaft, die die Verdunstung des Wassers verhindern. Einige Stammsukkulenten bilden in der feuchten Jahreszeit nicht-sukkulente Blätter, die sie in der Trockenzeit wieder abwerfen.

Viele Trockenpflanzen weisen ein deutliches Absinken der Temperatur in der Nacht auf, verbunden mit einer beträchtlichen Taubildung; viele Sukkulenten können den Tau absorbieren. Die spitzen Dornen begünstigen wahrscheinlich die Taubildung; das erklärt vielleicht, warum viele Sukkulenten stachlig sind, obwohl diese Stacheln sie auch vor Weidetieren schützen. Wahrscheinlich sind beide Faktoren wichtig, denn obwohl manche äußerst giftige Euphorbien (Wolfsmilchgewächse) Stacheln haben, so sind sie doch nicht so stachlig wie einige Kakteen, die im allgemeinen eßbares Fruchtfleisch haben.

Kakteen unterscheiden sich von anderen Pflanzen durch das Vorhandensein von Organen, sog. Areolen, die mit Flaum und Stacheln versehen sind. Gewöhnlich – aber keineswegs immer – gehen die Blüten und neuen Sprosse aus den Areolen oder ihrer Umgebung hervor, ebenso die etwa vorhandenen Blätter. Meist sind Stacheln vorhanden, wenn sie auch klein sind oder nur zeitweise auftreten.

Entgegen dem weit verbreiteten Glauben wachsen nur wenige Kakteen und andere Sukkulenten in Wüsten mit fast vollständiger Trockenheit. Die meisten von ihnen wachsen in Gebieten mit etwas Niederschlag und spärlicher Vegetation, die ihnen etwas Schatten verleiht. Kakteen finden sich in Amerika; sie sind im allgemeinen sehr anpassungsfähig wie viele andere amerikanische Sukkulenten. Sie scheinen z. B., egal ob sie aus dem Gebiet nördlich oder südlich des Äquators stammen, sich gut an den Ablauf der Jahreszeiten bei uns anzupassen, indem sie im Sommer wachsen und im Winter ruhen. Andererseits behalten viele afrikanische Sukkulenten ihren normalen Wachstumsrhythmus bei.

Deshalb kann man allgemeine Regeln aufstellen, die für die Pflege einer großen Anzahl von Kakteen und anderer Sukkulenten maßgeblich sind. Jedoch gibt es eine sehr wichtige Gruppe von Kakteen bei uns, die ursprünglich nicht in Gebieten mit geringem Niederschlag wuchsen. Dies sind die epiphytisch lebenden Kakteen, die in Regenwäldern, und zwar auf Bäumen und Felsen in Hohlräumen mit verwesenden Pflanzenresten gedeihen. Es gibt nicht viele Arten, aber eine große Zahl von Hybriden mit außergewöhnlich schönen Blüten. Obwohl sich ihre Pflege etwas von der der anderen Kakteen unterscheidet, passen sie sich sehr gut an.

Um sie von den Epiphyten zu unterscheiden, nennt man gelegentlich Kakteen, die am Erdboden wachsen »Wüstenkakteen«, aber »Erdkakteen« ist der bessere Ausdruck.

Pflege

Der Schlüssel zum Erfolg bei der Haltung von Kakteen und Sukkulenten ist das angemessene Gießen in der Wachstumsperiode. In der Ruhezeit darf nur wenig oder gar nicht gegossen werden. Vor allem muß vermieden werden, daß die Wurzeln dauernd naß sind; dauernde Feuchtigkeit wirkt tödlich. Richtiges Eintopfen, Wahl der Erde und Gießen sind daher gleichermaßen wichtig.

Erde für Erdkakteen und -sukkulenten

Erdkakteen und -sukkulenten sind von ihrer Heimat her keine humusreichen Böden gewohnt und ihre Wurzeln haben nur wenig Widerstandskraft gegen manche Organismen, die in Kompost gedeihen. Erfreulicherweise gibt es heute im Handel sehr ausgewogene, abgepackte Kakteenerde, durch die das leidige Mischen der vielen empfohlenen Substanzen entfällt.

Dem Boden darf kein konzentriertes Düngemittel zugeführt werden, da dies zu unausgeglichenem Wachstum führt. Nach etwa einem Jahr sollte man, um die Fruchtbarkeit des Bodens wiederherzustellen, etwas Spezial-Kakteendünger anwenden.

Früher setzte man jeder Kakteenerde Kalk in irgendeiner Form zu; aber obwohl Erdkakteen häufig auf kalkigem Untergrund gedeihen und viele ihn ertragen, ist dies nicht nötig. Sehr saure Böden sollte man nicht verwenden und man sollte Kalk nur dann zugeben, wenn der Säuregrad etwa pH 6 unterschreitet, wie man mittels eines einfachen pH-Indikators feststellen kann.

Erde für epiphytische Sukkulenten

Epiphytische Sukkulenten, vor allem Kakteen, stellen andere Ansprüche an den Boden. Da sie gewöhnlich in Höhlungen mit verwesenden pflanzlichen Stoffen auf Bäumen gedeihen, fühlen sie sich in Kompost wohl. Sie werden vor allem wegen ihrer Blüten gezüchtet und so setzt man dem Boden Dünger zu, da dieser das Blühen fördert. Es ist dabei unerheblich, daß die Pflanzen sich in ihrem Aussehen von den wildwachsenden Formen unterscheiden. Die meisten epiphytischen Sukkulenten sind heute sowieso Hybriden.

Es gibt viele Kompostarten; am besten ist aber ein Verhältnis von 60% reinem Kompost, 30% Gartenerde und 10% grobem Sand. Falls die Gartenerde schwer ist, kann der Sandanteil zur Regulierung des Wasserhaushalts auf 20% erhöht werden. Man mischt unter die Erde etwas Knochenmehl. Wenn kein guter Kompost vorhanden ist, kann man auch je zur Hälfte Torf und gut kompostierte und gesiebte Gartenerde nehmen.

Blattkakteen vertragen kalkhaltigen Boden recht gut, aber die Vertreter der Gruppe *Zygocactus-Schlumbergera-Rhipsalidopsis,* zu denen auch der beliebte Weihnachtskaktus zählt, reagieren empfindlich auf Kalk. Der Zygokaktus ist schon genau untersucht worden; er gedeiht am besten in Erde mit einem pH-Wert von 6 und geht bei mehr als 7,2 und weniger als 4,8 ein. Empfehlenswert ist es, Erde von einer Stelle zu nehmen, wo Rhododendren wachsen; dieser Boden hat nämlich gewöhnlich den richtigen pH-Wert. Vorsichtshalber sollte jedoch ein pH-Test gemacht werden.

Töpfe

Für Sukkulenten sollte man nicht zu kleine Töpfe verwenden. Erst ab einem Durchmesser von etwa 7 cm kann das Gießen richtig kontrolliert werden. Sehr kleine Pflanzen kommen am besten in große Schalen oder ähnliche Behälter. Die meisten Sukkulenten wachsen ziemlich langsam und erfordern zwei oder drei Jahre lang kein Umtopfen. Wenn es Zeit dafür ist, muß die Erde ganz erneuert werden. Am Tag vor dem Umtopfen gießt man die Pflanze ausgiebig. Man schüttelt die alte Erde von den Wurzeln ab, ohne diese zu beschädigen. Sehr stachlige Pflanzen hält man dabei mit Lederhandschuhen oder mehreren Lagen Zeitungspapier.

Töpfe aus Plastik oder nicht-porösem Material werden heute von den meisten Züchtern vorgezogen, weil bei ihnen das richtige Gießen am leichtesten ist. Dazu kommt noch, daß sich die Wurzeln in einem Tontopf auf der Innenseite zu einem Geflecht winden, so daß sie beim Umtopfen leicht beschädigt werden.

Im Topf sollte etwas – aber nicht zuviel – Raum für das Wurzelwachstum sein. So ist manchmal beim Umtopfen gar kein größerer Topf nötig. Pflanzen, die aus Trockengebieten kommen, brauchen gute Entwässerung. Daher legt man am besten eine Schicht von Tonscherben oder Kieseln auf den Topfboden.

Eintopfen und Umtopfen

Der Boden sollte feucht genug sein, daß er Form annimmt, wenn man ihn mit der Hand drückt, und trotzdem leicht zerfallen, wenn man mit dem Finger hineindrückt. Man muß darauf achten, daß die Erde die Wurzeln gut umgibt und keine Hohlräume entstehen. Dabei hilft es, wenn man öfters den Topf schüttelt oder an ihn klopft.

Dann drückt man die Erde fest und läßt oben wie üblich etwa 1 cm für das Gießen frei. Wichtig ist, daß man die frisch eingetopfte Pflanze nicht zu früh gießt, denn meist werden beim Eintopfen doch einige Wurzeln beschädigt, die bei zu viel Feuchtigkeit verfaulen, bevor sie Zeit zum Ausheilen gehabt haben. Man stellt deshalb die Pflanze etwa eine Woche an ein schattiges Plätzchen und gießt sie erst dann.

Die ideale Zeit fürs Umtopfen ist unmittelbar nach Beginn der Wachstumsperiode, aber meist hat man einen Spielraum bis zu drei Monaten. Während der Winterruhe sollten keine Pflanzen umgetopft werden, obwohl es manchen nicht schadet.

Gießen

Während der Wachstumsperiode mögen Sukkulenten (natürlich einschließlich Kakteen) gewöhnlich viel Wasser, aber wie oft man gießen muß, hängt so sehr von der Temperatur, dem Standort und dem Wachstumszustand ab, daß man keine genauen Regeln aufstellen kann. Als allgemeine Regel gilt bei Erdkakteen, daß man einmal kräftig gießt und dann abwartet, bis der Boden sehr trocken ist, und zwar noch trockener, als man es bei den meisten Topfpflanzen wagen kann.

Eine Ausnahme bilden die epiphytischen Kakteen; wenn bei ihnen bei heißem Wetter der Boden ganz austrocknet, können die Wurzeln Schaden erleiden, und wenn dann andererseits auch noch zu stark gegossen wird, verfaulen sie sehr oft.

Viele Leute glauben deshalb, daß die Wurzelfäule bei einem epiphytischen Kaktus vom Übergießen kommt, während in Wirklichkeit das Austrocknen bei großer Hitze die Ursache war. Daher gilt für diese Pflanzen, daß man sie nicht allzu trocken werden läßt, sondern dann gießt, wenn der Boden ziemlich trocken ist – eine Regel, die für die meisten Zimmerpflanzen zutreffend ist.

Die Töpfe sollten nicht im Wasser stehen. Wenn sie auf einem Untersatz stehen, der verhindern soll, daß überflüssiges Wasser auf Fensterbretter oder Möbel tropft, empfiehlt es sich, Kiesel in den Untersatz zu geben, auf denen der Topf trocken steht.

Während der Winterruhe gilt die Regel, daß man so viel Wasser gibt, daß die Pflanze nicht schrumpft, aber andererseits nur so wenig, daß das Wachstum nicht angeregt wird, da sonst die neugebildeten Triebe im spärlichen Licht des Winters nur dünn und länglich werden. Außerdem hilft es natürlich sehr, wenn die Temperatur niedrig gehalten werden kann, da so das Wachstum auch gebremst wird. Frost muß natürlich vermieden werden, aber sonst fühlen sich die meisten Sukkulenten wohler, je kühler es ist.

Obwohl es nicht weiter schwierig ist, Pflanzen im Gewächshaus kühl zu halten, ergeben sich im Wohnhaus Probleme – besonders wenn die Räume zentralbeheizt sind. Man muß hier die Pflanzen in den kühlsten frostfreien Raum stellen und durch Versuche die richtige Gießmenge herausfinden.

Einige Sukkulenten, z. B. *Conophytum,* müssen während der Winterruhe absolut trocken gehalten werden, sonst verfaulen sie.

Einige Pflanzen benötigen im Winter höhere Temperaturen als oben angedeutet; genauere Angaben entnehme man dem Lexikonteil.

Leichtes Besprühen mit Wasser ist vielen Sukkulenten zuträglich; dies ähnelt nämlich dem natürlichen Tau, den die Pflanzen in der Natur gewöhnt sind. Tau schlägt sich jedoch in der Nacht nieder und trocknet morgens; so kann also das Sprühen tagsüber bei heißer Sonne gefährlich sein, da Wassertropfen manchmal wie Brenngläser wirken und die Oberfläche der Pflanzen versengen.

Vermehrung

Die natürliche Vermehrung von Kakteen und Sukkulenten erfolgt durch Samen, obwohl bei einigen auch die vegetative Vermehrung sehr erfolgreich ist. Zum Beispiel entwickeln einige Vertreter der Gattung *Bryophyllum* winzige Pflänzchen in den Blattachseln mit Stämmen, Blättern und Wurzeln.

Samen

Kakteen und Sukkulenten aus Samen zu ziehen geht genauso wie bei anderen Pflanzen. Man verwendet gewöhnliche Anzuchterde in Töpfen, Schalen und Kästen. Die jungen Pflanzen werden in normale Blumenerde umgesetzt. Man sollte sorgfältig darauf achten, daß die Sämlinge nicht austrocknen, denn in ganz jungem Zustand haben viele von ihnen noch keine Widerstandskraft gegen Trockenheit entwickelt. Einige von ihnen wachsen im ersten Stadium sehr langsam und müssen da, wo sie ausgesät wurden, ein volles Jahr bleiben. Deshalb benutzt man am besten sterile Saatguterde, um das Wachstum von Unkraut zu verhindern. Diese Erde wird dann noch mit einer dünnen Ziegelgrus-Schicht bedeckt, durch die das Auftreten von Moos oder Schimmelpilzen vermieden wird. Extreme Hitze sollte vermieden werden; eine Nachttemperatur von 10–13 °C und eine Tagestemperatur, die 21 °C nicht übersteigt, ist am besten für sie. Man kann sich an die Regel halten, daß größere Samen mit einer Schicht Erde bedeckt werden, die doppelt so hoch ist wie die Samen, und daß kleine Samen direkt auf die Oberfläche gesät werden.

Blattkakteen bilden wiederum eine Ausnahme. Sie werden im vollen Licht auf der Oberfläche ausgesät und verschlossen in einem Glas oder in einer mit einer durchsichtigen Plastiktüte abgedeckten Saatschale gezogen. Temperaturen bis 50 °C schaden ihnen nicht, ebensowenig das bei Nacht heruntertropfende Kondenswasser.

Die meisten Kakteen, die zu Hause gehalten werden, kann man aus Samen ziehen. Es kann aber auch Enttäuschungen geben. Viele Sukkulenten, vor allem Kakteen, sind unfruchtbar und werden nicht durch die Pollen derselben Pflanze befruchtet. Man sollte beachten, daß dies für alle Pflanzen zutrifft, die vegetativ aus einem Elter entstanden sind. In kleinen Beständen ist es oft der Fall, daß alle Pflanzen von Ablegern oder Stecklingen einer einzigen Pflanze abstammen. Obwohl eine Pflanze nicht immer von arteigenen Pollen befruchtet wird, geschieht es doch leider oft, daß sie Pollen von anderen Arten aufnimmt, auch wenn die Art einer anderen Gattung angehört. Hybriden sind deshalb häufig, wenn man nicht die nötigen Vorkehrungen trifft. Da es jedoch das Ziel jedes Kakteenliebhabers ist, echte Arten zu züchten, die möglichst weitgehend den wildwachsenden Pflanzen gleichen, verursachen solche zu Hause gezogenen Samen oft Enttäuschungen.

Zum Glück kann man Samen von guter Qualität beziehen;

Hinweise entnimmt man am besten Gartenzeitschriften oder den Veröffentlichungen der Kakteen- und Sukkulentengesellschaften.

Wie schon gesagt wurde, werden manche Kakteen nur wegen ihrer Blüten gehalten, z. B. Blattkakteen *(Epiphyllum)*. Schon seit langem gibt es sehr viele Hybridformen. Deshalb wird bei solchen Pflanzen der Samen nur zur Züchtung neuer Abarten verwendet, wie es bei vielen anderen Zuchtpflanzen auch der Fall ist, z. B. bei Rosen, Dahlien u. ä. Um solche Pflanzen in ihrer jeweiligen Zuchtform zu erhalten, wird vegetative Vermehrung betrieben, wie z. B. bei Stecklingen von Blattkakteen.

Ableger

Die einfachste Art der vegetativen Vermehrung sind Ableger. Zu den obenerwähnten Bryophyllumarten, bei denen in den Blattachseln vollständige Pflänzchen entstehen, kommen solche, die fast vollständige Pflanzen als Ableger entwickeln, wie z. B. die Kakteen der Gattung *Echinopsis* (Seeigelkaktus). In diesem Fall löst man den Ableger einfach ab und setzt ihn ein.

Stecklinge

Wenn keine Ableger gebildet werden, muß man Stecklinge ziehen, die man entweder von Blättern oder vom Stamm gewinnt. Der Unterschied zwischen Sukkulenten und anderen Pflanzen besteht darin, daß es überflüssig ist, die Stecklinge im Feuchten zum Wurzeln zu bringen – dies muß sogar gewöhnlich vermieden werden, damit keine Fäulnis entsteht.

Blattstecklinge

Obwohl Blattstecklinge sehr interessant sind, sind sie nicht so häufig wie manchmal angenommen wird; es ist nämlich nötig, daß das Blatt sauber abbricht und nicht abreißt und dabei ein Stück am Stamm zurückbleibt. Die Blätter einiger *Echeverien* z. B. brechen glatt ab, andere wieder nicht. Wenn sie glatt abbrechen, muß man nur das Blatt auf sandigen Untergrund legen und das Ende des Blattes, das am Stamm angewachsen war, halb bedecken. Nach einigen Wochen entwickelt sich eine winzige Pflanze, die im Boden Wurzeln ausbildet und einen Teil ihrer Nahrung aus dem Blatt bezieht, das schließlich abstirbt.

Stecklinge von Trieben

Zu den Pflanzen, deren Blätter sich nicht zu Stecklingen eignen, kommen selbstverständlich viele Sukkulenten, die wie die meisten Kakteen keine Blätter haben. Die einzige Stecklingsvermehrung geschieht hier mit Trieben und anderen Teilen des Stammes. Im allgemeinen eignen sich Pflanzen mit langem Stamm oder Seitenästen am besten für Stecklinge, z. B. Schlangenkaktus *(Aporocactus flagelliformis)*. Übrigens wurzelt dieser Kaktus, ebenso wie eine Reihe herabhängender Kakteen, an den Spitzen, wie auch die Brombeeren. Dies kann man vorteilhaft ausnützen, wenn man nur ein kleines Stück hat, das beim normalen Setzen faulen würde. Der Trick dabei ist, daß man es umgekehrt einsetzt; es wurzelt dann zwar nur langsam an, aber die entstehenden Seitentriebe wachsen nach oben. Wenn jedoch ein langer Trieb in Teile zerschnitten wird, sollte man darauf achten, daß man sie mit dem unteren Ende einsetzt, da es recht eigenartig aussieht, wenn sie umgekehrt gesteckt werden.

Angenommen, man setzt die Schnittfläche des Stecklings in den Boden, so ist es ratsam, die Schnittfläche nicht mit Holzkohle oder anderem Puder einzureiben, da man dann etwaige Fäulnis nicht mehr entdecken kann. Sonne und trockene Luft genügen zur Heilung völlig. Gewöhnlich sollte der Steckling ein paar Tage getrocknet werden, bevor er gesetzt wird, so daß die Heilung etwas voranschreitet und so die Gefahr von Fäulnis verringert wird. Die meisten Sukkulenten bilden keinen echten Kallus, d. h. undifferenziertes Wundgewebe, aus dem Wurzeln wachsen, aber sie entwickeln Wurzeln aus Teilen des ursprünglichen Stammes; deshalb muß der Trocknungsprozeß nicht verlängert werden. Jedenfalls sollte der Steckling nicht so lange getrocknet werden bis er zu schrumpfen beginnt; wenn Anzeichen dafür auftreten, muß er gepflanzt werden, selbst auf das Risiko des Faulens hin.

Ein besonderer Ratschlag für Euphorbien sollte erwähnt werden. Die Stecklinge bluten manchmal sehr stark und scheiden einen milchigen Saft aus, der gelegentlich sogar giftig ist. Kurzes Eintauchen in Wasser stoppt gewöhnlich das Bluten. Der Steckling kann dann auf die übliche Weise getrocknet werden.

Der Steckling wird dann trocken eingepflanzt. Wenn in der näheren Umgebung Sandböden vorkommen, kann man sie oft als Erde verwenden; ein schwererer Boden wird dagegen mit bis zu 50% grobem Quarz- oder kalkfreiem Flußsand gemischt. Manchmal verwendet man auch eine Mischung aus Sand und Torf zu gleichen Teilen, aber was immer man wählt, sollte man es beim normalen Gießen des Topfes leicht durchfeuchten. Auch hier hat Spezialkakteenerde schon ihre Bewährungsprobe bestanden.

Töpfe, Schalen oder Kästen können für das Wurzeln von Stecklingen verwendet werden, wobei wiederum solche aus Plastik vorgezogen werden. Natürlich muß wieder darauf geachtet werden, daß beim Einfüllen der Erde der Rand oben mindestens 1 cm freibleibt.

Wie tief man den Steckling einpflanzt, hängt von seiner Größe ab. Allgemein gilt die Regel, ihn nicht tiefer als ein Viertel seiner Länge einzupflanzen, bei größeren Stecklingen nicht tiefer als 2,5 cm. Ist der Steckling kopflastig, so stützt man ihn am besten mit einem Stöckchen.

Manche Sukkulenten werden im Lauf der Jahre lang; oft kann das ganze Oberteil der Pflanze abgeschnitten und als Steckling verwendet werden. Wenn man den unteren Teil der Pflanze beläßt, treibt er oft frische Stämme, die, wenn sie groß genug sind, wieder abgeschnitten und gesetzt werden.

Manche Leute schneiden das Oberteil jener Kugelkakteen ab, die keine Ableger entwickeln, setzen sie als Stecklinge ein und belassen den Stumpf der alten Pflanze in der Hoffnung, daß er Ableger bildet, was aber riskant ist. Das ganze ist aber meist unnötig, da viele Kakteen, die keine Ableger entwickeln, ganz einfach aus Samen gezogen werden können.

Die richtige Zeit, Stecklinge abzuschneiden, ist zu Beginn der Wachstumsperiode, gewöhnlich also im Sommer. Erstaunlicherweise bilden sich aber auch bei mitten im Jahr abgebrochenen Stücken oft Wurzeln. Wenn es nötig ist, einen Steckling im Winter wurzeln zu lassen, so muß man ihn vier- bis fünfmal so lange austrocknen lassen wie im Sommer.

Pfropfen

Bei den Sukkulenten ist das Pfropfen fast nur mit Kakteen durchgeführt worden. Vor noch nicht allzu langer Zeit wurden viele große Kakteen auf Pfropfunterlagen allgemein gezogen. Aus verschiedenen Gründen ist das heute nicht mehr so. Weihnachtskakteen werden z. B. oft auf *Pereskia* mittels eines Schlitzes aufgepfropft; auf diese Weise wurden größere Exemplare erzielt. Diese Pfröpflinge waren jedoch nie wirklich von Dauer und früher oder später fielen die aufgepfropften Teile ab. Nachdem man aber feststellte, daß Weihnachtskakteen gegen allzu saure Erde empfindlich sind, konnte man die Schwierigkeit überwinden, große Pflanzen auf ihre eigenen Wurzeln zu ziehen. Hier soll nun, wie beim Beschreiben des Pfropfvorgangs allgemein üblich, der Kaktus, auf den aufgepfropft werden soll, »Unterlage« und der aufzupfropfende Kaktus »Pfröpfling« genannt werden.

Manche Kakteenarten, die langsam und mühsam auf ihren eigenen Wurzeln gediehen, pfropfte man auf wuchskräftige, unproblematische Kakteen, z. B. *Trichocereus spachianus* auf, jedoch entwickelte sich dabei der wuchsschwächere Pfröpfling in einer Weise, die für seine Art atypisch war. Diese Art des Pfropfens wird heute von Kakteenliebhabern nur zur Züchtung von Kakteen verwendet, die auf ihren eigenen Wurzeln nur sehr schlecht fortkommen, oder bei ausgefallenen Kakteenarten mit Cristata-Formen oder bei solchen, die kein Chlorophyll enthalten. Diese Art der Pfropfung wird auch dort angewandt, wo eine seltene Pflanze von unten her fault und das, was von der Spitze übrig bleibt, zu klein ist, um als Steckling zu wurzeln; so wird der Rest aufgepfropft und man läßt ihn weiterwachsen bis er groß genug ist, daß er abgetrennt und als Steckling verwendet werden kann. Das Aufpfropfen von Sämlingen wird später behandelt.

Bei der Pfropfung ist es grundsätzlich notwendig, daß die saftführenden Gefäße den Saft von der Unterlage zum Pfröpfling weitergeben können. Bei den meisten Pflanzen, vor allem bei Holzgewächsen, müssen diese Gewebe miteinander in Kontakt sein, wenn man die Pfropfung durchführt. Früher glaubte man, daß das bei Kakteen nötig sei und daß die wichtigsten saftführenden Bahnen, die sich beim Abschneiden der Spitze eines Kugelkaktus als Ring von kreisförmigen Flecken zeigen, miteinander in Berührung sein müßten. Obwohl dabei tatsächlich der Pfröpfling sich schneller entwickelt, kann man das kaum durchführen, wenn der Durchmesser von Unterlage und Pfröpfling sich voneinander unterscheidet. Vorausgesetzt die Stämme sind in ihrem mittleren, holzigen Teil verbunden, dann geht die Pfropfung gut vonstatten, auch wenn die Ringe mit den kreisförmigen Flecken sich nicht berühren.

Man sollte bei der Prozedur alles gut vorbereiten, so daß die Schnittflächen während des Vorgangs nicht austrocknen können. Normalerweise hat man etwa eine Viertelstunde Zeit zwischen dem Anbringen von zwei Schnitten.

Die Spitze der Unterlage sollte 2–5 cm von oben mit einem sauberen Werkzeug (rostfreies Messer, Rasierklinge) abgeschnitten werden. Etwaige Rippen auf der Unterlage sollten paßgerecht abgeschrägt werden, damit sie sich nicht aufrichten können, wenn die Schnittfläche dann trocknet.

Die Spitze des Pfröpflings wird dann abgeschnitten und fest auf die Unterlage gepreßt, um die Luft herauszudrücken. Ist zuviel Zeit seit dem Abschneiden der Unterlage verstrichen, so daß die Oberfläche ausgetrocknet ist, muß man eine dünne Scheibe wegschneiden. Dank der Klebrigkeit des Saftes haften Unterlage und Pfröpfling aufeinander; man sollte sie aber ein paar Tage lang unter Druck halten. Am besten macht man das mit Gummiband oder mit Bastfäden, die man um Pfröpfling und Topfboden spannt. Ist der Pfröpfling weich oder meint man, das Band ist zu fest, so kann man mit einem weichen Stoff- oder Papierstreifen das Einschneiden verhindern.

Spaltpfropfungen werden durch einen V-förmigen Einschnitt in die Unterlage vorgenommen. Der untere Teil des Pfröpflings wird keilförmig zugeschnitten, so daß er in den Schlitz paßt. Den Pfröpfling befestigt man am besten mit einem Kakteenstachel, den man säubert, indem man ihn durch ein überflüssiges Stück Kaktus zieht.

Jede Pfropfung muß in der Wachstumsperiode durchgeführt werden, wenn genügend Saft vorhanden ist. Nach dem Pfropfen sollte man die Pflanze für ein paar Tage an einen sonnigen Platz stellen. Hat das Pfropfen Erfolg gehabt, kann die Pflanze vorsichtig bewegt und das Gummiband wieder abgenommen werden. Jedoch sollte die Pflanze weiterhin vorsichtig behandelt werden, da es mehrere Wochen dauern kann, bis die Verbindung wirklich fest ist. Die Unterlage sollte reichlich gegossen werden, dabei darf aber die Verbindungsstelle nicht naß werden.

Pfropfen von Sämlingen

Während das Pfropfen von ausgereiften Kakteen immer mehr aus der Mode kommt, wird das zeitweise Pfropfen

Rebutia senilis gepfropft auf Trichocereus schickendantzii als Unterlage. Zwei Gummibänder sind so zusammengeknüpft, daß sie nicht zu fest auf den Pfröpfling drücken.

Eine gelungene Aufpfropfung. Blühende Frailea cataphracta nach im Vorjahr erfolgten Aufpfropfen auf Hylocereus undatus. Fraileen kommen mit eigenen Wurzeln nicht gut fort und wird am besten aufgepfropft. Vor allem werden sie von Spezialisten gezüchtet, weshalb die Gattung nicht beschrieben wird.

von Sämlingen zunehmend beliebter. Der Hauptgrund dafür ist, daß die Sämlinge einiger Arten in ihrer Jugend sehr langsam wachsen. Wenn man sie ein oder zwei Jahre lang aufpfropft, dann vom Stock trennt und als Stecklinge anwurzeln läßt, so kann viel Zeit gespart werden.

Das Pfropfen von Sämlingen ist leicht. Als Unterlage eignet sich am besten ein schnellwüchsiger Sämling. Obwohl es Fälle gibt, in denen bei ausgereiften Kakteen Unterlage und Pfröpfling nicht zusammenpassen, so ist es nur sehr selten der Fall, wenn es sich bei beiden um Sämlinge handelt. Sämlinge von *Cereus peruvianus* werden oft als Unterlage benutzt, da ihre Samen leicht erhältlich sind, sie gut keimen und obendrein ihre Sämlinge rasch wachsen. Die *Cereus*-Sämlinge werden in 5 cm Abstand in Kästen ausgesetzt und wenn sie 5–7 cm groß sind, haben sie die richtige Größe.

Sämlinge des Pfröpflings werden, wenn sie groß genug sind, unmittelbar über den Keimblättern abgeschnitten. Die Spitze der Unterlage wird so abgeschnitten, daß die Schnittfläche groß genug ist, um den Pfröpfling aufzunehmen, den man einfach auf die Unterlage setzt. Gewöhnlich ist genügend Saft vorhanden, so daß der Pfröpfling haftet; wenn nicht, so drückt man mit einer Flachzange die Unterlage etwas zusammen, bis ein Tropfen Saft austritt.

Es ist nicht nötig, auf die Gefäßteile zu achten, die ohnehin bei so kleinen Pflanzen nicht sichtbar sind. Man sollte auch den Pfröpfling nicht aufdrücken, da er sonst verletzt werden kann. Erschütterungen muß man ebenfalls ein paar Tage lang vermeiden, danach aber können die Pflanzen ohne Schaden bewegt werden.

Manche Kaktussämlinge durchlaufen eine Jugendzeit von mehreren Jahren, besonders die von Blattkakteen, die in ihrer Jugend sehr dem *Aporocactus* ähneln und die erst blühen, wenn die typischen abgeflachten Stämme der Al-

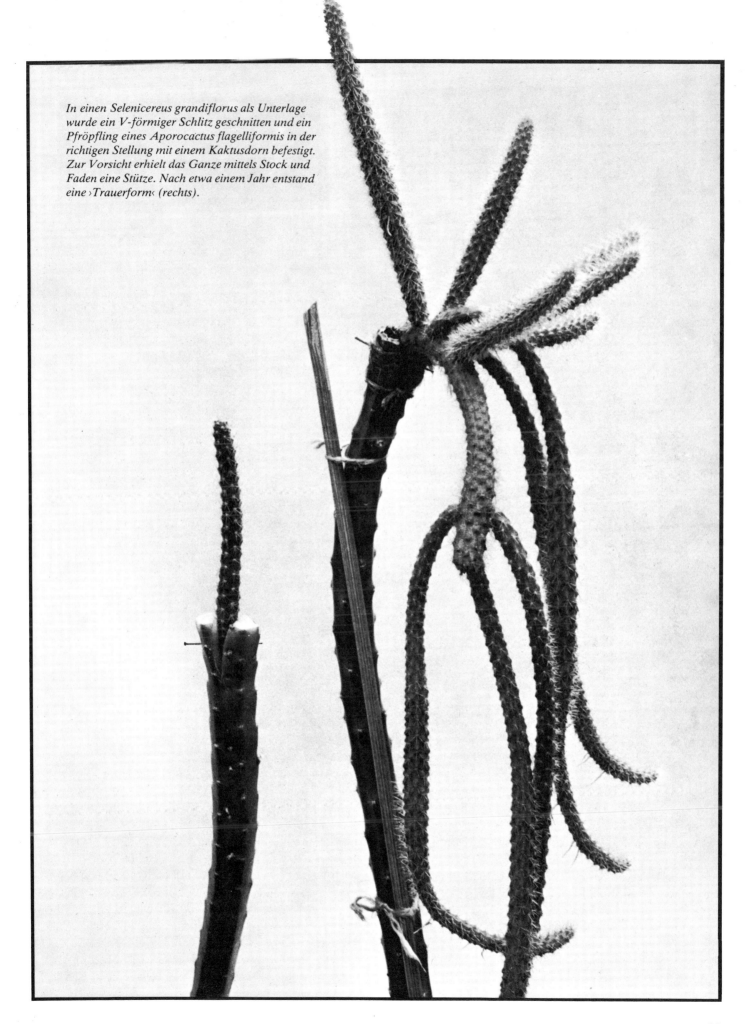

In einen Selenicereus grandiflorus als Unterlage wurde ein V-förmiger Schlitz geschnitten und ein Pfröpfling eines Aporocactus flagelliformis in der richtigen Stellung mit einem Kaktusdorn befestigt. Zur Vorsicht erhielt das Ganze mittels Stock und Faden eine Stütze. Nach etwa einem Jahr entstand eine ›Trauerform‹ (rechts).

Das Aufpfropfen eines Blattkaktus-Sämlings (rechts) auf einen ausgewachsenen Epiphyllum ›Cooperi‹ (links) bewirkt schnelleres Wachstum und frühere Reife. Etwa 1,5 cm werden von einem jungen Trieb waagrecht des Stammes abgeschnitten und dieselbe Länge rechtwinklig zum Stamm von der Spitze des Pfröpflings.

tersformen sich entwickeln. Diese Entwicklung wird sehr beschleunigt, wenn man die Sämlinge auf einen reifen Blattkaktus pfropft.

Ein schnellwüchsiges *Epiphyllum,* das viele Seitentriebe entwickelt, wie z. B. die schon lange gezüchtete Hybride 'Cooperi', eignet sich sehr gut. Man kann entweder die reife Pflanze verwenden oder man nimmt Stecklinge, die man in 7 cm Abstand in Kästen einpflanzt. Verwendet man Stecklinge als Unterlage, entwickelt der Pfröpfling viel mehr Triebe als bei einer reifen Pflanze. Allerdings dauert dies ein Jahr länger.

Ein sehr junger Trieb von 5–12 cm Länge eignet sich besonders gut zum Pfropfen. 6–12 mm werden von der Spitze abgeschnitten und ein Stück des Sämlings von etwa der gleichen Länge wird von der Spitze eines Triebes abgetrennt – bei einem sehr jungen Sämling kann es sogar die ganze Spitze sein. Dies wird dann mitten auf die Schnittfläche der Unterlage gelegt, wo es von selbst haftet, nach ein bis zwei Tagen sogar sehr fest. Alle anderen jungen Triebe sollten von der reifen Pflanze bzw. dem angewurzelten Steckling entfernt werden.

Besonders zu beachten ist, daß der Schnitt an der Unterlage waagrecht ist, wenn auch dabei kein rechter Winkel zum Trieb entsteht. Dagegen sollte der Pfröpfling im rechten Winkel zum Stamm abgeschnitten werden, wodurch er dann aufrecht auf der Unterlage steht.

Der Pfröpfling kümmert gewöhnlich einige Wochen lang, wächst aber dann kräftig. Meist entsteht ein wahrer Wald von jungen Trieben an der Basis des Pfröpflings, die man auf zwei oder drei reduzieren sollte. Wenn man den Pfröpfling auf der Unterlage zum Blühen bringt, so erfolgt dies zwar sehr früh, aber die Blüten sind nicht immer typisch. Deshalb entfernt man am besten Pfröpflinge, die die typischen flachen Stämme reifer Pflanzen entwickelt haben und pflanzt sie als Stecklinge ein. Dabei gewinnt man meist sehr schöne buschige Pflanzen.

Der Pfröpfling wird auf die Schnittfläche der Unterlage gebracht, wo er durch den austretenden klebrigen Saft haftet.

Krankheiten und Schädlinge

Kakteen und Sukkulenten werden selten von Krankheiten befallen; gut entwickelte Pflanzen sind meist dagegen immun. Plötzlicher Temperaturrückgang, vor allem in Verbindung mit Taubildung, kann Fäulnisflecken verursachen. Die fauligen Stellen kratzt man bis zum gesunden Gewebe weg und bestäubt sie dann mit Schwefelblüte. Dies heilt die Pflanze, hinterläßt aber Narben. Fault die Pflanze in Bodenhöhe oder darunter, so ist das fast immer auf schlechte Entwässerung oder Zuvielgießen zurückzuführen. Das erste Zeichen von Wurzelfäule ist oft ein Schrumpfen des Oberteils der Pflanze. Dann ist meist das Abschneiden der Spitze und ihr Wiedereinsetzen das einzige Heilmittel.
Schädlinge bilden heute kaum größere Probleme, während vor der Erfindung der chemischen Bekämpfungsmittel viel Schaden durch sie verursacht werden konnte, wie es heute nur noch bei mangelnder Pflege der Fall ist. Die meisten Schädlinge sind nicht typisch für Kakteen und Sukkulenten, sondern können bei vielen anderen Zimmerpflanzen vorkommen.

Blattläuse

Sie befallen bei Kakteen und anderen Sukkulenten gewöhnlich weniger den Pflanzenkörper (Stämme und Blätter), als vielmehr die Blüten.

Regenwürmer

Im Topf können sie den Wurzeln schweren Schaden zufügen, vor allem bei den Pflanzen, die mehr Feuchtigkeit brauchen, wie z. B. epiphytische Kakteen. Durch Warmstellen der Töpfe (20 bis 25 °C) kann man sie aus der Erde treiben.

Schmierläuse, Wolläuse

Sie sehen wie winzige Kellerasseln aus und bedecken sich und die Pflanzen mit einer weißen mehligen oder wolligen Substanz. Man muß sie sofort bekämpfen. Man spritzt bei Befall mit Kontaktgiften oder durch Gießen mit Systemgiften (z. B. Metasystox). Bei zwischen Blattenden oder an der Basis der Sprosse versteckt sitzenden Läusen ist eine mechanische Nachhilfe mit einem in die Giftlösung getauchten Pinsel empfehlenswert. Eine andere Art greift die Wurzeln an, was man am mehligen Aussehen der Wurzeln beim Herausnehmen aus dem Topf sofort merkt.

Rote Spinne (Spinnmilben)

Sie ist weder rot noch eine Spinne, sondern eine braune Milbe, die Netze spinnt, trockene Hitze liebt und vom Saft vieler Pflanzen lebt.

Schildläuse

Diese Insekten können, wenn man sie nicht bekämpft, viel Ärger verursachen. In ihrer Jugend sind sie sehr beweglich, aber später setzen sich die Weibchen an einem Platz fest, entwickeln eine harte Schicht und saugen Saft. Aus ihren Eiern schlüpft wieder ein mobiles Stadium.

Bei Kakteen und den meisten anderen Sukkulenten kann man mit Malathion-Mitteln die bisher erwähnten Schädlinge wirksam bekämpfen. Vorsicht! Junge Kakteen sind manchmal empfindlich.

Man sprüht diese Mittel in der üblichen Weise auf die Pflanzen; Schädlinge in der Erde werden durch Tränken des Bodens vernichtet. Ihr großer Nachteil ist, daß Vertreter der Familie *Crassulaceae,* zu der viele der beliebtesten Sukkulenten gehören, daran eingehen. Für diese Pflanzen verwendet man am besten andere Insektizide und probiert so lange, bis man jenes gefunden hat, das den jeweiligen Schädling vernichtet.

Wurzelälchen (Nematoden)

Es werden hauptsächlich von diesem Schädling Pflanzen an Wurzeln und Stämmen angegriffen, die man ins Freiland gesetzt hat.

Am besten schneidet man den oberen Teil der Pflanze ab und verwendet ihn als Steckling; der Rest der Pflanze muß ebenso wie Topf und Erde vernichtet werden.

Schnecken

Man vernichtet sie durch Gießen mit systemischen Mitteln, muß aber beachten, daß sie sich bei Tag oft verbergen und erst nachts die Pflanzen angreifen. Die sicherste Methode ist das Bestreuen des Bodens mit einem der im Handel befindlichen »Schneckenkorn«-Mittel, die die Schnecken anlocken und töten.

Farbbildteil

1 Abutilon megapotamicum
2 Abutilon striatum 'Thomsonii'
3 Acacia armata
4 Acacia dealbata
5 Acacia longifolia
6 Acalypha hispida

7 Achimenes heterophylla 'Little Beauty'

8 Adiantum tenerum

9 Adiantum trapeziforme

10 Adromischus cristatus

11 Adromischus rotundifolius

12 Aechmea chantinii

13
Aechmea
fasciata

14 Aeonium arboreum

15 Aeonium tabulaeforme

16 Aeschynanthus lobbianus

17 Agapanthus africanus

18 Agapanthus campanulatus

19 Agave americana marginata

20
Agave
americana
'Mediopicta'

21
Agave
angustifolia
'Marginata'

22
Agave filifera

23
Agave
victoriae-
reginae

24
Aglaonema
commutatum

25
Aglaonema
crispum
'Silver Queen'

26 Aglaonema treubii

27 Allamanda cathartica 'Grandiflora'

28 Allamanda neriifolia

29 Aloe variegata

30 Alonsoa warscewiczii

31 Amaryllis belladonna

32
Ananas
bracteatus
'Striatus'

33
Anchusa
capensis
'Blue Bird'

34
Anthurium
andreanum

35
Anthurium
scherzerianum

36
Aphelandra
squarrosa

37
Aporocactus
flagelliformis

38
Araucaria
excelsa

39
Arctotis
breviscapa

40
Arctotis ×
hybrida

41
Ardisia crispa

42
Aristolochia
elegans

43
Arum creticum

44
Asclepias
curassavica
'Aurea'

45 Asparagus densiflorus 'Sprengeri'

46 Aspidistra elatior

47 Asplenium bulbiferum

48 Asplenium nidus

49 Astrophytum ornatum

50 Asystasia bella

51 Babiana sambucina

52 Begonia coccinea

53 Begonia fuchsioides

54 Begonia haageana

55 Begonia manicata

56 Begonia masoniana

57 Begonia nitida 'Alba'

58 Begonia rex

59 Begonia semperflorens

60 Begonia socotrana 'Regent'

61 Begonia × tuberhybrida 'Corona'

62 Begonia × tuberhybrida 'Elaine Tartellin'

63 Begonia × tuberhybrida 'Guardsman'

64 Begonia × tuberhybrida 'Harlequin'

65 Begonia × tuberhybrida 'Mary Heatley'

66 Begonia × tuberhybrida Pendula

67 Beloperone guttata

68 Billbergia nutans

75 Bouvardia × domestica 'President Cleveland'

76 Browallia speciosa

77 Brunfelsia calycina 'Macrantha'

78 Bryophyllum uniflorum

79 Caladium bicolor

80 Calandrinia umbellata 'Amaranth'

81 Calathea insignis

82 Calathea makoyana

83 Calathea zebrina

84 Calceolaria × herbeohybrida 'Monarch'

85 Calceolaria × herbeohybrida 'Multiflora Nana'

86 Calceolaria integrifolia

87 Calceolaria pavonii
88 Callicarpa rubella
89 Callistemon citrinus
90 Callistemon speciosus
91 Camellia japonica 'Alba Simplex'
92 Camellia japonica 'Jupiter'

93
Camellia
japonica
'Adolphe
Audusson'

94
Camellia
japonica
'Tricolor'

95
Camellia
reticulata
'Captain
Rawes'

96
Campanula
isophylla

97
Campanula
isophylla
'Alba'

98
Canna ×
hybrida 'J.B.
van der Schoot'

99
Cantua
buxifolia

100 Capsicum annuum 'Fiesta'

101 Capsicum frutescens 'Chameleon'

102 Capsicum frutescens 'Fips'

103 Caralluma europaea

104 Cassia corymbosa

105 Cattleya 'Catherine Subod'

106 Celosia argentea Cristata

107 Celosia argentea Pyramidalis

108 Celsia arcturus

109 Cephalocereus senilis

110 Ceropegia woodii

111 Cestrum aurantiacum

112 Chamaecereus silvestrii

113 Chamaedorea elegans

114 Chamaerops humilis

115 Chirita sinensis

116 Chlorophytum elatum 'Variegatum'

117 Chorizema cordatum

118 Chrysanthemum (1) 'John Rowe'

119 Chrysanthemum (2) 'Parade'

120 Chrysanthemum (3) 'Fred Shoesmith'

121 Chrysanthemum (4) 'Peggy Stevens'

122 Chrysanthemum (5) 'Marion Stacey'

123 Chrysanthemum (6) 'Fairie'

124
Chrysanthe-
mum (7)
Cascade/Charm

125
Chrysanthe-
mum (7)
Korean

126
Chrysanthe-
mum (7)
'Portrait'

127
Chrysanthe-
mum (7)
Rayonnante

128
Cineraria
'Berlin Market'

129
Cissus
antarctica

130 Citrus mitis

131 Cleistocactus strausii

132 Clerodendrum speciosissimum

133 Clerodendrum thomsonae

134 Clerodendrum ugandense

135 Clianthus formosus

136 Clianthus puniceus

137 Clivia × cyrtanthiflora

138 Clivia miniata

139 Clivia nobilis

140 Cobaea scandens

141 Coccoloba uvifera

142 Codiaeum variegatum Pictum

143 Codiaeum variegatum Pictum 'Volcano'

144 Coelogyne cristata

145 Coelogyne ochracea

146 Coleus blumei

147 Coleus thyrsoideus

148
Coleus blumei

149 Columnea × banksii

150 Columnea gloriosa 'Purpurea'

151 Cordyline australis

152 Cordyline terminalis 'Firebrand'

153 Coronilla glauca 'Compacta'

154 Coryphantha echinus

155 Crassula argentea

156 Crassula falcata

157 Crinum × powellii

158 Crocus vernus 'Vanguard'

159 Crossandra undulifolia 'Mona Walhed'

160 Cryptanthus bivittatus

161
Cryptanthus
zonatus

162
Ctenanthe
oppenheimiana
'Tricolor'

163
Cunonia
capensis

164
Cuphea miniata
'Firefly'

165
Cuphea
platycentra

166
Cupressus
cashmeriana

167
Cycas revoluta

168
Cyclamen persicum

169
Cyclamen persicum

170
Cyclamen persicum
'Shell Pink'

171
Cymbidium Rosanna 'Pinkie'

172
Cymbidium Rosette

173
Cymbidium
Swallow
'Exbury'

174
Cymbidium
Vieux Rose

175
Cymbidium
lowianum

176
Cyperus
papyrus

177
Datura
cornigera
'Grand
Marnier'

178
Datura
sanguinea

179
Datura
suaveolens

180 Dendrobium aureum

181 Dendrobium nobile 'Virginale'

182 Dianella tasmanica

183 Dianthus 'Ballerina'

184 Dianthus 'Brocade'

185 Dianthus 'Fragrant Ann'

186
Dianthus
'Heather
Beauty'

187
Dianthus
'Helios'

188
Dicentra
spectabilis

189
Dicksonia
antarctica

190
Dieffenbachia
picta 'Exotica'

191
Dieffenbachia
picta 'Roehrsii'

192
Dionaea
muscipula

193
Dipladenia
splendens

194
Dizygotheca
elegantissima

195
Dracaena
deremensis

196
Dracaena
fragrans

197
Dracaena
godseffiana

198
Dracaena
marginata
'Variegata'

199
Drosera
capensis

200
Eccremocarpus
scaber

201
Echeveria
harmsii

202
Echinocactus
grusonii

203
Echinocereus
rosei

204
Echium
fastuosum

205
Epidendrum
brassavolae

206
Epidendrum
ibaguense

207
Epiphyllum ×
ackermannii

208
Epiphyllum
'Carl von
Nicolai'

209
Epiphyllum
'Cooperi'

210 Epiphyllum 'London'

211 Epiphyllum 'Eastern Gold'

212 Epiphyllum 'London Gaiety'

213 Epiphyllum 'Thalia'

214 Episcia cupreata 'Silver Sheen'

215 Episcia dianthiflora

216 Episcia fulgida

217 Erica canaliculata

218 Erythrina crista-galli

219 Eucalyptus globulus

220 Eucharis grandiflora

221 Eucomis comosa

222 Eupatorium atrorubens

223 Euphorbia fulgens

224 Euphorbia horrida

225 Euphorbia milii splendens

226 Euphorbia pulcherrima

227 Euphorbia pulcherrima 'Mikkel-Rochford Pink'

228 Euphorbia resinifera

229
Exacum affine
'Midget'

230
Fabiana
imbricata

231
× Fatshedera
lizei 'Variegata'

232
Fatsia japonica

233
Faucaria
tigrina

234
Ferocactus
latispinus

235
Ficus
benjamina

236
Ficus
diversifolia

237
Ficus elastica
'Decora'

238
Ficus elastica
'Doescheri'

239
Ficus pumila

240
Ficus radicans
'Variegata'

241 Fittonia argyroneura

242 Fittonia verschaffeltii

243 Freesia × hybrida

244 Fuchsia 'Arabella'

245 Fuchsia 'Impudence'

246 Fuchsia 'Leonora'

247 Fuchsia 'Swingtime'

248 Fuchsia 'Violet Gem'

249 Gardenia jasminoides 'Florida'/'Plena'

250 Gasteria brevifolia

251 Geogenanthus undarus

252 Gerbera jamesonii

253
Gerbera
jamesonii
'Farnell's
Strain'

254
Gladiolus
'Columbine'

255
Gladiolus
'Charm'

256
Gladiolus
tristis
'Christabel'

257
Globba
atrosanguinea

258
Gloriosa
superba

259
Guzmania
lingulata

260
Gymno-
calycium
baldianum

261
Gynura
aurantiaca

262
Haemanthus
katherinae

263
Haworthia
attenuata

264
Hedera
canariensis
'Variegata'

265 Hedera helix 'Glacier'
266 Hedera helix 'Gold Heart'
267 Hedera helix 'Lutzii'
268 Hedychium coccineum
269 Hedychium gardnerianum
270 Heliocereus speciosus

271 Heliotropium × hybridum

272 Hibiscus rosa-sinensis

273 Hibiscus rosa-sinensis 'Miss Betty'

274 Hibiscus rosa-sinensis 'The President'

275 Hibiscus rosa-sinensis 'Veronica'

276 Hibiscus waimeae

277 Hippeastrum

278 Hippeastrum 'Jenny Lind'

279 Hippeastrum 'Nivalis'

280 Hippeastrum aulicum

281 Hippeastrum × johnsonii

282 Hoya bella

283
Hoya carnosa

284
Hyacinthus

285
Hyacinthus
'Eros'

286
Hyacinthus
'Perle
Brillante'

287
Hydrangea
Hortensia

288
Hydrangea
'Hamburg'

289
Hydrangea
'Nieder-
sachsen'

290
Hymenocallis
caribaea

291
Hymenocallis
littoralis

292
Hypoestes
taeniata

293
Impatiens
balsamina

294
Impatiens
wallerana
petersiana

295 Hypocyrta glabra

296 Impatiens wallerana sultanii

297 Ipomoea purpurea 'Scarlett O'Hara'

298 Ipomoea tricolor

299 Ixia

300 Jacobinia carnea

301 Jacobinia coccinea

302 Jacobinia pauciflora

303 Jacobinia suberecta

304 Jasminum mesnyi

305 Jovellana violacea

306 Kalanchoe blossfeldiana 'Emma Lord'

307 Kalanchoe blossfeldiana 'Morning Sun'

308 Kalanchoe blossfeldiana 'Tom Thumb'

309 Kalanchoe millotii

310 Kalanchoe pumila

311 Kohleria eriantha

312 Lachenalia aloides

313 Lantana camara

314
Lapageria rosea

315 Lantana selloviana

316 Leptospermum cunninghamii

317 Leptospermum scoparium 'Nanum'

318 Leucadendron argenteum

319 Lilium auratum

320 Limonium suworowii

321 Lippia citriodora

322 Lithops salicola

323 Lycaste Auburn

324 Lycaste Auburn

325 Malvaviscus arboreus

326 Mammillaria bocasana

327 Mammillaria elongata

328 Mammilaria hahniana

329 Mammillaria zeilmanniana 'Alba'

330 Mandevilla suaveolens

331 Maranta leuconeura 'Erythrophylla'

332 Maranta leuconeura 'Kerchoveana'

333
Martynia
louisiana

334 Maurandia erubescens

335 Maurandia scandens

336 Maxillaria sanderiana

337 Medinilla magnifica

338 Miltonia Everest

339 Mitraria coccinea

340
Momordica
charantia

341
Monstera
pertusa

342
Moraea
iridioides

343
Musa
cavendishii

344
Mutisia
oligodon

345
Narcissus
'Double Event'

346
Narcissus
'Paperwhite
Grandiflora'

347
Neoregelia
carolinae
'Tricolor'

348
Nepenthes ×
'F. W. Moore'

349
Nephrolepis
exaltata
'Elegantissima'

350
Nerine
bowdenii

351
Nerine
sarniensis
'Miss E. Cator'

352
Neriwm
oleander

353
Nerium
oleander
'Variegata'

354
Nidularium
innocentii

355
Nopalxochia
phyllanthoides

356
Nymphaea
capensis
'Zanzibariensis
Rosea'

357
Odontoglossum
crispum

358
Nymphaea
stellata
'Dir. G. T.
Moore'

359
Odontoglossum
Kopan
'Lyoth Aurea'

360
Odontonia
Atheror
'Lyoth Majesty'

361
Odontonia
Olga 'Icefall'

362
Ophiopogon
jaburan
'Variegatus/
'Vittatus'

363
Oplismenus
hirtellus
'Variegatus'

364
Opuntia
decumbens

365
Opuntia
microdasys
'Albispina'

366
Ornithogalum
thyrsoides

367
Pachystachys
lutea

368
Pamianthe
peruviana

369
Paphiopedilum
insigne

370
Paphiopedilum
× maudiae

371
Parodia
chrysacanthion

372
Passiflora ×
allardii

373
Passiflora
edulis

374
Passiflora
quadrangularis

375
Pelargonium
crispum
'Variegatum'

376
Pelargonium ×
domesticum
'Doris Frith'

377 Pelargonium × domesticum 'Grand Slam'

378 Pelargonium × domesticum 'Kingston Beauty'

379 Pelargonium × hortorum 'Distinction'

380 Pelargonium × hortorum 'Fiat'

381 Pelargonium × hortorum 'Gazelle'

382 Pelargonium × hortorum 'Mr Henry Cox'

383
Pelargonium ×
hortorum
'Spitfire'

384
Pelargonium ×
hortorum
'Pink Harry
Hieover'

385
Pelargonium
peltatum
'Sussex Lace'

386
Pellaea
rotundifolia

387
Pellionia
pulchra

388
Pentas
lanceolata

389
Peperomia
argyreia

390
Peperomia
caperata

391
Peperomia
hederifolia

392
Peperomia
magnoliifolia
'Variegata'

393
Peristrophe
angustifolia
'Aurea-
variegata'

394
Philesia
buxifolia

395 Philodendron andreanum

396 Philodendron hastatum

397 Philodendron scandens

398 Phoenix roebelinii

399 Pilea cadierei

400 Pilea muscosa

401
Platycerium
bifurcatum

402
Pittosporum
tobira

403
Plectranthus
coleoides
'Marginatus'

404
Plectranthus
oertendahlii

405
Pleione
forrestii

406
Plumbago
capensis

407
Polianthes
tuberosa

408 Polypodium aureum

409 Primula kewensis

410 Primula malacoides

411 Primula obconica

412 Primula sinensis 'Dazzler'

413 Prostanthera ovalifolia

414
Protea
cynaroides

415 Punica granatum 'Flore Pleno'
416 Punica granatum 'Nana'
417 Rebutia
418 Rebutia minuscula
419 Rechsteineria cardinalis
420 Reinwardtia trigyna

421
Rechsteineria
leucotricha

422
Rhipsalidopsis
gaertneri

423
Rhipsalidopsis
rosea

424
Rhododendron
bullatum

425
Rhododendron
simsii
'Perle de Noisy'

426
Rhododendron
simsii
'Vervaeneana'

427
Rhododendron
taggianum

428
Rhoicissus
rhomboidea

429
Ricinus
communis
'Gibsonii'

430
Rochea
coccinea

431
Rondeletia
roezlii

432
Ruellia
macrantha

433
Saintpaulia
ionantha
'Diana Blue'

434 Saintpaulia ionantha 'Rhapsodie'

435 Santpaulia ionantha 'Rhapsodie'

436 Saintpaulia ionantha 'Rhapsodie'

437 Saintpaulia ionanthe 'Rhapsodie'

438 Salpiglossis sinuata 'Superbissima'

439 Salvinia auriculata

440
Sanchezia
nobilis

441
Sansevieria
trifasciata

442
Sansevieria
trifasciata
'Laurentii'

443
Sarracenia
purpurea

444
Sarracenia
purpurea

445
Saxifraga
stolonifera

446
Schizanthus
pinnatus

447
Schlumbergera
× buckleyi

448
Schlumbergera
'Königers
Weihnachts-
freude'/
'Christmas
Joy'

449
Schlumbergera
'Winter-
märchen'/
'Winter Tales'

450
Scindapsus
aureus
'Marble
Queen'

451
Sedum
rubrotinctum
'Aurora'

452
Sedum sieboldii
'Medio-
variegatum'

453 Sedum treleasei

454 Selaginella involvens argentea

455 Selaginella vogelii

456 Senecio citriformis

457 Senecio grandifolius

458 Senecio serpens

459 Sinningia regina

460 Sinningia speciosa Fyfiana

461 Smithiantha 'Elke'

462 Smithiantha 'Pink Domino'

463 Solanum capsicastrum

464 Solanum wendlandii

465 Sollya fusiformis

466 Sonerila margaritacea

467 Sparmannia africana

468 Spathiophyllum wallisii

469 Sphaeralcea umbellata

470 Stapelia variegata

471 Stephanotis floribunda

472 Strelitzia reginae

473 Streptocarpus × hybridus 'Constant Nymph'

474 Streptosolen jamesonii

475 Strobilanthes dyerianus

476 Tecomaria capensis

477 Telopea speciosissima

478 Tetrastigma voinieriana

479 Thunbergia alata

480 Thunbergia gregorii

481 Thunbergia natalensis

482 Tibouchina semidecandra

483
Tigridia
pavonia

484
Tigridia
pavonia
'Lutea'

485
Tillandsia
lindeniana

486
Tillandsia
usneoides

487
Torenia
fournieri

488
Tradescantia
fluminensis
'Quicksilver'

489
Trichocereus
candicans

490
Tropaeolum
tricolorum

491
Tulipa
'Brilliant Star'

492
Vallota speciosa

493
Veltheimia
viridifolia

494
× Venidio-
arctotis

495 Venidium decurrens

496 Venidium fastuosum

497 Vinca rosea

498 Vriesea fenestralis

499 Vriesea splendens

500 × Vuylstekeara

501 × Wilsonara Lyoth

502 Zantedeschia aethiopica

503 Zantedeschia elliottiana

504 Zantedeschia rehmannii

505 Zebrina pendula

506 Zephyranthes candida

Zimmer- und Gewächshauspflanzen von A–Z

Die Pflanzenbeschreibungen sind nach folgendem Schema gegliedert:

1. Beschreibung der Gattung. Die Überschrift besteht aus
botanischem Gattungsnamen,
botanischem Familiennamen,
deutschem Gattungsnamen (soweit vorhanden).

2. Beschreibungen der Arten. Die Überschrift besteht aus
botanischem Artnamen (Synonyme sind in Klammern angegeben: syn . . .),
deutschem Artnamen (soweit vorhanden).
Am Ende der Artbeschreibung ist die Heimat der Pflanze und bei abgebildeten Arten die
entsprechende Nummer aus dem Farbbildteil angegeben.

Sortennamen stehen in einfachen Anführungszeichen.
Varietäten sind durch die Abkürzung var.,
Hybriden durch das Multiplikationszeichen × ausgewiesen.

Der vollständige Name einer Pflanze besteht aus
Gattungs-, Art- und gegebenenfalls Sortennamen,
z. B. Achimenes coccinea 'Pulchella'.

Symbole

✤

Blütenschmuck

♠

Blattschmuck bzw. attraktive Gesamterscheinung

♣

Fruchtschmuck

A

Aasblume → Stapelia

Abutilon MALVACEAE Zimmerahorn, Schönmalve

Kräuter oder Sträucher, hauptsächlich aus warmen, gemäßigten Zonen, die zumindest im Winter Schutz durch einen Aufenthalt im Gewächshaus brauchen. Alle haben einfache, meist herzförmige, ganze, eckige oder gelappte Blätter und glocken- oder lampionförmige, 5blättrige Blüten. Für kühle Gewächshäuser in Töpfen oder Kübeln in lehmhaltiger Erde. Im Wintergarten werden sie 1,80 bis 2,40 m hoch, in Töpfen 0,90 bis 1,20 m. Vor praller Sonne schützen. Vermehrung durch Ableger im Sommer.

darwinii *
Bis ca. 1 m großer, immergrüner oder teilweise immergrüner Strauch, besonders geeignet für Berankung von Säulen. Die großen Blätter werden 15 cm lang, die unteren sind bis zu 7lappig, die oberen nur 3lappig. Im Frühjahr öffnet sich der samtige Blütenkelch; auffallende orangerote Blüten erscheinen, die 5 cm Durchmesser haben und von tiefroten Adern durchzogen sind. Brasilien.

× hybridum *
Eine Hybride von *A. darwinii* × *A. striatum*. Bildet einen hübschen, reich verzweigten Strauch mit großlappigen Blättern ähnlich der oben erwähnten Art. Die herabhängenden Blüten haben ca. 4 cm Durchmesser, und ihre Färbung reicht von Gelb über Orange und Rot bis Weiß. Es gibt viele bekannte Zuchtformen in Namensorten.

insigne *
Ein kleiner Strauch, der besonders wegen seiner winterlichen Blütezeit geschätzt wird. Die 5 cm großen Blüten sind gestielt; die weißen Blütenblätter sind von karminroten Adern durchzogen, während Stiele und Kelch anfangs von einem rötlichen Flaum bedeckt sind. Kolumbien.

megapotamicum *
Ein anmutiger, immergrüner Strauch, der an Mauern 1,80 m und in Töpfen 0,90 bis 1,20 m erreicht, mit hellgrünen, eiförmigen, zugespitzten Blättern. Die lampionförmigen, herabhängenden Blüten haben einen großen karminroten Kelch, gelbe Blütenblätter und ein Büschel von roten Staubfäden, das über letztere hinausragt. Der Gesamteindruck ist sehr hübsch; Blütezeit vom späten Frühjahr bis Oktober. Brasilien. **1**

× milleri *
Eine Hybride von *A. megapotamicum* × *A. pictum,* geeignet für die Außenwand von Gewächshäusern. Die großen, eiförmigen, gezähnten Blätter werden bis 15 cm lang und sind auffallend gelb gefleckt. Die Blüten, orangegelb und rot geädert, erscheinen während des ganzen Sommers.

striatum 'Thomsonii' *
Eine strauchartig wachsende Pflanze mit tief gelappten, ahornartigen, goldgelb gescheckten Blättern. Die einzelstehenden Blüten sind glockenförmig, dunkelorange und von vielen roten Adern durchzogen. Dankbare, anspruchslose Zimmerpflanze. Brasilien, Uruguay, Argentinien. **2**

Acacia LEGUMINOSAE Mimose

Eine Gattung von immergrünen Sträuchern oder Bäumen, vor allem aus Australien und Südafrika. Typisch für die meisten Arten ist, daß die Blätter verkümmert sind oder fehlen. An ihrer Stelle stehen blattartig verbreiterte Blattstiele, sog. Phyllodien. Obwohl viele in ausgewachsenem Zustand große Bäume sind, kann man sie leicht im kühlen Gewächshaus oder Wintergarten, im Topf oder Kübel halten; man muß sie aber, außer in sehr milden Gebieten, vor Kälte schützen. Heideerde mit Lehm- und Sandzusätzen verwenden und bei warmem Wetter lüften. Vermehrung im Frühjahr durch Samen oder im Sommer durch Stecklinge.

armata * ♠
Dankbare und wertvolle Zimmerpflanze bis 3 m Höhe. Die Phyllodien sind dunkelgrün, schmal, länglich und stachlig zugespitzt. Sie heben sich gut gegen die gelben, flaumigen Blüten ab, die im April erscheinen. Australien. **3**

baileyana * ♠
Schöner Strauch oder kleiner Baum mit paarig-gefiederten, graugrünen, herabhängenden Blättern, die aus zahlreichen kleinen Blättchen bestehen. Die gelben Blüten bilden bis zu 10 cm lange, hängende Trauben und öffnen sich im April. Australien.

cultriformis * ♠
Strauch bis zu 1,80 m Höhe, mit schlanken Zweigen und graugrünen, zugespitzten Phyllodien. Die Blüten bilden kleine gelbe Kugeln und stehen in aufrechten Trauben; sie erscheinen im Frühjahr. Neusüdwales.

dealbata (syn. **A. decurrens var. dealbata**) * ♠
Ein herrlicher Baum, der besonders für große Gewächshäuser und Wintergärten geeignet ist. Er kann 7,50 m hoch werden. Die farnartigen Blätter sind in der Jugend von silbrigem Flaum bedeckt. Die gelben Blüten sitzen an lang herabhängenden Trieben und duften. Der Wert dieser Pflanze wird dadurch gesteigert, daß sie in geheizten Gewächshäusern, oft auch im Zimmer, im Dezember blüht. Australien. **4**

drummondii * ♠
Ein Strauch von bis zu 3 m Höhe, mit langen, gegliederten Blättern und zitronengelben, zylinderförmigen Blütenähren, die in den Blattachseln stehen. Eignet sich gut als Topfpflanze und blüht im Frühling. Westaustralien.

farnesiana * ♠
Kleiner Baum von bis zu 6 m Höhe. Er hat unbehaarte, paarig-gefiederte Blätter und kugelförmige, gelbe Blüten. Sie blühen im Februar und März und verbreiten einen herrlichen Duft. Australien, aber wahrscheinlich aus Amerika stammend.

longifolia * ♠
Baum oder großer Strauch bis 6 m Wuchshöhe mit ausgesprochen langen, blattartigen Phyllodien, die weißlich-grün sind, so daß die Pflanze einer Weide ähnelt. Ihre hellgelben, kugeligen Blütenköpfe stehen in aufrechten, achselständigen Trauben. Eine sehr dankbare Zimmerpflanze, sofern genügend Platz vorhanden. Australien. **5**

podalyriifolia * ♠
3 m hoher Strauch mit in der Jugend weißen, flaumigen Zweigen. Die blattartigen Phylloiden schimmern ebenfalls silbern und haben in ihren Achseln Büschel von bis zu 20 kugelförmigen gelben Blütenköpfchen. Sie erscheinen im Winter, was zum Wert der Pflanze beiträgt. Australien.

ACA

riceana ✽ ♠
Ein auffallender kleiner Baum mit Zweigen wie bei einer Trauerweide, der 4,50 m Höhe und mehr erreicht. Die Phyllodien sind dornig zugespitzt; die in Ähren stehenden Blütenköpfe sind hellgelb. Besonders geschätzt als Kletterpflanze für Spaliere. Australien, Tasmanien.

verticillata ✽ ♠
Kräftiger Strauch von bis über 3 m Höhe. Die spitzen Phyllodien wachsen in Quirlen; die festen, zylindrischen Blütenähren sind hellgelb. Sie erscheinen im Frühjahr in großer Zahl. Diese Art ist besonders geeignet für größere, kühle Gewächshäuser und Wintergärten; für Blumentöpfe weniger. Australien, Tasmanien.

Acalypha EUPHORBIACEAE
Eine in den wärmeren Gebieten der Erde beheimatete Gattung, die vor allem wegen ihrer großen, hübsch gefärbten Blätter sehr geschätzt wird. Mit Ausnahme der *A. hispida* sind die Blüten klein und unansehnlich. Die Vertreter dieser Gattung gedeihen am besten bei viel Wärme, Licht und Luftfeuchtigkeit. Im Sommer vor direkter Sonneneinstrahlung schützen. Man verwende lehmhaltige Erde oder eine geeignete Torfmischung. Vermehrung durch Stecklinge im Frühjahr oder Sommer.

hispida ♠
Strauch von 3 bis 4,5 m Höhe. Sie hat eiförmige, spitz zulaufende, immergrüne Blätter und rote Blüten, die in langen, herabhängenden, quastenförmigen Kätzchen ausgebildet sind (bis 50 cm lang!). Sie verlangen eine Mindesttemperatur von 16 °C (besser mehr!), um entsprechend zu gedeihen. Neuguinea. **6**

wilkesiana ♠
Strauch bis 1,80 m und darüber, der vor allem wegen seiner kupferfarbigen Belaubung mit scharlachroten Flecken geschätzt wird. Es gibt verschiedene Züchtungen mit unterschiedlichen Blattzeichnungen. Südseeinseln.

× Achimenantha → × Eucodonopsis

Achimenes GESNERIACEAE
Buschige, krautige, ausdauernde Gattung mit seltsam schuppigen, knollenartigen Wurzelrhizomen. Die Farbe der Blüten, die in großer Zahl erscheinen, reicht von Rosa bis Purpurrot, von Gelb bis Weiß. Alle Arten und Zuchtformen sind ausgezeichnete, gut haltbare Topfpflanzen; jede torfhaltige Erdmischung ist geeignet. Die Knollen werden im Frühjahr in Töpfe eingepflanzt. Zunächst gießt man nur wenig, dann mehr; im Herbst läßt man sie austrocknen. Im Sommer schattig halten und für genügend Luftfeuchtigkeit sorgen. Die Vermehrung erfolgt durch Auslegen der Schuppenrhizome direkt in den Endtopf.

coccinea ✽ ♠
Hübsche, etwa 50 cm hohe Art mit hellgrünen, gegenständigen oder zu dritt stehenden Blättern und kleinen, intensiv scharlachroten Blüten, die von August an erscheinen. Jamaika, Mexiko bis Panama, Peru.
'Pulchella' hat Blüten, die in der Mitte gelb gefleckt sind.
'Rosea' besitzt Blüten mit dunklem Auge.

grandiflora ✽ ♠
Diese Art wird 40 bis 50 cm hoch. Die Blätter sind grün, unterseits rostfarben, die Blüten purpurrosa mit weißem Auge. Mexiko.

heterophylla ✽ ♠
Eine schlankwachsende Art, die 30 cm hoch und höher wird, mit reichem smaragdgrünen Laub. Die im Juli erscheinenden Blüten sind außen scharlachrot und innen gelborange. Mexiko, Guatemala.
'Little Beauty' ist buschiger und hat leuchtende, dunkelrosa Blüten. **7**

longiflora ✽ ♠
Eine Art mit schmalen Ranken und ovalen, zugespitzten, behaarten Blättern. Ihre Oberseite ist grün, die Unterseite oft rötlich. Die Blüten, die 8 cm lang werden können, sind in der Farbe sehr unterschiedlich, gewöhnlich violett, aber auch rosa und blau. Die meisten haben ein weißes Auge. Mexiko bis Panama.
'Alba' ist die auffallendste Sorte, fast rein weiß mit einem kleinen purpurroten Fleck in der Mitte.

mexicana (syn. A. scheeri) ✽ ♠
Buschige ausdauernde Art mit kräftigen behaarten Stengeln und ovalen, samtigen, bis 12 cm langen Blättern. Die behaarten Blüten werden 4 bis 5 cm lang und sind außen purpur-blau, innen weiß. Mexiko.

Acokanthera → Carissa

Acorus ARACEAE Kalmus

gramineus 'Argenteostriatus'
Dichte, buschige, feuchtigkeitsliebende, grasartige Pflanze. Die Blätter werden 20 bis 25 cm lang und sind grün mit einem weißen Streifen. Die kleinen keulenförmigen Blütenähren sind unbedeutend. Eignet sich gut als Topfpflanze für kühlere Zimmer und kühle oder ungeheizte Gewächshäuser. Wächst in lehmhaltiger Erde und benötigt ständig Feuchtigkeit, Vermehrung durch Teilung im Frühjahr. Japan.

Adiantum POLYPODIACEAE Frauenhaarfarn
Eine Gattung zierlicher, schattenliebender Farne mit fein geschlitzten Wedeln und drahtigen, schwarzen Stengeln. Sie brauchen feuchte Luft und sind ausgezeichnete Pflanzen für schattige Gewächshäuser. Man zieht sie in Töpfen mit Spezialerde. Vermehrung durch Teilung oder Sporen im Frühjahr.

capillus-veneris ♠
Immergrüne Art mit mattgrünen, dreckigen Wedeln und tief fächerförmig eingeschnittenen Blättchen. Jeder Wedel wächst 15 bis 20 cm hoch, biegt sich dann und hängt herunter. Die Art wächst in vielen Teilen der Welt. Als Topfpflanze gedeiht sie gut in Gewächshäusern bei niedrigen Temperaturen und sät sich oft selbst an feuchten, schattigen Wänden aus.

cuneatum → A. raddianum

hispidulum ♠
Hübsche Art mit gegabelten Wedeln, was den Eindruck von Zweigen vermittelt. Die behaarten, abgerundeten Blättchen fühlen sich ledrig an und sind bei jungen Pflanzen braunrot. Tropen.

raddianum (syn. A. cuneatum) ♠
Ein dem *A. capillus-veneris* ähnlicher Farn mit sehr fein gefiederten Wedeln, die zierlich nach außen hängen. Gedeiht in warmen Gewächshäusern. Brasilien. Eine Reihe von Namenssorten werden angeboten:

'Fritz-luthii' wird wegen ihrer auffallenden Erscheinung mit langen, schmalen Wedeln häufig gezogen.

'Fragrantissimum' hat schwach duftende, bis 30 cm lange Wedel.

tenerum ♦
Die Art hat bis zu 90 cm lange Wedel. Die Blättchen sind gestielt und haben, solange sie jung sind, einen rosigen Schimmer. Wärmeliebend. Westindische Inseln.

'Farleyense' wird für die beste Sorte gehalten und ist vielleicht das schönste *Adiantum*, das sich in Töpfen ziehen läßt. Sie hat auffallend zierliche, bortenartige Wedel, deren Blättchen an der Basis gekräuselt sind. Anspruchsvoll, vor allem empfindlich gegen Nässe. **8**

trapeziforme ♦
Diese Art hat kräftige Wedel mit großen, leuchtend grünen, bis zu 5 cm großen Fiederblättchen, die ganzrandig und dreieckig sind. Benötigt Wärme und Feuchtigkeit. Tropisches Amerika. **9**

venustum ♦
Eine besonders hübsche Art, die in kühlen oder kalten Gewächshäusern gedeiht. Sie hat dreieckige Wedel und gewölbte Fiederblättchen, die in der Jugend bronzefarben bis rosa sind und später grün werden. Himalaja.

Adromischus CRASSULACEAE

Kleine, fleischige Stauden oder Sträucher aus Süd- und Südwestafrika, erreichen 15 cm Durchmesser und besitzen einen harten verholzten Stamm, der häufig von langen, lockenartigen, braunen Haaren (Überreste von Luftwurzeln) bedeckt ist. Die dicken fleischigen Blätter sind oft gesprenkelt oder anders gezeichnet. Blüten unauffällig. Für die Pflege gilt dasselbe wie für die Erdsukkulenten (siehe Einführung). Die Ruhezeit, in der auch etwas gegossen werden muß, ist im Sommer. Für den Rest des Jahres benötigen sie helles Licht und mäßiges Gießen. Seitentriebe sind selten; die Vermehrung geschieht durch Blattstecklinge oder Samen. Im Winter brauchen sie zum Wachstum eine Temperatur von 10 bis 13 °C. *Adromischus* wurde früher bei der Gattung *Cotyledon* geführt.

cooperi (syn. A. festivus) ✽ ♦
Die rosaroten 15 mm langen Blüten erscheinen im Frühling. Die zylindrischen bis kissenartigen Blätter werden an Basis und Spitze keilförmig schmäler; ihr Rand ist mehr oder weniger gewellt. Sie sind graugrün mit dunklen Flecken. Am Stamm rötliche Haare. Südafrika.

cristatus ✽ ♦
Ähnelt stark der *A. cooperi*, die Blätter sind jedoch mehr grün und ihre Flecken weniger ausgeprägt. Blüht im Frühjahr. Südafrika. **10**

maculatus ✽ ♦
Die im Frühjahr erscheinenden Blüten sind 15 mm lang und grün mit rosa- bis dunkelroten Spitzen. Die Blätter sind nierenförmig, oben flach, unten stark gewölbt, mit hartem Rand, ihre Färbung graugrün mit vielen roten bis braunen Flecken. Die Stämme sind kurz und kräftig. Südafrika.

rotundifolius ✽ ♦
Die Blüten sind 15 mm lang, rosa und erscheinen im Frühling. Die Blätter sind rundlich grün und von einer Wachsschicht überzogen. Ihre Oberseite ist nach innen gewölbt, die Unterseite nach außen, der Rand ist hornartig. Sie haben ein bis 20 cm langes, dickes Stämmchen, das im Alter am Boden aufliegt. Südafrika. **11**

Aechmea BROMELIACEAE

Die gewöhnlich gezüchteten Vertreter dieser Gattung sind Epiphyten mit breiten oder röhrenförmigen Blattrosetten, die in der Mitte eine wasserspeichernde Zisterne bilden. Die Blüten entwickeln sich zwischen farbigen Deckblättern (Brakteen), die sich wochenlang halten. Sie vertragen keine kalkhaltige Erde, sondern brauchen eine Bromelien-Spezialerde. Sonst stellen sie keine besonderen Ansprüche. Man sollte sie mit Regenwasser gießen und darauf achten, daß die Zisterne im Inneren des Blattschopfes immer mit Wasser gefüllt ist. Besprühen der Blätter mögen sie gern; im Sommer benötigen sie viel Wasser. Auch im Winter, wo sie 10 bis 13 °C verlangen, dürfen sie nicht austrocknen. Sie vertragen aber auch noch niedrigere Temperaturen. Vermehrung erfolgt durch Abtrennen von Seitentrieben (Kindel), die sich nach dem Verblühen bilden, wenn die Mutterpflanze abstirbt. Man trennt die Kindel mit einem scharfen Messer ab, trocknet sie 1 bis 2 Tage und setzt sie in Bromelienerde ein.

bracteata (syn. A. barleei) ✽ ♦
Ihre Blüten sind hellgelb, die unteren Brakteen rot, die oberen grün. Sie bilden Rispen auf einem bis zu 30 cm langen Stamm. Die Blüten erscheinen im September. Aus ihnen entstehen später glänzende grüne und rote Beeren. Die Blätter sind streifenförmig, am Rande mit widerhakenähnlichen Stacheln versehen und werden bis zu 90 cm lang. Mexiko bis Kolumbien.

chantinii (syn. Billbergia chantinii) ✽ ♦
Ihre Blüten sind gelblich bis rötlich und stehen in Rispen aus lachs- bis orangefarbenen Brakteen. Sie erscheinen im Sommer. Die Blätter werden 30 cm lang und 5 cm breit. Sie sind unterschiedlich gefärbt und weisen meist weiße Bänderungen auf. Man vermehrt die Pflanze durch Wurzelsprosse (Kindel), die von der Mutterpflanze getrennt werden können. Brasilien, Peru. **12**

fasciata (syn. Billbergia rhodocyanea) Lanzenrosette ✽ ♦
Wichtigste Art. Ihre hellblauen bis rosaroten Blüten bilden zusammen mit den rosaroten Deckblättern ein dichtes Büschel von etwa 15 cm Länge und erscheinen im Sommer. Die etwa 50 cm langen und 10 cm breiten Blätter sind silbergrau quergestreift. Diese Art ist heute sehr beliebt und leicht zu halten. Der Blütenstand behält monatelang seine Farbe. Nach der Blütezeit entwickeln sich Kindel, die man belassen kann, wenn man eine ansehnliche Pflanze wünscht, die man aber auch von der Mutterpflanze getrennt einpflanzen kann. Brasilien. **13**

fulgens ✽ ♦
Blüten dunkelrot, Kelchblätter und Blütenstengel scharlachrot; etwa 50 Blüten bilden eine verzweigte, ungefähr 15 cm lange Rispe. Die 30 cm langen und 5 cm breiten Blätter sind schwertförmig und bilden eine schmutzig-grüne, offene Rosette von bis zu 25 cm Höhe. Brasilien.

var. *discolor*: Diese Varietät ist häufiger als die eigentliche Art. Ihre Blätter sind unterseits violettrot.

Aeonium CRASSULACEAE

Diese Sukkutenten-Gattung ist nahe verwandt mit der Gattung *Sempervivum*, mit der sie viel Ähnlichkeit hat. Die fleischigen Blätter sind in dichten Rosetten angeordnet und können glatt oder behaart sein. Die sternförmigen Blüten stehen in verzweigten Büscheln. Manche Arten gedeihen in den wärmeren Gebieten der mittleren Breiten auch im Freien. Man zieht sie im kühlen, luftigen Gewächshaus in einer Spezial-Kakteenerde. Während des Sommers hält man sie gut feucht, im Winter dagegen trocken. Vermehrung erfolgt durch Ableger im Frühjahr.

arboreum ✱ ♦
Die 5 bis 7 cm großen Blätter sind in Rosetten angeordnet. Sie sind glänzend, unbehaart und stehen an der Spitze der kräftigen, hellbraunen Äste. Die Blüten erscheinen von Januar bis März, sind hellgelb, sitzen auf schlanken Stielen und bilden einen eiförmigen Blütenstand von 10 cm Länge. Die Pflanze kann fast 1 m hoch werden. Portugal, Marokko und ostwärts bis Kreta. **14** 'Foliis-purpureis' hat dunkel-purpurfarbene Blätter.

haworthii ✱ ♦
Eine buschige Art von 60 cm Höhe mit verholzten Ästen, die die Blattrosetten tragen. Die Blätter sind graugrün, fleischig und haben einen roten, gezähnten Rand. Die Blüten sind hellgelb mit einem rosaroten Schimmer und erscheinen im April und Mai. Kanarische Inseln.

simsii ✱ ♦
Buschartige, ausdauernde Art, die häufig Ableger hervorbringt. Die gestreiften Blätter bilden flache Rosetten und weisen an ihrer Unterseite Drüsen auf. Die goldfarbenen Blüten entwickeln sich in Büscheln auf 10 cm langen Stengeln. Sie erscheinen im April und Mai. Kanarische Inseln.

tabulaeforme ✱ ♦
Die dichte Rosette aus 100 bis 200 dicht beisammen stehenden, wachsartigen, grünen Blättern bildet eine flache, untertassenförmige Pflanze, die eine Fläche von mehr als 30 cm Durchmesser einnehmen kann. Der Blütenstengel wird 30 bis 60 cm hoch und trägt eine vielfach verzweigte Traube von gelben Blüten. Sie erscheint im Juli und August und wird etwa 30 cm lang. Die Rosette sollte sich nicht genau in der Mitte des Pflanzgefäßes befinden, damit Wasser ablaufen kann. Kanarische Inseln. **15**

undulatum ✱ ♦
Eine aufrechte, nicht oder nur wenig verzweigte Art von etwa 1 m Höhe. Die ovalen spatelförmigen Blätter stehen in einer Rosette am Ende des Stammes. Die gelben Blüten bilden ein Büschel von 30 bis 60 cm Länge und Durchmesser. Kanarische Inseln.

Aerangis ORCHIDACEAE
Die Gattung umfaßt immergrüne Orchideen, deren Blüten lange, schwanzförmige Sporne tragen. Ihre Heimat sind die Tropen. Dort wachsen sie auf den Ästen von Bäumen (Epiphyten). Man sollte sie in mit vielen Löchern versehenen Töpfen oder in Körben im warmen Gewächshaus halten und ein spezielles Substrat aus gleichen Teilen Königsfarn und Sphagnum (Sumpfmoos) verwenden. Im Sommer halte man die Pflanzen schattig und sorge für Luftfeuchtigkeit. Die Vermehrung erfolgt durch Teilung oder durch Stecklinge im Frühjahr. Die Arten dieser Gattung werden gelegentlich der Gattung *Angraecum* zugerechnet.

biloba ✱
Diese Art besitzt herunterhängende Stengel von 15 bis 30 cm Länge, an denen bis zu 12 weiße oder rosarote Blüten sitzen, die 2,5 bis 5 cm groß sind und orangefarbene Sporne besitzen. Sie blühen von Oktober bis Dezember und duften besonders nachts stark. Die schmalen Blätter sind dick und blaugrün und haben einen Einschnitt an der Spitze. Tropisches Afrika.

kotschyi ✱
Eine auffällige Pflanze mit bogenförmigen, herabhängenden Trieben und weißen, 2,5 bis 4 cm großen Blüten. Diese fallen besonders durch den lachsfarbenen, 15 bis 20 cm langen, mit zwei spiraligen Windungen versehenen Sporn auf. Die Blütezeit reicht von Juli bis September. Tropisches Afrika.

rhodosticta ✱
Früh im Sommer blühende Art mit weißen Blüten, deren Lippe doppelt so breit ist wie die anderen Blütenblätter. Der Sporn hat eine grüne Spitze und das »Säulchen« ist leuchtend orangerot. An den herabhängenden Trieben, die über 20 cm lang werden können, entwickeln sich bis zu 12 Blüten. Kenia bis Kamerun.

thomsonii ✱
Eine besonders hübsche Art mit einem dicken, 45 bis 70 cm hohen Stamm, gestreiften Blättern und gebogenen, herabhängenden Blütenähren. Die glänzend-weißen Blüten haben einen Durchmesser von 4 bis 7 cm und helle, bronzefarbene Sporne von 15 cm Länge. Die Blüten duften zart. Japan.

Aerides ORCHIDACEAE
Diese epiphytisch wachsenden Orchideen gedeihen besonders gut im warmen Gewächshaus in Körben. Die etwas fleischigen Blätter sind streifenförmig, mittelgrün und an der Spitze abgerundet. Die wachsartigen Blüten duften bei allen Arten, stehen in zylinderförmigen Blütenständen und haben einen nach oben gebogenen Sporn. Am besten pflanzt man auch diese Orchideen in mit vielen Löchern versehene Schalen, die eine spezielle Mischerde aus gleichen Teilen Königsfarn und Sphagnum (Sumpfmoos) enthält. Man halte die Pflanzen während des Sommers schattig und sorge für Luftfeuchtigkeit. Vermehrung durch Teilung oder Ableger.

crispum ✱
Die Blüten haben einen Durchmesser von 5 cm und eine purpurne Färbung. Sie weisen eine dreifach gebuchtete Lippe auf, wobei der mittlere Lippenteil am Rande gefranst ist. Die Blüten befinden sich an gebogenen, nach unten hängenden Stengeln von bis zu 45 cm Länge und erscheinen von Juni bis August. Westindien.

falcatum ✱
Zwergform mit kurzem Stamm und blaugrünen, ledrigen und zylindrischen Blättern. Die Blüten sind weiß, haben einen rötlichen Schimmer und dunkelrote Tupfen. Sie haben einen Durchmesser von 3 cm und einen kurzen Sporn und entwickeln sich von April bis Juli an 50 cm langen Stengeln. Indien, Kambodscha.

japonicum ✱
Die weißen Blüten von 2 cm Durchmesser haben braunrote Streifen sowie eine violette Linie und Flecken auf der Lippe. Blütezeit von Mai bis Juli. Diese Art benötigt im Winter niedrigere Temperaturen. Japan.

odoratum ✱
Die 2,5 cm großen, weißen Blüten sind an den Spitzen der Kelchblätter und an zwei Blütenblättern rot getönt. Die Lippe weist rote Tupfen auf. Die Blüten sitzen an herabhängenden Stielen von 45 cm Länge, die vom Hauptstamm bogenförmig ausgehen. Die Blätter sind dunkelgrün und länglich. Blütezeit von Juni bis August. Südostasien.

Aeschynanthus (syn. Trichosporum) GESNERIACEAE
Eine Gattung immergrüner, ausdauernder Epiphyten mit gegenständigen, fleischigen oder ledrigen Blättern. Die auffallenden Blüten sind röhrenförmig und halten lange. Zum guten Gedeihen benötigen die Arten dieser Gattung Wärme und besonders während der Blütezeit Feuchtigkeit. Man zieht sie in Töpfen oder Körben mit einer speziellen Erdmischung und hält im Sommer die Sonne von ihnen fern. Vermehrung erfolgt durch Stecklinge von Triebspitzen oder -abschnitten im Frühjahr oder zur Blütezeit.

boscheanus ✱ ♦
Eignet sich gut für Hängekörbe und wird etwa 30 cm hoch. Die Blätter sind eiförmig, die Blüten scharlachrot, die Blütenkrone doppelt so lang wie der braunrote, glockenförmige Kelch. Blütezeit im Juli. Java.

lobbianus ✱ ♦
Eine niedrige oder kriechende Art mit kleinen, glänzenden, graugrünen Blättern und endständigen Blütenbüscheln. Die Blüten sind außen karmesinrot, innen cremegelb und haben lange röhrenförmige Kelche. Blütezeit Mai bis Juli. Java. **16**

marmoratus ✱ ♦
Kriechende Art mit schönen, wächsernen Blättern, bis 8 cm lang, auf der Oberseite dunkelgrün mit einem Netz von gelbgrünen Adern, auf der Unterseite dunkelrot. Die Blüten sind grün, haben eine schokoladenbraune Zeichnung und erscheinen von Juni bis September. Die Pflanze wird aber besonders wegen der Blätter geschätzt. Südostasien.

pulcher ✱ ♦
Eine kriechende Art mit herabhängenden Zweigen, mit kleinen, wächsernen, hellgrünen Blättern und leuchtenden 3 bis 6 cm großen, röhrenförmigen Blüten, außen zinnoberrot, innen gelb. Blütezeit meist Juni. Ausgesprochen gute Zimmerpflanze. Java.

speciosus ✱ ♦
Kräftige Pflanze mit großen, hellgrünen Blättern, mit biegsamen, bis zu 60 cm langen Stengeln und hübschen röhrenförmigen Blüten, die in Büscheln von 10 cm Länge stehen. Sie sind leuchtend orange bis scharlachrot, am Grunde gelblich, und erscheinen von Juli bis September. Java.

Agapanthus LILIACEAE

Die Gattung umfaßt ausdauernde Pflanzen, die in Südafrika beheimatet sind. Viele Arten sind in mildem Klima oder in geschützter Lage winterhart, aber sie gedeihen besser, wenn man sie im Winter in ein kühles Gewächshaus stellt. Alle *Agapanthus*-Arten haben lange, streifenförmige, grüne Blätter, und köpfchenförmige Blütenstände mit vielen trichterförmigen Blüten an langen Stengeln. Man zieht die Pflanzen in großen Töpfen oder Kübeln, wobei man nährstoffreiche Blumenerde verwendet. Im Sommer brauchen sie viel frische Luft. Vermehrung durch Samen oder Teilung im Frühjahr.

africanus ✱
Sehr schöne Art, bis 75 cm hoch, mit vielen immergrünen Blättern und hübschen, großen, köpfchenförmigen Blütenständen, auf denen blaue oder violettblaue Blüten sitzen. Sie werden 5 cm lang und erscheinen von Juni bis September. Am besten setzt man diese Art in großen Töpfen oder Kübeln an die Sonnenseite des Hauses; sie ist jedoch nicht ganz winterhart und muß vor Frost geschützt werden. Südafrika. **17**

campanulatus ✱
Laubabwerfende Art, die bis 45 cm hoch wird. Die Blüten sind himmelblau, glockenförmig; ihre Öffnungen sind bis 3 cm groß. Sie bilden im Spätsommer köpfchenförmige Blütenstände. Südafrika. **18**

inapertus ✱
Großwüchsige Art, bis 120 cm hoch, mit streifenförmigen Blättern, die jährlich abgeworfen werden. Die herabhängenden Blüten sind glockenförmig, dunkel- bis violettblau und entwickeln sich im August in vielblütigen, lockeren Köpfchen. Südafrika.

praecox ✱
Auch als *A. umbellatus* bekannt. Eine der häufigsten bei uns gezogenen *Agapanthus*-Arten. 60 bis 75 cm hoch, mit immergrünen Blättern. Blüten hell- bis leuchtend blau oder weiß, erscheinen ab Juli in dichten Köpfchen von bis zu 100 Einzelblüten. Die Art ist nur beschränkt winterhart und muß von Herbst bis Frühjahr eingeräumt werden (Keller oder Gewächshaus). Südafrika.

Agapetes ERICACEAE

Eine Gattung von immergrünen Sträuchern, die wegen ihrer schönen, wächsernen, vasenartigen, im Inneren dunkel geäderten Blüten gezogen werden. Einige Arten sind Epiphyten; alle brauchen Wärme und Feuchtigkeit. Die ovalen zugespitzten Blätter sind ledrig. Man zieht die Pflanzen in großen Töpfen oder Kübeln in einer torfhaltigen Erde. Im Sommer ist Schatten notwendig. Vermehrung durch Seitentriebe (besonders solche mit einer Luftwurzel) im Spätsommer oder nach der Blüte.

macrantha ✱
Blätter kurz gestielt, an beiden Enden spitz zulaufend. Die bis 5 cm langen und 2 cm breiten Blüten sind weiß, gelb und rot und erscheinen im Dezember. Nordindien.

serpens ✱
Diese Art wird oft der Gattung *Pentapterygium* zugerechnet. Sie besitzt schlanke, herabhängende Stengel und kleine grüne Blätter. Die 2 cm langen Blüten hängen in den Blattachseln und sind hellrot mit dunkleren Flecken. Südwestchina.

Agave AGAVACEAE

Agaven werden wegen ihrer Blätter gezogen, die eine Rosette bilden. Sie sind dick, spitz, meist gezähnt und oft bunt. Agaven sind ausgewachsen meist etwas zu groß für Wohnzimmer oder kleine Gewächshäuser. Sie wachsen jedoch anderseits nicht schnell und kleine Pflanzen sind genauso dekorativ wie große. Die meisten Arten bilden Seitentriebe, die man getrennt einwurzeln kann, so daß man normalerweise viele kleine Pflanzen hat, wenn die großen zu mächtig werden. Mit Ausnahme von *A. americana* blühen Agaven bei uns selten; im Mittelmeerraum jedoch, wo sie im Freien gezogen werden können, kommen sie mit 7 bis 40 Jahren zur Blüte. Ein hoher Schaft trägt die röhren- oder glockenförmigen Blüten; er sprießt aus dem Vegetationszentrum der Rosette, letztere stirbt dann ab. Oft geht die ganze Pflanze ein, aber Seitensprosse leben gewöhnlich weiter. Sind keine Seitensprosse vorhanden, so erfolgt die Vermehrung durch Samen. Als Erde nehme man dieselbe wie für Erdkakteen und andere Sukkulenten (siehe Einführung). Im Winter benötigen Agaven Temperaturen über dem Gefrierpunkt. Sie brauchen viel Licht und können zu jeder Jahreszeit blühen. Aus einigen Arten gewinnt man Fasern, z. B. Sisal.

americana Jahrhundertpflanze ✱ ♦
Die grünlichen Blüten erscheinen an einem bei großen Pflanzen bis 7,5 m hohen Blütenschaft. Blätter graugrün, ledrig, mit einem Dorn an der Spitze und kurzen braunen Zähnen am Rand; bei ausgewachsenen Pflanzen bis 90 cm lang. In warmem Klima wächst die Pflanze im Freien. Der Name »Jahrhundertpflanze« geht auf die irrtümliche Annahme zurück, sie blühe erst nach 100 Jahren; an günstigen Standorten kann sie aber schon nach etwa 7 Jahren Blüten entwickeln. Heimat unbekannt; Mexiko?
var. *marginata*: Blätter mit gelbem oder mit weißem Saum. **19**
'Medio-picta': Grüne Blätter mit einem breiten gelben Mittelstreifen. **20**

angustifolia ♠
Die große Rosette besteht aus langen, schwertförmigen, graugrünen Blättern, die eine dornige Spitze haben. Äußerst dekorative Pflanze, bis 60 cm hoch und breit. Westindische Inseln.
'Marginata': Blaugrüne Blätter mit breiten, weißen Randstreifen. **21**

filifera ✻ ♠
Die Blüten erscheinen in Ähren von 1,5 m Länge auf einem 2,5 m hohen Schaft. Blätter leuchtend grün, lederig, ungezähnt, 25 cm lang und 2,5 cm breit, mit weißem, hornartigen Rand, der sich in herabhängenden Fäden auflöst. Viele Seitentriebe. Mexiko. **22**

parviflora ✻ ♠
Die Blüten stehen in bis zu 1,5 m langen Ähren. Die aufrechten, 7 bis 10 cm langen und 1,5 cm breiten Blätter sind in Rosetten angeordnet, die oft Seitentriebe ausbilden. Mit Ausnahme der Größe ähneln die Blätter sehr denen der *A. filifera*. Mexiko, Südarizona.

stricta (syn. **A. striata var. stricta**) ✻ ♠
Die Blüten entwickeln sich in dichten Ähren von 75 cm Länge auf einem über 2 m hohen Schaft. Die Blätter sind grün mit grauen Streifen, 35 cm lang und 1,5 cm breit; an der Spitze tragen sie einen 2,5 cm langen Dorn. Sie sind fein gezähnt und bilden mit der Zeit viele Rosetten. Mexiko.

victoriae-reginae ✻ ♠
Die Blüten stehen in einer dichten Ähre von bis zu 3,5 m Länge. Blätter dunkelgrün mit weißer Zeichnung, 10 bis 30 cm lang, am Grunde breit, aber schnell sich verjüngend und in einem schwarzen Dorn endend. Die Blattrosetten sind sehr dicht und haben keine Seitentriebe, so daß die Pflanze nach der Blüte abstirbt und durch Samen vermehrt werden muß. Im Winter sind +10 °C nötig. Mexiko. **23**

Aglaonema ARACEAE Kolbenfaden

Eine Gattung von immergrünen, krautigen, kleinen Pflanzen mit sehr widerstandsfähigen, etwas lederigen, meist silbrigen oder weißen Blättern. Sie sind langsamwüchsig und brauchen wenig Licht. Die unbedeutenden Blüten werden wie bei *Arum* von einer blattähnlichen Spatha umgeben. Ein geheiztes Gewächshaus bietet ihnen ideale Bedingungen; sie vertragen aber auch kühlere Temperaturen. Man pflanze *Aglaonema*-Arten in humose Erde, sorge für Luftfeuchtigkeit und Schutz vor direkter Sonnenbestrahlung. Vermehrung durch Teilung von ausgewachsenen Pflanzen oder durch Kopfstecklinge. Auch Stammabschnitte lassen sich dazu verwenden.

commutatum ♠
Die Art hat dunkelgrüne, längliche, lanzettförmige Blätter mit silberiger Zeichnung. Die weiße, wächserne Spatha erscheint im Juli; nach der Blüte entwickeln sich Ähren mit gelben bis roten Beeren. Philippinen, Ceylon. **24**

costatum ♠
Sehr hübsche, immergrüne Pflanze; steife, ovale, dunkelgrüne Blätter mit weißer Zeichnung. Die kurze weiße Spatha von 2,5 cm Länge erscheint im Juli. Malaysia, Borneo.

crispum (syn. **A. roebelinii**) ♠
Hübsche Art mit großen, eiförmigen, lederigen, Blättern von grüner Grundfärbung mit silberiger Zeichnung. Eignet sich gut für einen sonnenabgewandten Platz im Haus und wird oft unter dem Sortennamen 'Silver Queen' angeboten. Malaysia. **25**

nitidum (syn. **A. oblongifolium**) ♠
Langsamwüchsige Art mit glänzenden, dunkelgrünen Blättern ohne Zeichnung, 20 bis 60 cm lang und 10 cm breit. Spatha grün mit weißem Rand, erscheint im Juli. Malaysia.
var. *curtisii*: Blätter mit silberiger Zeichnung.

pictum ♠
Reich verzweigte Art mit dunkelgrünen, samtigen Blättern, die unregelmäßig blau- und silbergrün gesprenkelt sind. Die 5 cm große Spatha ist cremegelb und erscheint im Juli/August. Sumatra.

treubii ♠
Schlanke Pflanze; schmale, blaugrüne Blätter mit silberiger Zeichnung. Im Juli erscheint die 5 cm große Spatha, im Herbst entwickeln sich rote Beeren. Celebes. **26**

Albizia LEGUMINOSAE

julibrissin ✻
Laubwerfender Baum, bis über 6 m hoch, mit großen, farnartigen Blättern. Die Blüten entwickeln sich in endständigen Büscheln; die hellrosa Färbung kommt von den langen, auffälligen Staubblättern, die sich wie ein Mop »aufplustern«. Für große, kühle Gewächshäuser geeignet oder auch für besonders geschützte Außenwände. Man pflanzt die Art ins Gewächshausbeet oder in Kübel mit nährstoffreicher Erde. Vor praller Sonne muß sie geschützt werden. Vermehrung im Frühjahr durch Samen. Asien.

Allamanda APOCYNACEAE

Gattung von immergrünen Sträuchern oder Kletterpflanzen, die aus dem Tropen stammen und in warmen Gewächshäusern gedeihen. Sie haben gewundene Blätter; die auffallenden trichterförmigen Blüten erscheinen in endständigen Büscheln und werden zu großen stachligen, kugeligen Früchten. Am besten gedeihen diese Pflanzen in Gewächshausbeeten; man kann sie aber auch in Kübeln oder großen Töpfen mit lehmhaltiger Erde zum Blühen bringen. Stützen aus Rohr oder Draht sind nötig. Man schütze sie vor direkter Besonnung und sorge für Luftfeuchtigkeit. Vermehrung in Frühjahr oder Sommer durch Kopfstecklinge.

cathartica Allamande ✻
Kräftiger, bis 5 m hoher Schlingstrauch mit linealischen, grünen Blättern. Man findet gewöhnlich zwei Züchtungen, die von Juli bis September blühen. Brasilien.
'Grandiflora': 8 cm große hellgelbe Blüten. **27**
'Hendersonii': 10 cm große goldgelbe Blüten.

neriifolia ✻
Aufrechte, z. T. kletternde Staude, bis über 1 m hoch, mit kurzgestielten, länglichen, dunkelgrünen, 7 bis 12 cm langen Blättern und kleineren goldgelben, trichterförmigen Blüten von 4 cm Durchmesser. Die Pflanze bildet in Töpfen einen kleinen Busch, der im Juni blüht. Südamerika. **28**

Allophyton mexicanum → **Tetranema mexicanum**

Alloplectus GESNERIACEAE

capitatus ✻ ♠
Hübsche, aufrechte, 60 bis 90 cm hohe Pflanze, deren fleischige Stengel mit rotem Flaum bedeckt sind. Die 15 bis 20 cm großen, samtigen, olivgrünen Blätter sind an der Unterseite rötlich. Die

endständigen Blütenbüschel sind leuchtend gelb mit dunkelrotem Kelch und erscheinen im Herbst. Die Art braucht Schatten und Feuchtigkeit und gedeiht am besten in geschlossenen Blumenfenstern oder warmen Gewächshäusern. Vermehrung durch Stecklinge oder Samen. Venezuela, Kolumbien.

Alocasia ARACEAE

Gattung von schönen Blattpflanzen mit großen, attraktiven, langgestielten Blättern. Die kleinen, denen des Aronstabs ähnlichen Blüten sind unauffällig. Alle Arten stammen aus den Tropen und gedeihen am besten in geschlossenen Blumenfenstern oder warmen Gewächshäusern, von wo sie jedoch für kurze Zeit auch ins Haus gestellt werden können. Man topft die Knollen im Frühjahr in eine nährstoff- und torfhaltige Erdmischung ein. Direkte Sonnenbestrahlung und Trockenheit vertragen sie nicht. Im Herbst läßt man sie austrocknen und beläßt sie bis zum Frühjahr im Topf. Vermehrung durch Ausläufer (Rhizomstücke) im Frühling.

cuprea
Eine Pflanze mit großen, 25 bis 35 cm langen, eiförmigen Blättern, oberseits metallisch bronzegrün, unterseits violett mit stark ausgeprägten Adern. Der Stamm wird 30 cm hoch. Die Spatha ist grün und im röhrigen Teil purpurfarben. Borneo.

indica
Kräftige Pflanze mit glänzenden, dreieckigen bis pfeilförmigen Blättern von 30 bis 35 cm Länge und 15 bis 18 cm Breite. Sie sind dunkelgrün und entwickeln sich auf einem 40 bis 60 cm hohen Stamm. Die gelbgrüne Spatha ist 15 bis 18 cm lang und rot getupft. Tropisches Asien.
var. *metallica:* Metallisch schimmernde Blätter.

lindenii
Eine Art mit herzförmigen Blättern: 35 cm lang und 15 cm breit, grün, unbehaart, mit gelblich-weißen Adern, auf 25 bis 30 cm langen, weißen Stengeln. Wenn man sie anritzt, verströmen sie einen strengen, beißenden Geruch. Neuguinea.

macrorrhiza
Attraktive Pflanze, bis über 2,50 m hoch, entwickelt sich baumartig. Blätter eher breit, pfeilförmig, ledrig, bis 60 cm lang. Sie stehen an Stielen von 90 cm Länge. Die Spatha ist 12 bis 15 cm lang und blaugrün bis gelblich. Indien, Ceylon, Malaysia.

micholitziana
Aufrechte, bis 50 cm hohe Art. Pfeilförmige Blätter mit gewelltem Rand, oberseits dunkelgrün mit weißen Haupt- und Nebenadern, unterseits heller. Spatha außen grün, innen gelblich oder grünlichweiß. Philippinen.

sanderiana
Metallisch glänzende, grüne Blätter mit silberweißen Adern und ziemlich tief gelapptem, weißem Rand. Blattunterseite purpurfarben; Blattstiele 25 bis 30 cm lang, grünbraun. Wird vielfach für die hübscheste *Alocasia* gehalten. Philippinen.

Aloe LILIACEAE Bitterschopf

Die wegen ihrer reizvollen Blätter gezogenen Pflanzen ähneln oberflächlich betrachtet den Agaven. Die Blüten entstehen aber in den Blattachseln, und die Blattrosetten sterben nach der Blüte nicht ab. Aloen stammen meist aus Afrika. Sie sind Blattsukkulenten, deren Blätter oft verschieden gezeichnet sind und in engen Rosetten stehen. Die Blüten sind oft auffällig, meist röhrenförmig; sie stehen auf schlanken Stielen und sind unterschiedlich gefärbt. Die Wachstumsperiode liegt im Winter. Am besten topft man sie im Herbst um. Sie brauchen die gleiche Erde wie Erdkakteen und andere Sukkulenten (siehe Einführung); der Boden sollte auch in der Wachstumspause nicht austrocknen. Seitensprößlinge zur Vermehrung werden meist in großer Zahl produziert; andernfalls geschieht die Vermehrung durch Samen. Aus selbst gewonnenem Samen entstehen meist Hybridformen, wenn man nicht sehr darauf achtet, die Mutterpflanze isoliert zu halten. Im Winter brauchen Aloen 10 bis 13 °C und müssen vor Frost geschützt werden.

aristata
Die orangeroten Blüten erscheinen im Sommer an einem losen, 30 cm langen Schaft. Die sich zu einer Spitze verjüngenden, dunkelgrünen, etwa 10 cm langen und am Grund 1 cm breiten Blätter haben eine weiße, körnige Oberflächenstruktur. Sie bilden eine dichte stengellose Rosette von 15 cm Durchmesser, die Ableger produziert. Die Pflanze ähnelt etwas einer *Haworthia*. Südafrika.

ciliaris
Die roten Blüten bilden sich im Winter und stehen locker an kurzen Schäften. Die Blätter sind dunkelgrün und nicht so fleischig wie bei den meisten Aloen; sie sind weiß gezähnt und stehen an langen, schmalen, verzweigten Stielen. Südafrika.

ferox
Die im März erscheinenden scharlachroten Blüten stehen in lockeren Trauben von bis zu 90 cm Länge. Die Blätter sind stumpf-grün mit rötlicher Tönung und fleischig. Oberfläche und Rand sind mit rötlich-braunen Stacheln bedeckt. Der Stamm kann 3 m Höhe erreichen; die Pflanze wächst aber langsam. Südafrika.

saponaria
Die in dichten Büscheln an verzweigten Stielen stehenden Blüten sind rot, orange oder gelb. Blätter grün, manchmal rötlich, mit blasseren, bandartigen Flecken, ca. 20 cm lang, mit harten Rändern und braunen Randstacheln. Die dichten Rosetten entwickeln reichlich Ableger. Südafrika.

striata
Korallenrote Blüten an stark verzweigten, herabhängenden Blütenständen. Die Blätter sind grau, rosa gerändert, ungezähnt, 40 bis 45 cm lang und 10 bis 15 cm breit. Rosetten gewöhnlich stammlos. Südafrika.

variegata
Die mattroten Blüten stehen auf 30 cm hohen, unverzweigten Schäften. Die Blätter sind grün mit Querbändern weißer Flecken, dreieckig im Querschnitt, fleischig, mit weißen Rändern und weißem Kiel, 15 bis 20 cm lang und bis 4 cm dick. Die Rosetten aus aufrechten Blättern sind zunächst ohne Stamm; wenn aber die unteren Blätter absterben, entsteht ein kurzer Stamm. Es bilden sich viele gut wurzelnde Ableger. Vermutlich die beliebteste Aloe. Südafrika. **29**

Alonsoa SCROPHULARIACEAE

Eine Gattung von ausdauernden Pflanzen aus Südamerika; es sind attraktive Topfpflanzen für Gewächshäuser oder geschlossene Blumenfenster. Obwohl sie ausdauernd sind, blühen sie im ersten Jahr und können so als einjährige Pflanzen gezogen werden. Sie werden in Töpfen mit lehmhaltiger Blumenerde und kühl gehalten, können aber auch in Gewächshausbeete gepflanzt werden. Im Sommer brauchen sie viel Frischluft. Vermehrung durch Samen im zeitigen Frühjahr.

acutifolia ✽
Buschiger Halbstrauch, bis 60 cm hoch. Die gestielten Blätter sind breit und eiförmig mit gezähnten Rändern. Die tiefroten, tellerförmigen Blüten wachsen in lockeren Trauben, gewöhnlich von Juni bis Oktober. Unter Glas erscheinen sie auch im Winter. Peru.

warscewiczii ✽
Kompakte, 30 bis 60 cm hohe, buschige Art mit herzförmigen, gezähnten Blättern und leuchtend scharlachroten Blüten an roten Ästen von Juli bis Oktober. Es gibt auch eine weiße Varietät. Peru. **30**

Aloysia triphylla → **Lippia citriodora**

Alpenrose → **Rhododendron**
Alpenveilchen → **Cyclamen**

Alternanthera AMARANTHACEAE   Papageienblatt

Diese Pflanzengruppe hält man sich gewöhnlich wegen ihrer hübschen, verschieden gefärbten Blätter. Es handelt sich zumeist um immergrüne, ausdauernde Pflanzen, die man aber jedes Jahr wieder frisch vermehren muß, damit das kräftige Wachstum und das dichte Laub erhalten bleiben. Sie werden in Töpfen oder Kästen mit (fertig zu kaufender) torfhaltiger Blumenerde gezogen und gegen pralle Sonne geschützt. Im Sommer brauchen sie Luftfeuchtigkeit. Vermehrung durch Kopfstecklinge im Frühjahr oder Spätsommer. Die folgenden Arten eignen sich für das kalte oder temperierte Gewächshaus.

amoena ♠
Sehr kleine, buschartige, reich verzweigte Art mit 3 bis 8 cm langen, breitovalen bis elliptischen Blättern, die scharf zugespitzt sind. Jedes Blatt ist orange und rot geädert und gefleckt auf leuchtend grünem Grund. Brasilien.

bettzickiana ♠
Dieser Art gehören zwergwüchsige, 5 bis 15 cm hohe, buschige Pflanzen an. Die schmalen, oft gewundenen Blätter können rot und gelb gefleckt sein. Brasilien.
'Aurea Nana', auch Gelbe Kalikopflanze genannt, hat löffelförmige, leuchtend grüne, gelb gefleckte Blätter.

dentata ♠
Buschige, bis 30 cm hohe Pflanze mit elliptischen, zugespitzten Blättern und winzigen, runden Köpfen mit grünweißen Blüten. Als Hybride gibt es 'Ruby', mit metallisch glänzenden, rubinroten Blättern. Brasilien.

versicolor ♠
Diese reich verzweigte staudig-halbstrauchige Art hat löffelförmige, bis 4 cm lange Blätter an etwa 30 cm hohen Stengeln. Die Blätter sind am Rand runzlig, bronze- oder kupfergrün geädert oder rosa und blutrot gefleckt. Brasilien.

Amaryllis AMARYLLIDACEAE   (→ auch **Hippeastrum**)

belladonna ✽
Zwiebelpflanze mit großen, trompetenförmigen Blüten von 10 bis 12 cm Durchmesser, unterschiedlich gefärbt, aber gewöhnlich mit einem rosafarbenen Grundton. Sie sitzen an kräftigen, 60 cm langen, rötlichen Stengeln. Blütezeit August bis Oktober; anschließend erst kommen die grünen, linealischen Blätter. Die Art braucht große Töpfe und wird am besten im warmen oder im kühlen Gewächshaus gezogen. Man topft die Zwiebeln im Spätsommer in recht nahrhafte, mit Sand vermischte Blumenerde. Frischluft und regelmäßiges Gießen sind wichtig, wenn das Blattwerk voll entwickelt ist. Sobald die Blätter gelb werden, läßt man die Pflanze austrocknen. Vermehrung alle zwei Jahre beim Umtopfen durch Entfernen der Seitenzwiebeln. An geschützten Stellen wächst die Art im Freien. **31**
'Hathor': rein weiße Blüten; sehr attraktiv.

Amicia LEGUMINOSAE ✽ ♠

zygomeris
Ausdauernder bis 2,5 m hoher Strauch mit behaarten Zweigen und hübschen Blättern aus jeweils mehreren paarigen Fiederblättchen. Die etwas erbsenartigen gelben Blüten haben eine purpurrote Fahne. Sie erscheinen im Herbst und stehen zu 4 oder 5 in herabhängenden Blütenständen. Die Art ist in äußerst milden Gebieten gerade noch winterfest, sonst aber sollte sie unter Glas in großen Töpfen gezogen werden. Man lüfte im Sommer reichlich. Vermehrung im Juli/August durch Stecklinge aus jungen Trieben. Mexiko.

Amorphophallus ARACEAE

Eine Gattung Knollenpflanzen, dem Aronstab ähnlich, mit großer fleischiger Spatha. Auffallende, ja ungewöhnliche Pflanzen fürs Warmhaus. Man hält sie in großen Töpfen oder anderen Pflanzgefäßen mit nahrhafter Erde und schützt sie gegen direkte Sonnenbestrahlung. Im Sommer brauchen sie feuchte Luft. Wenn das Laub gelb wird, läßt man sie trocknen wie Blumenzwiebeln. Alle zwei Jahre werden sie im Frühling neu eingetopft. Zu dieser Zeit kann man auch Brutknollen entfernen und diese zur Vermehrung verwenden.

bulbifer ✽ ♠
Große Art mit 1 m langen Blattstielen und Blättern, die in drei Hauptsegmente geteilt sind, von denen jedes etwa 30 cm lang und weiter unterteilt ist. Die 15 cm große Spatha ist mattgrün, außen rosa gefleckt, am Grund rötlich und innen gelbgrün; sie umschließt den grünen und rosafarbenen, keulenartigen Kolben. Indien, Afghanistan.

rivieri (syn. **Hydrosme rivieri**) ✽ ♠
Große, eigenartige Knollenpflanze mit schirmähnlichen, bis über 1 m großen Blättern, die aus drei großen, weiter unterteilten Segmenten bestehen und an marmorrosa Stengeln stehen. Der blaue Kolben steht in einer eindrucksvollen purpurroten und grünen Spatha, die an einem 60 cm hohen Stengel sitzt und einen fauligen Geruch verströmt. Ausgezeichnete Zimmerpflanze, aber auch sehr wirkungsvoll im Gewächshaus. Indien.

Ananas BROMELIACEAE

Eine Gattung immergrüner, ausdauernder Pflanzen, die besonders gut im warmen, feuchten Gewächshaus gedeihen und stachelige, linealische Blätter haben, die in einer Rosette wachsen. Die kleinen Blüten bilden eine dichte Ähre; zu den fleischigen Früchten gehört auch unsere Ananasfrucht. Man zieht sie in Töpfen mit einer sandig-lehmigen, humosen Erdmischung und hält sie im Sommer schattig. Vermehrung durch Schößlinge, bei Bromelien Kindel genannt.

bracteatus (syn. *A. sagenaria*) ♠ ♣
'Striatus', eine Abart der wilden Ananas, ist die Zuchtform, die am häufigsten vorkommt; sie hat braungrüne Blätter mit gelb gefärbten Blatträndern und weit auseinanderstehenden Zähnen. Die Blüten sind lavendelfarben und bilden einen »Zapfen«, der 10 bis 15 cm hoch wird und durch seine glänzenden, roten Deckblätter auffällt. Die Frucht ist braunrot und eßbar. Brasilien. **32**

comosus (syn. *A. sativus*) Ananas ♠ ♣
Die Zierananas kann sowohl wegen ihrer Früchte als auch zur Zierde gezogen werden. Die graugrünen, spitzen Blätter werden bis zu 1,5 m lang. Die rosafarbenen bis roten Blütenstände sind klein. Aus ihnen entstehen die bekannten fleischigen Früchte. Um eßbare Früchte zu erhalten ist dauernde Wärme nötig. Sie gedeiht auch im warmen Zimmer, darf aber keinen Zug bekommen. Anzucht auch aus dem abgeschnittenen Blattschopf der Frucht möglich. Brasilien.
'Variegatus' ist mit ihren farbigen Blättern eine besonders hübsche Pflanze.

Anchusa BORAGINACEAE Ochsenzunge

capensis ✻
Die 45 cm hoch werdende Art ist eine hübsche Zimmerpflanze. Sie hat schmale, spitze Blätter und lange Büschel leuchtend blauer Blüten, die 0,5 cm groß werden und sich im Juli und August öffnen. Man pflanzt die Art in Töpfe mit einer handelsüblichen Erdmischung. Im April sät man sie aus. Afrika.
'Blue Bird' blüht üppiger und erinnert mit seinen Blüten an das Vergißmeinnicht. **33**

Angelonia SCROPHULARIACEAE

gardneri ✻ ♠
Ausdauernde, aufrechte Staude (oder Halbstrauch) von etwa 1 m Höhe. Die Blätter sind einfach, lanzettlich und wachsen gegenständig. Die Blüten sind innen weiß, sonst purpurrot mit helleren Flecken. Sie erscheinen im Mai in endständigen Blütenständen. Besonders gut gedeihen sie im warmen, luftigen Gewächshaus, ertragen aber auch kühlere Temperaturen. Man setzt sie in Töpfe mit nahrhafter Erde und schützt sie vor praller Sonne. Die Vermehrung erfolgt durch Kopfstecklinge von im Sommer zurückgeschnittenen Pflanzen oder durch Aussaat im Februar. Die jungen Pflanzen werden mehrmals gestutzt, um eine buschige Wuchsform zu erzielen. Brasilien.

Angraecum ORCHIDACEAE

Zu der Gattung gehören herrliche, epiphytische Orchideen, deren Heimat die Tropen sind. Sie haben duftende, wächserne Blüten, die sich sehr lange halten. Sie brauchen ein warmes Gewächshaus und während der Wachstumsperiode und der Blütezeit Feuchtigkeit. Man züchtet sie am besten in Körbchen, wobei man eine Füllung verwendet, die zur Hälfte aus Königsfarn und Sphagnum (Sumpfmoos) besteht. Vor Prallsonne müssen sie geschützt werden. Die Vermehrung erfolgt durch Kopfstecklinge und Wurzelschößlinge, die sich bilden, wenn man die Mutterpflanze oben köpft. Die Gattung *Aerangis* wird manchmal der Gattung *Angraecum* zugerechnet.

eburneum ✻
Die aufrecht wachsende Art hat steife, linealische Blätter, die 50 cm lang und 5 cm breit werden. Die Blüten entwickeln sich auf einem dicken Stamm von bis zu 1,2 m Höhe. Die wachsartigen Kelch- und Blütenblätter sind weißlichgrün und haben eine breite, weiße Lippe. Blüht den ganzen Winter über. Madagaskar.

sesquipedale ✻
Eine prächtige Pflanze, die oft als die schönste Art der Gattung bezeichnet wird. Sie hat nur einen einzigen Stamm, der fast 1 m hoch werden kann. Die Blätter sind 25 bis 40 cm lang, glänzend dunkelgrün und wachsen in zwei sich überlappenden Reihen. Die fleischigen, duftenden Blüten haben einen Durchmesser von 12 bis 20 cm, sind elfenbeinfarben und weisen einen hellgrünen, ausgebuchteten und 30 cm langen Sporn auf. Die Pflanze blüht von November bis März, jedoch nur im warmen Gewächshaus. Madagaskar.

Anigozanthos AMARYLLIDACEAE Känguruhblume

manglesii ✻ ♠
Eine ungewöhnliche Pflanze mit fächerartigen, schwertförmigen Blättern und aufrechten, straffen Blütenschäften, die bis zu 1 m hoch werden und mit rotem Flaum bedeckt sind. Die Blütenstände sind grün und wollig, am Grund bläulichrot und etwa 7 cm lang. Die trichterförmigen Einzelblüten haben klauenartige Blütenblätter. Die Art blüht von Mai bis Juli und eignet sich für kühle Gewächshäuser, wo man sie in Beeten, in Töpfen oder in Kübeln hält. Man setzt sie in nahrhafte Erde und sorgt für gute Belüftung. Vermehrt wird sie durch Samen oder durch Teilung im Frühjahr. Westaustralien.

Anthurium ARACEAE Flamingoblume

Die Arten dieser Gattung haben Ähnlichkeit mit dem Aronstab und besitzen lederige, immergrüne Blätter. Sie werden wegen ihrer Blätter und der farbigen Spatha gezüchtet. Die Pflanzen gedeihen im warmen Gewächshaus, werden vor direktem Sonnenlicht geschützt und benötigen Luftfeuchtigkeit. Man pflanzt sie in Schalen oder Töpfe in eine handelsübliche Erde, der man etwa ein Viertel Sphagnum (Sumpfmoos) zusetzt. Die Vermehrung erfolgt durch Teilung oder durch Samen im Frühjahr.

andreanum ✻ ♠
Diese aufrechte Art besitzt längliche, herzförmige Blätter von 15 bis 20 cm Länge und 7 bis 13 cm Breite. Die Spatha ist herzförmig, lackartig rötlich-orange oder scharlachrot, 10 bis 12 cm lang und umgibt einen gelben und weißen, hängenden Kolben. Sie eignet sich zur Anzucht und Pflege im Gewächshaus, jedoch nicht als Zimmerpflanze. Kolumbien. **34**

scherzerianum ✻ ♠
Eine niedrigbleibende Art mit schmalen, 12 bis 15 cm langen und 2 bis 4 cm breiten Blättern. Die eiförmige Spatha ist leuchtend scharlachrot, der spiralig gewundene, herabhängende Kolben goldgelb. Die Art blüht hauptsächlich von Februar bis Juli und braucht einen ständig feuchten Wurzelballen. Eignet sich aus der Gattung am besten als Zimmerpflanze. Costa Rica. **35**

Anthyllis LEGUMINOSAE Wundklee

barba-jovis Jupiters Bart ✻ ♠
Ein immergrüner Strauch (Halbstrauch), der im ausgewachsenen Zustand mehr als 2,5 m Höhe erreichen kann. Die ganze Pflanze ist mit silbernen Härchen überzogen. Die runden, erbsenartigen Blütenköpfchen sind hellgelb und entwickeln sich am Ende der Zweige. Man hält die Art im kühlen Gewächshaus in Beeten oder

ANT

Kübeln und verwendet normale Erde. Die Pflanzen benötigen eine Stütze aus Rohr oder Draht. Im Sommer muß gut gelüftet werden. Die Vermehrung erfolgt im Spätsommer durch Stecklinge mit Luftwurzeln oder im Frühjahr durch Samen. Spanien.

Antigonon POLYGONACEAE

leptopus ✱ ♦
Hübsche, ausdauernde Kletterpflanze mit schlanken, biegsamen Stengeln und pfeilförmigen Blättern. Die Blütenstände setzen sich aus 6 bis 15 kleinen Einzelblüten zusammen, die rosarot sind und im Innern einen dunklen Punkt haben. Die Pflanze klettert mit Hilfe von kleinen, verzweigten Ranken, benötigt aber Stützen aus Draht oder Schnur. Sie wächst im warmen Gewächshaus am besten in Beeten oder großen Kübeln. Für Kübel nimmt man nicht zu nahrhafte Erde. Während des Sommers hält man sie gut feucht. Soll die Pflanze reich blühen, so braucht sie viel Licht. Man vermehrt sie durch Samen im Frühjahr oder durch Stecklinge im Sommer. Mexiko.

Aphelandra ACANTHACEAE Glanzkölbchen

squarrosa var. leopoldii ✱ ♦
Die immergrüne Pflanze hat breite, glänzende, dunkelgrüne Blätter, die 15 bis 25 cm lang werden und mit weißen Adern versehen sind. Die goldgelben Blütenähren bilden einen reizenden Kontrast zu den Blättern. Diese hübsche Pflanze gedeiht im warmen Gewächshaus oder im Zimmer. Man verwendet am besten eine handelsübliche Erde und sorgt für etwas Schatten. Im Sommer ist Luftfeuchtigkeit nötig. Die Vermehrung erfolgt durch Triebstecklinge, die man am besten von den im Frühjahr oder Sommer zurückgeschnittenen Pflanzen gewinnt. Brasilien. **36**
var. *louisae* ist eine kleine, niedrige Zuchtform mit glänzenden, elliptischen, 12 cm langen Blättern, die weiße Streifen haben. Die leuchtend gelben Blüten sitzen an roten Stengeln. Einer der besten Topfpflanzen überhaupt.
'Brockfeld' hat steife, eiförmige Blätter und eine noch hübschere Blattzeichnung mit hell abgesetzten Adern.

Aporocactus CACTACEAE Peitschen-, Schlangenkaktus

flagelliformis ✱ ♦
Die leuchtenden, rosaroten, 4 bis 5 cm langen und 2 bis 3 cm breiten Blüten erscheinen im April und Mai. Sie sind trichterförmig und wachsen reichlich an den grünen herunterhängenden Trieben; diese sind bis 40 cm lang und tragen kurze bräunliche Stacheln. Zur Zucht siehe Einleitung (epiphytische Kakteen). Die Pflanze wächst gut mit ihren eigenen Wurzeln und eignet sich sehr für Hängekörbe. Da sie aber eine Hängepflanze ist, wird sie oft auf einen aufrechtwachsenden Kaktus gepfropft, der dann als »Ständer« dient (eine *Selenicereus*-Art ist besonders geeignet). Wildform unbekannt; stammt ursprünglich aus Mexiko. **37**

Aralia → Fatsia

Araucaria ARAUCARIACEAE

excelsa (syn. **A. heterophylla**) Zimmertanne ♦
Immergrüner Nadelbaum, der in seiner Heimat, auf den Norfolk-Inseln, über 60 m Höhe erreichen kann, aber in seiner Jugend jahrelang nicht höher als 30 bis 100 cm wird, so daß er eine gute Kalthaus- oder Zimmerpflanze ist. Die kleinen, weichen, nadelartigen Blätter stehen an wedelartigen Zweigen. Man hält die Art in Töpfen oder Kübeln mit lehmhaltiger Erde oder fertiger Torfmischung mit Sandzusatz. Von Frühling bis Herbst gut lüften und während des Sommers für etwas Schatten sorgen. Vermehrung durch Kopfstecklinge im Winter. **38**

Araujia ASCLEPIADACEAE

sericifera ✱ ♦
Kräftige, strauchartig wachsende Kletterpflanze mit oberseits grünen und unterseits weißen, filzigen Blättern. Die duftenden, weißen Blüten von 2 bis 3 cm Durchmesser wachsen in Büscheln. Motten bleiben nachts oft an dem klebrigen Pollen hängen, können sich aber gewöhnlich wieder befreien, sobald der Sonnenschein ihn ausgetrocknet hat. Man hält die Art in großen Töpfen oder Kübeln mit lehmhaltiger Erde oder im Kalthausbeet. Im Sommer lüften und vor praller Sonne schützen. Vermehrung: im Frühling Samen, im Herbst Stecklinge. Südamerika.

Arctotis COMPOSITAE Bärenohr

Zu dieser Gattung gehören ausdauernde und einjährige Pflanzen mit silbrigen, dicht behaarten Stielen und Blättern. Die Blüten ähneln denen des Gänseblümchens. Die meisten Arten werden als einjährige Pflanzen gezogen und eignen sich für Gewächshausbeete sowie als Topfpflanzen. Man verwende lehmhaltige Blumenerde und lüfte vom Frühjahr bis zum Herbst reichlich. Vermehrung durch Samen im Frühjahr oder durch nicht blühende Seitensprosse, die als Stecklinge zu Beginn des Frühjahrs oder im Spätherbst gesetzt werden.

acaulis ✱ ♦
Eine fast stengellose Zwergpflanze. Ihre gelappten Blätter sind unterseits dicht wollig. Die Blüten sind rosa bis orange, zur Mitte hin dunkler, haben einen Durchmesser von 9 cm und sitzen auf 15 cm langen, behaarten Stielen. Blütezeit Juli/August. Gut für Blumenfenster. Südafrika.

breviscapa ✱ ♦
Einjährige Art mit tief eingeschnittenen Blättern, oben grün, unten weiß und wollig. Die kurzgestielten Blüten sind gelb und orange mit dunklem Fleck in der Mitte; Blütezeit Juli bis zum ersten Frost. Topfpflanze für das Gewächshaus, wo sie oft schon im Frühsommer blüht. Südafrika. **39**

× hybrida ✱
Diesen Namen verwendet man bisweilen für die *Arctotis*-Hybriden. Alle sind hübsche einjährige Pflanzen mit Blüten, deren Farben von Weiß über Gelb und Orange bis Rot reichen. Bei vielen zeigt das Zentrum eine Kontrastfarbe. Die langstieligen Blüten erscheinen ab Juli. **40**

venusta (syn. **A. stoechadifolia**) ✱ ♦
Größer als die obigen Arten, bis 90 cm hoch, mit schmalen, gezähnten, graugrünen Blättern und weißen Blüten mit blauem, goldgerandetem Zentrum. Blüte vom Juli bis zum ersten Frost. Südafrika.
var. *grandis* hat größere Blüten mit 10 cm Durchmesser. Sie sind weiß bis hellgelb.

Ardisia MYRSINACEAE Spitzblume

crenata (fälschlicherweise bisweilen als *A. crispa* bezeichnet) ✱ ♣
Zierlicher, langsamwüchsiger Strauch bis 1,20 m Höhe mit schmalen, glänzendgrünen Blättern, die 10 cm lang werden, und duften-

den roten oder rötlich-violetten Blüten. Diesen folgen im Winter Fruchtstände mit scharlachroten wächsernen Beeren, die bis zur nächsten Blütezeit bleiben können. Sehr hübsche Topfpflanze für Warm-, Kalthaus oder Zimmer. Man zieht sie in Heideerde oder einer handelsüblichen Erdmischung und schützt sie vor praller Sonne. Vermehrung durch Seitentriebe, die man von Frühjahr bis Herbst als Stecklinge nimmt, oder durch Samen im Frühling, was die besten Pflanzen ergibt. Japan bis Südasien. **41**

Areca PALMAE Betelpalme

cathechu Betelnußpalme ♦
Junge Pflanzen dieser Art sind ausgezeichnete Topfpflanzen. Die schlanken, gewölbten Blätter bestehen aus zahlreichen schmalen, zugespitzten Einzelblättchen. Ausgewachsen ist die Pflanze ein Baum von 10 bis 30 m Höhe; im Haus erreicht sie in etwa 5 bis 6 Jahren Zimmerhöhe. Man zieht sie im warmen, feuchten Gewächshaus, gegen pralle Sonne abgeschirmt. Man verwendet eine Torfmischung oder lehmhaltige Erde. Vermehrung durch Samen im Frühjahr. Südostasien.

Aristolochia ARISTOLOCHIACEAE Pfeifenblume

Eine Gattung von blütentragenden Kletterpflanzen, die sich für Gewächshäuser eignen, besonders für Beete mit einer Stütze oder einem Gitter als Rankhilfe. Die eigenartigen herabhängenden Blüten haben gebogene Lippen und Fahnen. Man pflanzt sie in eine Torfmischung oder lehmhaltige Erde. Vermehrung durch Samen im Frühjahr oder durch Kopfstecklinge im Sommer.

altissima (syn. **A. sempervirens**) ✻ ♦
Immergrüne Kletterpflanze bis 3 m Höhe mit glänzenden, herzförmigen, hellgrünen Blättern. Die Blüten sind gelb mit rötlichbraunen Streifen und bis 4 cm lang; sie erscheinen von Juni bis August. Bestens geeignet für Kalthausbeete. Italien bis Israel, Nordafrika.

elegans ✻ ♦
Anmutige Kletterpflanze mit breiten, nierenförmigen Blättern und 12 cm großen Blüten, die aus einer bleichen gelbgrünen Röhre und einer prächtigen braun-purpurnen Lippe mit weißer Zeichnung bestehen. Üppig blühende Art, die im geheizten Gewächshaus in Töpfen gezogen werden kann. Brasilien. **42**

Arthropodium LILIACEAE

cirrhatum ✻ ♦
Hübsche Pflanze für kühle Zimmer oder Gewächshäuser, mit schmalen, hellgrünen Blättern, die einen durchsichtigen Rand aufweisen. Die weißen Blüten stehen in Rispen und haben eine auffällige, zapfenförmige Masse von Staubfäden. Man zieht die Art in Töpfen mit einer Torfmischung oder lehmhaltiger Erde. Das Gewächshaus muß im Sommer gut gelüftet und die Pflanze vor direkter Besonnung geschützt werden. Vermehrung durch Teilung oder Samen im Frühjahr. Neuseeland.

Arum ARACEAE Aronstab

Eine Gattung von ausdauernden Pflanzen mit kleinen, auf einem bleistiftförmigen Kolben in einer großen glänzenden Spatha zusammengedrängten Blüten. Man zieht *Arum*-Arten in Töpfen mit lehmig-humoser Erde oder in Kalthausbeeten. Solange sie belaubt sind, brauchen sie viel Feuchtigkeit, sonst kaum. Bei Topfhaltung kann man sie trocken werden lassen, sobald die Blätter gelb werden. Man beginnt mit dem Gießen dann wieder im Herbst. Die Vermehrung der Art erfolgt am besten durch Samen in der Reifezeit oder auch durch Nebenknollen zur Zeit der Winterruhe.

creticum ✻ ♦
Diese Art hat 12 bis 15 cm große, pfeilförmige Blätter. Die Spatha ist ebenfalls 12 cm lang, schlank und spitz, innen hellgrün und außen weißlich, und wird von einem 25 bis 45 cm hohen Stiel getragen. Blütezeit ist der Mai. Die Art eignet sich zur Zucht im Kalthaus. Kreta. **43**

orientale ✻ ♦
Eine schöne Art, mit gewöhnlich purpurroter oder fast schwarzer Spatha auf kurzem Stiel. Sie erscheint im Juni. Die Blätter sind lanzen- bis pfeilförmig zugespitzt. Die Art gedeiht im Kalthaus besonders gut. Griechenland bis UdSSR.

Asarina → **Maurandia**

Asclepias ASCLEPIADACEAE Seidenpflanze

curassavica ✻
Dieser Halbstrauch gedeiht gut im kühleren Gewächshaus in Beeten oder Töpfen. Seine ganzrandigen, glänzend grünen Blätter sind gegenständig angeordnet. Von Juni bis Oktober erscheinen dichte Dolden von orangeroten Blüten. Zieht man den Strauch in Töpfen, so verwendet man eine handelsübliche Erdmischung und hält sie dauernd feucht. Im Frühjahr kann man die Pflanze zurückschneiden und umtopfen oder sie neu aus Samen ziehen (Januar bis März). Tropisches Amerika.
'Aurea' hat gelbe, orangefarben angehauchte Blüten. **44**

Asparagus LILIACEAE Zierspargel

Der Zierspargel mit seinem anmutigen, fiedrigen Blattwerk ist einfach im Zimmer oder im kühleren Gewächshaus zu halten. Die Blüten sind unscheinbar, grünlich bis rosa. Aus ihnen werden rote Beeren. Die kleinen, nadelartigen »Blättchen« sind eigentlich blattartige Flachsprosse und werden richtig als Kladodien bezeichnet. Man pflanzt *Asparagus*-Arten in Töpfe mit nahrhafter Erde und hält sie im Sommer etwas schattig. Vermehrung durch Samen oder Teilung im Frühjahr.

asparagoides (syn. **A. medeoloides**) ♦
Floristen verwenden diese Art mit ihren glänzenden Kladodien für Blumengebinde. Die Pflanze ist ein guter Kletterer, dessen Triebe bis zu 30 m Länge erreichen können.
'Aureus' ist eine hellgrüne Zuchtform.
'Myrtifolius' ist eine ausgesprochene Zwergform.

densiflorus ✻ ♦ ♣
Von dieser Art ist nur die Sorte 'Sprengeri' (syn. **A. sprengeri**) von Bedeutung. Diese beliebte Zimmerpflanze ist stark verzweigt und hat bogenförmige, biegsame und hellgrüne, glänzende Kladodien. Die kleinen, rosaroten Blüten duften. Sie entwickeln sich zu leuchtend roten Beeren. Natal (Südafrika). **45**

medeoloides → **A. asparagoides**
plumosus → **A. setaceus**

scandens ♦ ♣
Eine ausdauernde Kletterpflanze mit weit verzweigten Ranken, deren Kladodien sich alle in einer Ebene befinden und einen

farnähnlichen Wedel bilden. Die kleinen Blüten sind weißlich und die Früchte kugelförmig und rot. Südafrika.
var. *deflexus* ist der Art sehr ähnlich, hat aber zurückgebogene Zweige.

setaceus (syn. **A. plumosus**) Federspargel ♦ ♣
Eine dekorative Art, die als Zimmerpflanze beliebt ist und oft als Schnittgrün für Blumenarrangements verwendet wird. Sie hat leuchtend grüne, borstenartige Kladodien und wird im Alter zur Kletterpflanze. Sie hat rote, kugelige Früchte. Südafrika.
'Nanus' ist die beliebteste Sorte; sie ist kleiner als die Art und besitzt dichtere, waagrechte Wedel.

sprengeri → **A. densiflorus**

Aspidistra LILIACEAE Schildblume, Schusterpalme

Eine Gattung bemerkenswert anspruchsloser Arten, die fast in jedem Wohnzimmer gedeihen und volles Licht und Wärme, aber auch Schatten und niedrige Temperaturen vertragen können. Alle Arten sind immergrün und werden wegen der Schönheit ihrer Blätter gehalten. Man züchtet sie im feuchten, schattigen Kalt- oder Warmhaus in einer nährstoffreichen Erde oder einer handelsüblichen Erdmischung. Die Vermehrung erfolgt im Frühjahr oder Sommer durch Teilung.

elatior ♦
Die 50 cm großen, dunkelgrünen und glänzenden Blätter sind oval und ledrig; sie gehen am Grunde langsam in dicke Stiele über. Die Blüten sind klein und von stumpfem Rot; sie erscheinen in Bodenhöhe. China. **46**
'Variegata' ist eine hübsche, bunte Sorte, mit cremeweiß gestreiften Blättern.

Asplenium ASPLENIACEAE Streifenfarn

Viele Vertreter dieser hübschen Gattung von Farnen sind als Zimmer- oder Gewächshausarten beliebt. Ihre Blätter sind meist glänzend und sehr widerstandsfähig. Man pflanzt sie am besten in eine Torfmischung oder in lehmhaltige Erde. Die Pflanzen müssen vor direkter Sonnenbestrahlung geschützt werden und brauchen Feuchtigkeit. Man vermehrt sie im Frühjahr durch Sporen oder Teilung.

bulbiferum ♦
Diese Art ist besonders auffallend durch die knöllchenartigen Gebilde, die man an ihren Blättern findet und die diese nach unten ziehen. Aus ihnen entstehen dann neue Pflanzen. Die Art hat bis zu 60 cm lange, schmale Wedel, die fein gefiedert sind. Sie ist eine dankbare Zimmer- und Kalthauspflanze. Neuseeland, Australien und Indien. **47**

flabelliforme ♦
Eine ideale Hängepflanze mit 1,8 bis 3,6 m langen Blättern, die in 20 bis 30 kleine, hellgrüne, fächerförmige, wechselständig am Stiel angeordnete Segmente gegliedert sind. Die Pflanzenart eignet sich besonders gut für das Kalthaus. Neuseeland, Australien.

nidus Nestfarn ♦
Eine Art mit glänzenden, leuchtend grünen Blättern, die ganzrandig sind und eine trichterförmige Rosette bilden. Die Blätter sind 60 cm bis 1 m lang und 20 cm breit. Die Art gedeiht besonders gut im Warmhaus und ist auch zur Haltung im Zimmer gut geeignet. Tropen. **48**

Astrophytum CACTACEAE Bischofsmütze

ornatum Sternkaktus ✻ ♦
Der kugelförmige, achtrippige Kaktus, der im Alter länglicher wird, ist graugrün und mit Bändern aus kleinen, weißen Schuppen bedeckt. Die 5 cm langen, harten Stacheln stehen in Gruppen von 5 bis 11. Die gelben Blüten messen 6 bis 8 cm im Durchmesser. Sie erscheinen von Juni bis August. Für die Pflege dieser Art gilt dasselbe wie für die Erdkakteen (siehe Einleitung). Sie fühlt sich im vollen Sonnenlicht wohl. Die Vermehrung erfolgt durch Aussaat im Frühling. Mexico. **49**

Asystasia ACANTHACEAE

bella (syn. **Mackaya bella**) ✻
Der aufrechte Strauch hat eiförmige bis längliche Blätter mit gewelltem Rand und weicher Spitze. Die violetten Blüten sind fingerhutähnlich mit roter Äderung. Sie stehen in lockeren Trauben von 12 bis 20 cm Länge und erscheinen von Mai bis Juli. Die Art ist besonders für temperierte Gewächshäuser geeignet. Man pflanzt sie in ein Gewächshausbeet, in große Töpfe oder Kübel mit nährstoffhaltiger Erde. Man schützt sie vor praller Sonne und sorgt im Sommer für Feuchtigkeit. Vermehrung durch halbreife Triebstecklinge im Sommer. Südafrika. **50**

Athyrium ATHYRIACEAE Frauenfarn

Eine Gattung von Farnen mit eleganten, tief eingeschnittenen Blättern, von der sich die folgenden zwei Arten besonders gut für die Haltung im Kalt- oder Warmhaus eignen. Als Erde verwendet man eine Torfmischung. Die Pflanzen müssen vor direktem Sonnenlicht geschützt werden. Im Sommer achte man auf Luftfeuchtigkeit. Die Vermehrung erfolgt durch Teilung oder durch Sporen im Frühjahr.

goeringianum ♦
'Pictum': eine Zuchtform, klein und buschartig, mit speerförmigen, gefiederten Wedeln, die salbeifarben und mit einem silbergrauen Band versehen sind. Japan.

pycnocarpon (syn. **Diplazium pycnocarpon**) ♦
Ein buschartiger Farn mit 45 bis 60 cm langen Wedeln, die in 20 bis 30 längliche Fiederblättchen (mit gewelltem Rand) gegliedert sind. Kanada.

B

Babiana IRIDACEAE

Diese hübschen Knollenpflanzen haben meist einen Blütenschaft bis zu 30 cm Höhe und sich verjüngende, schwertförmige, mit Falten versehene Blätter. Die leuchtend gefärbten Blüten zeigen oft im selben Blütenstand unterschiedliche Färbung. Am besten gedeihen die Pflanzen in Töpfen im Kalthaus. Die Knollen werden im Oktober eingepflanzt und immer feucht gehalten. Wenn sich Blätter und Blüten gut entwickelt haben, muß mehr gegossen werden. Sobald die Blätter sich gelb färben, läßt man die Knollen eintrocknen und bewahrt sie im Topf auf. Sie müssen jährlich frisch eingetopft werden; Vermehrung erfolgt durch Abtrennen der neu entstandenen Nebenknollen.

plicata ✻ ♦
Eine Art mit kleeartigem bis nelkenartigem Duft. Die Blüten sind leicht violett-blau und werden bis zu 15 cm hoch. Blütezeit von Mai bis Juni. Südafrika.

sambucina ✻ ♦
Der Duft der Blüten dieser Art gleicht dem des Schwarzen Holunders (*Sambucus nigra*). Die Blüten sind purpurrot bis blau und erscheinen im April und Mai. Südafrika. **51**

stricta ✻ ♦
Dies ist die farbenprächtigste Art; sie besitzt duftende, 5 cm große Blüten, die sich in vielen Farben entwickeln, und zwar vom Winter bis in den Mai hinein; die drei äußeren Blütenblätter sind weiß, die drei inneren blau mit einem dunklen Fleck am Grunde. Sie stehen auf etwa 30 cm langen Stielen. Südafrika.
'Rubro-Cyanea' besitzt Blütenblätter, die zum Grunde hin karmesinrot werden und an den Spitzen leuchtend blau sind. Sie ist kleiner als obige Art und sehr dekorativ.

Bärenohr → Arctotis
Balsamapfel → Momordica balsamina
Balsambirne → Momordica charantia
Balsamine → Impatiens
Banane → Musa acuminata

Barleria ACANTHACEAE

lupulina ✻
Ein 60 cm hoher, immergrüner Strauch mit langen, schmalen lanzettlich geformten, ledrigen grünen Blättern und nach unten weisenden achselständigen Dornen. Die rosaroten bis gelben Blüten sind länglich röhrenförmig und 2,5 cm lang; sie stehen in hopfenzapfenartigen Trauben am Ende der Zweige. Sie entwickeln sich im August. Man hält die Pflanze in Töpfen im Warmhaus und verwendet lehmhaltige Erde oder eine handelsübliche Erdmischung. Gut lüften und im Sommer häufig gießen. Während der heißen Monate sorgt man für leichte Beschattung. Vermehrung durch Seitentriebe mit Luftwurzeln im Sommer oder durch Stecklinge aus zurückgeschnittenen Pflanzen. Mauritius.

Barosma RUTACEAE Bukkostrauch

Die immergrünen Sträucher besitzen kleine, immergrüne Blätter, die einen starken Geruch ausströmen, wenn man sie zerreibt. Die kleinen Blüten stehen in Trauben in den Blattachseln. Man pflanzt die Sträucher am besten in Töpfen oder Kübeln im Kalthaus ein. Man halte sie feucht, vermeide aber stehendes Wasser. An warmen Tagen sorgt man für gute Luftzufuhr. Vermehrung durch Seitentriebe, am besten mit einer Luftwurzel, im Spätsommer.

betulina ✻ ♦
Dichtverzweigter, kleiner Strauch mit schlanken, unbehaarten Zweigen mit 1 bis 2 cm großen, eiförmigen, gezähnten Blättern, die sich zu beiden Seiten verjüngen. Die rosaroten, sternförmigen Blüten stehen in Trauben bis zu dreien zusammen und erscheinen im Sommer. Südafrika.

pulchella ✻ ♦
Zierlicher, etwa meterhoher Strauch mit schlanken Zweigen, an denen sich eine große Anzahl von kleinen Blättern befinden, die sich am Blattrand verdicken. Die Blüten entwickeln sich in den Blattbüscheln am Ende der Triebe, und zwar in jeder Blattachsel 1 oder 2. Sie sind klein, rötlich bis purpurfarben und erscheinen im Juni. Südafrika.

serratifolia ✻ ♦
Die größte Art der Gattung, die bis zu 2,50 m hoch werden kann. Die langen, schmalen Blätter werden 4 cm lang und sind fein gezähnt, an der Spitze stumpf und nehmen gegen den schlanken Stiel zu ab. Die reinweißen Blüten haben purpurrote Staubbeutel und stehen in Büscheln von 1 bis 3. Sie erscheinen im Mai. Südafrika.

Batate → Ipomoea batatas

Bauera SAXIFRAGACEAE

rubioides ✻ ♦
Ein kleiner, immergrüner Strauch, der mehr als 60 cm hoch werden kann und gut im Kalthaus gedeiht. Er hat gegenständig angeordnete Blätter, die ungestielt und jeweils in drei Teile gegliedert sind, sowie herabhängende, einzeln stehende, blaßrote, rosa oder weiße Blüten, die nacheinander das ganze Jahr hindurch blühen. Man pflanzt den Strauch in Töpfen oder Kübeln in sandige Heideerde oder in das Gewächshausbeet. An sonnigen Tagen sorgt man für Luftzufuhr. Vermehrung durch Seitentriebe mit Luftwurzeln im Sommer. Kalkempfindlich. Neusüdwales.

Bauhinia LEGUMINOSAE

Eine Gattung mit auffallenden immergrünen Sträuchern und tropischen Kletterpflanzen. Viele Kletterpflanzen besitzen seltsam gewundene und abgeflachte Äste. Die Blätter sind breit, ganz oder zweilappig. Die genannten Arten werden entweder in Töpfen mit lehmig-humoser Erde oder in Kübeln im Kalthaus oder Treibhaus gehalten. An sonnigen Tagen stellt man sie an die Luft. Vermehrung durch Samen oder aus Stecklingen von jungen Trieben im Frühjahr oder Sommer.

acuminata ✻ ♦
Ein Strauch von 1,50 bis 1,80 m Höhe mit weichen, herzförmigen Blättern. Die ungestielten, weißen, mit 5 Blütenblättern versehenen Blüten haben einen Durchmesser von 5 bis 8 cm und erscheinen im Juni. Burma, Malaysia, China.

variegata (syn. B. purpurea) ✻ ♦
Kleiner, laubwerfender Baum oder Strauch mit dünnen, ledrigen, 7,5 bis 10 cm langen Blättern. Die 9 cm großen Blüten

bilden sich im Juni und sind tief rosa mit purpurnen und karminroten Flecken. Die Form ähnelt der Orchideenart *Cattleya*. Die Pflanze gedeiht gut im Warmen und verträgt viel Sonne. Tropisches Asien.

Baumfarn → **Cyathea**
Baumfreund → **Philodendron**
Baumfreund, Ausgefranster → **Philodendron laciniatum**
Baumfreund, Errötender → **Philodendron erubescens**
Baumfreund, Schwarzgoldener → **Philodendron andreanum**
Baumwolle → **Gossypium**
Baumwucherer → **Dendrobium**

Beaumontia APOCYNACEAE

grandiflora
Strauchartig wachsende Kletterpflanze mit starken und roten Haaren bedeckten jungen Zweigen. Die breiten, länglichen bis eiförmigen Blätter haben eine glänzende Oberseite und sind unterseits matt. Die großen, duftenden weißen Blüten erscheinen das ganze Jahr hindurch, besonders schön jedoch im Winter. Sie sind trompetenförmig und wachsen in Trauben endständig an älteren Zweigen. Am besten gedeiht die Pflanze in Gewächshausbeeten, wo es warm ist, kann aber auch in Kübeln herangezogen werden. Sie benötigt Stützen aus Draht oder Stäben. Im Sommer braucht sie Luftfeuchtigkeit. Die Vermehrung erfolgt am besten durch Stecklinge aus Seitentrieben mit Luftwurzeln im Sommer. Indien.

Becherprimel → **Primula obconica**
Becherschwertel → **Cypella**
Beerenmalve → **Malvaviscus**

Begonia BEGONIACEAE Schiefblatt

Eine Gattung von Zierpflanzen mit großer Artenvielfalt, die sowohl wegen ihrer Blätter als auch wegen ihrer üppigen bunten Blüten gehalten werden. Man kann, wenn man die richtige Auswahl trifft, das ganze Jahr über blühende Begonien haben. Alle sind als Gewächshauspflanzen, viele als Zimmerpflanzen geeignet. Begonien haben drei Wurzelformen: Knollen, Wurzelstöcke und Faserwurzeln. Knollenbegonien sind laubwerfend, die restlichen zumindest teilweise immergrün. Man hält sie in Gewächshausbeeten oder in Töpfen mit handelsüblicher Erdmischung. Man schütze sie vor praller Sonne und sorge im Sommer für Luftfeuchtigkeit. Hochwüchsige Arten müssen mit Stäben gestützt werden. Alle Arten und manche Züchtungen können durch Samen oder mittels Blatt- und Kopfstecklingen in Frühjahr und Sommer vermehrt werden. Manche buschartigen und aus Wurzelstöcken wachsenden Formen lassen sich auch teilen. Knollenbegonien können in Abschnitte geteilt werden, nachdem das Wachstum begonnen hat, jedes Stück mit mindestens einem Trieb. *B. semperflorens*-Hybriden zieht man gewöhnlich alljährlich aus Samen, die Anfang Frühjahr ausgesät werden.

boliviensis
Eine Knollenbegonie, die ein Elterteil von vielen der beliebteren Hybriden ist. Die aufrechten Stengel tragen große lange, gezähnte Blätter und herabhängende fleischige Stiele, die scharlachrote, fuchsienartige, im Sommer erscheinende Blüten tragen. Gute Gewächshauspflanze. Bolivien.

boweri
15 bis 25 cm hohe, buschige Pflanze mit kleinen wächsernen Blättern, smaragdgrün mit schokoladebraunen Zeichnungen an den behaarten Rändern. Die 1 bis 1,5 cm großen Blüten sind weiß oder rosa und erscheinen von Februar bis Mai. Fürs Gewächshaus geeignet. Mexiko.

× **carrieri** (B. semperflorens × B. schmidtiana)
Gedrungene, ca. 30 cm hohe Pflanze, im Wuchs der *B. semperflorens* ähnelnd. Die großen weißen Blüten erscheinen den Winter über reichlich. Als Gewächshaus- und Zimmerpflanze geeignet.

coccinea
Strauchige Art mit bambusartigen Zweigen, bis über 1,80 m hoch, mit glänzend-grünen, rotgerandeten Blättern. Die hellen korallenroten Blüten haben einen Durchmesser von 2,5 cm und wachsen in herabhängenden Blütenständen von Mai bis Oktober, gelegentlich auch den Rest des Jahres über. Für große Töpfe geeignet. Brasilien. **52**
'President Carnot' ist eine Hybride mit größeren rosa Blüten und silbergefleckten Blättern.

corallina
Verzweigter Halbstrauch, bis 2 m hoch, mit großen olivgrünen Blättern, oben weiß gefleckt, unten weinrot. Die korallenfarbenen Blüten, die im Frühjahr erscheinen, hängen in Trauben herab. Gute Zimmer- und Gewächshauspflanze. Brasilien.

daedalea
Gedrungene Art mit auffälligem Blattwerk, bis 30 cm hoch. Die großen grünen Blätter haben in der Jugend ein scharlachrotes Netz von Adern, das später mahagonibraun wird. Blüten weiß, mit rosarotem Schimmer, im Sommer in losen Trauben erscheinend. Mexiko.

diadema
Bis 1 m hohe Art mit fleischigem Stamm, die wegen ihrer tief eingeschnittenen, glänzenden Blätter gern gehalten wird. Diese sind hellgrün mit unregelmäßigen weißen Flecken, in der Mitte rot. Die sehr kleinen rosa Blüten erscheinen im Frühjahr. Warmhauspflanze. Borneo.

dregei
Kleine, für Zimmer und Gewächshaus gleich geeignete Pflanze mit fleischigen roten Stengeln und bronzegrünen, dünnen, tief gezähnten Blättern, die unterseits rötlich sind. Die weißen Blüten öffnen sich im Sommer. Südafrika.

× **erythrophylla** (syn. × B. feastii)
Schöne Blattpflanze mit ledrigen, mittelgrünen Blättern, unterseits dunkelrot, an den Rändern weiß behaart. Die Stengel haben rauhe rote Haare, bis 7 cm lang. Die hellrosa Blüten erscheinen von Januar bis Mai; sie stehen in Blütenständen an langen Stielen. Zimmer- und Gewächshauspflanze. Hybride.
× 'bunchii' ist die häufigste Hybride und eine sehr hübsche Pflanze mit krausen Blatträndern.

fuchsioides
Gedrungener, bis 1,20 m hoher Halbstrauch mit schlanken gebogenen Blattstielen und glänzenden, ovalen, gezähnten Blättern. Die fuchsienartigen Blüten reichen von dunkelscharlachrot bis rosa und stehen frei in herabhängenden Blütenständen von Oktober bis März. Vor allem fürs Gewächshaus, kann aber auch als Zimmerpflanze gehalten werden. Mexiko. **53**

haageana (syn. scharfii)
Große, hübsche, behaarte Pflanze mit 20 bis 25 cm langen, elefantenohrartigen Blättern, oberseits glänzend grün mit roten Adern, unterseits rötlich-purpur. Die rosaroten Blüten wachsen in Trauben von Juni bis September. Brasilien. **54**

luxurians

Auffallende Gewächshauspflanze mit fleischigem, weich behaartem Stamm, bis 1,80 m hoch. Die hübschen Blätter haben 5 bis 17 Fiederblättchen, oben rot und behaart, unten grün. Die kleinen cremefarbigen Blüten wachsen an langen rötlichen Stielen und öffnen sich im Frühjahr. Brasilien.

manicata

Kleine, im Winter blühende Art, mit zugespitzten, fleischigen mittelgrünen Blättern, die unterseits leuchtend grüne Adern und schmale, rote, behaarte Ränder haben. Am auffälligsten ist der eigenartige Kragen von roten schuppigen Borsten an der Spitze der rot gepunkteten Blattstiele. Die rosa Blüten sind klein, stehen aber in großen lockeren Blütenständen. Gute Topfpflanze für Zimmer und Gewächshaus. Mexiko. **55**

masoniana 'Iron Cross'

Eine der auffälligsten Begonien-Züchtungen; blüht selten, hat aber hübsches Blattwerk. Die mittelgrünen, behaarten und runzligen Blätter haben ein braunrotes Muster in der Form eines Kreuzes. Ältere Blätter werden silbrig und alle haben bürstige rote Haare. Die Blätter stehen an rötlichen, weißbehaarten Stielen. Ausgezeichnete Topfpflanze für Zimmer und Gewächshaus. Südostasien. **56**

metallica

Buschige, silberhaarige, stark verzweigte Art mit glänzenden, metallisch grünen Blättern und oberseits tiefen, purpurfarbenen Adern; unterseits sind sie karmesinrot. Die rosa Blüten erscheinen im September. Geeignet für Zimmer und Gewächshaus. Bahia, Brasilien.

nitida (syn. B. minor)

Die erste in England (und in Europa) gezogene Begonienart ist eine buschige, 1,20 bis 1,80 m hohe Pflanze mit glänzenden dunkelgrünen, gewellten Blättern und zartrosa bis karminroten Blüten, die im Winter überreichlich sind, aber das ganze Jahr über auftreten können. Mittelamerika, Jamaika.
'Alba', eine weißblühende Form. **57**

rex und B.-Rex-Hybriden

Die echte Art wird selten gezogen; es stammen aber viele Hybrid- und Zuchtformen von ihr. Sie haben sehr unterschiedliche Blattformen und -zeichnungen mit Mustern in silber, rosa, rot, kupfer- und bronzefarben auf einem Hintergrund in allen Grünschattierungen. Es sind sämtlich gute Zimmer- und Gewächshauspflanzen. Die kleinen zartrosa Blüten erscheinen von Juni bis September an älteren Pflanzen, sind aber nicht besonders bemerkenswert. Assam. **58**

× richmondensis

Buschige, etwas ausladende Pflanze, deren schimmernde Blätter einen welligen Rand und rote Stiele haben. Die rosa Blüten blühen das ganze Jahr über. Gewächshaus und Zimmerpflanze.

scharfii → B. haageana

semperflorens und B.-Semperflorens-Hybriden

Blühfreudige, zwergwüchsige Büsche mit gerundeten, grün glänzenden Blättern. Blüte von Mai bis Oktober. Viele Züchtungen von 15 bis 45 cm Höhe mit purpurn getönten Blättern und Blüten von weiß bis dunkelrot sind erhältlich. Vielfältig zu verwenden, vor allem in Balkonkästen und auf Gartenbeeten. Brasilien. **59**

serratipetala

Eine Art mit tiefgrünen, glänzenden, gekräuselten Blättern an gebogenen Stielen und üppigen rosafarbenen Blüten mit tief gekerbten Blütenblättern. Blüht von Frühjahr bis Herbst und ist eine sehr attraktive Topfpflanze fürs Zimmer oder Gewächshaus. Neuguinea.

socotrana

Die Art findet man nur mehr selten, da sie weitgehend durch Züchtungen ersetzt wurde. Sie hat runde Blätter und dunkelrosa Blüten im Winter. Die Hybriden bilden zwei Hauptgruppen, die rosa Lothringer-Begonien B. 'Gloire de Lorraine' und die Hiemalis-Gruppe mit größeren Blüten (weiß, orange, rosa). Durchwegs dankbare Topfpflanzen fürs Haus und Gewächshaus. Sokotra.
Lothringer Gruppe:
 'Ege's Favourite', kräftiges Rosa;
 'Red Marina', dunkel rosarot;
 'Regent', karminrosa; **60**
 'White Snow', schimmernd weiß.
Hiemalis-Gruppe:
 'Eveleen's Orange', dunkelorange Blüten;
 'Thought of Christmas', eine weiße, doppelblütige Zuchtform;
 'Van de Meer's Glory', mit orange-lachsfarbenen Blüten.

× tuberhybrida (Knollenbegonien-Hybriden)

Eine Reihe von Hybriden mit vielen, kaum noch zu zählenden Namenssorten. Sie bilden 2 Gruppen, die doppel- oder rosenblütigen Sorten mit mittelgrünen Blättern und 7 bis 15 cm großen Blüten (Juni bis September) und die Pendula-Gruppe, kleinere Pflanzen mit schlanken herabhängenden Stengeln und einzelnen oder halbdoppelten Blüten von 5 bis 7 cm Durchmesser. Folgende Züchtungen seien hier genannt:
Rosenblütige:
 'Corona', gelb mit zartrosa Rand; **61**
 'Diana Wynyard', mit großen weißen Blüten;
 'Elaine Tartellin', einheitlich tiefes rosarot; **62**
 'Guardsman', leuchtend orange-scharlachrot; **63**
 'Harlequin', weiß mit rosarotem Rand; **64**
 'Mary Heatley', hellorange; **65**
 'Olympia', blutrot;
 'Rhapsody', rosarot;
 'Seville', gelb mit rosa Rändern.
Pendula: **66**
 'Red Cascade', scharlachrot;
 'Golden Shower', goldgelb;
 'Lou-Anne', rosarot.

Beloperone (syn. Drejerella) ACANTHACEAE

guttata Zimmerhopfen

Beliebte Haus- und Gewächshauspflanze mit weichen, leicht glänzenden, grünen Blättern und Trugdolden aus weißen, zungenförmigen Blüten, die aus überlappenden, rosabraunen Deckblättern hervorschauen. Blüht fast das ganze Jahr. Man zieht sie im Kalthaus in Töpfen. Kalk- und lehmhaltige Erde mit Sandzusatz erwünscht. Gegen pralle Sonne schützen. Vermehrung durch Kopfstecklinge, vorzugsweise von zurückgeschnittenen Pflanzen im Frühling oder Sommer. Mexiko. **67**

Beloperone, Gelbe → Pachystachys lutea
Bergers Feigenkaktus → Opuntia bergeriana
Bergkaffee → Coffea arabica
Bergpalme → Chamaedorea

Bertolonia MELASTOMATACEAE Bertolonie

Eine Gattung von immergrünen Zwergpflanzen, die vor allem wegen ihrer schön gezeichneten Blätter beliebt sind. Die kleinen rosig-purpurnen Blüten sind unauffällig. Ausgezeichnet geeignet für Haltung im Zimmer wie auch im Warmhaus. Man setzt sie in handelsübliche Erdmischung mit Sandzusatz und schützt sie vor direktem Sonnenlicht. Sie braucht Feuchtluft. Vermehrung durch Kopfstecklinge im Sommer oder Samen im Frühjahr.

maculata ♠
Kriechpflanze mit behaartem Stamm und ovalen bis herzförmigen, behaarten Blättern, die silbrig-weiß gefleckt sind. Brasilien.

marmorata (syn. **Eriocnema marmorata**) ♠
Hübsche zierliche Pflanze mit kräftigen grünen Blättern, oberseits silbrig-weiß gestreift, unterseits purpurfarben. Brasilien. **35**

Besenkraut → Kochia scoparia

Bessera LILIACEAE

elegans   Korallentröpfchen ✽
Lilienartige Pflanze mit 30 bis 60 cm langen, am Boden kriechenden Blättern, die ein Büschel bilden. Die langen gestielten Blüten sind scharlachrot, z. T. mit weiß, glockenartig mit purpurnen Staubfäden. Wächst am besten im gut gelüfteten Kalthaus und blüht von Juni bis September. Man setzt die Zwiebeln im Frühling in Pflanzgefäße mit lehmhaltiger Blumenerde und hält sie etwas feucht bis die Blätter voll entwickelt sind; dann wird reichlicher gegossen. Wenn die Blätter nach der Blüte gelb sind, läßt man sie trocknen und lagert sie an einer frostgeschützten Stelle. Vermehrung durch Seitenzwiebeln zur Eintopfzeit oder durch Samen in der Reifezeit. Mexiko.

Betelnußpalme → Areca cathechu

Bignonia BIGNONIACEAE

capreolata (syn. **Doxantha capreolata**) ✽ ♠
Strauchartige Kletterpflanze mit Blättern, die aus einem Paar schmaler, gegenständiger Fiederblättchen und krallenartigen Ranken bestehen, mit denen sich die Pflanze festklammert. Sie hat einzelne, glockenförmige, 5-blättrige gelbe Blüten, die sich im Sommer öffnen. Sie wächst am besten und wirkt am schönsten in einem kühlen, gut gelüfteten Gewächshausbeet an Stützen oder Gitter. Läßt sich auch in Kübeln mit lehmhaltiger Erde ziehen. Vermehrung durch Kopfstecklinge im Frühjahr. Argentinien.

Billbergia BROMELIACEAE   Zimmerhafer

Eine Gattung leicht zu haltender, hübscher Zimmer- und Gewächshauspflanzen mit Rosetten von zierlichen streifenartigen Blättern. Die Blüten – oder die Hochblätter, die sie umgeben – sind farbenprächtig mit Schattierungen in rosa, rot, purpur und grün. Bei den meisten Arten hängen sie an langen gebogenen Rispen. Sie wachsen in handelsüblicher Erdmischung oder in einer Mischung aus je 50% lehmhaltiger Erde und Sphagnum. Muß vor direkter Sonne geschützt werden und benötigt Luftfeuchtigkeit. Vermehrung durch Teilung beim Umsetzen im Sommer. Im Frühjahr ist auch Aussaat möglich; die Pflanze braucht aber mehrere Jahre bis zur Reife.

chantinii → **Aechmea chantinii**

nutans ✽ ♠
Die aufrechten dunkelgrünen Blätter mit silbrigem Glanz werden bis 45 cm hoch. Die röhrenförmigen, grünen, mit purpurblauem Rand versehen Blüten erscheinen zwischen rosaroten Hochblättern und stehen in herabhängenden Rispen von 7 cm Länge an langen gebogenen Stengeln. Brasilien. **68**

pyramidalis ✽ ♠
Die breiten, hellgrünen Blätter wachsen in einer röhrenartigen Rosette, aus deren Mittelpunkt eine aufrechte, 10 bis 15 cm hohe Ähre wächst, aus karmesinroten, an der Spitze purpurnen Blüten mit scharlachroten Deckblättern, an einem wollig-behaarten Schaft. Eine sehr attraktive Pflanze. Brasilien. **69**

rhodocyanea → **Aechmea fasciata**

× windii (B. decora × B. nutans) ✽ ♠
Hybride mit kräftigen, etwas graugrünen Blättern und kleinen grünlich-blauen Blüten, die fast völlig in den großen rosa Hochblättern versteckt sind. Sie stehen in hängenden Rispen an gebogenen, 45 cm langen Schäften. Hybride.

Binsenkaktus → Rhipsalis
Birkenfeige → Ficus benjamina
Bischofsmütze → Astrophytum
Bitterbauch → Gasteria liliputana
Bitterschopf → Aloe
Blattkaktus → Epiphyllum
Blaue Lotosblume → Nymphaea caerulea
Blaue Passionsblume → Passiflora caerulea
Blaues Lieschen → Exacum affine
Blaugummibaum → Eucalyptus globulus

Blechnum POLYPODIACEAE   Rippenfarn

Eine Gattung sehr dekorativer Farne, von denen sich die folgenden Arten am besten als Topfpflanzen im Haus und Gewächshaus eignen. Man setzt sie in normale Erde und schützt sie vor direktem Sonnenlicht. Von Frühjahr bis Herbst brauchen sie Luftfeuchtigkeit. Vermehrung durch Teilung oder Sporen im Frühling.

brasiliensis ♠
Großer Farn, der im Alter einen kleinen schuppigen ›Stamm‹ (Rhizom) entwickelt und aufrechte 60 bis 120 cm lange und 15 bis 40 cm breite Wedel hat. Sie sind tief eingeschnitten; jedes Segment ist fein gezähnt mit gewelltem Rand. Braucht Wärme und Feuchtigkeit; wächst deshalb am besten im Warmhaus. Brasilien, Peru.

capense ♠
Aufrecht wachsende Art mit 30 bis 90 cm langen Wedeln aus langen schmalen Fiederblättchen von 7 bis 30 cm Länge und 1 bis 2,5 cm Breite, gerundet oder herzförmig am Grund. Die »Sporen« (Sori) stehen an einzelnen Wedeln, die schmal und nur 15 cm lang sind. Für Haus und Gewächshaus geeignet. Südafrika, Polynesien.

gibbum ♠
Großer Farn mit 60 bis 90 cm hohem, dicht geschupptem Stengel und ebenso langen Wedeln, die in schmale, 10 bis 15 cm lange Fiederblättchen geteilt sind. Gute Gewächshauspflanze, die auch im Haus gezogen werden kann. Neukaledonien. **70**

moorei (syn. **Lomaria ciliata**) ♠
Kleinere Art mit einer Rosette von steifen, geteilten, 20 bis 30 cm langen Wedeln mit nicht eingeschnittenen, am Rand gewellten Fiederblättchen. Diese sind an unfruchtbaren Wedeln breit, an sporentragenden schmäler. Wenn man sie feucht hält, ist sie eine

gute Zimmerpflanze; sie gedeiht auch im Gewächshaus. Neukaledonien.

Bleiwurz → **Plumbago**
Blühende Steine → **Conophytum**
Blumenrohr → **Canna**
Blutblume → **Haemanthus katherinae**
Bobaum → **Ficus religiosa**
Bogenhanf → **Sansevieria**
Bohne → **Phaseolus**

Bomarea AMARYLLIDACEAE

Eine Gattung von Schlingpflanzen, die man in großen Töpfen mit nährstoffhaltiger Erde zieht; am besten gedeihen sie jedoch im Kalthausbeet. Die Blüten haben scheinbar 6 Blütenblätter, tatsächlich sind aber die äußeren 3 farbige Kelchblätter, nur die inneren 3 sind echte Blütenblätter. Man pflanzt sie im Frühjahr an Rohr- oder Drahtstützen. Gut belüften und vor praller Sonne schützen. Vermehrung durch Samen oder Teilung im Frühjahr.

caldasii ✶ ♠
Hübsche Art mit breit-lanzettlichen Blättern und goldgelben, lilienartigen Blüten von 4 cm Länge in 6 bis 20 Dolden. Die 3 äußeren Kelchblätter sind goldgelb mit grünen Spitzen, die 3 inneren haben rote Flecken. Hauptblütezeit Sommer. Ekuador.

Boronia RUTACEAE Korallenraute

Eine Gattung von zierlichen, immergrünen Halbsträuchern, meistens mit duftenden Blüten und lockerem, gefiedertem Blattwerk. Gedeihen gut in Töpfen mit handelsüblicher Erdmischung im Kalthaus und können von Juli bis September ins Freie gesetzt werden. Unter Glas brauchen sie viel Frischluft und wenig Wasser. Vermehrung durch Samen im Frühjahr oder Stecklinge von Seitentrieben mit Luftwurzeln im Sommer.

alata ✶ ♠
1,20 bis 1,80 m hoher Busch mit unbehaarten, aus kleinen, feingezähnten Fiederblättchen zusammengesetzten Blättern. Die kräftig rosafarbenen Blüten erscheinen im Mai in Büscheln, jedes der schmalen zugespitzten Blütenblätter hat einen längs verlaufenden roten Strich. Westaustralien.

megastigma ✶ ♠
Nur 60 cm hoher Strauch mit Blättern, die in 3 sehr schmale Fiederblättchen geteilt sind. Die einzelstehenden Blüten, die sich im Frühjahr öffnen, sind außen kastanienbraun bis purpur, innen gelb, und stehen an langen Ähren. Intensiver Duft. Westaustralien.

Bougainvillea NYCTAGINACEAE Bougainvillee

Diese Gattung von Kletterstäuchern wird wegen ihrer prächtigen Blüten gezogen, die aus großen, sehr bunten, papierartigen Hochblättern bestehen, die wiederum die kleinen unbedeutenden Blüten umgeben. Geeignet für Warm- und Kalthaus sowie Treibhaus, entweder in Töpfen oder Beeten. Für Töpfe nehme man nährstoffhaltige Erde und sorge für Stützen. An heißen Tagen gut belüften. Vermehrung durch ausgereiftes Steckholz im Sommer.

× buttiana (B. glabra × B. peruviana) ✶
Kräftige, holzige Kletterpflanze mit großen Dornen und dicken ovalen Blättern. Die großen Blütenstände sind von leuchtenden karmesinroten Hochblättern umgeben und bilden im Sommer farbenprächtige Kaskaden.
'Kiltie Campbell' mit tieforangen Deckblättern;
'Mrs Butt'/'Crimson Lake' mit karmesinrosa Deckblättern; **71**

glabra ✶
Ähnliche Art mit leuchtend grünen Blättern und kräftig gefärbten Hochblättern. In der Jugend eine ausgezeichnete Topfpflanze, ausgewachsen aber bis 3 m hoch. Brasilien.
'Double Pink', eine ungewöhnliche halbgefüllte Form; **72**
'Variegata', auffällige Blätter mit cremefarbenem Rand.

spectabilis ✶
Die farbenprächtigste und am stärksten wachsende Art, die im Gewächshausbeet 9 m lang werden kann. In der Jugend eine gute Topfpflanze mit großen Trauben von leuchtenden Hochblättern, rosa bis scharlachrot, die von Juli bis September erscheinen. Brasilien. **73**

Bouvardia RUBIACEAE Bouvardie

Eine Gruppe von hübschen immergrünen Sträuchern mit auffälligen Doldentrauben aus röhrenförmigen Blüten am Ende der Zweige. Geeignet fürs Kalthaus, zur Blütezeit auch fürs Zimmer. Man verwende nährstoffhaltige Erde und sorge für Schutz vor praller Sonne. In der Jugend wird die Pflanze mehrmals gestutzt, um einen buschigen Wuchs zu erreichen. Vermehrung im Frühjahr durch Kopfstecklinge, vorzugsweise von zurückgeschnittenen Pflanzen.

× domestica ✶
Diese Hybriden sind meist 60 cm hohe Büsche mit Trauben von weißen bis roten, 4-blättrigen Blüten von Juni bis November.
'Mary' mit rein rosafarbenen Blüten; **74**
'President Cleveland' mit scharlachroten Blüten; **75**

longiflora (syn. B. humboldtii) ✶
Schöner, etwas wuchernder, im Herbst blühender Halbstrauch, bis 90 cm hoch. Er hat glänzende Blätter und lose Trauben von schneeweißen, wächsernen, duftenden Blüten. Mexiko.

triphylla (syn. B. ternifolia) ✶
60–90 cm hoher Strauch mit dreikantigen behaarten Zweigen, spitzen, dreispaltigen Blättern. Die Doldenblüten sind feuerrot; sie treten sprunghaft das ganze Jahr über auf, hauptsächlich zwischen Juni und Februar. Mexiko.
'Alba': hübsche, weiß blühende Zuchtform mit behaarten Blättern.

Brassaia → **Schefflera**

Brassolaeliocattleya ORCHIDACEAE ✶

Hierunter versteht man eine Reihe von Hybridenformen aus den 4 Gattungen *Laelia*, *Cattleya*, *Rhyncholaelia*, *Laeliobrassocattleya*. Die Blüten erreichen bis 15 cm Größe; sie erscheinen zwischen Oktober und März. Man zieht sie in perforierten Töpfen oder Körben und verwendet eine Mischung aus 3 Teilen Osmunda und einem Teil Sphagnum. Schutz vor direkter Sonnenbestrahlung ist nötig, ebenso Luftfeuchtigkeit. Vermehrung durch Teilung im Frühjahr. Man kennt viele Namenssorten, von denen folgende erwähnenswert sind:
'Nugget' mit gelben Blüten;
'Norman's Bay', rosa Blüten mit dunklerer Lippe und Goldäderung im Grund.

BRE

Braunauge → Thunbergia alata
Brautprimel → Primula malacoides

Breynia EUPHORBIACEAE Schneebusch

disticha (syn. **B. nivosa**)
Eine ungewöhnliche Pflanze fürs Warmhaus; solange sie klein ist, auch als Zimmerpflanze geeignet. Es handelt sich um einen schlanken, aber dicht verzweigten Strauch mit grünen, ca. 2,5 cm langen, ovalen, weiß marmorierten Blättern. Gedeiht am besten im Gewächshausbeet, aber auch im Topf oder Kübel. Man nimmt handelsübliche Erdmischung, sorgt für Schatten und Luftfeuchtigkeit. Vermehrung durch halbreife Triebstecklinge oder durch Wurzelschnittlinge im Sommer. Pazifische Inselwelt.
'Roseopicta' ist die häufigste Form; die Blätter sind nicht nur grün und weiß, sondern auch rosa und rot gesprenkelt.

Brodiaea ALLIACEAE

Eine Gattung von hübschen Zwiebelpflanzen mit langen röhrenförmigen Blättern und schirmartigen blaupurpurnen Blütenköpfen an blattlosen Schäften. Man kann sie in Töpfen oder Gewächshausbeeten ziehen. Im Herbst topft man die Zwiebeln in nährstoffhaltige Blumenerde. Zunächst wenig gießen, wenn die Blätter kräftig wachsen, stärker. Wenn die Blätter welken, läßt man die Pflanze eintrocknen und lagert sie an einem trockenen Platz. Vermehrung durch Brutzwiebeln im Herbst oder durch Samen zeitig im Frühjahr.

coronaria (syn. **B. grandiflora**)
Prächtige Art mit losen Dolden aus blauvioletten Blüten, 4 cm groß, die sich im Juni und Juli öffnen. Oregon, Kolumbien.

grandiflora → **B. coronaria**

laxa (syn. **Triteleia laxa**)
Sehr schöne Zwiebelpflanzen mit purpurblauen vielblütigen Trauben von trichterförmigen Blüten, die sich im Juli öffnen. Die Pflanze wird 60 cm hoch. Kalifornien.

Browallia SOLANACEAE

Eine Gattung von üppig blühenden, buschigen, einjährigen Pflanzen, besonders gut für Topfhaltung im Kalt- oder Warmhaus. Sie haben purpurblaue röhrenförmige Blüten, die von Juni bis September erscheinen. Nach Möglichkeit ist lehmhaltige Erde zu verwenden und für Beschattung zu sorgen. Junge Pflanzen werden gestutzt, damit die Wuchsform buschig wird. Vermehrung durch Aussaat im Frühjahr.

speciosa
Buschige Art, bis 60 cm hoch, mit ovalen, schlanken, zugespitzten Blättern und violettblauen, 5 cm großen Blüten. Es gibt viele Formen, von denen manche durch Kreuzung entstanden sind; dies sind ausgezeichnete Topfpflanzen. Kolumbien. **76**
'Major' mit dunkelblauen, weißgeränderten Blüten;
'Silver Bells' mit weißen Blüten.

viscosa
Diese Art erreicht 30 cm Höhe und mehr. Die Blätter sind oval und klebrig. Die 2,5 cm großen, leuchtenden, blauvioletten Blüten sind in der Mitte weiß. Peru.
'Saphire' hat blaue Blüten und zierlicheren Wuchs, nur 15-25 cm hoch.

Brunfelsia SOLANACEAE

Hübsche immergrüne Sträucher mit reichen, schönen Blüten, die das ganze Jahr über blühen, aber von Juni bis Oktober am schönsten sind. Am besten hält man sie in Töpfen im Warm- oder Kalthaus; sie brauchen im Sommer viel Frischluft. Man verwendet eine handelsübliche Erdmischung und sorgt für ausreichenden Schatten. Vermehrung durch Stecklinge im Sommer.

calycina (syn. **pauciflora** var. **calycina**)
Reich blühender Strauch mit glänzenden grünen, ledrigen Blättern von 5–10 cm Länge; die Blüten sind 5 cm groß, kräftig purpurfarben mit einem weißen Auge; die Farbe verblaßt im Alter. Brasilien.
'Macrantha': größere Blüten (bis 8 cm). **77**

undulata
Kräftig wachsender, immergrüner, bis 1,20 m hoher Strauch mit langen, mittelgrünen, elliptischen Blättern und stark duftenden weißen bis cremefarbenen Blüten, deren Röhren 8 cm lang und an der Öffnung 4 cm breit sind. Westindische Inseln.

Bryophyllum CRASSULACEAE Brutblatt

Es sind Blattsukkulenten, sie sollten wie Erdkakteen und Sukkulenten behandelt werden (siehe Einführung). Viele von ihnen produzieren Brutknospen mit Wurzeln in den Blattachseln; diese kann man abnehmen und stecken. Auch Seitentriebe können als Stecklinge verwendet werden; sie alle wurzeln sofort. Sie blühen im späten Frühjahr und Sommer, im Haus nicht besonders üppig. Mindesttemperatur im Winter 4 °C; 7–10 °C sind günstiger.

crenatum
Die Blüten sind gelblich bis rot, z. T. mit rötlichen Kelchen und Blütenstengeln. Vor allem als Blattpflanze gezogen; die Blätter sind ca. 8 cm lang und 2,5 cm breit, graugrün mit rotem Rand, gerundet und mit kleinen, selbständigen Pflänzchen in den Kerben. Sprosse bis 40 cm hoch. Tropisches Afrika, Brasilien.

daigremontianum
Die Blüten sind grauviolett bis gelblich-rosa und nicht sehr zahlreich. Die Blätter sind meergrün, unten heller, beiderseits mit purpurroten schmalen Zeichnungen, 8–15 cm lang, an bis zu 75 cm langen Sprossen. Es werden reichlich Pflänzchen an den Blatträndern erzeugt. Madagaskar.

pinnatum
Die Blüten sind grün und rosa, 4 cm lang und 2,5 cm breit. Die Blätter sind ca. 7 cm lang, grün mit rotem Ton, die unteren einfach und gekerbt, die oberen gefiedert; sie stehen an Stengeln, die bis 90 cm hoch werden. Tropen.

tubiflorum (syn. **Kalanchoe tubiflora**)
Blüten rötlich. Wird wegen der Blätter gezogen, die mattgrün sind mit purpurfarbenem Muster, 8 cm lang und 6 mm dick, zylindrisch, mit spitzen Zähnen am Ende; 3–5 Teilblättchen entwickeln sich in den Kerben an den Blattenden. Stamm bis 90 cm hoch. Madagaskar.

uniflorum
Blüten rosa, in Trugdolden. Die Blätter sind grün, rund, ca. 1 cm im Durchmesser, mit bis zu 5 Kerben. Sie stehen an Sprossen, die am Boden liegen und dort wurzeln. Madagaskar. **78**

Bubiköpfchen → Soleirolia soleirolii
Bukkostrauch → Barosma

Bulbophyllum ORCHIDACEAE

Eine sehr vielfältige Gattung von epiphytischen Orchideen, viele mit eigenartig geformten Blüten. Wachsen in aufgehängten Töpfen oder Körben (Inhalt: 3 Teile Osmundafaser auf 1 Teil Sphagnum). Man muß sie im Warenhaus feucht halten und vor Sonnenlicht schützen. Vermehrung durch Teilung der Pflanzen im Frühjahr, wenn Umtopfen nötig ist.

barbigerum
Zwergpflanze mit 7 cm langen, dunkelgrünen Blättern. Die Blüten stehen in langen Trauben, die erst waagrecht, dann nach oben gebogen sind. Sie haben grünlich-braune Blütenblätter und Kelchblätter und eine eigenartige lange Lippe und sind sehr schlank; das Ende ist braun behaart. Sie hängt so lose, daß sie beim geringsten Hauch sich bewegt. Blüht im Frühling. Sierra Leone, Westafrika.

careyanum
Im Sommer blühende Art mit kleinen, rötlichen oder grünlich-braunen Blüten in dichten Trauben am Ende der schlanken Stiele. Indien.

dayanum
Hübsch gefärbte Art mit kräftigen, tiefroten, gelb geränderten Blütenblättern und einer grünen Lippe mit kleinen roten Kämmen. Die Blüten haben einen Durchmesser von 2,5 cm und stehen in Trauben an den Enden der kurzen Stiele. Die 7 bis 8 cm großen elliptischen Blätter sind unterseits rot überzogen. Blütezeit ist Frühling. Indien.

umbellatum
Die langen, schlanken, gelben Blüten dieser hübschen Art haben purpurfarbene Flecken, die Lippe ist völlig purpur. Die Blüten stehen in Trauben zu je 4 bis 5; sie gehen von der Stengelspitze wie die Speichen eines Rades aus und blühen im Frühjahr. Die Pseudobulben tragen ein einzelnes, länglich ovales Blatt. Indien.

Buntblättrige Klimme → Cissus discolor
Buntnessel → Coleus
Buntwurz → Caladium

Butia PALMAE Yataypalme

yatay (syn. Cocos yatay)
Im Alter bis 4,5 m hoher Palmenbaum, mit 2,5 m langen, gebogenen, wedelartigen Blättern, mit 50 bis 60 schlanken spitzen Fiederblättern auf jeder Seite der Mittelrippe. In der Jugend eine besonders dekorative Topfpflanze fürs Haus, die ihre elegante Form bewahrt. Man zieht sie im Warmhaus, unter Verwendung nährstoffhaltiger Erde oder einer normalen Erdmischung. Muß vor praller Sonne geschützt werden und braucht Luftfeuchtigkeit im Sommer. Vermehrung durch Aussaat im Frühjahr. Brasilien, Argentinien.

C

Caesalpinia (syn. Poinciana) LEGUMINOSAE

Eine Gattung von sonnenliebenden Sträuchern mit Fiederblättern und auffallenden flachen bis becherartigen Blüten. Besonders geeignet für große Kalt- und Warmhäuser. Man zieht sie in Beeten oder Kübeln mit nährstoffhaltiger Erde und lüftet sie im Sommer reichlich. Vermehrung durch Samen im Frühjahr. Man versuchte, junge Triebe einzusetzen; sie wurzeln aber nur schwer.

gilliesii (syn. Poinciana gilliesii)
Strauch oder kleiner Baum mit feinen, doppelt geteilten Blättern und behaarten Stämmen, die in Trauben von 30 bis 40, im Juli und August erscheinenden Blüten, enden. Jede Blüte hat 4 cm lange goldgelbe Blütenblätter und eine Traube aus langen scharlachroten Staubblättern, die einen auffallenden Farbkontrast ergeben. Argentinien.

japonica
Strauch mit festen, nach unten gebogenen Stacheln. Er hat doppelt gefiederte Blätter und aufrechte Blütentrauben mit je 20 bis 30 leuchtend gelben Blüten, die sich im Juni und Juli öffnen. Die Pflanze muß zum Erreichen ihrer vollen Höhe gestützt werden. Japan.

pulcherrima (syn. Poinciana pulcherrima)
Hübscher stachliger Strauch mit federartigen geteilten Blättern und prächtigen Blüten mit roten bis goldgelben, am Rand gewellten Blütenblättern und dicht herabhängenden, scharlachroten Staubfäden. Die 7 cm langen Blüten erscheinen im Juli. Tropen.

Cajophora LOASACEAE Brennwinde

Eine Gattung von schönen Pflanzen, allerdings mit stechenden Haaren, was ihre Pflege etwas unangenehm macht. Sie haben tief gelappte Blätter und ungewöhnliche, auffällige Blüten, normalerweise rot bis orange. Man zieht sie in Warm- oder Kalthausbeeten oder in Töpfen mit nährstoffhaltiger Erde. An sonnigen Tagen gut lüften. Vermehrung durch Aussaat im Frühjahr. Bei jungen Pflanzen empfiehlt es sich, Handschuhe zu verwenden.

Cajophora contorta
Vor allem für Wände geeignete Kletterpflanze mit tief eingeschnittenen, dreieckigen Blättern und orangeroten Blüten von 4 bis 5 cm Durchmesser im Spätsommer. Peru, Ekuador.

Cajophora laterita
Kletterpflanze mit gegliederten Blättern; die Fiederblättchen sind sägezahnartig. Die großen glockenförmigen Blüten sind ziegelrot und stehen an langen Stielen. Chile.

Caladium ARACEAE Buntwurz

bicolor
Eine hervorragende Blattpflanze fürs warme und feuchte Gewächshaus mit pfeilförmigen, langgestielten Blättern und knollenartigen Wurzelstöcken. Man topft die Knollen im Frühjahr ein und zwar in eine der üblichen Erdmischungen. Zunächst nur mäßig gießen, wenn die Blätter erscheinen, stärker. Vor praller Sonne schützen. Im Herbst austrocknen lassen und an einem

warmen Ort lagern. Vermehrung durch Seitenknollen zur Pflanzzeit. **79**
Es gibt viele Züchtungen; alle haben verschiedene Blattmuster. Hier einige 40 cm hoch werdende Sorten:
'Candidum', glänzende weiße Blätter mit grünen Adern;
'Exposition', dunkelgrüne Blätter mit karminroten Adern;
'Pink Cloud', dunkelgrüne, rosa gesprenkelte Blätter mit feiner weißer Äderung;
'Seagull', dunkelgrün mit breiten weißen Adern;
'Stoplight', karminrote Blätter mit schmalem grünem Rand;
'Texas Wonder', grün und weiß gesprenkelte Blätter mit karminroten Adern.

Calandrinia PORTULACACEAE

Die beiden hier beschriebenen Arten sind niedrigwachsende einjährige oder einjährig gezogene Pflanzen, die für die Topfhaltung in Treib- und Gewächshaus geeignet sind und von Juli bis September blühen. Es wird nährstoffhaltige Erde verwendet und im Sommer für Lüftung gesorgt. Im Winter nur mäßig gießen. Vermehrung durch Stecklinge oder Aussaat im Frühjahr.

discolor

Ausdauernde Art, oft aber auch als einjährige Pflanze gezogen. Sie hat fleischige, löffelförmige Blätter, oben hellgrün, unten purpurrot und lange Dolden von leuchtend purpurnen, tellerförmigen Blüten mit gelben Staubblättern. Chile.

umbellata

Niedrigbleibende Pflanze mit schmalen behaarten Blättern. Im Juli und August ist sie mit Trauben von leuchtend karmesinroten, tellerförmigen Blüten überzogen. Peru.
'Amaranth', sehr gedrungene, nur 10 cm hohe Art mit leuchtend karmesin-purpurnen Blüten; **80**

Calanthe ORCHIDACEAE Schönorche

Eine Gattung von hübschen, jährlich die Blätter abwerfenden oder immergrünen Orchideen, von denen die beiden folgenden Arten am besten im Gewächshaus gehalten werden. Man setzt sie im Frühjahr, wenn das Wachstum beginnt, in Töpfe mit lehmhaltiger Blumenerde mit Zusätzen von Sphagnum und Farnwurzeln; die Basis der Bulben kommt dabei dicht unter die Oberfläche. Erst mäßig, wenn die Blätter sprießen, stärker gießen. Wenn die Blätter welken, läßt man die Pflanzen austrocknen. Zur Blütezeit ist Gießen gewöhnlich nicht nötig. Die immergrünen Arten hält man das ganze Jahr über feucht. Vermehrung durch Teilung oder Pseudobulben zur Umtopfzeit. Birma.

masuca

Immergrüne Art mit 60 cm langem Blütenschaft, die von Juni bis August violett-purpurne, bis 6 cm breite Blüten tragen. Indien.

vestita

Diese laubwerfende Art hat Blütenschäfte mit bis zu 25 Blüten an einem fast meterlangen geneigten Schaft. Im Winter erscheinen weiße Blüten mit einer weißen oder unterschiedlich gefärbten roten Lippe. Es gibt viele Formen. Malaysia.

Calathea MARANTACEAE Korbmarante

Eine Gattung hübscher Blattpflanzen; als Topfpflanzen im Zimmer und im Warmhaus sehr dekorativ. Sie haben einfache, ovale, ledrige Blätter mit verschiedenartigen und -farbigen Zeichnungen. Zum Gedeihen brauchen sie hohe Luftfeuchtigkeit. Man setzt sie in eine normale Erdmischung oder humose und lehmhaltige Blumenerde und schützt sie im Sommer vor direkter Sonne. Vermehrung im Frühsommer durch Teilung.

insignis (syn. C. lancifolia)

Die langen, parallel stehenden Blätter haben einen gewellten Rand und sind kräftig samtgrün, mit dünkelolivgrünen Flecken oberseits, unterseits purpurfarben. Die Pflanze ist buschig und langsamwüchsig, gewöhnlich bis 30 cm hoch, obwohl sie bei günstigen Bedingungen 60 cm hoch werden kann. Brasilien. **81**

lindeniana

Buschige Art mit 15 cm langen, ovalen Blättern, oben dunkelgrün mit blasseren, federartigen Zeichnungen beiderseits der Hauptader und am Rand. Die Unterseite ist mit Ausnahme eines grünen Streifens in der Mitte purpurfarben. Brasilien.

louisae

Die 12 cm langen, ovalen Blätter sind dunkelgrün mit oliv- oder graugrünem Fiedermuster, das von der Hauptader ausgeht; unterseits grün-purpur mit grünen Rändern. Brasilien.

makoyana

Diese oft für die schönste der ganzen Gattung gehaltene Art hat oberseits silbergraue Blätter mit einem feinen Spitzenmuster von dunkleren grünen Linien und abwechselnd großen oder kleinen Ovalen beiderseits der Hauptader. Das Muster ist auch auf der Unterseite, aber in purpurrot. Ausgezeichnete Zimmerpflanze. Brasilien. **82**

ornata

Diese Art hat lange, schmal-ovale Blätter, oben grün mit verschiedenen Streifenmustern und unten purpurfarben. Wird in der Jugend (bis 45 cm Höhe) als Topfpflanze gezogen, im Alter aber kann sie 2,60 m erreichen. Fürs Warmhaus geeignet. Kolumbien.
'Roseo-lineata', dunkle olivgrüne Blätter mit eng aneinanderliegenden Paaren von rosa Streifen, die im Alter elfenbeinfarben werden.

zebrina

Kräftig wachsende Warmhauspflanze, mit großen, länglichen, bis 45 cm langen Blättern an 30 cm langen Stielen. Sie sind oft weich, samtig-grün, mit gelbgrünen Bändern, die unterseits purpurfarben sind. Brasilien. **83**

Calceolaria SCROPHULARIACEAE Pantoffelblume

Eine Gattung, die viele einjährige und mehrjährige Stauden und Sträucher umfaßt, die in Töpfen im Zimmer oder Kalthaus gehalten werden. Das besondere an ihnen sind ihre pantoffelartigen Blüten mit den aufgeblähten gelben oder roten Unterlippen. Die einjährigen C. x herbeohybrida-Sorten werden durch Aussaat im Juni vermehrt. Nach Möglichkeit bleiben die Sämlinge bis September in offenen Treibkästen im Freien und kommen dann ins Kalthaus. Im folgenden Februar setzt man sie dann endgültig in Töpfe mit humus- und lehmhaltiger Blumenerde. Stecklinge aus überwinterten Mutterpflanzen nachzuziehen ist recht umständlich und problematisch. Alle Arten und Sorten müssen gut belüftet und vor praller Sonne geschützt werden.

bicolor

Die Staude hat dünne Stengel und dünne, herzförmige, gezähnte grüne Blätter. Die losen Blütenstände haben 2 cm große Blüten, die mit Ausnahme des weißen Grundes rein gelb sind. Blüht von Juli bis November. Peru.

× herbeohybrida

Man versteht darunter eine Reihe von Hybriden mit großen abgerundeten Blüten, die 6 cm lang sind, gelb bis rot, mit dunkleren roten Punkten oder Flecken. Man hält sie am besten im Gewächshaus, wo sie von Mai bis Juli blühen.
'Grandiflora', blüht gelb, orangerot bis kastanienbraun gefleckt, 7 cm Durchmesser;
'Monarch', 40 bis 45 cm hoch, in einer Vielfalt von Farben; **84**
'Multiflora Nana', für Topfhaltung ideale Zwergpflanze mit Trauben von ähnlich geformten gelben oder orangen Blüten, karmesinrot gefleckt und getönt; **85**

integrifolia (syn. C. rugosa)

Die buschige ausdauernde Pflanze hat schmale gerunzelte Blätter, oben glatt, unten behaart. Die Blüten sind klein, aber so dicht gedrängt, daß die Pflanze den ganzen Sommer über gelb oder rotbraun überzogen ist. Hervorragend zur Balkon- und Schalenbepflanzung. Chile. **86**
'Angustifolia' hat länger gestielte Blütentrauben.

pavonii

Große strauchartig wachsende, bis 1,80 m hohe Art; sie hat große, dicht behaarte, gezähnte, ovale Blätter. Im Sommer Trauben von 2,5 cm großen, tiefgelben bis braunen Blüten. Peru. **87**

Calla → **Zantedeschia**

Callicarpa VERBENACEAE Schönfrucht, Liebesperlenstrauch

Eine Gattung von immergrünen (bei uns nur sommergrünen), Sträuchern, die vor allem wegen ihrer großen reizvollen violetten Beeren und der Herbstfärbung ihrer Blätter beliebt sind. Die hier beschriebenen Arten erfordern außer in ganz milden Gegenden Kalthausaufenthalt. Man pflanzt sie in Beeten, großen Töpfen oder Kübeln mit nährstoffhaltiger Erde. An warmen Tagen gut lüften. Vermehrung im Spätsommer durch Stecklinge.

americana

1,80 m hoher Busch mit ovalen, flaumigen, grob gezähnten und an beiden Enden sich verjüngenden Blättern. Die unbedeutenden Blüten sind blau, rosa oder weiß; die ihnen folgenden Trauben von kugeligen violetten Beeren bleiben den Herbst über haften. Südosten der USA, Westindische Inseln.

rubella

Bis 3 m hoher Strauch mit langen zugespitzten Blättern und kleinen rosigen Blüten, die im Juli aufgehen. Früchte leuchtend purpurrot; bleiben den Winter über haften. Südostasien. **88**

Callisia COMMELINACEAE

elegans (syn. Setcreasea striata)

Dekorative, der Tradeskantie sehr ähnliche, wuchernde Pflanze mit eiförmig-dreieckigen, dunkelgrünen Blättern. Elfenbeinweiße Adern laufen der Länge nach über die unterseits purpurnen, ungestielten, den Stengel umklammernden und sehr dicht stehenden Blätter. Die Blüten haben 3 weiße Blütenblätter, sind aber klein und unbedeutend. Blütezeit Mai bis Oktober. Mexiko.

Callistemon MYRTACEAE Zylinderputzer, Schönfaden

Eine Gattung immergrüner Bäume und Sträucher; attraktive Pflanzen fürs Kalthaus. Ihr Hauptmerkmal: die zylindrischen, bürstenartigen zusammenstehenden, gewöhnlich scharlachroten Blüten, am schönsten im Sommer. Man zieht sie in Beeten oder Kübeln mit humus- und lehmhaltiger Erde. So oft wie möglich belüften. Vermehrung durch Stecklinge (nach Möglichkeit mit Luftwurzeln) im Sommer.

citrinus (syn. C. lanceolatus)

Zierlicher Strauch bis über 2 m Höhe, mit langen schmalen Blättern, in der Jugend kupferfarben, bei ausgewachsenen Pflanzen kräftig grün. Die Blütenstände haben eine Unmenge fadenartiger, langer, roter Staubfäden und werden bis 15 cm lang. Australien. **89**

lanceolatus → **C. citrinus**

salignus

Buschiger, 1,50 bis 2,50 m hoher Strauch oder kleiner Baum mit schmalen, sich verjüngenden, 5 bis 11 cm langen, kupferrosa Blättern. Die 7 cm langen Blütenstände sind hellgelb. Kalthauspflanze. Australien.

speciosus

Sehr auffällige Art, 2 m und mehr erreichend, mit langen schmalen Blättern und breiten, dichten, 12 cm langen, scharlachroten Blütenähren, Mai bis August. Von allen Arten am besten für Haltung in Gewächshaus oder Kübel geeignet. Feuchtigkeitsliebend. Westaustralien. **90**

Calocephalus (syn. Leucophyta) COMPOSITAE

brownii

Kleiner, drahtiger und silbergrauer, 30 bis 100 cm hoher Busch mit unbedeutenden gelben Blüten. Man schätzt ihn wegen seiner dichten weißen Behaarung, besonders an den Stengeln und schmalen Blättern. Gute Blattpflanze zur Topfhaltung im Kalthaus. Man nimmt humus- und lehmhaltige Erde und sorgt für Luftzufuhr. Mäßig gießen. Vermehrung im Spätsommer durch Stecklinge. Australien.

Camellia THEACEAE Kamelie

Eine Gattung immergrüner Zierpflanzen mit glänzenden, ledrigen, dunkelgrünen Blättern und hübschen einfachen, halb oder ganz gefüllten, rosenartigen Blüten, die vom Spätwinter bis ins späte Frühjahr eine einmalige Pracht sind. Ausgezeichnet fürs Treibhaus oder den Wintergarten, aber auch Haltung im Kalthaus ist möglich. Man zieht sie in großen Töpfen oder Kübeln mit einer Mischung aus Torf, Heideerde und Sand. Muß vor praller Sonne geschützt und ausreichend belüftet werden. Von April/Mai bis Oktober ist der beste Standort an einer schattigen Stelle im Freien. Vermehrung im Spätsommer oder Anfang Herbst, nur im Warmbeet beim Gärtner.

japonica

Großer, bis über 5 m hoher, immergrüner Strauch mit ovalen, glänzenden Blättern. Die Blüten, die am Ende der Zweige stehen, sind 7 bis 12 cm im Durchmesser, einfach oder ganz gefüllt, weiß, rosa, rot oder gemischt. Viele Hybriden sind bekannt. Blüht von Februar bis Mai. Japan.
Hier eine Auswahl schöner Sorten:
'Adolphe Audusson', große, halb gefüllte, blutrote Blüten, kompakter Wuchs; **93**
'Alba Simplex', die beste Sorte mit einfachen weißen Blüten und auffallenden Staubblättern; **91**
'Anemoniflora', kräftiger, aufrechter Wuchs, dunkelkarmesinrote Blüten;

'Chandleri', große, halb gefüllte, kräftig rote, manchmal weiß gezeichnete Blüten;
'Drama Girl', sehr attraktive, große, halb gefüllte Form mit lachsrosa Blüten und etwas herabhängendem Wuchs;
'Jupiter', die Blüten sind tiefrosa mit dunkleren Adern und einem hervorstehenden Knopf von gelben Staubfäden, einfach bis halb gefüllt; **92**
'Lady Vansittart', halb gefüllte, am Rand gewellte Blütenblätter in weißer Farbe mit rosa Streifen;
'Magnoliiflora', halb gefüllt, die Blütenform ähnelt stark der *Magnolia stellata;* hellrosarot;
'Mathotiana Rosea', große, ganz gefüllte Blüten von fast klassischer Form, mittelrosa;
'Nagasaki', große, halb gefüllte, rosarote Blüten, weiß marmoriert. Blätter oft gelb gefleckt;
'Tomorrow', eine sehr große, halb bis ganz gefüllte Form mit rosaroten Blüten;
'Tricolor', rosa, rot gestreift, halb gefüllt; **94**

reticulata

Ein meist schlanker, aufrechter Strauch oder kleiner Baum bis über 3 m. Die Blätter sind mattgrün, ledrig, elliptisch und von einem Adernetz überzogen; die Blüten sind einfach oder ganz gefüllt, 15 cm im Durchmesser, von hellrosa bis tiefrot. Blüte von Februar bis April. China.
'Buddha', sehr große, halb gefüllte, rosarote Blüten mit gewellten Blütenblättern;
'Captain Rawes', ein herrlicher Busch mit großen, leuchtend rosaroten, halb gefüllten Blüten; **95**
'Noble Pearl', große halb gefüllte dunkelrote Blüten;
'Shot Silk', große, halb gefüllte Blüten, kräftig rosa, mit gewellten Blütenblättern.

Campanula CAMPANULACEAE Glockenblume

Eine Gattung von überwiegend winterharten Pflanzen; die beiden hier beschriebenen Arten brauchen allerdings einen gewissen Kälteschutz. Die Blüten sind glocken- oder sternförmig, weiß und blau bis violett. Man verwendet nährstoffhaltige Blumenerde und lüftet reichlich. Vermehrung bei *C. isophylla* durch Teilung oder Wurzelschößlinge im Frühling, bei *C. pyramidalis* durch Aussaat, ebenfalls im Frühling.

isophylla

Zwergwüchsige, ausdauernde Pflanze, ausgezeichnet für Zimmer, Balkon und Kalthaus geeignet, besonders dekorativ in Hängekörben. Die blauen, 2,5 cm großen Sternblüten bedecken im August/September die ganze Pflanze. Norditalien. **96**
'Alba', weiße Blüten; **97**

pyramidalis

Die große Art erreicht 1,50 m Höhe, blüht im Mai und ist sehr gut für große Töpfe oder Kübel geeignet. Sie hat leuchtend grüne, herzförmige Blätter und lange pyramidale Rispen von blauen oder weißen, glockenförmigen Blüten, die in der Mittel dunkler sind. Zweijährig. Südeuropa.

Campelia COMMELINACEAE

zanonia (syn. Dichorisandra albo-lineata)

Auffallende Blattpflanze, deren 20 bis 30 cm langen, lanzettlichen Blätter in den Farben weiß, rot und grün längsgestreift sind, den Farben der mexikanischen Flagge (so lautet daher auch ihr Zuchtname) ähnlich. Die Blätter stehen an 90 cm langen, dicken und fleischigen Stengeln. Die purpurnen und weißen Blüten sitzen an kurzen Stielen in den Blattachseln. Die Pflanze wächst in Töpfen im Warmhaus oder Zimmer in einer üblichen Erdmischung. Benötigt Schutz vor praller Sonne und im Sommer Luftfeuchtigkeit. Vermehrung durch Teilung oder Stecklinge im Frühsommer. Mexiko.

Canna CANNACEAE Blumenrohr

Auffallende Tropenpflanzen, 1 bis 1,80 m hoch, mit aufrechten Stengeln, breiten Blättern und oft rot oder bronze getönten und leuchtend farbigen, orchideenartigen Blüten. Es sind sehr gute Kalt- oder Warmhauspflanzen für Beete und Töpfe. Man pflanzt die knolligen Wurzelstöcke im Frühling in nährstoffhaltige Erde oder eine der üblichen Erdmischungen. Erst mäßig gießen, wenn das Wachstum einsetzt, kräftiger. Im Herbst austrocknen lassen und warm lagern. Vermehrung durch Teilung des Wurzelstockes zur Eintopfzeit oder durch Samen im Frühjahr. Tropisches Asien und Amerika.

Indica-Hybriden

Eine Gruppe von durch Kreuzung entstandenen Züchtungen. Die breitovalen Blätter werden bis 60 cm lang; die scharlachroten, orangen oder gelben, orchideenartigen Blüten sind von Juni bis September offen. Man bekommt vorgetriebene Jungpflanzen im Topf geliefert. Hier einige Sorten:
'Di Bartolo', tiefrosa;
'J. B. van der Schoot', gelb mit roten Flecken; **98**
'Lucifer', zwergwüchsig, mit leuchtend roten, gelbgeranderten Blüten;
'Orange Perfection', reiche, orange-lachsfarbene Blüten.

Cantua POLEMONIACEAE

buxifolia

Schlanker Strauch, wird als Kletterpflanze fürs Kalthaus gezogen. Er hat schmale, oft weißgraue Blätter und endständige Büschel von kurzgestielten, langröhrigen Blüten, purpurrot mit gelben Streifen an den Röhren. Die Knospenspitzen sind spiralenförmig; die Blüten sind erst aufrecht, später hängend. Die Blütezeit beginnt im April. Die Pflanze wird im Beet oder in Kübeln mit humushaltiger Erde gezogen. Stäbe und Drähte dienen als Stütze. An warmen Tagen gut lüften. Vermehrung im Sommer durch halbreife Stecklinge. Peru, Bolivien, Chile. **99**

Capsicum SOLANACEAE Zierpaprika

Die Gattung wird hauptsächlich wegen ihrer glänzenden bunten Früchte gezogen, die vom Spätsommer bis in den Winter reifen; dadurch sind die einzelnen Arten vor allem im Winter sehr attraktiv. Die Früchte von verwandten Zuchtformen werden als Gemüse und Gewürze verwendet (grüne und rote Paprikaschoten, Spanischer Pfeffer). Man pflanzt sie im Kalthaus oder Blumenfenster; während des Sommers muß gut gelüftet werden. Von Mai bis September kann man sie auch an eine geschützte, sonnige Stelle plazieren. Vermehrung durch Aussaat im Frühjahr.

× annuum Spanischer Pfeffer

Dekorative rote und grüne Paprikaschoten. Die als Topfpflanzen geeigneten Formen sind meist Hybriden, oft von *C. annuum* und *C. frutescens;* Form und Farbe der Früchte sind sehr unterschiedlich. Sie haben weißliche, herabhängende Blütensterne (Juni bis September), aus denen sich die verschiedenen Früchte bilden. Hier einige Sorten (ohne Anspruch auf Vollständigkeit):
'Christmas Greeting', 45 cm hohe Pflanze, deren 2 bis 4 cm

großen Früchte eine Farbmischung von grün, violett, gelb, rot u. a. aufweisen;
'Fiesta', etwa 20 cm hoch, mit 5 cm langen, schlanken, zugespitzten Früchten, von grün bis hellgelb, orange und rot; **100**
'Rising Sun', 45 cm hoch, mit tomatenartigen roten Früchten.

frutescens
Größere, 50 bis 180 cm hohe Pflanzen; die kleineren Formen sind gute Topfpflanzen. Sie haben schlanke, ovale bis längliche Blätter und aufrechte Zierfrüchte, weiß, gelb und grün bis rot und purpur. Tropisches Amerika.
'Chameleon', 30 cm hoch; die Früchte färben sich beim Reifen von grün über gelb bis purpurn und rot; **101**
'Fips', gedrungenere, nur 18 cm hohe Pflanze; Früchte grün und gelb bis rot; **102**

Caralluma ASCLEPIADACEAE Fliegenblume

Stammsukkulenten, die der *Stapelia* sehr ähneln; die allgemeine Beschreibung und Pflege siehe dort.

europaea (syn. **Stapelia europaea**)
Die Blüten sind hellgelb mit matten Purpurstreifen. Sie sind klein und wachsen in Dolden im Sommer nahe den Stammspitzen. Die Blätter sind verkümmert. Vierkantiger Stamm, im Querschnitt fast quadratisch, mit kleinen Zähnen. Mittelmeerinseln. **103**

mammilaris (syn. **Stapelia mammillaris**)
Die schwarzpurpurnen Blüten erscheinen im Sommer in den Furchen des Stamms. Der 5 bis 6eckige Stamm ist grün und hat kräftige, scharfe, kegelförmige Zähnchen auf den Kämmen. Wie bei obiger Art sind die Blätter verkümmert. Südafrika.

Carex CYPERACEAE Segge

Eine große Gruppe von überwiegend buschartigen Gräsern; aufgrund ihrer hübschen Polster von oft glänzenden, schlanken, harten Blättern beliebt. Es sind sehr haltbare Topfpflanzen fürs Zimmer oder Gewächshaus. Man zieht sie in Gewächshausbeeten oder Töpfen mit humushaltiger Erde und schützt sie vor praller Sonne. An warmen Tagen gut lüften. Vermehrung durch Teilung oder Aussaat im Frühjahr.

morrowii (syn. **C. japonica**)
Diese Segge trifft man in Gärten zumeist in der Form C. m. 'Variegata' an. Es ist eine buschige Art mit schmalen, steifen, gebogenen, lang zugespitzten Blättern, deren Ränder weiß sind. Die winzigen Blüten stehen in kätzchenartigen Ähren im Frühjahr, sind aber nicht sonderlich bemerkenswert. Die langlebige Pflanze kann im Kalthaus oder in ungeheizten Räumen gezogen werden. Japan.

scaposa
Kräftiger, 30 cm hoher, ausladender Busch mit 2 bis 5 cm breiten Blättern. Im Winter erscheinen kätzchenartige Blütenähren. Kalthauspflanze. Südchina.

Carica CARICACEAE Melonenbaum

papaya
Immergrüner tropischer Baum mit zweihäusigen Blüten. Eine interessante Pflanze fürs Beet oder einen großen Kübel im geräumigen Warmhaus, wo sie 2,50 m und höher wird. An den weiblichen Pflanzen wachsen die köstlichen, 15 bis 30 cm großen, melonenartigen Früchte. Diese Art kann als Blattpflanze in Töpfen gezogen werden, trägt dann aber kaum eine Frucht. Die Blätter sind 5 bis 7lappig, die ihrerseits nochmals eingeschnitten sind, was einen komplizierten Umriß ergibt. Sie wachsen an langen Stielen an der Spitze des palmenartigen Stammes. Man verwendet eine handelsübliche Erde und sorgt vom Frühjahr bis zum Herbst für genügend Luftfeuchtigkeit. Schutz vor praller Sonne ist nötig. Im Sommer reichlich, im Winter weniger gießen. Vermehrung durch Aussaat im Spätwinter.

Carissa APOCYNACEAE Wachsbaum

macrocarpa (syn. **C. grandiflora**)
Dorniger, immergrüner, 1,50 bis 2 m hoher Strauch. Die ledrigen, tiefgrünen, glänzenden Blätter sind oval, 5 bis 7 cm lang und stehen an unbehaarten Zweigen, die starke, gabelig geteilte Dornen tragen. Die duftenden weißen Blüten haben eine kurze Röhre mit 3 bis 7 cm großer Öffnung. Sie wachsen in kleinen Trugdolden und öffnen sich im Mai. Im Juli tragen sie scharlachrote, eiförmige, bis 5 cm lange Beeren. Hübscher Strauch fürs Kalthausbeet oder für große Töpfe und Kübel. Man verwendet handelsübliche Erdmischungen und gießt reichlich im Sommer, sonst weniger. An warmen Tagen lüften und allgemein bei Hitze für Beschattung sorgen. Vermehrung durch Samen im Frühjahr oder durch ausgereifte Stecklinge im Sommer. Südafrika.

spectabilis (syn. **Acokanthera spectabilis**)
Sehr hübscher, großer, immergrüner Strauch für das Gewächshaus, bis 5 m hoch. Die Blätter sind breitoval, bis 12 cm lang, ledrig und glänzend. Die glänzenden, weißen Blüten duften stark und bilden im Frühling dichte, kugelförmige Köpfe. Man zieht diesen Strauch in Pflanzkübeln oder großen Töpfen in lehmhaltiger Erde. Benötigt feuchte Luft und Schutz vor zu starker Sonne. Vermehrung durch Stecklinge von Trieben, vorzugsweise im Sommer. Vorsicht beim Abschneiden der Stecklinge, daß der giftige Saft nicht in irgendwelche Wunden gelangt! Südafrika.

Cassia LEGUMINOSAE Kassie, Gewürzrinde

Bäume und Sträucher mit elegantem Blattwerk und auffälligen Blütentrauben. Wachsen am besten im Gewächshausbeet, wo sie ihre volle Größe erreichen können; sie können aber auch in großen Töpfen oder Kübeln mit humoser Erde oder Torfmischung zur Blüte gebracht werden. An warmen Tagen gut belüften und in Hitzeperioden leicht beschatten. Vermehrung durch Aussaat im Frühjahr oder Stecklinge im Sommer.

australis
1,80 m hoher Strauch mit grünen Blättern, die jeweils aus 9 bis 12 Paaren von Fiederblättchen bestehen. Die becherförmigen, 2,5 cm großen, goldgelben Blüten stehen in Trauben von 3 bis 6 in den Achseln der oberen Blätter und öffnen sich im Mai und Juni. Australien.

corymbosa
1,50 bis 2 m hoher Strauch mit nur 2 bis 3 Paaren von Fiederblättchen. Die gelben Blüten erscheinen von Juli bis Oktober. Tropisches Amerika. **104**

fistula
Kleiner, bis über 3 m hoher Baum; die 30 cm langen Blätter bestehen aus je 4 bis 8 Fiederblattpaaren. Die 12 cm großen goldgelben Blüten öffnen sich im Sommer und stehen in herabhängenden Trauben. Die sehr schöne Pflanze erfordert ein großes Gewächshaus. Indien, Ceylon.

Catharanthus APOCYNACEAE Immergrün

roseus (syn. **Vinca rosea**) ✽
Eine aufrecht wachsende, immergrüne und mehrjährige Pflanze, besser ein Halbstrauch, der aber gewöhnlich als fürs Gewächshaus geeignete, einjährige Topfpflanze betrachtet wird. Der korrekte Name lautet jetzt *Catharanthus*. Die Pflanze hat mittel- bis dunkelgrüne, glänzende Blätter und 2 bis 4 cm große rosarote Blüten mit einem dunkleren Auge. Sie blühen von April bis Oktober. Am besten geeignet sind Töpfe mit einer handelsüblichen Erdmischung; während des Sommers sorgt man für Belüftung und gießt reichlich. Vermehrung im Frühjahr durch Samen oder im Sommer durch Stecklinge. Tropen.

Cattleya ORCHIDACEAE Cattleye

Eine Gattung von erlesenen tropischen Orchideen, die die feuchte Atmosphäre des Warmhauses brauchen (nach Möglichkeit mit automatischem Luftbefeuchter). Jede Pseudobulbe trägt 1 bis 3 fleischige Blätter und herrliche Blüten, die bei manchen Arten 20 bis 25 cm Durchmesser erreichen. In der freien Natur findet man sie auf Ästen, im Gewächshaus verwendet man spezielle Orchideenkörbe. Man nehme eine Blumenerde mit 2 Teilen Königsfarn (Osmunda) und 1 Teil Sphagnum. Von Frühjahr bis Herbst muß sie schattig gestellt werden. Im Herbst hält man sie kühler und setzt sie dem vollen Licht aus; dies begünstigt das Ansetzen von Blüten. Vermehrung im Frühjahr oder Sommer durch Teilung. Von den Cattleyen gibt es viele Hybriden, darunter 'Catherine Subod', die sich durch schöne weiße Blüten auszeichnet. **105**

aurantiaca ✽
Die frühblühende Art hat 3 bis 20 Blüten auf einem kurzen aufrechten Stamm. Die Blütenblätter sind orange, etwa 2,5 cm lang, haben eine karmesinrot gefleckte Lippe und gewellte Ränder. Eine Besonderheit ist, daß sie sich selten ganz öffnen. Mexiko, Guatemala.

bowringiana ✽
Schöne, im Herbst blühende Art mit 5 bis 20 Blüten, die 10 cm groß und rosa bis purpurrot sind. Die Lippe ist dunkler und kastanienfarben getönt, der Blütengrund gelbweiß. Die 2 steifen Blätter sind 10 bis 15 cm lang. Mittelamerika.

citrina ✽
Angenehm duftende Art mit glockenförmigen, einzelstehenden, zitronengelben Blüten, die von Mai bis August zu sehen sind. Die 2 bis 3 schmalen Blätter sind blaß-graugrün, 15 bis 20 cm lang. Fürs Kalthaus geeignet. Mexiko.

dowiana ✽
Die etwa 30 cm hohe Art hat nur ein Blatt und herrliche, große, duftende Blüten, die aus faltigen, goldgelben Blütenblättern und einer gewellten, goldgeäderten, kräftig purpurroten Lippe bestehen. Die im Herbst sich öffnenden Blüten stehen zu 3 bis 6 an 12 cm langen Stielen. Wird viel als Mutterpflanze für Kreuzungen verwendet und braucht mehr Wärme als die meisten Arten dieser Gattung. Kolumbien, Costa Rica.

intermedia ✽
45 cm große Art, mit weichen, rosenfarbigen Blütenblättern und einer stark violettpurpurnen Lippe. Die Blüten haben einen Durchmesser von 12 cm und öffnen sich im Frühjahr und Frühsommer. Sie halten lang und bleiben 5 bis 6 Wochen an der Pflanze frisch. Brasilien.
'Alba' ist reinweiß mit gekräuselter Lippe.

labiata ✽
Die 12 bis 17 cm großen Blüten dieser Art sind blaßrosa; sie haben schöne, etwa 15 cm breite Blüten und eine kräftige, samtig karmesinrote Lippe mit gekräuseltem Rand und gelbem Grund. Blüht von August bis November mit 3 bis 7 Blüten an jedem Blütenstand. Brasilien, Trinidad.

mossiae ✽
Eine der am leichtesten zu kultivierenden Arten mit dunkelgrünen glänzenden Blättern und duftenden Blüten, zart lavendelrosa, mit einer gekräuselten, karmesinroten, rosig gefleckten Lippe und gelbem Grund. Die 10 bis 18 cm großen Blüten erscheinen von März bis Juni. Venezuela.

skinneri ✽
30 bis 45 cm große, frühlingsblühende Art mit Blütenständen von 5 bis 12 rosig-purpurnen Blüten, deren Durchmesser ca. 8 cm beträgt. Die Lippe ist von dunklerem Purpur mit welligem Rand und verblaßt zum Blütengrund hin, wo sie gelblich-weiß ist. Guatemala.

trianae ✽
Schöne winterblühende Art mit je 2 bis 3 Blüten an den Blütenständen. Jede ist bis zu 18 cm groß, mit rosaroten oder weißen Blütenblättern und dunkelpurpurner Lippe mit gelbem Grund. Die Färbung ist sehr unterschiedlich und es gibt viele Zuchtformen. Kolumbien.

Celosia AMARANTHACEAE

argentea ✽
Bis 60 cm hohe Pflanze mit hellgrünen, schmalen Blättern und dichten Federbüschen von winzigen, seidigen Blüten, die von Juli bis September erscheinen. Sie wächst im Kalthaus in nährstoffhaltiger Erde oder Torfmischung. An warmen Tagen reichlich lüften und vor praller Sonne schützen. Vermehrung durch Aussaat im Frühjahr. Tropisches Asien. Es gibt viele Züchtungen:
var. *cristata*, Hahnenkamm: Niedrigere, nur 30 cm große Pflanze mit kleinen ovalen Blättern und dicken, fächerförmigen, 15 bis 25 cm breiten Blütenständen, gewöhnlich kräftig rot, aber auch orange und gelb. **106**
var. *plumosa* (syn. Pyramidalis), Federbusch-Celosie: Auffällige Blütenbüschel in leuchtenden Farben; mittelgrüne, ovale Blätter. Gute Zimmerpflanze. **107**
'Golden Feather', eine gelbblühende Zuchtform;
'Fiery Feather', schöne scharlachrote Blüten.

Celsia SCROPHULARIACEAE

arcturus ✽ ♦
Bis über 60 cm hohe, buschige, ausdauernde (zweijährige) Pflanze; die oberen Blätter sind eiförmig, die unteren gelappt. Die Blütenähren ähneln stark denen der Königskerze (*Verbascum*) mit gelben Blüten und purpurnen, mit Widerhaken versehenen Staubblättern. Blüte von Juli bis September. In der Jugend eine gute Topfpflanze fürs Kalthaus, wo sie in humushaltiger Erde und gut gelüftet gehalten wird. Vermehrung durch Aussaat im Frühjahr. Kreta. **108**

Cephalocereus CACTACEAE Schopfcereus

Das Besondere an diesen Säulenkakteen sind die langen weißen Haare, vor allem im Oberteil der Pflanze. Obwohl es in der Natur sich um große Pflanzen handelt, gibt es kleine, fürs Haus geeignete Pflanzen; die Gattung ist ohnehin langsamwüchsig. Wenn die Pflanzen schmutzig sind, können sie mit Rasierpinsel und Seife eingeseift werden; die Seife wird mit sauberem Wasser abgespült. Pflege siehe bei Erdkakteen (Einleitung). Vermehrung durch Samen oder Stecklinge. Wintertemperatur 4 °C.

chrysacanthus ✣ ♠
Im Sommer öffnen sich nachts die weißlichen bis rosaroten Blüten auf einer besonders stark behaarten Seite der Pflanze. Sie ist blattlos; der Säulenstamm ist blaugrün, er hat etwa 12 Rippen, goldene Dornen und weiße Haare. Der bis 5 m hohe Kaktus verzweigt sich an der Basis und darüber.

senilis Greisenhaupt ✣ ♠
Die gelblich-weißen oder rosa Blüten öffnen sich während des Sommers nachts in der dichten, lohfarbenen Wolle an der Spitze der Pflanze. Der blaugrüne Säulenstamm (bis 12 m hoch!) verzweigt sich an der Basis und ist mit langen weißen Haaren und dünnen, grauen, borstenartigen Dornen versehen. Keine Blätter. Mexiko. **109**

Cereus CACTACEAE Säulenkaktus
Säulenkakteen mit mächtig gerippten Trieben; sie tragen Dornen, aber keine langen Haare. In der Natur werden sie 10 m hoch und verzweigen sich an der Spitze. Sie blühen erst, wenn sie sehr groß sind, und zwar nachts. Sie wachsen sehr schnell; wenn sie in der Sammlung zu groß werden, kann man von der Spitze bis zu 0,5 m abschneiden und als Steckling einsetzen. Der untere Teil entwickelt dann Verzweigungen, die auch als Stecklinge Verwendung finden. Die Vermehrung erfolgt aber normalerweise durch Samen, die schnell keimen; die Sämlinge wachsen ebenfalls sehr schnell. Pflege siehe bei Erdkakteen (Einleitung). Wintertemperatur 4 °C.

jamacaru ♠
Die Blüten sind weiß, 30 cm lang und erscheinen im Sommer; es ist allerdings schwer, die Pflanze bei uns überhaupt zur Blüte zu bringen. Keine Blätter. Der Stamm ist grün, in der Jugend fast blau, und hat 5 Rippen und veränderliche, oft gelbe Dornen. Junge Pflanzen sind sehr beliebt. Brasilien.

peruvianus ♠
Die weißen, 20 cm langen, dickröhrigen Blüten erscheinen im Sommer, bei Hybriden aber nicht oft. Die blattlosen Stämme sind hoch, grün oder graugrün mit 6 bis 9 Rippen und schlanken schwarzbraunen Dornen. Sämlinge werden vielfach als Unterlage für Aufpfropfungen verwendet. In vielen Teilen Südamerikas anzutreffen, offensichtlich aber nicht in Peru.

repandus ♠
Der graugrüne, kräftige, verzweigte Stamm hat 9 bis 10 ziemlich flache Rippen und zahlreiche Dornen. Die 7 cm langen, außen dunkelgrünen, innen weißen Blüten öffnen sich im Sommer, wie bei den obigen Arten aber nur recht selten bei Hybriden. Die Pflanze ist ebenfalls blattlos. Curaçao.

triangularis → Hylocereus undatus

Ceropegia ASCLEPIADACEAE Leuchterblume
Diese Sukkulenten sind meist Hänge- oder Kletterpflanzen und haben gewöhnlich Blätter. Die Blüten ähneln der *Stapelia* (Ordensstern), aber die Spitzen der Blütenblätter bleiben oft verwachsen und bilden eine Art Dach über dem röhrigen Unterteil der Blüte. Pflege wie bei Stapelien. Blütezeit bei Zuchtpflanzen unterschiedlich, gewöhnlich Sommer.

distincta ssp. haygarthii ✣
Die Blüten sind zart malvenfarben mit dunkleren Flecken, trichterförmig; die Blütenblätter bilden Zwischenwände in der Blütenmitte, wo ein dünner Stempel eine behaarte Narbe ausbildet. Die ovalen Blätter sind kaum sukkulent und stehen an rankenden blaugrünen Stämmen. Südafrika.

sandersonii ✣
Die zartgrünen Blüten haben dunkle Zeichnungen und schmale Blütenblätter, die eine Art »Laternendach« bilden, mit weißen Haaren besetzt, über einer trichterförmigen Röhre. Die Blätter erscheinen meist an den Spitzen der purpurfarbenen fleischigen Stengel. Südafrika.

stapeliiformis ✣
Die weißen Blüten sind außen purpurn gezeichnet und dehnen sich zu einem weiten, 5 cm langen Trichter aus. Die Blütenblätter sind aufrecht oder zurückgebogen. Die Blätter sind verkümmert. Die kurzgliedrigen, graugrünen Stämme sind ebenfalls purpurn gezeichnet; die ganze Pflanze ähnelt einer Stapelie. Südafrika.

woodii ♠
Die kleinen Blüten sind purpurfarben, die dunklen Blütenblätter an der Spitze verwachsen. Die fleischigen eiförmigen Blätter sind dunkelgrün mit silbrig-grün, unterseits purpur. Die dünnen purpurnen Hängetriebe wachsen aus einer großen Knolle. In den Blattachseln entwickeln sich kleine Knollen. Südafrika. **110**

Cestrum SOLANACEAE Hammerstrauch
Eine Gattung von immergrünen Sträuchern, die wegen ihrer üppigen Büschel von röhrigen Blüten gezogen werden. Die 4 folgenden Arten sind ausgezeichnete Kalthauspflanzen; sie wachsen am besten in Beeten als Kletterpflanzen, aber auch in großen Töpfen und Kübeln in humushaltiger Erde. Stäbe oder Drähte sind als Stütze nötig. An warmen Tagen reichlich lüften und etwas beschatten. Vermehrung durch Stecklinge von nichtblühenden Seitentrieben im Frühjahr oder Sommer.

aurantiacum ✣
2,5 m hoher, immergrüner Strauch mit 5 bis 10 cm großen, glänzenden, eiförmigen Blättern und 15 bis 20 cm langen, herabhängenden Trauben von leuchtend orangegelben Blüten, die von Juni bis September blühen. Guatemala. **111**

fasciculatum ✣
1,5 bis 2,5 m hoher immergrüner Strauch mit 7 bis 12 cm langen eiförmigen Blättern und dichten Trauben von tief rosaroten, krugartigen Blüten an den Enden der schlanken, leicht gebogenen Triebe. Blütezeit April bis Anfang Juni. Mexiko.

× nevellii ✣
Immergrüner, aus Kreuzung (wahrscheinlich *C. fasciculatum* × *C. purpureum*) entstandener Strauch, mit größeren, schmalen, krugartigen, leuchtend orangekarmesinroten Blüten, die vom Mai bis in den Sommer erscheinen.

purpureum (syn. *C. elegans*) ✣
3 m hoher, eleganter, immergrüner Strauch mit herabhängenden Ästen und schmalen dunkelgrünen Blättern. Von Mai bis September erscheinen die dichten Trauben aus rötlich-purpurnen röhrigen Blüten, denen runde bis eiförmige purpurfarbene Beeren folgen. Mexiko.

CHA

Chamaecereus CACTACEAE Zwergkaktus

silvestrii ✽
Die orange-scharlachroten, 5 cm langen Blügen sind trichterförmig und kommen reichlich. Die Glieder sind 3 bis 7 cm lang, 0,5 bis 1,5 cm dick, wachsen am Boden und haben flache Rippen sowie weißliche weiche Dornen. Keine Blätter. Pflege wie bei den Erdkakteen (Einleitung). Die Pflanzen müssen vorsichtig behandelt werden, da die Stämme leicht brechen. Abgebrochene Stämme wurzeln jedoch gut an, was auch die übliche Vermehrung ist! Samen keimen ebenfalls gut. Argentinien. **112**

Chamaedorea PALMAE Bergpalme

elegans (syn. **Collinia elegans, Neanthe bella**) ♠
Kleine, zierliche, bis etwa 1,20 m hohe Palme mit gebogenen, 60 bis 120 cm langen Blattwedeln, die aus dünnen, ledrigen, an beiden Seiten spitz zulaufenden Fiederblättchen bestehen. Ausgezeichnete Blattpflanze fürs Zimmer oder Warmhaus, vielleicht die für solche Zwecke am besten geeignete Palme überhaupt. Zucht in Töpfen humoser, mit Sandzusätzen versehener Erde. Für Luftfeuchtigkeit und Sonnenschutz sorgen. Vermehrung durch Aussaat im Frühjahr. Mexiko. **113**

Chamaeranthemum ACANTHACEAE

Eine Gattung kleiner Stauden, gut als Bodenbedeckung für Warmhäuser geeignet, aber auch für Topfhaltung. Die weißen oder gelblichen Blüten haben eine lange schmale Endähre mit 5 flachen, ausgebreiteten Blütenblättern. Torfhaltige Erde verwenden und vor direktem Sonnenlicht schützen. Luftfeuchtigkeit nötig. Vermehrung durch Teilung im Frühjahr.

beyrichii ✽ ♠
Kleine schlanke Art mit eiförmigen Blättern. Die weißen, im Frühling und Sommer erscheinenden Blüten bilden eine schmale Ähre und sind 4 cm lang; sie stehen in dichten, endständigen Ähren. Brasilien.

pictum ♠
Niederwüchsige Pflanze, die wegen ihrer großen Blätter gezogen wird; sie sind 22 cm lang und 10 cm breit, in der Jugend orange behaart, im Alter unbehaart. Die Zeichnung besteht aus einem orangefarbenen Rand und einem silbrigen Fleck in der Mitte, der mit dem dunkelgrünen Blattgrund kontrastiert. Brasilien.

Chamaerops PALMAE Zwergpalme

humilis ♠
Immergrüner Strauch oder kleiner Baum mit 45 cm langen, fächerförmigen Blättern, die fast bis zum Grund in lange schmale Abschnitte geteilt sind und an 90 bis 120 cm langen dornigen Stielen sitzen. Die Palme kann 6 m Höhe erreichen, ist aber normalerweise kleiner. In der Jugend hervorragend als Palme in Töpfen oder Kübeln in ungeheizten Zimmern geeignet. Man nimmt humushaltige Erde oder eine handelsübliche Erdmischung. An heißen Tagen gut lüften. Vermehrung durch Samen im Frühjahr. Mittelmeerraum. **114**
var. **elegans**, eine elegante, kleinere Form, die für die Zimmerhaltung am besten geeignet ist.

Chincherinchee → **Ornithogalum thyrsoides**
Chinesenprimel → **Primula sinensis**
Chinesischer Roseneibisch → **Hibiscus rosa-sinensis**

Chirita GESNERIACEAE

Eine Gattung hübscher Blattpflanzen mit auffälligen Blüten. Sie sind etwas sukkulent; ihre kleinen, röhrenförmigen Blüten erscheinen das ganze Frühjahr und den Sommer hindurch. Gute Zimmer- und Gewächshauspflanzen. Man pflanzt sie in eine humushaltige Erdmischung und sorgt für Wärme und Luftfeuchtigkeit. *C. sinensis* gedeiht am besten im Warmhaus, *C. lavandulacea* und *C. micromusa* im Kalthaus. Man sorge für Beschattung. Vermehrung durch Blattstecklinge im Sommer oder Aussaat im Frühjahr oder Sommer.

lavandulacea ✽ ♠
Aufrechte, 30 bis 60 cm hohe Pflanze mit hellgrünen, eiförmigen, leicht behaarten Blättern von 20 cm Länge. Die Blüten haben eine weiße Krone, sind 2,5 bis 3 cm lang und besitzen 5 runde ausgebreitete Blütenblätter, von denen die unteren 3 größer als die beiden oberen sind. Die Blüten sind lavendelblau und am Grunde gelbgefleckt. Sie können von Frühlingsanfang bis Spätherbst zur Blüte gebracht werden, wenn man sie nacheinander aussät. Malaysia.

micromusa ✽ ♠
Der dicke, 30 cm hohe Stamm trägt sehr große, glänzend-grüne, eiförmige Blätter, die am Grunde herzförmig sind und sich zur abgerundeten Spitze verjüngen. Die Blüten sind leuchtend gelb und haben eine leicht geschwungene, 2,5 cm große Krone, die sich mit kleinen, gerundeten Saumlappen öffnet. Thailand.

sinensis ✽ ♠
Schöne stammlose Art bis zu 15 cm Höhe. Sie besitzt große, fleischige, eiförmige, 7 bis 10 cm lange, dunkelgrüne Blätter. Eine Art hat silberne Blätter und einen feinen Flaum von weißen Haaren. Die röhrigen lavendelfarbenen Blüten sind 4 cm lang und öffnen sich in weiten, gerundeten Saumlappen. Sie erscheinen im Sommer auf roten Stengeln. China. **115**

Chironia GENTIANACEAE

Eine Gattung von kleinen immergrünen Pflanzen, Sträucher oder Stauden, mit gegenständigen, ungestielten Blättern und rosaroten Blüten, die sich weit aus einer engen Krone entfalten. Man hält sie in Töpfen in einer durchlässigen, sandigen Torfmischung und gießt sie besonders im Winter sparsam. Man hält sie außer zur Blütezeit im Kalthaus. Vermehrung durch Stecklinge oder durch Aussaat im Frühling.

baccifera ✽ ♠
Kleiner, 30 bis 60 cm hoher Strauch mit sehr schlanken Blättern und rötlichen bis rosaroten Blüten, die im Juni erscheinen. Südafrika.

floribunda ✽ ♠
60 cm hohe Staude mit üppigen, weit geöffneten, rosaroten Blüten im Juni. Die kleinen schmalen Blätter sind zugespitzt und an den weichen Stengeln gegenständig angeordnet. Südafrika.

Chlorophytum LILIACEAE Grünlilie

elatum (syn. **C. capense, C. comosum**) ♠
Eine rosettenförmig angeordnete oder buschige, ausdauernde, immergrüne Pflanze mit breiten, grasartigen Blättern. Bei der reinen Art sind die 15 bis 45 cm langen, bogenförmigen Blätter mittelgrün. Die kleinen, weißen Blütensterne erscheinen in losen Blütenständen an bis zu 1 m langen Blütenschäften das ganze Jahr

hindurch. Nach der Blüte bilden sich kleine Ausläuferpflänzchen mit Wurzeln, die, abgetrennt und eingepflanzt, neue Pflanzen bilden. Südafrika.

'Variegatum' ist die Sorte, die am häufigsten verbreitet ist. Sie hat längliche, cremig-weißgestreifte Blätter. Als dankbare Blattpflanze gedeiht sie im Warm- und Kalthaus, aber auch im Zimmer in jeder Erde. Man sorge für Schutz vor zu heißer Sonne. Vermehrung erfolgt durch Teilung oder Ausläuferpflänzchen vom Frühjahr bis Herbst. **116**

Chorizema   LEGUMINOSAE

Immergrüne Sträucher mit ledrigen, glänzenden Blättern und Büscheln von auffallenden, wickenartigen Blüten. Man kann sie so beschneiden, daß sie klein bleiben. Als Topfpflanzen eignen sie sich besonders fürs Gewächshaus. Wenn man sie bis zur vollen Größe wachsen läßt, so pflanzt man sie am besten in ein Treibhausbeet und zieht sie an einer Mauer oder einem Spalier hoch. Als Topfpflanzen benötigen sie eine Torfmischung, besser aber Heideerde. An warmen Tagen sorgt man für Luftzufuhr und im Sommer für Beschattung. Die Vermehrung erfolgt im Frühjahr durch Samen oder Stecklinge.

cordatum

Ein 60 bis 120 cm großer Strauch mit schlanken Trieben und eiförmigen Blättern, die mit spitzen Zähnen versehen sind. Die 15 cm langen Blütentrauben tragen 5 bis 10 Blüten mit orangen oder roten Fahnen mit gelber Zeichnung und purpurroten Flügeln. Sie erscheinen im April. Australien. **117**

ilicifolium

Ein fast kriechender Strauch mit glänzend grünen Blättern, die spitz gezähnt sind und an elastischen Ästen wachsen. Die kleinen Blüten sind orange und zeigen im Grunde einen gelben Fleck und purpurne bis karminrote Flügel. Regelmäßig beschnitten eignet sich der Strauch gut als Zimmerpflanze.

Christusdorn → Euphorbia milii

Chrysalidocarpus   PALMAE   Goldfruchtpalme

lutescens

Die buschige Pflanze hat elegante, gelbliche Stämme, die dichte Büschel bilden. Die üppigen, grünen Blätter sind tief eingeschnitten, so daß sie lange, schmale Segmente bilden. In der Jugend ist sie eine dekorative Zimmer- oder Warmhauspflanze, die Feuchtigkeit und leichten Schatten während der Sommermonate benötigt. Man pflanzt sie in große Töpfe oder Kübel in eine nährstoffreiche Erdmischung. Die Vermehrung erfolgt im Frühjahr durch Samen. Mauritius.

Chrysanthemum   COMPOSITAE   Chrysantheme

Von den 200 verschiedenen Chrysanthemenarten – einige davon sind für Steingarten und Gewächshaus geeignet – sind besonders die vielen Hybriden und Züchtungen aus den asiatischen Arten *C. Vestitum* (syn. *C. morifolium*) und *C. indicum* bekannt. Sie gehören zu den beliebtesten Pflanzen, die es heute in Blumenläden zu kaufen gibt. Man zieht sie in Töpfen heran und stellt sie von Mai bis September oder Oktober an einen sonnigen, geschützten Platz ins Freie. Sie gedeihen gut im Kalthaus. Man sorge für gute Durchlüftung und genügend Feuchtigkeit, sonst leiden die Blüten. Die Vermehrung geschieht durch Blattstecklinge im Frühjahr. Die jungen Pflanzen schneidet man zurück, wenn sie 15 cm groß sind, und gibt ihnen eine Stütze. Je nach Zuchtform ist ein weiterer Rückschnitt erforderlich. Bei den Züchtungen gibt es große Unterschiede hinsichtlich der Form der Blüten, des Blattrands und des gesamten Aussehens. Daher teilt man sie in 7 Hauptgruppen auf, die sich besonders durch ihre Blütenform unterscheiden.

1. Einwärtsgebogene: kugelartige Blüten mit festen, einwärts gebogenen Blütenblättern.
   'John Rowe', die große, gelbe Blüte blüht lange und hat aufgestülpte Blütenblätter. **118**
2. Zurückgebogene: wuschelige Blüten mit langen Zungenblüten, die oft nach außen oder nach unten gebogen oder gekräuselt sind.
   'Parade', die gefüllten Blüten haben spitz zulaufende, karminrote Blütenblätter. **119**
3. Übergangsform: lockere und etwas unregelmäßige, kugelige Blüten, die ihrer Form nach zwischen 1. und 2. liegen.
   'Escort' 12 bis 15 cm, rote Blüten, Rückseite der Blütenblätter gelb.
   'Fred Shoesmith' mit einer schönen, weißen Blüte, die in der Mitte cremefarben ist und im Dezember blüht. **120**
4. Einfache: ungefüllte, gänseblümchenartige Blüten.
   'Peggy Stevens'; die großen, goldgelben Blüten zeigen sich im November und Dezember. **121**
5. Anemonenblütige: einzelne Blüten, in deren Mitte die kurzen, kielartigen Blütenblätter dicht beisammen stehen.
   'Marion Stacey'; die purpurroten Blüten haben einen Durchmesser von 10 bis 12 cm. **122**
6. Pomponblütige: Büschel von kleinen, knopfförmigen oder kugeligen Blüten mit kurzen, eng beisammenstehenden Blütenblättern.
   'Fairie' mit pomponförmigen, rosaroten Blüten, die im August erblühen. **123**
7. Verschiedenartige: darunter fallen eine Reihe von weniger bekannten Blütenformen wie die Spinnenastern und die Zuchtformen mit fadenartigen Blütenblättern, langen, schmalen Blütenblättern und die Sorten 'Cascade' und 'Charme' (**124**) sowie die Koreanum-Hybriden (**125**) mit einer Fülle von einfachen oder halbgefüllten Blüten.
   'Portrait' hat rosarote, 6 cm große Blüten mit kurzen, schmalen Blütenblättern, die im November voll erblüht sind. **126**
   'Rayonnante', auffallende Art mit schmalen Blütenblättern und spinnenartigen Blüten. **127**

Chrysothemis   GESNERIACEAE

pulchella

Eine 60 cm hohe Pflanze mit eiförmigen, glänzenden, stachligen, 15 cm langen Blättern und kleinen röhrenförmigen Blüten, die gelb sind und in ihrem Innern eine rote Zeichnung aufweisen. Sie wachsen in einem leuchtend roten Kelch, der schon seine rote Farbe aufweist, bevor die Blüten erscheinen, und der auch nach dem Abfallen der Blütenblätter erhalten bleibt. Die blütenfreudige Pflanze ist im April am schönsten. Man hält sie in einer handelsüblichen Erdmischung. Man beschatte sie vor zu praller Sonne und sorge im Sommer für Feuchtigkeit. Die Vermehrung geschieht durch Teilung oder durch Wurzelschößlinge im Sommer. Trinidad.

Chufa → Cyperus esculentus

Cibotium   CYATHEACEAE

Eine Gattung von großen Farnen, deren Wedel sich an langen, von der Mitte ausgehenden Stengeln entwickeln. Am besten

CIS

pflanzt man sie in Töpfe oder Kübel in eine Mischung aus Komposterde, Torf und Sand und sorge für Beschattung vor direkter Sonneneinstrahlung. Vom Frühjahr bis in den Herbst hinein halte man die Pflanze gut feucht. Man kann sie durch Ableger oder Sporen im Frühjahr vermehren.

schiedei ♠
Hübsche Pflanze mit 60 cm bis 1,50 m großen, tief eingeschnittenen, hellgrünen Wedeln. Besonders in der Jugend fällt sie als dekorative Topf- oder Kübelpflanze mit herabhängenden Wedeln auf. Im Kalthausbeet kann sie mehr als 3 m hoch werden. Mexiko.

wendlandii ♠
Die Pflanze zeigt große Ähnlichkeit mit der oben genannten, ist jedoch kleiner. Ihre Wedel haben schmale Segmente von über 30 cm Länge, die ihrerseits wieder eingeschnitten sind. Die Pflanze benötigt mehr Feuchtigkeit und Wärme als die vorhergehende. Guatemala, Mexiko.

Cineraria cruenta → **Senecio cruentus**

Cissus VITACEAE Klimme

Eine umfangreiche Gattung von Blattpflanzen, von denen sich die folgenden Arten gut als Zimmer- oder Gewächshauspflanzen eignen. Die Gattung gliedert sich in zwei Gruppen, die sukkulentenförmigen, die auf Grund ihrer außergewöhnlichen Wuchsform gezüchtet werden, und die Kletterformen, die meist ein besonders auffallendes Blattwerk haben. Die Sukkulentenarten setzt man in Töpfe oder Kübel mit einer humushaltigen Erde, der man ⅓ groben Sand beimengt. Am besten eignen sie sich für das Kalthaus; im Sommer sorgt man für viel Luftzufuhr. Die Vermehrung erfolgt durch Samen oder Stecklinge, die man von den Spitzen der Zweige im Sommer abschneidet. Kletterarten haben keine besonderen Erdansprüche. Als Stütze gibt man ihnen einen Stock oder ein Gitter. *C. discolor* braucht Feuchtigkeit und Schatten.

antarctica Australischer Wein, Känguruhwein ♠
Ein hübsches, hochwachsendes, strauchartiges Rankgewächs, das sich für die Haltung im Zimmer oder im Kalthaus eignet. Es hat ledrige, glänzende 7 bis 15 cm große Blätter mit gewelltem Rand und einem fast metallischen Schimmer. Wird wegen seines Blattwerks gezogen. Australien. **129**

bainesii → **Cyphostemma bainesii**
capensis → **Rhoicissus capensis**

discolor Buntblättrige Klimme ♠
Eine schöne, buschige Kletterpflanze mit dünnen, dunkelroten Zweigen und wunderschön gezeichneten, langen, eiförmigen, am Grunde herzförmigen Blättern. Die Blätter sind dunkel, kupfern bis bronze und haben tiefe, versenkte, grüne Adern. Zwischen den Adern sind die Blätter glänzend silbern bis weiß. Die Blattunterseite ist kastanienbraun. Unter den Klimmen hat sie wohl den stärksten Wuchs. Sie braucht viel Wärme, hohe Luftfeuchtigkeit und gedeiht am besten im Warmhaus. Java, Kambodscha.

juttae → **Cyphostemma juttae**

nymphaeifolia ♠ ♣
Eine mächtige, sukkulente Kletterpflanze, deren Ranken aus den Blattachseln wachsen. Sie kann 3 m lang werden und sieht aus wie ein etwas weicher Kaktus. Sie hat wenige, breite Blätter und kleine, grüne Blüten, die im Sommer erscheinen. Aus ihnen entwickeln sich erbsenartige, rote Beeren. Geeignet fürs Warmhaus. Südafrika.

rhombifolia (syn. **Rhoicissus rhomboidea**) ♠
Die sehr beliebte, immergrüne Kletterpflanze wird in Töpfen 1,20 bis 1,80 m hoch, sie kann aber unter guten Bedingungen 6 m Höhe erreichen. Sie klettert mit Hilfe von Ranken. Ihre Blätter sind in 3 rhombische Blattfiedern gegliedert, die jeweils glänzend grün und gezähnt sind. Natal (Südafrika). **428**

striata ♠
Zarter, buschiger Kletterstrauch mit feinen, roten Zweigen und Ranken. Die 2,5 bis 5 cm großen Blätter tragen 5 Fiederblättchen, die vom Stiel ausgehen. Sie sind bronzefarben bis grün an der Oberseite und purpurrot an der Unterseite. Die Pflanze eignet sich fürs Kalt- oder Warmhaus. Chile.

Citrus RUTACEAE

Eine Gattung von immergrünen Stauden und kleinen Bäumen, zu denen Zitrusfrüchte wie Orangen, Zitronen und Grapefruit gehören. Bei den meisten Arten eignen sich die jungen Pflanzen mit ihrem schönen Blattwerk für die Haltung im Hause. Wenn sie älter sind, brauchen sie jedoch ein Gewächshaus, wenn sie blühen und Früchte tragen sollen. Man pflanzt sie in große Töpfe oder Kübel in eine nährstoffhaltige Erde. Wann immer es möglich ist, sorgt man für Belüftung und stellt die Pflanzen am besten von Mai bis September an einen geschützten, sonnigen Platz. Vermehrung erfolgt durch Samen im Frühjahr oder durch Veredlung durch Außen- und Seitenpropfen im August.

aurantium Pomeranze ✽ ♠ ♣
Die Zierpflanze ist ein kleines 90 bis 120 cm hohes Bäumchen mit dornigen Zweigen, die biegsame, glänzende und eiförmige Blätter haben. Die 25 cm großen Blüten sind duftend und entwickeln sich von April bis Juni. Pflanzt man das Bäumchen in einen großen Kübel oder in ein Gewächshausbeet, dann kommt es sogar zum Fruchten. Tropisches Asien.

limon Zitrone ✽ ♠ ♣
Kleiner Baum mit dornigen Zweigen und eiförmigen, gezähnten, dunkelgrünen Blättern. Die weißen Blüten sind rot getönt und erscheinen von April bis Juni. Aus ihnen entwickeln sich die bekannten Zitronen. Die hübsche Zierpflanze eignet sich fürs Warmhaus. Asien.

mitis (syn. **C. microcarpa**) ✽ ♠ ♣
Ein kleiner, nicht stachelnder Busch, der, wenn er alt genug ist, zu einem Baum wird. In der Jugend ist er eine ideale Topfpflanze für das Haus. Er hat ovale, lederige Blätter und weiße, duftende Blüten. Die kugeligen Früchte werden 2,5 bis 4 cm groß. Blüten und Früchte entwickeln sich in der Jugend fast das ganze Jahr über. Eine besonders dankbare Pflanze. Philippinen. **130**

paradisi Grapefruit ✽ ♠ ♣
Eine besonders hübsche Art, die sich zu einem buschigen Strauch mit großen, dunkelgrünen Blättern und 2,5 cm großen, weißen, einzeln stehenden Blüten entwickelt. Die Pflanze ist empfindlich gegen Luftzug und gedeiht im Zimmer oder Gewächshaus nicht immer gut. Im Warmhaus jedoch hält sie sich manchmal gut und blüht von April bis Juni. Die Früchte sind groß, kugelig und gelb. Ostasien.

reticulata Mandarine ✽ ♠ ♣
Sie ist die winterfesteste unter den Citrusarten, die Früchte tragen. Mit ihren grünen Blättern und Büscheln von weißen Blüten bildet sie einen hübschen Strauch, der von April bis Juni blüht und danach kleine, runzlige und orange Früchte trägt. Die Art ist besonders dekorativ. China.

sinensis Apfelsine ✽ ♠ ♣
Die junge Pflanze läßt sich gut im Hause halten. Sie wird 90 cm bis 1,20 m hoch und hat dornige Zweige. Die Blätter sind breit oder schmal, eiförmig und dunkelgrün. Die aromatischen Blüten erscheinen von April bis Juni. Fruchtende Bäume sind größer; sie können im Gewächshaus mehr als 3 m hoch werden. China.

Cleistocactus CACTACEAE

Ein langsamwüchsiger Säulenkaktus, der besonders wegen den vielen feinen Stacheln gezüchtet wird, die ihm sein ungewöhnliches Aussehen verleihen. Bis sich die Pflanze an ihren Standort richtig gewöhnt hat, sind die Blüten spärlich; sie sind röhrenförmig und öffnen sich nicht ganz. Zucht siehe Erdkakteen (Einleitung). Vermehrung erfolgt durch Samen oder Kopfstecklinge.

baumannii ✽ ♠
Eine im Sommer blühende Art mit 2,5 bis 7,5 cm langen, orange bis scharlachroten, s-förmigen Blüten; die Staubblätter ragen aus der Blüte heraus. Der säulenartige Stamm ist dick und aufrecht, neigt sich später, wird bis 1,80 m hoch und hat leichte Rippen. Die Areolen weisen eine braun-gelbe Wolle und bis zu 20 weißliche, etwa 3 cm lange Dornen auf. Blätter sind keine vorhanden. Argentinien, Paraguay, Uruguay.

strausii Silberkerze ✽ ♠
Die karminroten bis dunkelroten, röhrenförmigen Blüten werden etwa 8 cm lang, wobei die Staubblätter an der Spitze herausragen. Sie entwickeln sich im Sommer. Der grüne, aufrechte Stamm verzweigt sich nur an der Basis und wird bis zu 1 m hoch. Er hat viele (bis zu 25) Rippen. Die dichten Areolen entwickeln eine weiße Wolle und zahlreiche Randborsten, die den Stamm verdecken. Blätter sind keine vorhanden. Argentinien, Bolivien. **131**

Clerodendrum VERBENACEAE Losbaum

Eine Gattung tropischer Sträucher und Kletterpflanzen mit Rispen von glockenförmigen Blüten in leuchtenden Farben. Sie entwickeln sich an den Spitzen der Zweige. Die unten genannten Arten sind besonders hübsch und eignen sich für das Warmhaus. Man setzt sie ins Beet oder in Töpfe und Kübel in eine lehmig-humose Erde, schützt sie vor praller Sonne und sorgt für Feuchtigkeit. Vermehrung durch Samen im Frühjahr oder krautige Stecklinge im Sommer. Die Gattung ist auch unter dem Namen *Clerodendron* bekannt.

paniculatum ✽ ♠
Ein 60 cm bis 1,20 m hoher Strauch mit eiförmigen, 7 bis 15 cm breiten, gelappten und im Grunde herzförmigen Blättern. Die leuchtenden, scharlachroten Blüten haben lange, herausragende Staubblätter. Die Blüten stehen in Rispen von 20 bis 30 cm Durchmesser, ihre Blütezeit ist von Juli bis Oktober. Gut geeignet fürs Warmhaus. Südostasien.

speciosissimum (syn. **C. fallax**) ✽ ♠
Eine äußerst stattliche, im Sommer blühende, immergrüne Art mit großen, herzförmigen Blättern an weißen behaarten Stämmen und losen, aufrechten Rispen von feurig-scharlachroten Blüten. Die Blütenrispen haben einen Durchmesser bis zu 25 cm, jede einzelne Blüte ist 3 bis 5 cm lang und besitzt lange Staubblätter. Auch diese Art benötigt zum Wachsen Wärme. Java, Ceylon. **132**

splendens ✽ ♠
Eine herrliche Kletterpflanze, die über 3,50 m lange Triebe bildet und viel Licht und Wärme zum Wachsen braucht. Sie hat 7,5 bis 10 cm lange, ovale und herzförmige Blätter und entwickelt im Juni und Juli herabhängende Dolden von scharlachroten Blüten mit einer schmalen Röhre und flachen Flügeln, die 2,5 cm Durchmesser haben. Die langen Staubblätter hängen herab. Westafrika.

thomsoniae ✽ ♠
Eine sich windende, immergrüne Kletterpflanze, mit mehr als 3 m langen Trieben. Sie hat glänzende, eiförmige, dunkelgrüne Blätter und sehr auffällige, lockere Trugdolden mit sternförmigen, scharlachroten Blüten, die von rahmweißen, aufgeblasenen Kelchen umgeben sind. Die Blütezeit ist von Juni bis September. Westafrika. **133**

ugandense ✽ ♠
Die Kletterpflanze wird bis zu 3 m lang und hat eiförmige, hellgrüne, gezähnte Blätter und hellblaue Blüten mit violetter Lippe und langen, blauen, herausragenden Staubblättern, die nach außen gebogen sind. Am schönsten ist die Pflanze im Frühjahr; sie blüht jedoch das ganze Jahr hindurch. Uganda bis Rhodesien. **134**

Clianthus LEGUMINOSAE Ruhmesblume

Eine Gattung von immergrünen Stauden (auch halbstrauchig wachsend) mit großen, auffallenden Blüten, die etwas einem Papageienschnabel gleichen, und gefiederten Blättern. Jedes Blatt weist 12 bis 24 kleine Fiederblättchen auf. Wenn möglich, pflanzt man die Pflanze in eine lehmig-humose Erde und sorgt für möglichst viel Luftzufuhr. Die Vermehrung erfolgt im Frühjahr durch Samen, bei *C. puniceus* auch durch Stecklinge.

formosus (syn. **C. dampieri**) ✽ ♠
Ein fast aufrechter oder kriechender Halbstrauch von 60 bis 90 cm Länge, der mit silbergrauen Haaren bedeckt ist. Die 5 cm großen, scharlachroten, in der Mitte schwarzen und schnabelartigen Blüten wachsen in Büscheln bis zu 6 und erscheinen im Mai und Juni. Am besten pflanzt man sie in Ampeln. Sie brauchen nicht viel Feuchtigkeit; ihre Haltung ist jedoch schwierig. Niemals von oben gießen. Australien. **135**

puniceus ✽
Ein immergrüner, ausladender Strauch von 1 bis 2 m Höhe, der am besten im Gewächshausbeet gedeiht. Die leuchtend roten, krallenförmigen Blüten stehen in herabhängenden Trauben zu 6 bis 15 Trauben. Sie blühen im Mai und Juni. Neuseeland. **136**
'Alba' mit cremeweißen Blüten.

Clitoria LEGUMINOSAE

ternatea ✽
Eine kurzlebige, meist als einjährige Pflanze behandelte Staude. Ihre Blätter sind in 5 eiförmige Fiederblättchen unterteilt. Die einzeln stehenden, auffallenden, 5 cm großen Blüten sind leuchtend blau und tragen im Grunde eine hübsche gelbe oder weiße Zeichnung. Die Art eignet sich am besten fürs Warmhaus. Man setzt sie in Töpfe mit lehmig-humoser Erde und stellt sie im Sommer an ein schattiges Plätzchen. Die Vermehrung geschieht durch Aussaat im Frühjahr. Indien.

Clivia AMARYLLIDACEAE Klivie

Beliebte Zimmer- und Gewächshauspflanze, die sehr blühfreudig ist, mit der Zeit aber recht groß wird. Sie läßt sich schlecht teilen, weil die fleischigen Wurzeln so verfilzt sind, daß man sie nur schwer voneinander trennen kann. Die Blüten sind trompetenförmig und 5 bis 8 cm lang. Sie stehen in Dolden an Schäften von 20 bis 40 cm Länge. Die Blätter sind paarig und bis zu 60 cm lang. Da neue Blätter im Zentrum der Pflanze entstehen, sterben äußere entsprechend an der Basis der Pflanze ab. Jede Art von Blumenerde ist geeignet; im Sommer braucht die Pflanze viel Wasser, im Winter jedoch nur so viel, daß die Erde nicht völlig austrocknet. Im Frühjahr setzt man die Pflanze in einen Topf von 12 cm Durchmesser; wenn die Wurzeln den Topf ausfüllen, topft man die Pflanze in den nächstgrößeren Topf. Ist der Topf schon 30 cm groß, so teilt man die Pflanze sorgfältig und achtet darauf, daß keine Wurzeln zerbrechen. Die neuen Pflanzen setzt man in einen Topf, der wieder einen Durchmesser von 12 cm hat. Die Vermehrung erfolgt durch Abtrennen der Ableger und durch Teilung wie oben beschrieben. Samen keimen bei einer Temperatur von 15° C, aber die so gezüchteten Pflanzen sind unterschiedlich. Die Entwicklung von Samen verhindert die Entstehung von Blüten. Im Winter brauchen Klivien eine Temperatur von 4 °C.

× cyrtanthiflora
Die Blüten sind leicht feuerrot; je nachdem ist die Farbe mehr gelb oder rot. Sie sind 5 bis 7,5 cm lang, hängend und blühen von März bis Mai. Die glänzenden, dunkelgrünen Blätter sind linear und bis zu 60 cm lang. Zuchtform von *C. miniata* und *C. nobilis*. **137**

miniata
Diese Art wird besonders wegen ihrer langen Blütezeit (März bis August) geschätzt. Die 5 bis 7,5 cm großen, orangen bis roten Blüten stehen aufrecht zu 10 bis 20 in Dolden. Die Blätter gleichen der vorhergehenden Art. Vermehrung durch Samen führt zu verschiedenen Formen, von denen manche besser und manche minderwertiger sind. Natal (Südafrika). **138**

nobilis
Die schmalen, herabhängenden, orangeroten Blüten sind an der Spitze grünlich; sie sind 5 bis 8 cm lang und stehen in Dolden bis zu 60. Blüte im Mai. Die stumpfen, dunkelgrünen Blätter sind glänzend und paarweise mit hartem Rand. **139**

Clytostoma BIGNONIACEAE

callistegioides
Eine immergrüne Kletterpflanze, die für das Beet im Warmhaus oder für einen Kübel geeignet ist. Jedes Blatt hat 2 längliche, am Rande gewellte Fiederblättchen. Die blaß purpurfarbenen und gelben, trompetenförmigen Blüten stehen paarweise an den Spitzen der Triebe und sind im Frühjahr und Frühsommer in voller Blüte. Für die Haltung in Töpfen nehme man humus-lehmhaltige Erde. Im Sommer sorgt man für Feuchtigkeit und Beschattung. Vermehrung durch Aussaat, halbreife Stecklinge oder durch Wurzelschnittlinge. Brasilien, Argentinien.

Cobaea POLEMONIACEAE

scandens
Die Kletterpflanze wird gewöhnlich als unempfindliche, einjährige Pflanze im Freien gezüchtet. Dort geht sie im Winter ein. Im Haus jedoch blüht sie (als Strauch) beständig von Ende Juni an. Die cremefarbenen Blüten haben einen flachen Kelch und eine glockenförmige 6 bis 7,5 cm lange Röhre, die nach etwa einem Tag purpurn wird. Die grünen Blättchen sind 2 bis 3paarig gefiedert und enden in einer Wickelranke, womit sich die Ranken festhalten. Sie kann 6 m lang werden, man sollte sie jedoch im Herbst oder Frühjahr zurückschneiden. Sie wird in Töpfe von 20 bis 25 cm Durchmesser gesetzt, eignet sich am besten fürs Gewächshaus und ist, was den Boden anbetrifft, anspruchslos. Man gibt ihr eine Stütze, am besten ein Spalier. Die Vermehrung erfolgt durch Samen, die man aufrecht im März oder April einsetzt und die bei 18 °C keimen. Wenn sie im Winter blühen sollen, so hält man sie bei 7 °C. Will man sie ohne Blüten am Leben erhalten, so ist dazu eine Temperatur unter dem Gefrierpunkt erforderlich. Mittel- und Südamerika. **140**
'Alba' hat Blüten, die nicht purpurrot werden.

Coccoloba (syn. Coccolobis) POLYGONACEAE

uvifera Seetraube
Sie ist die einzige Vertreterin dieser großen Gruppe von tropischen Bäumen, die man gelegentlich in Kultur findet. Sie gedeiht am besten im Warmhaus oder im Treibhaus und kann im Beet bis zu 6 m groß werden. Am besten pflanzt man sie in große Töpfe oder Kübel, wo sich ihre kräftigen, breiten, herzförmigen Blätter besonders gut entwickeln. Die Blätter sind lederig, oberseits glänzend grün, unterseits heller. Auf älteren Pflanzen können sich endständige Büschel von duftenden, weißen Blüten entwickeln, aus denen dann später purpurrote Beeren (eßbar) werden. Bei in Töpfen gepflanzten Exemplaren entwickeln sich keine Beeren. Man setzt sie in eine handelsübliche, lehm- oder torfhaltige Erdmischung, stellt sie bei heißer Sonne in den Schatten und sorgt für Feuchtigkeit im Sommer. Die Vermehrung erfolgt durch Stecklinge, die man aus den Spitzen der Seitentriebe im Sommer gewinnt. Tropisches Amerika. **141**

Cocos yatay →**Butia yatay**

Codiaeum EUPHORBIACEAE Kroton, Wunderstrauch.

variegatum var. pictum
Eine Topfpflanze mit sehr hübschem Blattwerk, die sich besonders gut für das Warmhaus eignet. Sie hat lederige, glänzende Blätter, die verschiedene Formen und Farben haben können. Man setzt sie in eine humushaltige Erde. Vor praller Sonne schützen und feucht halten. Vermehrung durch Stecklinge. **142**
Es gibt eine ganze Reihe von Sorten:
'Aucubaefolium' ist buschig mit kleinen, glänzenden, leuchtend grünen Blättern, die 7 bis 10 cm groß und elliptisch sind. Sie sind gelb gesprenkelt und gezeichnet.
'Carrierei' hat längliche, abgestumpfte Blätter, die anfangs gelbgrün sind und später dunkler und in der Mitte rot werden. Der Kontrast zwischen den beiden Farben der Blätter ist besonders bemerkenswert.
'Disraeli' hat Blätter, die auf dunkelgrünem Grund gelb gefleckt sind. Das ganze Blatt ist unterseits rot.
'Norwood Beauty' hat gelappte Blätter, die entfernt an ein Eichenblatt erinnern; sie sind bronze-grün, haben gelbe Adern und einen roten Rand.
'Punctatum Aureum' ist eine Zwergform mit gelben Flecken auf den schmalen, glänzend-dunkelgrünen Blättern.
'Reidii' hat dunkelgrüne, eiförmige, leicht gewellte Blätter mit gelben Adern; im Alter zeigen sie einen rosaroten Schimmer.
'Volcano' hat große, eiförmige, spitze Blätter, die in der Jugend stark gelb getönt sind und im Alter rosa werden. **143**

Coelogyne ORCHIDACEAE Hohlnarbe

Eine Gattung von hübschen, immergrünen Orchideen mit duftenden Blüten, deren Farbe von weiß und gelb bis zu beige-rosa und braun reicht. Die meisten Arten gedeihen gut im Kalthaus; ein paar eignen sich zur Haltung im Zimmer. Man pflanzt sie in Schalen oder Körbe, die zu gleichen Teilen Sphagnum und Osmunda enthalten. Man sorgt für Beschattung vor praller Sonne und hält die Erde im Sommer gut feucht. Die Vermehrung geschieht im Frühjahr durch Teilung oder dann, wenn sich die jungen Triebe zeigen.

asperata ✽
Die hellgrünen Blätter stehen in den 15 cm hohen Pseudobulben, die 20 bis 25 cm lange, herabhängende Blütentrauben tragen, mit bis zu 15 Einzelblüten von April bis Juni. Diese haben einen Durchmesser von 7,5 cm und sind cremeweiß mit gelb und schokoladenbraun gestreifter Lippe, die in der Mitte eine orangerote Rippe und einige rote Punkte aufweist. Borneo.

cristata ✽
Sie ist besonders zur Haltung im Hause geeignet und gedeiht gut an einem kühlen Platz auf dem Fensterbrett. Die Pseudobulben haben dünne, schmale Blätter von 30 cm Länge und herabhängende Trauben mit süß duftenden 7 bis 12 cm großen Blüten, die rein weiß sind und deren Lippe orange gezeichnet ist. Sie entwickeln sich von Dezember bis März. Nepal. **144**

massangeana ✽
Eine kräftige Art mit dunkelgrünen, stark geäderten Blättern und herrlichen, herabhängenden Blütentrauben von 45 bis 60 cm Länge, in denen bis zu 25 Einzelblüten in ziemlichem Abstand voneinander stehen. Sie entwickeln sich von Januar bis April. Jede hat etwa einen Durchmesser von 7,5 cm, ist hell ockerfarben und hat eine schokoladenbraune Lippe, die gelb und weiß gezeichnet ist. Assam.

mooreana ✽
Die Art hat 30 bis 40 cm lange, schmale, etwas fleischige Blätter und 4 bis 12 weiße Blüten mit goldener Zeichnung und Härchen auf der Lippe. Indien.

ochracea ✽
Eine herrlich duftende Art. In jeder aufrecht stehenden Blütentraube entwickeln sich 7 bis 9 Blüten. Jede Einzelblüte hat einen Durchmesser von 4 cm, ist weiß und hat auf der Lippe eine helle ockerfarbene Zeichnung. Blüht im Frühjahr. Indien. **145**

speciosa ✽
Eine schöne Art mit 7,5 cm großen olivgrünen Blüten, deren Lippe gelb gesäumt ist und eine dunkelrote, schokoladenbraune und kaffeebraune Zeichnung, sowie eine rein weiße Spitze aufweist. Die 22 cm großen, dunkelgrünen Blätter stehen einzeln auf den kleinen Pseudobulben. Die Blüten entwickeln sich in Abständen einzeln das ganze Jahr über. Java.

Coffea RUBIACEAE Kaffee

Immergrüne Sträucher mit duftenden, weißen Blüten und roten Beeren, die als Kaffebohnen in den Handel kommen. Hübsche Pflanze, die in Kübeln oder großen Töpfen im Warmhaus gezogen werden kann. Man pflanzt sie in eine handelsübliche torf- oder lehmhaltige Erde, stelle sie bei heißer Sonne im Sommer in den Schatten und halte sie gut feucht. Vermehrt wird sie im Frühjahr durch Samen oder im Spätsommer durch Seitentriebe.

arabica Kaffeebäumchen, Bergkaffee
Ein 1,50 bis 4,50 m hoher Strauch mit hängenden Zweigen, an denen 7 bis 15 cm große, glänzend-dunkelgrüne, längliche Blätter mit schlanker Spitze stehen. Die weißen Blüten entwickeln sich im September in dichten Büscheln in den Blattachseln. Äthiopien.

liberica Liberiakaffee ✽ ♦
Eine widerstandsfähigere Art als die oben genannte mit längeren, breiteren Blättern. Die weißen Blüten stehen in dichten Büscheln. Aus dieser Pflanze haben sich die meisten der gebräuchlichen Kaffeearten entwickelt. Liberia.

Coleus LABIATAE Buntnessel

Zu dieser Gattung gehören einige der heute am meisten gehaltenen farbenprächtigen Blattpflanzen. Es gibt auch einige Arten mit besonders hübschen Blüten von blauer Farbe. Beide Gruppen eignen sich zur Haltung für das Kalthaus oder für das Zimmer. Man setzt sie in Töpfe mit normaler Erde und stellt sie im Sommer etwas in den Schatten. Die Vermehrung erfolgt im Frühjahr durch Samen oder schneller durch Kopfstecklinge im Frühjahr oder Spätsommer. Bei C. blumei entfernt man die Blütenähren, solange sie noch klein sind. Auf diese Weise erhält man buschige Laubpflanzen.

coleus und **C.-Blumei-Hybriden** ♦
Die Hybriden werden wegen ihrer leuchtend gefärbten, dekorativen Blätter gezüchtet. Streng genommen sind sie ausdauernd, werden aber als einjährige oder zweijährige Pflanzen behandelt. Die Pflanzen werden durch Entfernen der Knospen und Haupttriebe buschig gehalten. Hybridformen sind zahlreich; sie haben rotes, gelbes, grünes oder buntes Laub. **146 148**

fredericii ✽
Die Art wird erst seit relativ kurzer Zeit wegen ihrer Blüten gezüchtet. Es handelt sich um eine 1,20 m hohe, einjährige oder zweijährige Pflanze mit eiförmigen, borstigen und behaarten Blättern und auffallenden, 10 bis 13 cm großen Rispen von tiefblauen Blüten, die im Dezember erblühen. Angola.

thyrsoideus ✽ ♦
Die sehr hübsche Staude blüht im Winter, wird 60 bis 90 cm hoch und entwickelt von November bis März 22 cm lange Trauben von leuchtend blauen Blüten. Die ovalen, herzförmigen und mittelgrünen Blätter werden 17 cm lang. Gute Zimmerpflanze. Zentralafrika. **147**

Collinia elegans → **Chamaedorea elegans**

Columnea GESNERIACEAE Kolumnee

Vor allem hängende Pflanzen mit hübschem Blattwerk und großen, auffälligen, roten oder gelben Blüten. Die hier erwähnten Arten eignen sich gut für das Warmhaus oder Zimmer, wo man sie in hängende Körbchen setzt. Man verwendet eine sehr lockere und durchlässige Erde, mit Zusätzen von Sphagnum oder Farnwurzeln. Im Sommer stellt man die Pflanze in den Schatten und hält sie feucht. Vermehrt wird sie im Sommer durch Stecklinge.

× banksii (C. oerstediana × C. schiedeana) ✽ ♦
Eine rankende Art mit etwas buchsbaumartigen, wächsernen, dunkelgrünen, unterseits roten Blättern. Die haubenförmigen, zinnoberroten Blüten sind 6 bis 7,5 cm lang und erscheinen von November bis April. Hybride. **149**

gloriosa ✽ ♦
Die kriechende oder hängende Art hat hellgrüne, behaarte Blätter. Die 3 bis 7,5 cm langen, einzeln stehenden Blüten sind leuchtend scharlachrot; sie sind im Grunde und an der Unterseite der röhrenförmigen Blüte gelb und blühen das ganze Jahr hindurch, jedoch am schönsten im Oktober und April. Costa Rica.

COM

'Purpurea' hat in der Jugend purpurne Blätter, die später bronzefarben werden. **150**

microphylla ✱ ♦
Die schlanke, kriechende oder hängende Art hat manchmal mehr als 90 cm lange Stengel, die mit kleinen, kupferfarbenen Blättern bedeckt sind, die purpurne Härchen zeigen. Die herrlichen zweilippigen Blüten öffnen sich zwischen November und April; sie sind 3 bis 7,5 cm lang, lebhaft scharlachrot gefärbt und haben eine gelbe Zeichnung. Am besten setzt man sie in Hängekörbchen. Costa Rica.

schiedeana ✱ ♦
Eine zum Teil kletternde oder kriechende Pflanze mit 90 cm bis 1,20 m langen Zweigen, die purpurne Härchen haben. Die 12 cm großen, hellgrünen Blätter sind ebenso wie die 5 cm großen Blüten seidig behaart. Kelch hellrot, Krone innen und außen gelb mit braunroter Zeichnung. Die Blüten erscheinen von Mai bis Juli. Mexiko.

teuscheri → Trichantha minor

Commelina COMMELINIACEAE

Eine Gruppe von Pflanzen, die wegen ihrer himmelblauen Blüten bekannt sind, die aus seltsamen, schiffchenförmigen, blattartigen Hochblättern hervorbrechen. Man setze sie in Töpfe mit humoser Erde und beschatte sie vor praller Sonne. *C. benghalensis* wird durch Kopfstecklinge im Sommer, *C. coelestis* durch Samen oder Teilung im Frühjahr vermehrt.

benghalensis ✱ ♦
Eine zarte, immergrüne Kriechpflanze mit grünen, eiförmigen, am Rande gewellten Blättern, die 5 bis 8 cm lang werden. Die kleinen, blauen Blüten entwickeln sich vom späten Frühjahr ab bis in den Herbst. Geeignet fürs Warmhaus oder Zimmer. Tropisches Afrika und Asien.
'Variegata' hat gestreifte und weiß gesäumte Blätter.

coelestis ✱ ♦
Eine aufrechtwachsende Pflanze von 45 cm Höhe mit langen, am Rande gewellten Blättern; die Blüten sind zumeist tiefblau, gelegentlich auch hellblau-weiß oder blau-weiß. Eignet sich fürs Kalthaus. Mexiko.

Conophytum AIZOACEAE Blühende Steine

Die kleinen, aus Südafrika stammenden Pflanzen gleichen den Steinen, zwischen denen sie in der Natur gedeihen. Jede Pflanze besteht aus einem Blattpaar, dessen Blätter bis auf einen Spalt an der Spitze zusammengewachsen sind, durch welchen die Blüte wächst. Bei einigen Arten sind die Spitzen des Blattpaars gerundet, bei anderen ist jedes Blatt gelappt. Die Pflanzen haben von Dezember bis Juli eine Wachstumspause; von Dezember bis März brauchen sie nur wenig Wasser und im Mai und Juni überhaupt keines. Dann schrumpfen die Blätter ein und trocknen aus. Im Innern der alten bilden sich neue Blätter. Manchmal bilden sich innerhalb eines Blattpaares auch zwei; dadurch wächst die Pflanze. Im Juli brechen die neuen Blätter durch die alten, die vorsichtig entfernt werden. Die Pflanzen blühen dann, bis die Ruhepause wieder beginnt. Man verwendet die selbe Erde wie bei den Erdkakteen (siehe Einführung); gute Entwässerung ist von Wichtigkeit. Die Pflanzen brauchen während der Blüte viel Wasser. Während der winterlichen Ruhezeit darf die Temperatur 4 °C nicht unterschreiten. Die Vermehrung geschieht durch Aussaat im Mai. Der Samen ist sehr fein und wird oben auf die Erde gestreut; bei 21 °C keimt er.

bilobum ✱ ♦
Die gelben, 2,5 cm großen Blüten erscheinen im September und Oktober. Blätter graugrün, manchmal rot, mit 2 abgestumpften Lappen. Südafrika.

calculus ✱ ♦
Die gelben Blüten haben einen Durchmesser von 1,5 cm und erscheinen im Oktober. Der Pflanzenkörper ist oben abgerundet und hat quer über die Spitze einen Schlitz. Die Blätter sind graugrün. Südafrika.

ernianum ✱ ♦
Die Art hat im August malvenfarbige Blüten, die über 1 cm groß sind. Die graugrünen Blätter haben zwei Buchten. Südafrika.

scitulum ✱ ♦
Die weißen Blüten haben einen Durchmesser von 1 bis 2,5 cm und entwickeln sich im Oktober. Die graugrünen Blätter sind mit einem rotbraunen Netz überzogen und haben an der Spitze einen schmalen Schlitz. Südafrika.

truncatum ✱ ♦
Eine kugelige Pflanze mit blassen, graugrünen Blättern mit vielen Flecken gesprenkelt. Die Blüten erscheinen im Oktober; sie sind strohfarben bis weiß und 2 cm im Durchmesser. Südafrika.

Convallaria LILIACEAE

majalis Maiglöckchen ✱
Das uns allen bekannte Maiglöckchen kann gelegentlich auch als Topfpflanze gezogen werden, falls eine konstante Temperatur von 18 bis 21 °C gehalten werden kann, solange die Pflanze treibt. Man pflanzt etwa ein Dutzend einzelne Pflanzkeime in einen 12 bis 15 cm großen Topf mit einer handelsüblichen Erdmischung. Dies geschieht im Oktober oder November. Das Ganze wird ins Kalthaus oder in einen Treibkasten gesetzt. Im Januar bringt man den Topf ins Warmhaus oder Zimmer, wo eine Temperatur über 21° herrscht. Man gießt reichlich und sorgt für Dunkelheit bis sich die Blätter gut entwickelt haben. Sobald die Blütenähren zu sehen sind, stellt man sie hell.

Cordyline AGAVACEAE Keulenlilie

In der freien Natur Sträucher oder Bäume, die sich aber in der Jugend gut als Topfpflanze eignen. Sie haben ein hübsches Laub. Einige Arten eignen sich fürs Kalthaus, andere benötigen mehr Wärme. Sie können in Töpfen oder Beeten gezogen werden. Im Topf oder Kübel nimmt man am besten eine lehm- oder torfhaltige Erde. *C. australis* und *C. indivisa* brauchen viel Luft, während *C. terminalis* feucht gehalten werden muß. Letztere muß bei heißer Sonne in den Schatten gestellt werden. Vermehrung durch Rhizome, Kopfstecklinge oder durch flach in Sand gelegte Stammabschnitte im Sommer.

australis ♦
Eine 60 bis 90 cm hohe Topfpflanze, die im Alter aber 7,50 m erreichen kann. Sie hat schmale, streifenartige, lederige, bogenförmige Blätter, die von der Spitze eines einzigen Stammes aus wachsen, der sich verzweigt, wenn die Pflanze so groß geworden ist, daß sie zu blühen beginnt. Die kleinen, cremefarbenen, aromatischen Blüten entwickeln sich im Juni und Juli in federigen Rispen. Neuseeland. **151**

indivisa ♠

Pflanze von der Größe eines Baumes, die in ihrer Jugend als Topfpflanze gezogen werden kann. Sie hat einen einzigen Stamm und harte, schwertförmige, mittelgrüne Blätter mit orangen Hauptadern. Ältere Pflanzen haben herabhängende Rispen von weißen Blüten im Juni und Juli, aus denen sich kugelige, purpurne Beeren entwickeln. Neuseeland.

marginata → Dracaena concinna

terminalis (syn. Dracaena terminalis) ♠

Eine ausgezeichnete Blattpflanze mit Rosetten aus dunkelgrünen, schwertförmigen Blättern, die bronzen bis rötlich, purpurn oder cremig getönt sind. In ihrer Jugend sind sie dekorative Topfpflanzen, werden aber später 3 m hoch und weisen an einem palmenartigen Stamm Blätter auf. Viele Züchtungen. Tropisches Asien.
'Firebrand' mit steifen, schlanken, glänzenden und leuchtend roten Blättern. **152**
'Tricolor' ist farbenprächtig, rot und cremefarben auf grün.

Coronilla LEGUMINOSAE Kronwicke

Die beiden hier erwähnten Arten sind kleine Sträucher mit hübschem Blattwerk und auffallenden, gelben, erbsenartigen Blüten. Sie eignen sich für große Töpfe oder Kalthausbeete. Topfpflanzen gedeihen gut in nährstoffhaltiger Erde. Wenn es irgendwie geht, sorgt man für Luftzufuhr. Vermehrung durch Samen oder Stecklinge im Frühling.

glauca ✻ ♠

1,50 bis 2,70 m hoher Busch mit blaugrauen, gefiederten Blättchen, die je 5 bis 7 Fiedern aufweisen. Die intensiv gelben, aromatischen Blüten stehen bis zu 10 in Dolden. Sie blühen von April bis Juni. Südeuropa.
'Compacta' ist eine Zwergform, die dicht und rund ist. Sie wird 45 bis 60 cm hoch. **153**

valentina ✻ ♠

Hübsche, 1,20 m hohe, immergrüne, buschige Pflanze mit 7 bis 11 Blattfiedern pro Blatt. Die üppigen, gelben, duftenden Blüten stehen zu 10 bis 14 in Dolden; sie blühen von Mai bis Juli. Südeuropa.

Correa RUTACEAE

Eine Gattung immergrüner Sträucher mit hängenden, röhrenförmigen, fuchsienähnlichen Blüten. Obwohl sie sich am besten fürs Kalthausbeet eignen, kann man sie auch gut in Töpfen und großen Kübeln ziehen. Bei Kübeln nimmt man eine normale Erdmischung oder eine lehmhaltige Erde. Man sorgt für viel Luftzufuhr. Die Vermehrung geschieht durch halbharte Stecklinge im Spätsommer.

alba ✻ ♠

Ein bis 120 cm hoher Strauch, dessen Zweige dicht mit kurzen Härchen bedeckt sind, ebenso die Unterseite der eiförmigen, rundlichen Blätter. Die weißen oder hellrosa, glockenförmigen Blüten stehen an den Spitzen der Stämme; sie entwickeln sich von April bis Juni. Australien.

× harrisii ✻ ♠

Eine stattliche Hybride mit rostroten, behaarten Zweigen und weich behaarten Blättern. Die leuchtend scharlachroten Blüten sind 2,5 cm lang und haben herausragende Staubblätter, die an der Spitze gelb sind. Sie blühen im April und Mai.

speciosa (syn. C. reflexa) ✻ ♠

Ein bis zu 2 m hoch werdender Strauch mit dicht behaarten Trieben und Blattunterseiten. Die leuchtend roten Blüten ähneln denen von C. × harrisii und erblühen ebenfalls im April und Mai. Australien.

Coryphantha CACTACEAE Koryphante

Früher rechnete man diese Kakteen zur Gattung *Mammillaria*. Es handelt sich um rundliche oder zylinderförmige Pflanzen mit auffälligen Warzen, die mit Furchen versehen sind. Die Blüten entwickeln sich in Nähe des Vegetationspunkts der Pflanze und sind oft sehr groß und auffallend. Alle unten beschriebenen Pflanzen blühen im Sommer. Sie alle haben keine Blätter. Für die Haltung gilt dasselbe wie für die Erdkakteen. Die niedrigste Temperatur im Winter darf 4 °C sein.

clava ✻ ♠

Diese grüne, keulenförmige Art hat an der Basis der Furche eine rote Drüse und etwa 8 Stacheln, von denen der mittlere kräftiger und länger ist als die übrigen. Die großen Blüten sind hellgelb. Mexiko.

deserti ✻ ♠

Die große, zylindrische Art ist über und über mit weißlichen Stacheln bedeckt; die mittleren sind an der Spitze rot oder schwärzlich. Die Blüten sind hellrosa oder gelblich. Kalifornien, Nevada.

echinus ✻ ♠

Die Blüten sind gelb. Die weißlichen Stacheln liegen eng an dem grünen, kugeligen, fast kegelförmigen Pflanzenkörper an und verhüllen ihn. Texas. **154**

elephantidens ✻ ♠

Diese Art besitzt große, rosarote Blüten und einen halbkugeligen, grünen Pflanzenkörper mit großen, wolligen Warzen auf denen jeweils 6 bis 8 gekrümmte, bräunliche, dunkel gespitzte Randdornen stehen. Mexiko.

erecta ✻ ♠

Zylindrische, bis 30 cm hohe Art mit schiefen, kugeligen Warzen; sie sind an der Basis kriechend und richten sich an der Spitze auf. Der junge Teil der Pflanze ist mit wolligen Haaren bedeckt. Die Pflanze hat 8 bis 14 äußere und zwei mittlere Stacheln. Die gelben Blüten sind groß. Mexiko.

ottonis ✻ ♠

Die weiß blühende Art besitzt einen runden oder zylindrischen, blaugrünen Pflanzenkörper mit bis zu 16 Stacheln. Mexiko.

salm dyckiana ✻ ♠

Eine gelb blühende Art mit einem grünen, kugeligen Pflanzenkörper. Sie hat kurze Warzen und bis zu 15 weißliche, radiale Stacheln. Die 4 rötlich-schwarzen Stacheln werden bis zu 2,5 cm lang. Mexiko.

Costus ZINGIBERACEAE

Eine Gattung von ausdauernden Pflanzen mit hübschem Laub und auffallenden, kegelförmigen, endständigen Blütenähren. Man hält sie als dekorative Topfpflanzen am besten im Warmhaus. Man setzt sie in eine humos-lehmige Erde oder in eine handelsübliche Erdmischung und sorgt für Wärme und Feuchtigkeit. Im Sommer stellt man sie aus der heißen Sonne in den

Schatten. Im Frühjahr kann man die Pflanze durch Teilung (nur bei älteren Pflanzen) oder durch Kopfstecklinge vermehren.

igneus ✱ ♠
Die schöne, tropische Pflanze erreicht nur 30 bis 50 cm Höhe. Die 7 bis 15 cm großen Blätter sind eiförmig, an der Spitze verjüngt, oberseits glänzend grün und unterseits rötlich bis purpurn. Die großen Blüten ähneln bunten, gelb-roten japanischen Papierschirmchen. Eine besonders hübsche Art. Brasilien.

sanguineus ♠
Eine hübsche, kleine Pflanze, deren längliche, schmale, fleischige Blätter sich gegen die Blattspitze verjüngen und eine schlanke Spitze bilden. Sie sind am Grunde mit einem tiefroten Stiel versehen. Die flaumige Blattoberseite ist blaugrün und hat eine silberne Hauptader. Das ganze Blatt ist seidig glänzend. Mittelamerika.

speciosus ✱ ♠
Eine große und sehr unterschiedlich aussehende Art, die mehr als 1,80 m hoch wird. Sie hat etwas verholzte Stengel mit schmalen, eiförmigen, 16 bis 20 cm langen Blättern, die eine schlanke Spitze besitzen und spiralig angeordnet sind. Die Blüten stehen in 12 cm langen Ähren. Die kurzen Röhren öffnen sich zu 5 cm großen Blättern. Die Blüten sind rot oder weiß. Die 10 cm große Lippe ist immer weiß und weist in der Mitte eine orange Zeichnung auf. Indien.

Cotyledon CRASSULACEAE

Hier handelt es sich in der Hauptsache um Stamm- oder Blattsukkulenten. Die einen wachsen strauchartig und sind immergrün. Die anderen bilden einen verdickten oder fleischigen Stamm mit jährlich abfallenden Blättern. Die immergrünen Arten blühen auch im Sommer; sie müssen während dieser Zeit auch gegossen werden. Für die Haltung gilt dasselbe wie für die Erdkakteen (siehe Einleitung); sie vertragen volles Sonnenlicht besonders gut. Vermehrung erfolgt durch Stecklinge. Wenn die Pflanze zu länglichem Wachstum neigt, dann schneidet man die Spitzen der immergrünen Arten ab und pflanzt diese ein. Am besten gewinnt man Stecklinge im Spätsommer. Im Winter brauchen die Pflanzen eine Temperatur von 4 °C.

agavoides → Echeveria agavoides
californica → Dudleya cotyledon
elegans → Echeveria harmsii

orbiculata ✱ ♠
Die 1,5 bis 2,5 cm langen, röhrenförmigen Blüten sind gelbrot. Die Blätter sind weißlich grün und haben einen roten Rand; sie sind rundlich und werden gegen den Grund der Spreite zu schmaler. Sie sind immergrün und stehen an aufrechten Ästen. Südafrika.
'Oophylla' mit kleinen, eiförmigen Blättern.

paniculata Butterbaum ✱ ♠
Die Blüten, die sich während der Ruhezeit bilden, sind rot und haben einen grünen Saum; sie sind röhrenförmig und 2,5 cm lang. Die graugrünen, abfallenden Blätter sind 5 bis 10 cm lang, 2,5 bis 5 cm breit und bilden eine dichte Rosette an der Spitze eines kräftigen, fleischigen Stamms, der bis zu 1,80 m hoch werden kann. Ruht im Sommer völlig. Südafrika.

reticulata ✱ ♠
Diese Art wirft ebenfalls ihre Blätter ab und benötigt im Sommer, wenn die Blüten sich entwickeln, eine Ruhezeit. Die Blüten sind grünlich-gelb, rot gestreift, etwa 1 cm lang und röhrenförmig. 4 bis 6 graugrüne, fast zylindrische Blätter wachsen an der Spitze der breiten Stämme, die sich an der Basis verzweigen und etwa 23 cm hoch sind. Südafrika.

teretifolia ♠
Die gelben, röhrenförmigen Blüten sind ca. 1,5 cm lang. Die blaßgrünen, fast zylindrischen, aber zugespitzten, immergrünen Blätter sind 10 cm lang und mit weichen Haaren bedeckt. Der verzweigte Stamm wird 10 bis 20 cm hoch. Südafrika.

undulata ♠
Die röhrenförmigen, orangegelben bis roten Blüten sind 2 cm lang. Die Blätter sind graugrün und weiß bereift. Am Grunde sind sie schmal, werden zur Spitze hin breiter und haben einen gewellten Rand. Die Äste werden bis zu 60 cm lang. Die Pflanze ist wegen ihrer schönen, immergrünen Blätter beliebt, die weder naß, noch berührt werden dürfen, sonst verlieren sie ihr schönes Aussehen. Südafrika.

Crassula CRASSULACEAE Dickblatt

Sie werden vor allem wegen ihrer sukkulenten Blätter gezogen. Gibt man ihnen zuviel Wasser, so verlieren die Blätter an Farbe und werden unansehnlich. Für die Pflege gilt dasselbe wie für die Erdkakteen (siehe Einführung); volles Sonnenlicht bekommt ihnen gut. Man vermehrt sie vor allem durch Stecklinge, aber auch durch Samen. Die meisten stammen aus Südafrika, aber auch in anderen Teilen der Alten Welt sind sie zu Hause. Im Winter brauchen sie eine Temperatur von mindestens 4 °C.

arborescens Deutsche Eiche ♠
Die weißen Blüten werden nach und nach rosa; sie entwickeln sich aus endständigen Rispen von 5 bis 10 cm Durchmesser im Sommer, jedoch blüht die Art im Hause nur selten. Die Blätter sind rundlich, am Grunde schmaler, hellgrün oder graugrün und haben einen rötlichen Rand. Die Pflanze ist buschig und weit verzweigt; die einzelnen Stämme können bis 90 cm hoch werden. Südafrika.

argentea (syn. C. obliqua, C. portulacea) ♠
Die blaßrosa Blüten entwickeln sich im Frühjahr in endständigen Rispen. Die eiförmigen Blätter sind leuchtend grün und glänzend. Die Sträucher verzweigen sich und bilden eine buschige Pflanze, die nach vielen Jahren 3 m Höhe erreicht. Südafrika. **155**

cooperi ♠
Im Sommer entwickeln sich Trugdolden von wenigen, rosaroten Einzelblüten. Die etwa 1 cm langen Blätter sind blaßgrün und zeigen oberseits vertiefte rote Tupfen, unterseits sind sie rot. Sie bilden 10 cm hohe, polsterartige Rosetten. Südafrika.

deceptor (syn. C. deceptrix) ♠
Eine erst im Spätherbst blühende Art; die sehr kleinen, weißen oder blaßrosa Blüten sind in dünnen Trugdolden angeordnet. Die 2 cm langen, weißlich grünen Blätter sind sehr dick und stehen dicht an den kurzen Zweigen und bilden Säulchen. Diese Art wächst im Winter bei einer Temperatur von 7 °C oder mehr. Südwestafrika.

falcata (syn. **Rochea falcata**) Sicheldickblatt ♠
Die scharlachroten Blüten entwickeln sich in dichten, flachen Blütenständen, die 7 bis 10 cm Durchmesser haben. Sie blühen im Sommer. Die grauen, sichelförmigen Blätter sind 7 bis 10 cm lang. Zu Recht sehr beliebte, etwa 60 cm hohe Zimmerpflanze. Südafrika. **156**

Crinum LILIACEAE

Eine Gattung von auffallenden Zwiebelpflanzen. Sie haben lange, sich verjüngende, lilienartige Blüten. Von den vielen Arten eignen sich die meisten fürs Kalthaus, wo man sie in Töpfe oder ins Beet pflanzt. Man verwendet, wenn möglich, eine humus- und lehmhaltige Erde und setzt die Pflanze im Frühjahr ein. Wenn sich die Blätter voll entwickelt haben, gießt man reichlich, sonst nur wenig. Man schützt die Pflanzen vor der heißen Sonne. Alle 2 bis 3 Jahre muß man sie umsetzen. Man kann sie durch Ableger vermehren oder durch Samen.

giganteum ✽
Eine wunderbar duftende Art mit 60 bis 90 cm langen Blättern und Dolden von 5 bis 6 auffälligen, weißen, riesengroßen glockenförmigen Blüten; sie entwickeln sich im Sommer. Am besten eignen sie sich für ein Kühl- oder Warmhaus.

× powellii (C. bulbispermum × C. moorei) ✽
Die auffallende Pflanze hat 90 bis 120 cm lange Blätter und einen ebenso langen Blütenstamm, an dem etwa 8 rosarote, trompetenförmige Blüten stehen. Die Blütenblätter werden manchmal 18 cm lang. Gedeiht gut im Kalthaus. Hybride. **157**

Crocus IRIDACEAE Krokus ♠

Alle Vertreter der Gattung *Crocus* sind winterhart und gedeihen am besten im Garten. Manche Arten jedoch lassen sich gut in Töpfen ziehen (z. B. »Krokuswundertopf«) und bilden mit ihren Blüten einen willkommenen Farbfleck zu Jahresbeginn. Wichtig für den Erfolg ist ein kaltes oder nur wenig beheiztes Gewächshaus. Wenn es zu warm ist, entwickeln sich keine schönen Blüten. Im Oktober legt man die Zwiebeln in Schalen oder Töpfe in gewöhnliche Blumenerde und stellt sie mit Sand oder Torf zugedeckt im Garten auf. Man kann sie auch in einen kühlen Raum oder Keller stellen und dunkel halten. Wenn die Triebe 2,5 bis 4 cm groß sind, stellt man den Topf ins Licht und hält ihn so kühl wie möglich. Hier einige Sorten aus dem großen Angebot:

chrysanthus
Blüht von Januar bis Februar.
'Blue Pearl' ist zartblau und am Grunde bronzefarben.
'Cream Beauty' hat zart creme-gelbe, rundliche Blüten.
'E. A. Bowles' ist zartgelb.

vernus
Blüht von Februar bis März.
'Jean d'Arc' ist reinweiß.
'Purpureus Grandiflorus' ist intensiv purpurn.
'Vanguard' ist blaßblau mit einem silbernen Schimmer. **158**

Crossandra ACANTHACEAE Crossandre

Bei den hier beschriebenen Arten handelt es sich um buschige Pflanzen mit hübschem Laub und endständigen, auffallend gelben oder orangen Blütenähren. Sie sind als Topfpflanzen fürs Warmhaus und Zimmer geeignet. Man verwendet eine handelsübliche Erdmischung oder humus- und lehmhaltige Erde. Im Sommer sorgt man für Beschattung und Feuchtigkeit. Vermehrung durch krautige Stecklinge im Sommer, oder Samen im Frühjahr.

nilotica ✽ ♠
Eine 30 bis 60 cm hohe Art mit langen, schmalen, eiförmigen Blättern. Die ziegelroten Blüten erscheinen im Sommer und stehen endständig in dichten Ähren. Ostafrika.

undulifolia (syn. infundibuliformis) ✽ ♠
Der aufrecht wachsende Halbstrauch wird 30 bis 90 cm hoch und hat zugespitzte, eiförmige Blätter mit gewelltem Rand und großen, orangegelben bis lachsfarbenen Blüten, die sich an 10 cm langen Ähren entwickeln. Ostindien. 'Mona Walhed' ist eine Hybridform mit breiten, eiförmigen Blättern und größeren, leuchtend orangegelben Blüten. **159**

Crotalaria LEGUMINOSAE

juncea Bengalischer, Ostindischer Hanf, Bombayhanf ✽ ♠
Eine einjährige Pflanze, die sich zur Haltung im Gewächshaus eignet. Sie hat lange, eiförmige bis längliche Blätter und tiefgelbe, besenartige Blüten, die 4 cm lang werden und in endständigen, bis zu 30 cm langen Ähren stehen. Die Blütezeit dauert von Juli bis September. Man setzt die Pflanze in humus-lehmhaltige Erde und stellt sie ins Kühlhaus. An warmen Tagen bringt man sie an die frische Luft. Vermehrt wird sie im Frühjahr durch Samen. Tropisches Asien, Insulinde.

Croton → Codiaeum

Cryptanthus BROMELIACEAE Versteckblüte

Eine Gattung von immergrünen Bromelien, die wegen ihrer hübsch gefärbten und gemusterten Blätter gezogen werden. Diese sind in eleganten, oft flachen oder seesternartigen Rosetten angeordnet. Dankbare Topfpflanzen, die sich mit schattigeren Plätzchen im Warmhaus oder im Zimmer begnügen und in jeder handelsüblichen Erdmischung gedeihen.

acaulis ♠
Die kleine, flache Rosette hat einen Durchmesser von 7 bis 15 cm; die Blätter sind oberseits mittelgrün, unterseits weißlich und am Rande stachelnd. Die kleinen, weißen Blüten haben 3 Blütenblätter und erscheinen immer wieder während des ganzen Jahres. Die Pflanze entwickelt kleine Ableger an ihrer Basis, die gut in Torf anwurzeln. Brasilien.
'Rubra', die Blätter haben einen purpurnen bis bronzefarbenen Schimmer, der besonders am Blattrand zu sehen ist.

bivittatus ♠
Die Blätter dieser Art werden bis zu 22 cm lang; in der Mitte erkennt man einen dunkelgrünen Streifen auf olivgrünem Untergrund, der einen rosa Schimmer hat. Wie bei *C. acaulis* erfolgt die Vermehrung durch Stecklinge. Brasilien. **160**
'Atropurpureus' ist kleiner und hat dunkelrote Blätter.

bromelioides ♠
Eine interessante, aufrechtwachsende Pflanze, die 30 cm hoch wird und frischgrüne, etwas stachlige Blätter mit gewelltem Rand hat. Brasilien.
'Tricolor' ist eine Züchtung, deren Blätter bronzefarben-grün und elfenbeinweiß gestreift sind und einen rosa Rand haben.

fosterianus ♠
Große Pflanze mit langen, dicken Blättern, die eine Rosette von über 75 cm Durchmesser bilden. Die Blätter sind kupferfarben bis purpurbraun, quer gestreift und haben graue Schuppen. Brasilien.

undulatus ♠
Sehr kleine Art, die in Wuchs und Farbe *C. acaulis* ähnelt, deren Blätter jedoch nur 5 cm lang werden. Die häufigste Form ist *C.u.* 'Ruber' mit dunkelgrünen Blättern. Brasilien.

zonatus
Stattliche Pflanze mit 15 bis 22 cm langen, wächsernen, schuppigen und lederigen Blättern, die oberseits abwechselnd kupfergrün und taubengrau gestreift und unterseits mit silbernen Schuppen bedeckt sind. Brasilien. **161**

Ctenanthe MARANTACEAE
Eine Gruppe von hübschen Blattpflanzen, die nahe mit *Calathea* verwandt ist. Es handelt sich um buschartige, immergrüne, ausdauernde Pflanzen, deren Blätter cremefarben, rosa, silbern oder grau getönt, gemustert oder gesprenkelt sind. Man setzt sie in Töpfe oder Schalen mit handelsüblicher Erdmischung und stellt sie ins Warmhaus. Im Sommer sorgt man für Schatten und Feuchtigkeit. Die Vermehrung erfolgt durch Teilung oder bei *C. lubbersiana* durch Abschneiden der am Ende der Stengel erscheinenden Blattschöpfe im Frühsommer.

lubbersiana
Diese 30 bis 45 cm hohe Art hat schlanke, sich gabelnde Zweige mit schmalen, länglichen, lang gestielten Blättern. Diese sind oberseits grün mit gelben Streifen und Flecken, unterseits heller. Brasilien.

oppenheimiana
Eine wuchsfreudige, buschige Pflanze mit lanzettlichen, dunkelgrünen Blättern, die oberseits silbergrau gestreift sind. Die Unterseite ist weinrot bis purpurrot. Brasilien.
'Tricolor' mit creme- und rosagefleckten Blättern. **162**

Cunonia CUNONIACEAE

capensis
Immergrüner Baum, der bis zu 12 m hoch werden kann, in seiner Jugend sich jedoch gut als Topfpflanze ausnimmt. Er hat rötliche Zweige und glänzend grüne Blätter, die aus 5 bis 7 Fiederblättchen zusammengesetzt sind. Die Blätter sind in der Jugend rotbraun. Die Blütentrauben mit ihren kleinen, weißen Blüten erscheinen im August. Sehr gut fürs Warmhaus. Südafrika. **163**

Cuphea LYTHRACEAE Köcherblümchen
Buschige, einjährige oder ausdauernde Pflanzen, auch Sträucher, die wegen ihrer seltsamen und oft auffälligen, röhrenförmigen Blüten gezogen werden. Die hier genannten Arten eignen sich fürs Blumenfenster oder Kalthaus und können in Töpfen oder im Beet gehalten werden. Die Vermehrung erfolgt durch Kopfstecklinge im Frühling. Um eine buschige Wuchsform zu erhalten, stützt man die jungen Pflanzen.

cyanea
Ein 45 cm hoher Halbstrauch, der sich seltsam klebrig anfühlt. Er hat kleine, eiförmige, behaarte Blätter und 2,5 cm große, röhrenförmige Blüten in einem am Grunde orangen Kelch, der oben gelb ist. Die purpurblauen Blütenblätter ragen gerade über ihn hinaus. Mexiko.

miniata
Ein 60 cm hoher, immergrüner Halbstrauch mit eiförmigen, zugespitzten, grünen Blättern, die mit weißen Borsten besetzt sind. Die 4 cm großen, blaß zinnoberfarbenen, röhrenförmigen Blüten entstehen von Juni bis September. Mexiko.
'Firefly' ist kleiner, buschiger. Die Hybride wird 30 bis 40 cm hoch und hat leuchtend kirschrote Blüten. **164**

platycentra (syn. C. ignea) Zigarettenblümchen
Eine buschige, 30 cm hohe Pflanze mit weichen, schmalen Blättern und 2,5 cm großen, röhrenförmigen Blüten. Die Spitzen der Blütenblätter sind zurückgebogen und zeigen dunkelrote und weiße Zeichnungen in der Farbe von Zigarrenasche. Am schönsten blühen sie von April bis November, man kann aber auch das ganze Jahr hindurch ein paar Blüten haben. Mexiko. **165**

Cupressus CUPRESSACEAE Zypresse

cashmeriana
Die Art wird als eine der schönsten Zypressenarten betrachtet. Sie entwickelt sich zu einem anmutigen, pyramidenförmigen Baum mit blaugrünen, schuppenartigen Blättern, die an den herabhängenden Zweigen stehen. Die Art eignet sich gut zur Haltung in Töpfen oder in Kübeln jeder Größe, jedoch nicht fürs Gewächshausbeet, da sie 18 m hoch werden kann. Die grüne Zuchtform dieser Art ist nicht besonders eindrucksvoll in ihrer Wirkung. Tibet. **166**

Curcuma ZINGIBERACEAE Safranwurz

roscoena
Eine robuste Pflanze mit einem 45 cm hohen Stamm und 6 bis 8 hübschen, immergrünen, glänzenden, schwertförmigen Blättern. Im August zeigen sich stattliche, 20 cm lange Ähren von gelben Blüten mit ansehnlichen, erst grün, dann lebhaft orange-scharlachroten Brakteen unter jeder Blüte. Die Pflanze eignet sich fürs Warmhaus und braucht viel Feuchtigkeit. Bei heißer Sonne stellt man sie in den Schatten. Die Vermehrung geschieht im Frühjahr durch Teilung. Malaysia.

Cyanotis COMMELINACEAE
Eine Gattung von kriechenden Halbsukkulenten, die etwas der *Tradescantia* gleichen. Die hier erwähnten Arten eignen sich fürs Gewächshaus und fürs Zimmer. Man setzt sie in Töpfe oder Hängekörbe, in denen sie besonders hübsch wirken. Am besten nimmt man eine lehm- oder torfhaltige Erde. Im Sommer gießt man reichlich, sonst nur spärlich. Die Pflanzen sind gegen Kälte empfindlich. Die Vermehrung geschieht im Sommer durch Stecklinge, die man aus den jungen Trieben gewinnt.

kewensis
Die ganze Pflanze ist mit rostbraunen, dichten, wolligen Härchen bedeckt; die dunkelgrünen, dreieckigen, fleischigen Blätter stehen an kriechenden, sukkulenten Seitensprossen und sind unterseits purpurn. Die kleinen Blüten weisen 3 Blütenblätter auf; sie sind rot bis violett und entwickeln sich im Winter und Frühling. Indien.

somaliensis
Kriechende Pflanze mit langen, eiförmigen, glänzend grünen, 4 cm langen Blättern, die beiderseits mit weißem Filz bedeckt sind; am Blattsaum sind die Haare besonders lang. Die blauen bis purpurnen Blüten haben 3 Blütenblätter und erblühen im Frühjahr. Somalia.

Cyathea CYATHEACEAE Baumfarn
Eine Gattung von stattlichen Baumfarnen, deren Schönheit nur in einem großen, hohen Gewächshaus zur Geltung kommt. Wenn die Pflanzen noch klein sind, kann man sie in Kübeln oder in

großen Töpfen halten. Ideal ist eine große Feuchtigkeit, die durch regelmäßige Berieselung erzeugt wird. Die Vermehrung erfolgt durch Sporen im Frühjahr.

dealbata
Gehört zu den schönsten Baumfarnen fürs Kalthaus. Er hat einen schlanken Stamm, der über 3 m hoch werden kann. Der palmenähnliche Blätterschopf besitzt Blätter von 1,80 bis 4,50 m Länge; jeder Farnwedel ist tief eingeschnitten in der Art eines Spitzenmusters; er ist oberseits blaßgrün, unterseits blau-weiß. Die Pflanze braucht eine große Zimmerhöhe, wenn man sie im Gewächshausbeet oder auch in einem großen Kübel ziehen will. Neuseeland.

medullaris
Die Art gleicht in Größe und Aussehen. *C. dealbata;* sie hat einen schlanken, schwärzlichen Stamm und ausladende, lederige, dunkelgrüne Wedel, die unterseits heller sind und 1,80 bis 4,50 m lang werden. Am besten eignet sie sich fürs Warmhaus; sie gedeiht aber auch bei kühleren Temperaturen. Neuseeland, Australien.

mexicana
Ein Baumfarn, der widerstandsfähiger ist als die anderen Arten. Im Hause wird er nur selten höher als 1,80 m; er hat aber einen kürzeren, dickeren Stamm und ausladende 1,80 bis 3 m lange, mittelgrüne Wedel. Will man schöne Pflanzen erhalten, so setzt man sie in Kübel oder ins Gewächshausbeet. Mexiko.

Cycas CYCADACEAE
Palmenartige stammbildende Farngewächse mit steifen, bogenförmigen Wedeln. In der Jugend sind die beschriebenen Arten hübsche Kübel- oder Topfpflanzen fürs Kalt- oder Warmhaus. Vermehrung durch Samen im Frühling.

circinalis
Eine palmenartige Pflanze mit walzenförmigem Stamm, aus dem eine elegante Rosette mit steifen, glänzenden Wedeln wächst, die bis zur Mittelrippe hin in 80 bis 100 lange, schmale Segmente gegliedert sind. In der Natur kann die Pflanze 12 m hoch werden; sie läßt sich aber gut in Kübeln ziehen. Madagaskar, Indien, Ceylon bis Guam.

revoluta
Der walzenförmige, dicke Stamm wird mehr als 2 m hoch und hat 2 bis 7 steife, lederige Wedel, die in etwa 120 schmale, an der Spitze stachlige Segmente gegliedert sind. Sieht wie eine kleine Palme aus. China, Japan. **167**

Cyclamen PRIMULACEAE Alpenveilchen
Die krautigen ausdauernden Pflanzen werden wegen ihres hübschen, mit silbernem Muster versehenen Blattwerks und wegen ihrer einzigartig schönen Blüten gehalten. Sie sind ausgezeichnete Topfpflanzen fürs Zimmer oder Kalthaus. Die Vermehrung geschieht durch Samen im Herbst oder Frühjahr. Beim Umtopfen muß die Knolle etwas über der Erde liegen.

persicum (syn. C. indicum)
Hübsche Pflanzen mit runden bis herzförmigen Blättern, die oberseits silbern marmoriert sind. Die 2,5 bis 4 cm großen Blüten sind rosa bei den wilden Arten und haben schmale Blütenblätter. Zuchtformen, die oft unter dem Namen *C. p. giganteum* bekannt sind, können weiß bis karminrot sein und größere Blütenblätter haben. Blüht von Herbst bis Frühjahr. Östliches Mittelmeergebiet. **168**
Eine Gruppe von sehr schönen, neuartigen, silbern gezeichneten Zuchtformen zeigt Bild **169**
Weitere Zuchtformen (neue kommen ständig hinzu):
'Butterfly' hat gekräuselte, lachsfarbene bis rosarote Blütenblätter.
'Cattleya', mit orchideenartigen, malvenfarbenen Blüten.
'Rex' hat silbern marmorierte Blätter.
'Rosalie' hat stark duftende, blaß-lachsfarbene bis rosa Blüten.
'Shell Pink', mit hübschen, marmorierten Blättern. **170**
'Silberstrahl', rote Blüten mit feinem, silbernem Rand.
'White Swan', mit herrlichen, weißen Blüten.

rohlfsianum
Eine entzückende, im Herbst blühende Art mit runden, leicht gebuchteten Blättern und aromatischen Blüten, die rosarote, im Grunde rote, dachziegelartig übereinander liegende Blütenblätter haben. Staubbeutelkegel lang aus der Blüte herausragend. Dadurch unterscheidet sich diese Art von anderen. Nordafrika.

Cymbidium ORCHIDACEAE Kahnorche
Eine beliebte Gattung von besonders fürs Kalthaus geeigneten Orchideen. Die schön geformten und zart gefärbten Blüten sind sehr beliebt. Widerstandsfähigere Arten und Zuchtformen können auch im Haus gezogen werden. Im Sommer schützt man sie vor der heißen Sonne, im Herbst jedoch stellt man sie in die milde Herbstsonne, um sie zum Blühen anzuregen. Man vermehrt sie beim Umtopfen nach der Blüte durch Teilung. Eine geeignete Erde ist eine Mischung aus Laub- und Nadelerde, Ziegelsteinbrocken, scharfen und groben Osmundawurzeln und Sphagnum. Wie bei vielen Orchideen, gibt es auch bei dieser Gattung eine große Anzahl von Zuchtformen, die fast alle durch Kreuzungen verschiedener Arten entstanden sind.
'Babylon Castle Hill' hat tief rosa Blüten.
'Rosanna Pinkie' hat zartrosa Blüten mit einer dunkleren Lippe. **171**
'Rosette' ist grünlich gelb und hat an der Lippe eine rote Zeichnung. **172**
'Swallow Exbury' ist gelb, leicht hellgrün getönt und hat auf der Lippe rote Flecken. **173**
'Vieux Rose' hat rosarote Blüten. **174**

aloifolium (syn. C. simulans)
Aus den 7 cm großen Pseudobulben entwickeln sich steife, sehr schmale Blätter, die aufrecht stehen. Die herabhängenden, 45 cm langen Blütentrauben zeigen im Juli und August zahlreiche, 4 cm große, fleischige Blüten mit Blütenblättern, die purpurn gezeichnet und gelb sind. Die Lippe ist gelbbraun. Am besten gedeihen sie in Hängekörbchen im Warmhaus oder Zimmer. Sie brauchen etwas Schatten. Südostasien.

dayanum
Eine dankbare Art, die sich fürs Kalthaus eignet mit langen, schmalen Blättern und 7,5 cm großen hellgelben bis weißen Blüten, die in der Mitte einen weinroten Streifen aufweisen und eine purpurne und gelbe Lippe haben, die weiß gezeichnet ist. Sie sitzen an langen, herabhängenden Blütentrauben, die etwa 30 cm lang sind. Die Blütezeit ist im Herbst. Assam.

devonianum
Die im Frühling blühende Art hat hellbraune, fleischige, 2,5 bis 4 cm große Blüten, die ebenso wie die weiße Lippe eine purpurrote Zeichnung aufweisen. Sie stehen in vielblütigen, hängenden Ähren. Indien.

CYP

eburneum ✽
Die wohlriechende Art blüht im März bis Juni. 2 bis 3 cremeweiße Blüten mit gelb gezeichneter Lippe entwickeln sich an jeder Blütentraube von 20 bis 25 cm Länge. Die Blätter sind lang, schmal und leuchtend grün. Eignet sich auch fürs Zimmer. Indien.

elegans ✽
Die Blütenschäfte tragen bis zu 40 glockenförmige Blüten, die 4 cm lang sind, strohgelbe Kelch- und Blütenblätter und eine ebenso gefärbte Lippe haben, die wiederum 2 leuchtend orange Linien zeigt. Sie blühen im Oktober und November. Die schmalen, gebogenen Blätter können 60 cm lang werden. Eignet sich fürs Warmhaus. Nepal.

giganteum ✽
Die Art hat große, duftende Blüten, die sich im Herbst an den 60 bis 90 cm langen, bogenförmigen Schäften zu 7 bis 15 entwickeln. Jede von ihnen ist 10 bis 13 cm im Durchmesser, hell gelbgrün mit purpurner Zeichnung und hat eine gelbe, mit leuchtenden rotbraunen Flecken versehene Lippe. Die Stiele und die langen, schwertförmigen Blätter entwachsen einer 15 cm großen Bulbe. Die Pflanze eignet sich fürs Kalthaus oder Zimmer. Nordindien.

lowianum ✽
Die 10 bis 13 cm großen, gelbgrünen Blüten haben eine weißlichgelbe Lippe mit karminroten Zeichnungen in der Mitte. Sie erscheinen von März bis Mai und stehen in Trauben von 15 bis 40 Einzelblüten an 45 cm langen, hängenden Schäften. Die Art eignet sich gut fürs temperierte Gewächshaus und fürs Zimmer. Burma. **175**

simulans → C. aloifolium

tigrinum ✽
Die kleinste der hier beschriebenen Arten; sie hat 2 bis 5 Blüten, die etwa 5 cm Durchmesser haben und im Mai und Juni erblühen. Jede Einzelblüte hat grünlich-gelbe, rot gesprenkelte und gestreifte Kelchblätter und Blütenblätter und eine große, weiße Lippe mit deutlicher, purpurroter Zeichnung. Eignet sich am besten fürs Warmhaus. Südostasien.

× tracyanum ✽
Eine Naturhybride zwischen C. grandiflorum und C. giganteum, bei der die 10 bis 13 cm großen Blüten braun- und rotgestreift auf gelbem Untergrund und duftend sind. Die behaarte, gelappte Lippe ist ähnlich gefärbt und hat einen weißen Rand. Die Blüten stehen an 60 cm langen Schäften und erscheinen zwischen November und Januar. Gedeiht gut im Zimmer oder im temperierten Gewächshaus. Burma.

Cypella IRIDACEAE Becherschwertel

Zwiebelpflanzen, die sich besonders fürs temperierte Gewächshaus eignen. Sie haben schlanke, grasartige Blätter und elegante, irisartige Blüten in unterschiedlichen Farben. Jede Blüte blüht nur ein paar Stunden, jedoch folgt lange Zeit hindurch eine Blüte auf die andere. Man setzt die Pflanze jedes Jahr während der Ruhezeit um und verwendet dabei normale Blumenerde. Die Vermehrung geschieht durch Abtrennen der Nebenzwiebeln oder durch Samen im Frühjahr.

coelestis (syn. **C. plumbea**) ✽
Sie wird höher als die vorhergehende Art und hat nicht sehr dicht stehende, schwertförmige Blätter und 3 oder 4 bleifarbene Blüten, die am Grunde gelb sind und sich im Herbst zeigen. Brasilien, Argentinien.

herbertii ✽
Die Art hat unterschiedliche Blüten mit gesprenkelten oder gestreiften Blütenblättern, deren Mitte gelb und stumpf purpurfarben mit roten Flecken ist. Die Pflanze wird ca. 30 cm hoch und blüht im Juli. Argentinien, Uruguay, Brasilien.

Cyperus CYPERACEAE Zypergras

Eine Gruppe von hübschen, grasartigen Pflanzen, die für Kühl- oder Warmhaus geeignet sind. Einige Arten sind dankbare Topfpflanzen. Die Gattung umfaßt auch den Ägyptischen Papyrus und die Erdmandel, die im Handel erhältlich sind. Vermehrung durch Teilung im Frühjahr oder durch Blattschöpfe. Man setzt die Pflanzen in lehmhaltige Erde; C. papyrus und C. alternifolius müssen ständig feucht gehalten werden; daher stellt man den Topf in einen mit Wasser gefüllten Untersatz. C. esculentus braucht weniger Wasser und sollte nur feucht gehalten werden. Die Knollen werden im späten Frühjahr in Töpfe gesetzt.

alternifolius Wechselblättriges Zypergras ♦
Die als Zimmerschmuck geeignete Pflanze hat viele, dunkelgrüne Stiele, die 30 bis 45 cm hoch werden und an der Spitze eine Rosette mit langen, gebogenen, blattartigen Brakteen tragen, die vom Stiel schirmartig ausgehen. Madagaskar.
'Variegatus' hat weiße oder weißgestreifte Stiele und Blätter.

esculentus, Erdmandel, 'Chufa' ♦
Eine dunkelgrüne, grasartige Pflanze mit schlanken, spitzen, gebogenen Blättern. Man kann sie im Kühl- oder Warmhaus und im Zimmer ziehen; im Herbst stirbt sie jedoch ab. Die kleinen nußähnlichen Wurzelknollen sind eßbar, haben einen süßen, nußartigen Geschmack und sind knusprig.

papyrus Papyrusstaude ✽ ♦
Hochgewachsene, immergrüne Wasserpflanze fürs große Warmhaus. Die dunkelgrünen Halme werden 1,20 bis 3 m hoch und tragen ein mopartiges Büschel von gelbgrünen Blütendolden, von denen jede an einem 15 bis 45 cm langen, herabhängenden oder ausladenden, fadenartigen Halm steht. Ausgezeichnet geeignet für Freiland- oder Zimmerbecken, auch für Blumentöpfe, die in Wasser stehen. Westl. Mittelmeergebiet. **176**

Cyphostemma VITACEAE

bainesii (syn. **Cissus bainesii**) ♦ ♣
Buschige Art mit einem einzigen, sukkulenten, etwas rübenähnlichen Stamm, der gewöhnlich 60 cm hoch wird, wild wachsend jedoch 1,80 m Höhe erreichen kann. Ihm entwachsen große, dreifach gebuchtete Blätter mit gewelltem Rand und dickem Gewebe. Im Herbst wirft die Pflanze ihre Blätter ab und hält im Winter eine Wachstumspause. Die endständigen Büschel von kleinen, gelben, sternförmigen Blüten stehen an langen, steifen Stielen und erscheinen im Juli. Aus ihnen entwickeln sich korallenrote Beeren. Gedeiht gut im Warmhaus. Tropisches Afrika.

juttae (syn. **Cissus juttae**) ♦ ♣
Eine seltsame, sukkulente Staude mit einem dicken, 1,80 m hohen, verzweigten Stamm, an dessen Spitze ein Büschel aus großen, gezähnten Blättern wächst, die an der Oberseite glänzend grün sind und unterseits eine rote Zeichnung aufweisen. Die kleinen Blüten wachsen in flachen Blütenköpfen an langen, verzweigten Ästen. Aus ihnen werden im Herbst gelbe oder rote Beeren. Südwestafrika.

Cypripedium → Paphiopedilum

Cyrtanthus AMARYLLIDACEAE

Hübsche Zwiebelpflanzen mit schmalen linealischen Blättern und Köpfen von röhrigen Blüten in den Schattierungen rot, gelb und weiß. Die hier erwähnten eignen sich fürs Kühlhaus und Zimmer. Man setzt die Zwiebeln im Frühjahr in Töpfe und topft sie alle 2 Jahre nach der Blüte um. *C. sanguineus* sollte man nach der Blüte bis zum Umtopfen austrocknen lassen. Man verwende normale Blumenerde. Vermehrung durch Abtrennen der Nebenzwiebeln beim Umtopfen oder durch Samen im Frühjahr.

mackenii
Entzückende Pflanze mit 35 cm langen schmalen Blättern und 30 cm langen Stielen, die Blütendolde von 4 bis 10 fast aufrechten, elfenbeinfarbenen oder rosa, duftenden, im Frühjahr erscheinenden Blüten tragen. Natal (Südafrika).

macowanii
Auffallende Art mit 6 bis 8 leuchtend scharlachroten, nickenden Blüten, die aus je einer 4 cm großen, sich zu einer Glocke öffnenden Röhre bestehen. Sie stehen an 30 cm langen purpurnen Stengeln und öffnen sich im Frühjahr. Blätter 15 bis 30 cm lang und dunkelgrün. Kapland (Südafrika).

o'brienii
Der *C. macowanii* sehr ähnlich, aber mit hell-scharlachroten Blüten. Südafrika.

sanguineus
Die besonders großen, leuchtend roten, trompetenförmigen Blüten dieser Art haben eine 7 cm große Röhre, die an der Öffnung 2,5 cm Durchmesser aufweist und 2,5 bis 3,5 cm große Lappen hat. Die Blüten stehen zu 1 bis 3 im August an 30 cm langen Schäften. Die grünen bis meergrünen Blätter werden bis 40 cm groß. Südafrika.

Cyrtomium ASPIDIACEAE

falcatum
Hübsche Farnart mit gefiederten Blättern; die Fiederblättchen sind glänzend-dunkelgrün, eiförmig, spitz und an den 30 bis 60 cm langen, dunklen, festen Blattstielen wechselständig angeordnet. Sie ist wenig anspruchsvoll und entwickelt sich gut als Topfpflanze im Haus, wo man sie in gewöhnliche Blumenerde setzt. Sie bevorzugt kühle Standorte. Vermehrung am besten durch Teilung. Südostasien.
'Rochfordianum', Stechpalmenfarn, die größeren Fiederblättchen mit gewelltem, dornigem Rand erinnern stark an die Stechpalme. Gedrungener als obengenannte Art, selten über 30 cm hoch.

D

Dais THYMELAEACEAE

bholua
Kleiner, immergrüner Strauch mit langen, eiförmigen Blättern, die einen etwas wächsernen, gebogenen Rand haben. Die kleinen aromatischen Blüten sind weiß, leicht rosa getönt, mit purpur bis rosarotem, seidigem Kelch. Sie stehen in Büscheln zu 3 oder mehr und blühen von Januar bis März. Die Pflanze eignet sich gut fürs temperierte Gewächshaus und kann durch Stecklinge vermehrt werden. Indien.

Darlingtonia SARRACENIACEAE

californica
Auffallende, fleischfressende Pflanze mit eigenartigen, aufrecht stehenden, röhrenförmigen Blättern von 7 bis 75 cm Länge und 1,5 bis 7,5 cm Breite, leuchtend gelbgrün, gegen die Spitze hin sich haubenförmig wölbend und rot geädert. Von der Spitze hängt eine 2-fach gelappte, purpurn gefleckte »Zunge« herab, die innen sehr weich ist und nach unten weisende Härchen besitzt, die eingedrungene Insekten am Entkommen hindern. Die herabhängenden, kugeligen Blüten haben rote Blüten- und grünliche Kelchblätter. Sie blühen im April und Mai. Die interessante Pflanze eignet sich fürs temperierte Gewächshaus, wo sie am besten in einer Mischung aus Torf und Sphagnum gedeiht. Man hält sie ständig feucht und sorgt auch für Luftfeuchtigkeit. Die Vermehrung erfolgt im Frühjahr durch Samen oder durch Teilung größerer Pflanzen. Kalifornien.

Dattelpalme → Phoenix

Datura SOLANACEAE Stechapfel

Eine Gattung von Kräutern, Sträuchern oder kleinen Bäumen mit auffälligem Blattwerk und hübschen trompetenförmigen, cremefarbenen, weißen und roten Blüten. Alle hier beschriebenen Arten kann man in Kübeln oder großen Töpfen im temperierten Gewächshaus ziehen, am besten jedoch im Gewächshausbeet. Blühende Triebe schneidet man im Spätwinter zu einem kurzen Stumpf ab. Die Vermehrung erfolgt im Frühjahr durch krautige Stecklinge.

arborea
Kleiner Baum bis 3 m Höhe, mit weich behaarten, eiförmigen, fast ganzrandigen, ledrigen Blättern und weißen, herabhängenden, trompetenförmigen, 15 bis 20 cm langen, besonders am späten Abend herrlich duftenden Blüten, die sich im August entwickeln. Nicht mehr in Kultur. Alle unter diesem Namen gezogenen Pflanzen gehören zu *D. candida* oder *D. suaveolens*. Peru, Chile.

cornigera
Bis zu 3 m hohe Pflanze, mit breiten, eiförmigen Blättern und 15 cm großen, elfenbeinfarbenen Blüten, die von Juni bis August blühen und stark duften. Mexiko.
'Grand Marnier', widerstandsfähige, kräftige Pflanze mit größeren, cremefarbenen Blüten, **177**
'Knightii', die halbgefüllte Form wird besonders viel gezüchtet.
'Nairobi Yellow', cremig-gelbe Blüten.

metel (syn. **D. alba**) ✱ ♦
60 bis 90 cm hohe, einjährige Pflanze mit 17 bis 20 cm langen, schmalen, eiförmigen Blättern und aufrecht stehenden, trompetenförmigen 15 bis 17 cm großen Blüten im Juli, die außen violett bis purpurfarben und im Inneren weiß sind. Indien.

meteloides ✱ ♦
Buschige, ausdauernde, meist einjährig kultivierte Staude. Die Blätter sind ungleich eiförmig und verströmen einen kräftigen, beißenden Geruch, wenn man sie reibt. Die duftenden Blüten sind weiß oder blau und 10–20 cm lang. Südwesten der USA.

sanguinea ✱ ♦
Immergrüner, buschiger, Strauch, bis 1,80 m hoch. Er hat 18 cm große, eiförmige und am Rand gewellte, mittelgrüne und weich behaarte Blätter. Die 20 cm großen, orangen bis scharlachroten Blüten entwickeln sich im Juli/August. Wird oft mit *D. rosei* verwechselt. Sie sind aber durch den verschiedenartig gestalteten Kelch leicht voneinander zu unterscheiden. Peru. **178**

suaveolens Engelstrompete ✱ ♦
Großer, 1,80 bis 4,50 m hoher, baumartiger Strauch mit 30 cm großen, ganzrandigen, weichen Blättern, die unterseits manchmal behaart sind. Die herabhängenden, auffallenden, weißen Blüten können 30 cm lang werden und sind sehr aromatisch. Sie erscheinen im August. Mexiko. **179**

Daubentonia punicea → **Sesbania punicea**

Davallia POLYPODIACEAE

Hübsche Farne mit zart gefiederten Wedeln, die an dicht behaarten Wurzelstöcken (Rhizomen) wachsen. Die hier beschriebenen Arten sind fürs temperierte Gewächshaus oder Zimmer geeignet. Man setzt sie in eine Epiphytenmischung und topft sie alle 2 bis 3 Jahre um. (Achtung! Rhizome nicht bedecken!). Vermehrung im Frühling durch Teilung oder Sporen.

canariensis ♦
Die Art eignet sich gut für die Haltung im Zimmer oder im Gewächshaus. Der braune, behaarte Wurzelstock hängt gewöhnlich über den Topfrand und sieht aus wie der Fuß eines Hasen. Die Wedel sind ledrig, tief eingeschnitten und werden 30 bis 45 cm lang. Westl. Mittelmeergebiet.

mariesii ♦
Eine fürs temperierte Haus geeignete Art mit faserigen Rhizomen, die manchmal eigenartige, kugelige Gestalt annehmen. Die hellgrünen Wedel sind 20 bis 30 cm lang und tief eingeschnitten, so daß sie wie Federn aussehen. Japan.

Dendrobium ORCHIDACEAE Baumwucherer

Auffallende, herrliche Orchideen mit hübschen Blüten unterschiedlicher Färbung. Die Arten, die sich fürs temperierte Haus und Warmhaus oder fürs Zimmer eignen sind hier erwähnt. Die Vermehrung geschieht durch Teilung, sowie die jungen Triebe erscheinen. Man benutzt eine Bodenmischung, die zu 3 Teilen aus Osmundafaser und zu einem Teil aus Sphagnum besteht. Im Sommer hält man die Pflanzen schattig und feucht; im Herbst vertragen sie mehr Licht.

aureum (syn. **D. heterocarpum**) ✱
Eine Warmhausart mit Büscheln von 4 bis 6 kremig-gelben Blüten, die sich aus schlanken, 30 bis 45 cm großen, beblätterten Scheinbulben entwickeln. Jede Blüte weist eine samtene, golden gefärbte Lippe auf, die braun und purpurn gezeichnet ist. Die Blüten duften herrlich. Indien. **180**

bigibbum ✱
Diese Art benötigt Feuchtigkeit und Temperaturen über 28 °C. Sie hat anmutige, gebogene Trauben von 6 bis 12 üppigen, rosa bis purpurroten Blüten, deren Lippe mit einem weißen Kamm versehen ist. Die Blüten erscheinen im September und Oktober. Die Pflanze wird 30 bis 45 cm hoch. Australien, Neuguinea.

brymerianum ✱
Die hübsche, immergrüne Pflanze hat goldgelbe Kelch- und Blütenblätter. Die Lippe hat einen bärtigen, gefransten Saum; ihr Inneres ist von einem dunkleren Orange. Blütezeit Februar bis April. Die 7,5 cm großen Blüten stehen zusammen mit den 12 cm großen, schwertförmigen, hellgrünen Blättern an der Spitze der 30 bis 60 cm großen Scheinbulben. Die Pflanze ist für das Warmhaus geeignet. Birma.

densiflorum ✱
Die sehr schöne, weniger empfindliche Art benötigt während der Wachstumsperiode Wärme. Die 30 bis 40 cm großen Scheinbulben besitzen je etwa 5 dunkelgrüne, ledrige Blätter und dichte, hängende Trauben von 50 bis 100 Blüten, die von März bis Mai blühen. Die Blüten sind leuchtend goldgelb, haben 3 cm Durchmesser und eine Lippe von dunklerem Gold. Indien, Birma.

fimbriatum ✱
Eine schöne Art mit 5 cm großen, hellorangen Blüten und fast kreisrunder Lippe mit goldenen Fransen. Die Blüten stehen in lockeren, herabhängenden Blütentrauben von 12 bis 20 Blüten. Die mittelgrünen Blätter wachsen an den 60 bis 120 cm hohen Scheinbulben. Blütezeit März bis April. Indien, Birma.
'Oculatum' ist eine üppig blühende Zuchtform mit kastanienbraunen Schlundflecken.

kingianum ✱
Die reizvolle, kleine Art ist für das temperierte Haus geeignet. Sie hat 5 bis 30 cm große Scheinbulben mit dunkelgrünen Blättern. Im April und Mai entwickeln sich 15 cm lange Trauben mit 2 bis 6 weiß gezeichneten, violetten bis purpurnen Blüten mit weißer Lippe. Sie haben 2,5 cm Durchmesser. Australien.

loddigesii (syn. **D. pulchellum**) ✱
Die aromatisch duftenden, einzeln stehenden Blüten sind 3,5 cm im Durchmesser groß. Sie haben elliptische, rosa-lila Kelchblätter und eine fast kreisrunde, orange-gelbe Lippe mit einem breiten, weißen, mit kurzen Fransen versehenen Rand. Sie entwickeln sich von Februar bis April an dem 7,5 bis 15 cm langen Stengel und bilden einen reizvollen Kontrast zu den schmalen, dunkelgrünen Blättern. China.

moschatum ✱
Eine hochwüchsige, Licht liebende Art, die fürs Warmhaus geeignet ist, mit 1,50 m großen, stockartigen Scheinbulben und 20 bis 30 großen, ledrigen Blättern. Die Blüten stehen zu 7 bis 15 in duftenden, hängenden Trauben und blühen von Mai bis Juli. Jede Einzelblüte hat ganz blaßgelbe, rosa getönte Blütenblätter und eine pantoffelartige, mit Flaum besetzte, gelbe Lippe, die zu beiden Seiten der gefransten Linien in der Mitte einen dunklen, purpurnen Fleck aufweist. Indien, Birma.

nobile ✱
Eine der anspruchslosesten Art dieser Gattung, die in den verschiedensten Formen vorkommt. Sie hat eine Fülle von 5 bis 7 cm großen, aromatisch duftenden Blüten; jede mit weißen, rosa oder

lila getonten Blütenblättern und gelber Lippe, und einem dunklen, samtig-kastanienbraunen Schlundfleck, der rosa bis purpurn gesäumt ist. Sie entwickeln sich von Januar bis März auf 45 cm großen Scheinbulben, zusammen mit den leuchtend grünen Blättern. Nordindien, Assam, China.
'Album', reinweiße Blüten;
'Virginale', weiß mit blaßgelbem Fleck auf der Lippe. 181

pulchellum → **D. loddigesii**

speciosum
Eine fürs temperierte Gewächshaus geeignete Art mit gedrungenen, 15 bis 35 cm großen Scheinbulben, an denen sich dichte Trauben mit duftenden, cremeweißen Blüten entwickeln, deren weiße Lippen purpurn gefleckt sind. Blütezeit Februar bis April. Australien.

thyrsiflorum
Schöne Art, die der *D. densiflorum* ähnelt. Sie hat 45 cm große, schlanke Scheinbulben, viele dunkelgrüne Blätter und kräftige, hängende Trauben aus 80 bis 100 Einzelblüten, die von März bis Mai blühen. Jede Blüte hat einen Durchmesser von 4 bis 5 cm, weiße, rosa getönte Blütenblätter und eine behaarte, goldgelbe Lippe. Birma.

victoriae-reginae
Hübsche, laubwerfende, fürs temperierte Gewächshaus geeignete Art mit 15 bis 30 cm großen, hängenden Scheinbulben, die dunkelgrüne Blätter tragen. Von April bis Oktober erscheinen die Blüten in Trauben von 3 bis 7 Blüten mit purpur-blau gestreiften Blütenblättern, die nach innen zu weiß werden. Philippinen.
'Montrose Lyoth Gold', Hybride mit großen gelben Blütenblättern, Blüteninneres braun.

Denmoza CACTACEAE

rhodacantha (syn. **Echinocactus rhodacanthus**)
Die dunkelgrünen, 15 cm hohen, kugeligen Sprosse werden im Alter länglich. Attraktive Art mit 12 bis 15 ausgeprägten Rippen, die mit scharlachroten Stacheln bewehrt sind. Diese werden mit der Zeit braunrot, später grau. Staubblätter, Griffel und Narbe ragen bürstenartig aus den 8 cm langen, scharlachroten Blüten hervor. Argentinien.

Desmodium LEGUMINOSAE

gyrans (syn. **D. motorium**) Telegraphenpflanze
Interessante, zweijährige Pflanze. Jedes Blatt besitzt ein großes elliptisches Fiederblatt in der Mitte und zwei sehr kleine seitliche Fiedern. Diese kleinen Seitenblättchen sind beweglich; an warmen Tagen und bei genügender Helligkeit bewegen sie sich ziemlich rasch im Kreis. Die kleinen violetten Blüten stehen in dichten, verzweigten Rispen und blühen im Spätsommer auf. Am besten gedeiht sie in einem warmen, feuchten Gewächshaus in einer humusreichen Erdmischung. Indien.

Deutsche Eiche → **Crassula arborescens**

Dianella LILIACEAE

Eine Gattung von Halbsträuchern mit dunkelgrünen, grasartigen Blättern und einzelstehenden purpurblauen Beeren. Am besten gedeihen sie im Beet in einem temperierten Gewächshaus; sie lassen sich aber auch in humushaltiger Erde in Töpfen ziehen. Vermehrung durch Aussaat oder Teilung im Frühjahr.

caerulea
Die dunkelgrünen Blätter wachsen an den 60 cm langen Zweigen, an denen im Mai blaue Blüten in endständigen Rispen erscheinen. Aus ihnen entwickeln sich purpurne bis blaue Beeren. Australien.

intermedia
Weißblütige Art mit 25 bis 45 cm großen Blütenrispen im Frühjahr. Die purpurblauen Beeren bilden sich im Herbst reichlich. Neuseeland.

tasmanica
Die Pflanze ist wesentlich größer als die beiden oben beschriebenen Arten; sie wird 1,50 m hoch und hat schmale, steife, 90 bis 120 cm lange, dornig-gezähnte Blätter. Die lockeren Rispen mit ihren blaßblauen Blüten erscheinen im Frühjahr; es folgen 1 bis 2 cm große, nicht abfallende Beeren. Tasmanien, Australien. 182

Dianthus CARYOPHYLLACEAE Nelke

Zu dieser Gattung gehören etwa 300 Arten mit vielen schönen Züchtungen. Fürs Gewächshaus kommen jedoch eigentlich nur die immerblühenden Nelken in Betracht. In Großbritannien, den USA und vielen anderen Ländern wird sie in großem Stil für den Blumenhandel angebaut. Die Herkunft dieser Pflanze ist nicht ganz erklärt; wahrscheinlich handelt es sich um eine Hybridform von *D. caryophyllus*, der wildwachsenden südeuropäischen Nelke, und *D. chinensis* (fälschlicherweise *D. sinensis*), einer Nelkenart aus Ostasien. Sie vermag zu jeder Jahreszeit plötzlich und üppig zu erblühen; die Blütezeit kann jedoch gesteuert werden, indem man die Temperatur des Gewächshauses reguliert. Für eine gute und reichliche Winterblüte ist eine Temperatur von 10 °C nötig, aber auch schon bei 7 °C kann die Blüte durchaus zufriedenstellend ausfallen. Bei noch tieferen Temperaturen ist die Blütezeit unberechenbar; sie erfolgt gewöhnlich im nächsten Frühjahr oder Sommer. Wenn man Frost fernhält, sterben die Pflanzen nicht ab.
Ein Gewächshaus mit hellem Licht und reichlicher Belüftung ist nötig. Da solche Belüftung auch im Winter in gewissem Maß erforderlich ist, muß entsprechend geheizt werden. Immerblühende Nelken benötigen weniger Luftfeuchtigkeit als viele andere Pflanzen und Niederschlag von Feuchtigkeit muß daher immer vermieden werden. Im ersten Jahr werden sie 90 bis 120 cm hoch, im zweiten 1,80 bis 2,10 m, daher brauchen sie ein ziemlich hohes Gewächshaus. Pflanzen im zweiten Jahr können auf Gestellen dicht über dem Boden stehen. Die unter dem Namen 'Sim' bekannten Zuchtformen, die bei Blumenhändlern sehr beliebt sind, sind meist noch größer; daher sollten Amateure mit niedrigeren Gewächshäusern diese nicht heranziehen.
Junge, angewurzelte Pflanzen werden in Töpfchen mit 6 cm Durchmesser gesetzt, und zwar Ende Februar oder im März. Wenn die Wurzeln die Topfwand erreichen, versetzt man sie in 10 cm-, später in 15 cm-Töpfe. Für die jungen Pflanzen ist eine normale, humushaltige Erde geeignet; für die 15cm-Töpfe, deren Pflanzen die ersten Frühjahrsblüten liefern sollen, ist eine nährstoffreichere Erde zu empfehlen. Haben sich etwa 10 Blattpaare entwickelt, schneidet man oder bricht man die Spitze vom 7. bis 9. Knoten ab. Wenn die Seitentriebe sprießen, bricht man sie bis auf 5 bis 7 Knoten ab. Dies führt man nicht gleichzeitig an allen durch, sondern über einen Zeitraum von 10 bis 14 Tagen hinweg. Das nächste Zurückschneiden ist für den Termin der Blüte entscheidend. Geschieht es bis Mitte Juni, so blüht die Pflanze im Herbst; ein Stutzen von Mitte Juni bis Mitte Juli ergibt Winterblüte, von Mitte Juli bis Mitte August Frühjahrsblüte. Stutzt man

jedoch die Pflanzen nicht ein drittes Mal, dann blühen sie im Herbst. Später übernimmt das Abschneiden der Blüten diese Funktion.

Wenn sich die Blütenstengel entwickeln, entfernt man alle erbsengroßen Knospen mit Ausnahme der Knospe an der Spitze des Stengels. In diesem Stadium sollte ein speziell für Nelken zusammengesetzter Dünger (bei einem Gärtner, der Nelken anbaut, nachfragen) gegeben werden, im Herbst und Frühjahr alle zwei Wochen, im Winter einmal monatlich.

Bei heißem Wetter hilft den Pflanzen Berieselung von oben und Abspritzen des Gewächshauses, was jedoch früh am Tag erfolgen sollte, damit nachts keine Feuchtigkeit auf den Pflanzen mehr ist. Offene oder sich gerade öffnende Blüten dürfen nicht benetzt werden. Mit der Zeit brauchen die Pflanzen eine Stütze, wobei Drahtringe, die an einem Bambusrohr befestigt werden, sich besonders eignen.

Im zweiten Jahr topft man die Pflanzen in 20 cm-Töpfe mit normaler Blumenerde ein. Nach zwei Jahren kann man die Pflanzen im Frühjahr ins Freie setzen, wo sie blühen bis sie durch den Frost eingehen. Die Vermehrung erfolgt durch Stecklinge im Februar. Seitentriebe von etwa 15 cm Länge werden genau unterhalb einer Achsel entfernt und das obere Blattpaar wird weggeschnitten; dann werden sie in einem Abstand von 2,5 cm in Schalen mit sehr scharfem Sand eingepflanzt und in einen Anzuchtkasten im Gewächshaus gestellt. Dieser muß am Boden so warm sein, daß eine Temperatur von 15 bis 18 °C gewährleistet ist. Erst wenn die Stecklinge zu wachsen beginnen, kann mit dem Belüften schrittweise begonnen werden und die Temperatur innerhalb von 7 bis 10 Tagen der des Gewächshauses angepaßt werden. Die angewurzelten Stecklinge werden dann einzeln in 6 cm-Töpfchen gepflanzt und, wie oben beschrieben, weiterbehandelt.

Neue Sorten zieht man im Januar oder Februar aus Samen, die bei einer Temperatur von 15 °C ausgesät werden. Die Sämlinge werden dann genau wie die Stecklinge eingepflanzt; sie werden jedoch nur einmal zurückgeschnitten, um eine frühe Blütezeit zu erreichen. Weniger kräftige Pflanzen können dann vor dem Winter weggeworfen werden.

Nelken werden von verschiedenen Krankheiten befallen. Blattläuse können Viruskrankheiten verbreiten, aber sie verursachen auch selbst Schäden. Die Blüten können von Thrips befallen werden. Raupen treten im Haus weniger auf. Herrscht im Gewächshaus zu große Trockenheit, so kann sich die Rote Spinne verbreiten. Am besten wechselt man mit verschiedenen Insektiziden ab (in Gartenfachgeschäften nachfragen).

Verschiedene Pilze befallen die Pflanzen; gegen diejenigen von ihnen, die an den Blättern Flecken oder Reif verursachen, helfen Spezialmittel gegen Fungizige. Die einzelnen Mittel sollten alle zwei Jahre gewechselt werden. Viruskrankheiten und Welken gelten allgemein als unheilbar. Befallene Pflanzen vernichtet man zum Schutze der anderen sofort. Da diese unheilbaren Krankheiten durch scheinbar gesunde Stecklinge verbreitet werden können, beziehen viele Züchter sie alljährlich aus sicherer Quelle und nehmen davon Abstand, die Pflanzen selbst zu vermehren.

Es gibt viele gute und immer wieder neue Sorten. Allgemein gilt, daß in den Katalogen der Züchter aufgeführte Sorten gut sind, besonders solche, die schon mehrere Jahre lang angeboten werden. Die Mühe, die man bei der Pflege von guten Sorten aufwenden muß, ist nicht größer als bei weniger guten. Im folgenden sind einige gute aufgeführt:

'Alec Sparkes', karminrot;
'Bailey's Splendour', rosa;
'Ballerina', üppig kirschrot; **183**
'Bonny Charlie', orange;
'Brigadoon', gelb;
'Brocade', weiß mit dunkelroten Streifen; **184**
'Deep Purple', purpurrot;
'Fragrant Ann', weiß; **185**

'Heather Beauty', rosig-malvenfarben, duftend; **186**
'Helios', blaßgelb; **187**
'Joker', karminrot;
'Paris', rosa;
'Tetra', lachsrosa;
'Viking', kirschfarben;
'Zuni', dunkel-kirschfarben mit karminroter Zeichnung.

Dicentra FUMARIACEAE

spectabilis Tränendes Herz ✼ ♦
Eine Staude, die sich auch im temperierten Gewächshaus- oder im Kalthausbeet und in Töpfen gut ausnimmt. Sie hat graugrüne, Blätter und gebogene Trauben von zart rosa, herzförmigen Blüten; die inneren Blütenblätter sind weiß. Die Blütezeit ist von April bis Juni. Die Vermehrung geschieht im Winter durch Teilung (besser durch Triebstecklinge mit Ansatz vom Wurzelhals) oder durch Samen. Ostasien. **188**

Dichorisandra albo-lineata →Campelia zanonia
Dickblatt → Crassula

Dicksonia CYATHEACEAE

Die stattlichen Baumfarne eignen sich fürs temperierte Gewächshaus; der Stamm ist faserig und palmenartig und wird von einem Büschel von großen, gefiederten Wedeln schirmartig gekrönt. Am besten kommen sie im Beet oder in großen Kübeln zur Wirkung. In ihrer Jugend machen sie sich auch gut in Töpfen. Man pflanzt sie in eine handelsübliche Erdmischung und stellt sie vom späten Frühjahr bis zum Frühherbst in den Schatten; außerdem sorgt man für Luftfeuchtigkeit. Die Vermehrung erfolgt im Frühjahr durch Sporen.

antarctica ♦
Diese Art eignet sich am besten für Kübel und Töpfe, da sie langsamwüchsig und fast winterhart ist. Die stark gefiederten, ledrigen Wedel haben gelbliche Adern und stehen in dichten, palmenähnlichen Büscheln, die den faserigen Stamm krönen. Ein reifer Baumfarn kann über 7,5 m hoch werden, in einem Beet benötigt er aber dazu mehrere Jahre. Tasmanien, Australien. **189**

fibrosa ♦
Ein mittelgroßer, gelegentlich über 4,5 m hoch werdender Baumfarn. Der gedrungene Stamm ist mit goldbraunen, faserigen Würzelchen bedeckt und von einer Unzahl von leuchtend grünen, 90 cm bis 1,80 m langen, gegliederten Wedeln gekrönt. Neuseeland.

squarrosa ♦
Den schlanken, dunklen Stamm krönen etwas harte, gefiederte Wedel, die fast rechtwinklig vom Stamm abstehen, so daß die Pflanze oben flach ist. Jede einzelne Pflanze kann mehrere Blattstiele, die ein Büschel bilden, aufweisen. In der Jugend eine brauchbare Topfpflanze mit bis zu 45 cm langen Wedeln; im Alter kann sie 6 m Höhe erreichen und hat bis 2,5 m lange Wedel. Neuseeland.

Dieffenbachia ARACEAE Dieffenbachie

Hübsche Blattpflanzen mit kräftigen, etwas fleischigen Stengeln und großen Blättern, gelb oder weiß gefleckt bzw. gemustert. Alle Arten und Formen sind in der Jugend gute Topfpflanzen; große Exemplare können auch im Gewächshausbeet gehalten werden. Man erzielt gute Ergebnisse mit humoser und nahrhafter Blumenerde. Im Sommer gegen pralle Sonne schützen und für Luftfeuchtigkeit sorgen. Vermehrung durch etwa 7 cm lange Kopf- oder 4 bis 5 cm lange Stammstecklinge im warmen Vermehrungsbeet.

amoena ♦
Die ovalen, dunkelgrünen, glänzenden Blätter haben federartige weiße und blaßgelbe Zeichnungen. Sie sitzen an einem Stamm, der im Alter dicker und schaftartig wird. Gute Zimmerpflanze, die auch mit wenig Licht vorliebnimmt. Tropisches Amerika.

picta (syn. **D. maculata**) ♦
Hübsche, kräftige Pflanze mit 25 cm langen, ovalen, abgestumpften Blättern, die elfenbeinweiße Zeichnungen aufweisen. Diese sind so groß, daß nur die Adern und die Ränder grün bleiben. Viele Formen. Brasilien.
'Exotica', blaßgelbe Zeichnungen auf dunkelgrünem Blatt, möglicherweise eine Kulturform. **190**
'Roehrsii' oder 'Rudolf Roehrs', kartäusergelbe Blätter mit weißen Zeichnungen, nur Mittelrippe und Randflächen grün; **191**
'Superba', dicke, glänzende Blätter mit elfenbeinweißen Flecken.

seguina ♦
Kräftig wachsende Art mit langen, fleischigen, dunkelgrünen Blättern und unregelmäßigen weißen Flecken. Zwar eine interessante Topfpflanze, aber vielleicht doch nicht so auffallend wie die oben erwähnten Arten. Westindische Inseln, nördl. Südamerika.

Dietes → **Moraea**

Dionaea DROSERACEAE

muscipula Venusfliegenfalle ✻ ♦
Bemerkenswerte insektenfressende Pflanze mit einer flachen Rosette von 2 bis 12 cm langen Blättern. Ihre untere Hälfte ist abgeflacht und hellgrün, die obere Hälfte länglich, mit Gelenkknoten in der Mitte, was zwei nach oben gefaltete Hälften ergibt. Die Ränder weisen lange Zähne auf, die ineinandergreifen, wenn die beiden Hälften zusammenkommen. Der Mechanismus wird ausgelöst durch drei empfindliche Härchen an der Oberfläche jedes Teils und die Falle schnappt im Bruchteil einer Sekunde zu, wenn ein kleines Insekt sie berührt. Im Juli und August hat die Pflanze hübsche Trauben von weißen Blüten und kann in Töpfen mit einer Mischung aus Torf und Sphagnum gezogen werden. Der Topfuntersatz muß immer Wasser enthalten, damit eine ständige Feuchtigkeit gewährleistet ist. Vermehrung durch Teilung oder Blattstecklinge im Spätwinter. Nord- und Südkarolina. **192**

Dioscorea DIOSCOREACEAE Yamswurzel

Eine Gattung von Kletterpflanzen, von der einige Arten herzförmige Blätter mit schönen Farben haben. Die beschriebenen Arten sind hübsche Pflanzen fürs Warmhaus oder Zimmer. Verschiedene andere Arten liefern das als Yams bekannte tropische Wurzelgemüse. Man verwendet humose, sandgemischte Erde und sorgt dafür, daß die Pflanzen während der Wachstumsperiode nie austrocknen. Im Sommer vor direkter Sonnenbestrahlung schützen. Vermehrung gegen Ende des Frühjahrs durch Brutknollen des Wurzelstockes oder Stecklinge aus jungen Trieben.

elephantipes → **Testudinaria elephantipes**

vittata (syn. **D. discolor**) ♦
Hübsche Schlingpflanze mit großen, 12 bis 15 cm langen Blättern; sie sind kräftig dunkelgrün mit zartgelber Marmorierung und einem silberweißen Streifen entlang der Mittelrippe. Die Blattunterseite ist purpurrot. Die Pflanze braucht Stützen zum Klettern und gedeiht am besten im Warmhaus. Nördl. Südamerika.

multicolor ♦
Der *D. discolor* ziemlich ähnliche Pflanze, mit 7 bis 12 cm großen Blättern, die grünlich gesprenkelt sind und eine hellpurpurne Unterseite haben. Es gibt viele Formen. Brasilien, Kolumbien.
'Argyraea', mit silbrig-grauen Blattzeichnungen;
'Metallica', bronzegrün mit kupferfarbenen Zeichnungen.

Diosma RUTACEAE Götterduft

ericoides ✻ ♦
Verzweigter, 30 bis 60 cm hoher, heideartiger Strauch mit sehr kleinen, ganzrandigen, nadelartigen Blättern und endständigen kleinen, rosaroten Blüten. Gute Topfpflanze fürs Kalthaus, die in sandiger Heideerde gedeiht. Man sorge für reichlich Licht und Belüftung. Vermehrung durch Stecklinge im Sommer. Südafrika.

Dipladenia APOCYNACEAE

Immergrüne, strauchartige Kletterpflanzen mit schlanken glatten Zweigen und trompetenförmigen Blüten während des Sommers. Man kann sie im Warmhausbeet oder in Töpfen ziehen, sie braucht aber ein Drahtgeflecht oder Stäbe zum Ranken. Man verwendet nährstoffhaltige Blumenerde. Vermehrung durch Stecklinge aus ca. 7 cm langen Stammabschnitten mit je einem Blattpaar, die man im Frühjahr in ein von unten beheiztes Warmbeet setzt.

boliviensis ✻ ♦
Kleine schlanke Kletterpflanze mit Blütenständen von 3 bis 4 schönen, 5 cm großen weiß mit gelben Blüten. Sie wachsen aus glänzend-grünen, eiförmigen, zugespitzten, 5 bis 8 cm langen Blättern hervor. Bolivien.

splendens (syn. **Mandevilla splendens**) ✻ ♦
Auffällige Pflanze mit glänzenden, breiten Blättern. Sie ist im Frühjahr bedeckt von 15 bis 20 cm großen Trauben rosaroter Blüten, die sich nacheinander einzeln öffnen. Sie wächst gut und erreicht schließlich 4 bis 5 m Höhe, wenn man ihr Draht oder ein Gitter als Stütze zum Ranken bietet. Sie blüht aber bereits, wenn sie nur gut 20 cm hoch ist. Brasilien. **193**

Dissotis MELASTOMATACEAE

rotundifolia (syn. **D. plumosa**) ✻ ♦
Kleine, buschige, am Boden wachsende Staude, deren Sproß in dem Maße Wurzeln schlägt, wie er sich ausbreitet. Die breit-eiförmigen Blätter werden bis 4 cm lang; die 5-blättrigen, rosa-purpurnen Blüten stehen einzeln, die Blütenblätter sind leicht zurückgebogen. Blütezeit im Sommer. Fürs Warmhaus geeignet, wo sie am besten in humoser, durchlässiger Erde gedeiht. Im Sommer ist etwas Beschattung und auch Luftfeuchtigkeit nötig. Vermehrung im Frühjahr durch krautige Stecklinge. Sierra Leone.

Dizygotheca ARALIACEAE Fingeraralie

elegantissima ♦
Als ausgezeichnete und besonders dekorative Blattpflanze, die 1,20 m und mehr Höhe erreicht, ist sie im Jugendstadium ideal fürs Gewächshaus und Zimmer. Dann hat sie zierliche Blätter, die von der Mitte her in 7 bis 10 Blättchen unterteilt sind. Wenn die

DOM

Pflanze älter wird, werden die Blätter dunkelgrün; ihre Wuchshöhe nimmt zu, bis sie schließlich ein kleiner Baum wird. Während des Sommers braucht sie Sonnenschutz, die Pflanzen sollten mindestens alle zwei Jahre umgetopft werden. Vermehrung ausschließlich durch Veredelung (Seitenpropfen) auf *Meryta denhamii*, aber auch durch Aussaat. Neue Hebriden. **194**

Dombeya STERCULIACEAE

Eine Gattung von immergrünen Sträuchern, *Abutilon* nicht unähnlich, mit herzförmigen oder ahornartigen Blättern und Blüten, die in dichten, kugelförmigen Köpfen stehen. Sie erfordern ein temperiertes Gewächshaus und große Töpfe mit lehmhaltiger Blumenerde, um sich wohl zu fühlen. Ideal wäre es, sie in ein Gewächshausbeet zu setzen und an einer Wand oder Säule emporwachsen zu lassen. Im Frühjahr erfolgt die Vermehrung durch Stecklinge von jungen Seitentrieben.

× cayeuxii (*D. mastersii × D. wallichii*)
Hübscher Strauch mit dunkelgrünen, herzförmigen Blättern, die eine ausgeprägte Netzäderung haben. Im Winter dichte, 7 bis 10 cm große, herabhängende, rosarote, duftende Trugdolden.

mastersii
Eine der obigen Art ganz ähnliche Pflanze mit weicheren, samtigeren Blättern und duftenden weißen Blüten mit einem rosigroten Unterton. Tropisches Afrika.

Doxantha → **Bignonia capreolata**

Dracaena AGAVACEAE Drazäne, Drachenlilie

Immergrüne Sträucher oder Bäume von palmenähnlichem Aussehen. Die ausgezeichneten Topfpflanzen hält man wegen ihrer farbenprächtigen Blätter. Manche Arten sind fürs temperierte Gewächshaus oder Zimmer geeignet, andere brauchen wärmere Bedingungen. Man pflanzt sie in nährstoffhaltige Erde und schützt sie sommers vor direkter Sonnenbestrahlung. Vermehrung im Frühjahr oder Sommer durch Kopfstecklinge oder etwa 7 bis 8 cm lange Stammabschnitte, die man in ein Warmbeet setzt.

deremensis
Hübsche Pflanze mit auffallenden, 45 cm langen, schwertförmigen Blättern; zwei silbrig-weiße Bänder erstrecken sich über die ganze Länge der dunkelgrünen, glänzenden Blätter. Gute Zimmer- oder Gewächshauspflanze. Afrika. **195**
'Bausei': Das Blatt hat nur einen weißen Mittelstreifen.

draco Drachenbaum
Eigenartiger Baum, der in seinem Jugendstadium (bis ca. 1 m Höhe) eine dekorative Topfpflanze ist. Er hat dicke, glatte, fleischige Blätter mit durchscheinendem Rand. Ein ausgewachsenes Exemplar kann 18 m hoch werden. Er verträgt niedrige Temperaturen. Im Gegensatz zu den anderen erwähnten Arten kann er aus Samen gezogen werden. Kanarische Inseln.

fragrans Duftende Drazäne
Wärmeliebende Art mit lockeren Blättern, die grüne und goldene Streifen aufweisen, je nach Form verschiedenartig angeordnet. Guinea. **196**

godseffiana Strauchdrazäne
Reizvolle, kleinblättrige, fürs Zimmer geeignete Art. Sie hat verzweigte, drahtige Stiele, an denen die 7 bis 8 cm langen, eiförmigen, lorbeerartigen Blätter zu je 2 oder 3 stehen. Diese sind tiefgrün glänzend und gelbgefleckt. Gelegentlich erscheinen kleine gelbgrüne Blüten, denen rote Beeren folgen. Kongo. **197**

marginata (syn. **D. concinna, Cordyline marginata**)
Baumartige Pflanze, die in der Jugend eine dauerhafte Zimmerpflanze darstellt. Die langen, schmalen, steifen Blätter können 45 cm lang werden; sie sind dunkelgrün mit rotem Rand und stehen an einem schlanken Sproß, der eine dichte, endständige Rosette bildet. Im Alter wird die Pflanze bis 1,50 m hoch und entwickelt einen dicken Stamm. Madagaskar.
'Variegata' hat cremeweiß gestreifte Blätter. **198**

sanderiana
Gute Zimmer- und Topfpflanze mit 18 bis 25 cm langen, schmalen, gebogenen Blättern, die aus einem 45 cm langen Stamm wachsen. Die Blattzeichnungen sind unterschiedlich, die Farbe aber ist gewöhnlich graugrün mit breitem, weißem Rand. Ausgewachsene Pflanzen können 2 bis 3 m hoch werden; in Kübeln sind sie im temperierten oder Warmhaus besonders dekorativ.

terminalis → **Cordyline terminalis**

Drachenbaum → **Dracaena draco**
Drachenlilie → **Dracaena**
Drehfrucht → **Streptocarpus**
Dreimasterblume → **Tradescantia**
Drejerella → **Beloperone**

Drosera DROSERACEAE Sonnentau

Eine höchst interessante, fleischfressende Pflanze, deren Blätter mit vorstehenden, oben roten, klebrigen Drüsen versehen sind, in denen sich kleinere Insekten verfangen. Sobald ein Insekt gefangen ist, schließt sich das Blatt über dem Opfer und Enzyme lösen sein Körpergewebe auf. Stickstoff- und andere chemische Verbindungen werden freigesetzt und dann vom Blattgewebe aufgenommen. Sonnentau wächst in Heide- und Sumpfgebieten, wo es wenig Stickstoff gibt. Man setzt die Pflanze in eine Mischung, die zu gleichen Teilen aus Torf und Sphagnum besteht, und stellt die Schalen ins temperierte Gewächshaus oder Zimmer. Vom Frühjahr bis Herbst gießt man regelmäßig, im Winter spärlich. Vermehrung im Frühjahr durch Aussaat oder auch durch Wurzelstecklinge.

binata
Schlanke Pflanze von 15 bis 45 cm Höhe mit langgestielten rötlichen, schmalen Blättern, die zwei tiefe Lappen aufweisen und mit klebrigen Drüsenhärchen bedeckt sind. Die großen weißen Blüten erscheinen von Juni bis September. Australien.

capensis
Die Pflanze ist gedrungener als die vorhergehende Art; sie wird nur 15 cm hoch. Die Blätter sind linealisch-länglich, nicht eingeschnitten und entwickeln sich an langen Stielen; wie bei der oben erwähnten Art sind sie mit Härchen versehen. Die purpurnen Blüten erscheinen im Juni und Juli. Südafrika. **199**

Dudleya CRASSULACEAE

cotyledon (syn. **Echeveria cotyledon**)
Im Sommer entwachsen weißgelbe Blütensprossen einer Rosette von 7 bis 10 cm langen, linealischen Blättern, die weiß gepudert und sehr interessant sind. Kalifornien.

E

Eccremocarpus BIGNONIACEAE

scaber Schönranke ✽ ♠
Bunte, schnellwüchsige, nur einjährig gezogene Kletterpflanze, deren gerippte Zweige 3 bis 4,5 m hoch werden können. Sie hat schnell wachsende, dunkelgrüne, zusammengesetzte Blätter, deren mittlerer Stiel in einer Ranke endet. Von Juni bis Oktober ist die ganze Pflanze mit Trauben von kräftig-orangen, 2,5 cm großen, röhrenförmigen Blüten bedeckt. Chile. **200**

Echeveria CRASSULACEAE Echeverie

Dekorative Zimmer- und Gewächshauspflanzen, die vor allem wegen ihrer reizvollen Blattrosetten gezogen werden. Manche Arten gedeihen sommers im Freien. Die glockigen Blüten werden gewöhnlich etwa 2,5 cm lang und entwickeln sich an Rispen, die aus der Blattrosette herauswachsen. Die Blätter sind grün oder weiß bereift, ganzrandig mit knorpeligen kurzen Spitzchen, und viele sind bei Trockenheit kräftig gefärbt. Im Sommer gießt man reichlich, die Blattrosette darf aber nicht naß werden. Gelegentlich verabreicht man Kakteenspezialdünger. Ableger pflanzt man im März unter Glas ein; Blattstecklinge gewinnt man im Juli, oder man vermehrt die Pflanze durch junge Pflanzen, die sich nach der Blüte an der zurückgeschnittenen Mutterpflanze entwickeln. Die Pflanze überwintert im Warmbeet bei einer Mindesttemperatur von 4 bis 7 °C.

agavoides (syn. **Cotyledon agavoides**) ♠
Die Rosetten setzen sich aus 7 bis 8 cm langen, mit brauner Spitze versehenen Blättern zusammen, die wie bei der Agave nach außen wachsen. Bei vollem Sonnenlicht wird das ganze Blatt braunrot. Der Blütenstiel ist 45 cm lang und trägt im Juli an der Spitze rote und gelbe Blüten. Mexiko.

cotyledon → **Dudleya cotyledon**

derenbergii ♠
Die Rosetten haben 5 bis 7 cm Durchmesser und unterseits runde Blätter, die an der Oberseite jedoch flach sind. Sie sind löffelartig, blaßgrün, mit leicht grauer Tönung und haben eine rote Spitze. Die rötlichgelben Blüten entwickeln sich im Juni an 7 bis 12 cm langen Sprossen. Mexiko.

elegans → **E. harmsii**

fulgens (syn. **E. retusa**) ✽ ♠
Dekorative, im Sommer blühende Pflanze mit leuchtend scharlachroten Blüten an 45 cm langen Stielen, die aus einer lockeren Rosette von bläulichgrünen, gewelltrandigen Blättern wachsen. Diese sind etwa 5 cm lang und 2 cm breit. Mexiko.

gibbiflora ♠
Die bläulich-malvenfarbigen Blätter sind 12 bis 25 cm lang, löffelförmig und am Blattgrund mit einem Kiel versehen. Sie bilden eine Rosette an der Spitze eines Stammes, der 45 cm hoch werden kann. Die rotgelben Blüten entwickeln sich an 50 cm langen Stielen, die im Herbst und Winter aus der Blattrosette wachsen. Sie sind jedoch in der Zucht selten. Mexiko.
metallica, hat rötlicher gefärbte Blätter mit metallischem Glanz. Beliebter als die vorher beschriebene Art.

glauca ✽ ♠
Gute Zimmerpflanze, die sich auch im Gartenbeet gut ausnimmt. Die dichten Blattrosetten haben 10 cm Durchmesser, während die Blätter selbst 2 cm Durchmesser erreichen. Die gelben, an der Spitze rötlichen Blüten entwickeln sich reichlich im Sommer an 12 bis 20 cm langen Stielen. Mexiko.

harmsii (syn. **E. elegans, Cotyledon elegans**) ♠
Im Sommer erscheinen die roten, an der Spitze gelben Blüten an 30 bis 45 cm langen Stielen. Die Blattrosetten von 5 bis 8 cm Durchmesser setzen sich aus linealisch spitzen und weich behaarten Blättern zusammen. Mexiko. **201**

retusa → **E. fulgens**

runyonii ♠
Die kleinen Rosetten von 8 cm großen, löffelförmigen, bläulichgrünen Blättern bilden reichlich Ableger. Die rosa Blüten erscheinen im September. Man gieße spärlich, da sonst das Blattwerk weich und grün wird. Mexiko.

shaviana ♠
Sehr hübsche Art mit fester Rosette von nach innen gebogenen Blättern mit rosarotem, durchscheinendem Rand. Die Rosette wird etwa 10 cm im Durchmesser. Mexiko.

setosa ♠
Hübsche weiße Haare bedecken die Blätter, die etwa 7 bis 8 cm hohe, stengellose Rosetten bilden. Die roten, an der Spitze gelben Blüten stehen den ganzen Sommer über in 7 bis 10 cm langen Blütenstielen. Mexiko.

Echinocactus CACTACEAE Kugelkaktus, Igelkaktus

Er wird besonders wegen seiner hübschen Stacheln gezüchtet. Die runden bis zylindrischen Kakteen bevorzugen einen Standort im vollen Sonnenlicht. Anfangs setzt man sie in Töpfe und topft sie mit der Zeit um, bis sie schließlich je nach Art in 15 bis 30 cm großen Töpfen bleiben können. Was die Pflege anbetrifft, so schaue man unter Erdkakteen in der Einleitung nach. Als Erde nimmt man eine gut durchlässige Mischung, wie z. B. ein Teil scharfer Sand und zwei Teile lehmhaltige Erde. Im Sommer stellt man sie oft an die Luft und gießt reichlich während der Wachstumszeit. Von Oktober bis März hält man sie ziemlich trocken. Die Mindesttemperatur im Winter muß 7 °C betragen. Vermehrung durch Frühjahrsaussaat im Wärmekasten.

grusonii Goldkugelkaktus ♠
Dies ist vermutlich die hübscheste Art; sie bildet eine 90 cm große Kugel mit dichtstehenden gelben Dornen, die im ausgewachsenen Zustand 5 cm lang sein können. Die Kugel hat etwa 30 Rippen. die langsamwüchsige Pflanze bildet in Sammlungen nur selten Blüten aus, die 5 cm im Durchmesser erreichen. Sie können sich in der weißen wolligen Spitze im Mai entwickeln. Mexiko. **202**

horizonthalonius ✽ ♠
Die rosa, 5 cm breiten, trichterförmigen Blüten entwickeln sich auch an jungen Pflanzen reichlich im April und Mai. Die Art wird etwa 25 cm hoch, ist kugelförmig und hat eine blaugraue Färbung. An den 7 bis 13 stark ausgeprägten Rippen wachsen goldgelbe Stacheln. Man sollte immer mit Vorsicht gießen und vor allem nie, wenn die Erde feucht ist, da sonst die Wurzeln faulen können. Texas, Arizona, Mexiko.

minuscula → **Rebutia minuscula**
rhodacanthus → **Denmoza rhodacantha**

Echinocereus CACTACEAE Igel-Säulenkaktus

Einzelne oder am Grunde verzweigte Pflanzen mit kurzen dicken, fleischigen, meist stark bedornten Gliedern. Die Blüten entwickeln sich auf den Areolen wie üblich, jedoch nur an den Seiten der Glieder, nie an der Spitze. Sie sind oft groß, gewöhnlich scharlachrot, karminrot oder purpurn, und erblühen im Sommer. Die stachligen Früchte sind eßbar. Die Pflanzenkörper sind rund oder zylindrisch, gerippt und mit stachligen Areolen versehen. Was die Anzucht anbelangt, so gilt für sie, was in der Einführung über Erdkakteen gesagt wurde. Am besten gedeihen sie in flachen Schalen, die 15 bis 20 cm Durchmesser haben, in gut durchlässigem Boden. Im Sommer gießt man reichlich; von Oktober bis März überhaupt nicht. Die Mindesttemperatur im Winter beträgt 3 bis 4 °C. Die Vermehrung erfolgt durch Samen, der im Frühjahr flach in Töpfe mit einer groben Sand enthaltenden Erde und bei einer Temperatur von 21 °C gesät wird. Von April bis August kann man von verzweigten Arten Kopfstecklinge gewinnen.

engelmannii
Bildet zahlreiche aufrechte, zylindrische, 10 bis 25 cm hohe Säulen mit je 11 bis 14 Rippen aus. Alle Dornen sind gelbbraun oder weiß, die 10 bis 12 seitlichen sind ausgebreitet, die 5 bis 6 mittleren gebogen und sehr dick. Die Blüten sind purpurn bis rot und bis 8 cm im Durchmesser. Südwestliche USA.

knippelianus
Die dunkelgrünen, kugeligen bis eiförmigen Pflanzenkörper haben etwa 5 cm Durchmesser und sind langsamwüchsig. An den wolligen Areolen wachsen 1 bis 3 kleine, weiße, borstenartige Stacheln. Die trichterförmigen Blüten sind etwa 4 cm lang, außen braun und innen karmin-violett. Mexiko.

pectinatus Kammartiger Igel-Säulenkaktus
Die runden bis säulenartigen Sprosse verzweigen sich an der Basis und werden 22 cm hoch und 5 bis 7 cm breit. Ihre Farbe ist grünlich, und sie sind mit kurzen, weißen Stacheln bewehrt; an der Areole finden sich etwa 25 bis 30 davon. Die kirschroten bis rosa Blüten sind 7 bis 9 cm lang und bilden im Juni weite Glocken. Zentralmexiko.

pentalophus
Grüne, sich reichverzweigende Art mit etwa 12 cm hohen Trieben und 2,5 cm breiten Sprossen; sie haben 5 hahnenkammartige Rippen, die manchmal spiralig verlaufen. Die wolligen Areolen besitzen 3 bis 5 weißliche, radiale Stacheln von ca. 2,5 cm Länge, die mittleren fehlen jedoch. Im Hochsommer erscheinen rosa, glockenförmige Blüten von 10 cm Länge. Mexiko.

procumbens
Die anspruchslose, niedrig wachsende, rasenförmig ausgebreitete Art hat kriechende Sprosse von 15 cm Länge und 2 cm Breite. Die 4 bis 5 Rippen sind gewöhnlich spiralig angeordnet. An jeder der eng stehenden Areolen befinden sich 8 kurze Stacheln. Die trichterförmigen Blüten bilden sich reichlich; sie sind etwa 7,5 cm im Durchmesser und 10 cm lang, violett-rot, am Grunde jedoch weißlich. Mexiko.

rosei
Die großen, dicken Sprosse werden 10 bis 20 cm hoch und weisen 8 bis 11 Rippen auf. Der ganze Körper ist mit Areolen bedeckt, die alle rötliche, im Alter graue Stacheln tragen. Die Blüten sind 4 bis 7 cm lang und leuchtend scharlachrot. Mexiko. **203**

scheeri
Die dunkelgrünen, glänzenden Pflanzenkörper sind aufrecht oder kriechend; sie werden 10 bis 22 cm lang und 2,5 cm dick. Zu jeder Areole gehören 7 bis 9 kurze, gelbliche Stacheln und drei längere, mittlere Stacheln, die braun und an der Spitze rot sind. Die rosa, trichterförmigen Blüten werden 10 bis 12 cm lang. Mexiko.

Echinopsis CACTACEAE Seeigelkaktus

Eine Gruppe von herrlichen Kugelkakteen, die im Alter zylindrisch werden, mit Blüten, die sich abends öffnen und etwa 2 bis 3 Tage bleiben. Sie sind röhrenförmig, 10 bis 20 cm lang, rosig oder weiß und manchmal stark duftend. Für die Pflege siehe Einleitung (Erdkakteen). Die Pflanzen benötigen volles Licht, brauchen aber andrerseits Schutz vor praller Sonne. Bei Trockenhaltung im Winter ziemlich frostunempfindlich. Um eine gute Blüte zu fördern, sorge man für eine Mindesttemperatur von 2 bis 4 °C. Vermehrung durch Ableger oder Samen.

eyriesii
Die meisten Arten, die unter diesem Namen bekannt sind, sind Hybriden; die echte Art findet man nur selten. Die kugelförmigen Sprosse, die zahlreiche Ableger bilden, haben etwa 12 scharfe Rippen und erreichen einen Durchmesser von 15 cm. Die Areolen sind von grauer Wolle bedeckt und haben rötlich-braune Dornen, die im Alter dunkler werden. Die Blüten sind über 20 cm lang, 5 bis 8 cm im Durchmesser und weiß; die Hybridformen haben oft eine rosa oder malvenfarbene Tönung. Südbrasilien.

multiplex
Die runden Sprosse werden 15 cm hoch und haben 12 scharfe Rippen mit kräftigen bräunlichen Dornen. Die großen rosigen Blüten duften stark; sie sind 20 cm lang und etwa 12 cm breit. Eine besonders reichsprossende Art. Südbrasilien.

rhodacanta → Denmoza rhodacanta

rhodotricha
Mit bis zu 75 cm Höhe gehört sie zu den größeren Vertretern der Gattung. Die mattgrünen, eiförmigen oder zylindrischen Sprosse haben eine wollige Spitze und 8 bis 12 Rippen. Jede Areole hat bis zu 8 gelbbraune Dornen, 4 bis 7 radiale von 2 cm Länge und einen mittleren von 4 cm Länge. Die weißen, nicht duftenden Blüten, etwa 15 cm lang und 8 cm im Durchmesser, stehen im Frühsommer seitlich an den Sprossen. Argentinien, Paraguay.

Echium BORAGINACEAE Natternkopf

Immergrüne Pflanzen mit kräftigen Blütenähren, geeignet für ein sonniges, luftiges temperiertes Gewächshaus. Man setzt sie in große Töpfe oder Kübel in nährstoffhaltige Erde oder pflanzt sie ins Gewächshausbeet. Vermehrung im Sommer durch Samen oder Stecklinge von kurzen, nichtblühenden Seitentrieben.

bourgaeanum → E. wildpretii

callithyrsum
Borstige, sehr widerstandsfähige Art mit holzigem Stamm und lanzettlichen, mittelgrünen Blättern mit erhabener Äderung. Im Mai und Juni erscheinen die Blüten in allen Schattierungen von rosa bis violett an großen Scheinähren. Kanarische Inseln.

fastuosum
60 bis 120 cm hoher, reich verzweigter Strauch, mit nach unten weisenden, langen, immergrünen, mit weißem Flaum besetzten Blättern. Die dunkelblauen Blüten stehen in dichten breiten Ähren auf belaubten Stengeln und erscheinen von April bis August. Kanarische Inseln. **204**

wildpretii (syn. E. bourgaeanum) ✱ ◆
Hübscher Strauch mit mittelgrünen schmalen Blättern, die mit langen, silbernen Härchen bedeckt sind und von denen sich ein Blütenstengel von manchmal über 1,80 m Höhe entwickelt. Dieser nimmt die Form eines pyramidenförmigen Halms an, der aus kurzen, rosaroten, röhrigen, oft blau getönten Blütenähren besteht, die von Mai bis Juli blühen. Kanarische Inseln.

Efeu, → Hedera
Efeuaralie → Fatshedera
Efeupelargonie → Pelargonium peltatum
Efeutute → Scindapsus
Eibisch → Hibiscus

Eichhornia PONTEDERIACEAE

crassipes (syn. E. speciosa) Wasserhyazinthe ✱ ◆
Eine hübsche, immergrüne Schwimmpflanze, die im Sommer in Wasserbecken im Garten gedeiht, aber im Gewächshaus überwintern muß. Die Pflanze schwimmt mittels der luftgefüllten, schwammigen Rosettenböden; die Rosetten bestehen aus rundlichen, glänzenden, grünen Blättern. Die lavendelblauen Blüten haben ein goldenes Auge und stehen in langen Scheinähren, die im Sommer dicht über der Wasseroberfläche gehalten werden. Vermehrung durch neue Pflanzen, die an den während des Sommers gebildeten Stolonen (Ausläufern) wachsen. Tropisches Amerika.

Eidechsenwurz → Sauromatum
Eierfrucht → Solanum melongena
Einblatt → Spathiphyllum
Elefantenfuß → Dioscorea elephantipes
Elefantenohr → Haemanthus albiflos
Engelstrompete → Datura suaveolens

Epidendrum ORCHIDACEAE

Eine Orchideengattung von verschiedenartigem Aussehen; einige Arten haben kurze gedrungene Pseudobulben, andere lange, stockartige. Die meist kleinen Blüten entwickeln sich in dichten, endständigen Trauben und sind z. T. leuchtend gefärbt. Man zieht sie in einer Mischung aus 2 Teilen Osmunda und 1 Teil Sphagnum. Vermehrung nach der Blütezeit durch Teilung.

brassavolae ✱
Eine zierliche Orchidee mit kleinen, birnenförmigen Scheinbulben, denen aufrechte, 45 cm lange Schäfte entwachsen. Sie tragen im Juli und August Trauben von sehr aromatischen, etwas spinnenartigen Blüten, mit langen, schmalen, strohgelben Blütenblättern, die je eine weiße oder hellgelbe, zur Spitze hin rötlich werdende Lippe haben. Geeignet fürs temperierte Gewächshaus. Guatemala, Costa Rica. **205**

ciliare ✱
Feinblütige Art mit kurzen Pseudobulben und 25 cm langen Schäften, an denen bis zu 8 Blüten stehen. Die Blütenblätter sind blaßgrün, lang, schmal und etwas zurückgebogen. Die blaßblaue oder weiße Lippe hat einen langen, schmalen mittleren und tief ausgefransten äußeren Lappen. Geeignet fürs temperierte Gewächshaus. Tropisches Amerika.

cochleatum ✱
Eine Pflanze fürs temperierte Gewächshaus, die aber auch im Zimmer bei einer Temperatur von über 13 °C gedeiht. Sie hat birnenförmige Pseudobulben und aufgerichtete Blütentrauben mit seltsamen Einzelblüten, die schmale, grünlich-weiße Bütenblätter und eine dunkle, purpurn schwarz-violette, geäderte Lippe besitzen. Letztere hat die Form einer Muschelschale und befindet sich an der Spitze der Blüte, da die Blütenstiele gewunden sind. Blüten bilden sich das ganze Jahr über in unregelmäßigen Abständen, am schönsten jedoch von Januar bis Juli. Westindische Inseln, Mittelamerika.

endresii ✱
Diese Art hat schlanke Pseudobulben von 30 cm Höhe und aufgerichtete Trauben von bis zu 15 Blüten; die Blütenblätter sind weiß mit violetten oder grünen Spitzen. Die vierfach gelappte Lippe ist purpurn und orange gefleckt. Die Blüten bilden sich von Januar bis Mai. Die Pflanze eignet sich fürs temperierte Gewächshaus. Costa Rica.

falcatum (syn. E. parkinsonianum) ✱
Eine Pflanze mit hängenden Stielen, die man am besten in Hängekörbchen hält. Sie hat schmale, fleischige, sich verjüngende Blätter und 2 bis 5 Blüten, die bis zu 10 cm Durchmesser erreichen und endständig an den 30 cm langen Stielen stehen. Sie haben schmale cremeweiße Blütenblätter und eine weiße oder cremefarbene, dreifach gelappte Lippe, wobei der mittlere Lappen ein schmales, spitzes Dreieck bildet. Eignet sich fürs temperierte Gewächshaus. Mexiko.

fragrans ✱
Aromatisch duftende Art mit 5 bis 10 cm großen Pseudobulben, die nur je ein Blatt haben. Die Blütenstiele sind gewunden, so daß die 5 cm großen, wachsartigen, weißen Blüten auf dem Kopf zu stehen scheinen. Die herzförmige Lippe ist purpurrot gestreift. Fürs temperierte Gewächshaus. Tropisches Amerika.

ibaguense (syn. E. radicans) ✱
Eine Art mit rohrartigem, belaubtem Stamm von über 90 cm Höhe. Die Blätter sind blaßgrün und fleischig; die langen Blütenstiele haben an ihrer Spitze leuchtende, kugelige bis eiförmige Trauben von 2,5 cm großen Blüten, von orange bis rot, manchmal auch rosa oder lila. Viele Hybriden in allen möglichen Farben wurden gezüchtet. Fürs Kühl- oder Warmhaus geeignet. Kolumbien, Peru, Guatemala, Mexiko. **206**

nocturnum ✱
Eine Art, die besonders bei Nacht stark duftet, mit meist einzeln stehenden blaßgelben oder grünlich-weißen Blüten von 12 cm Durchmesser. Die Blütenblätter sind schmal und wohl proportioniert. Die Lippe ist weiß und dreifach gelappt; der mittlere Lappen ist schmal und spitz, die seitlichen Lappen kürzer und dreieckig. Die Art blüht das ganze Jahr über, vor allem jedoch von März bis Mai. Die Blüten stehen an 45 bis 60 cm langen, dicken Stielen. Warmhauspflanze. Tropisches Amerika.

parkinsonianum → E. falcatum

prismatocarpum ✱
Reizvolle, aromatische Kühlhausart, mit schmalen Pseudobulben, die zwei 30 cm lange, mittelgrüne Blätter und 40 cm lange Trauben von 10 bis 20 sehr hübschen, sich lange haltenden, wachsartigen Blüten besitzt. Diese haben einen Durchmesser von 5 cm; die Blütenblätter sind gelblich-grün mit dunklen, kastanienbraunen Flecken und einer schmalen, zugespitzten, rosa bis purpurnen Lippe, die einen weißen Rand sowie eine gelbe Spitze hat. Blütezeit Mai bis August. Mittelamerika.

variegatum ✱
Eine Art mit 15 bis 23 cm großen Pseudobulben und langen, schmalen, dünnen Blättern. Die 30 cm langen Stiele tragen zahl-

EPI

reiche duftende Blüten mit blaß-gelbgrünen Blütenblättern und bräunlich-rosa Zeichnungen sowie einer kleinen, weißen oder hellrosa Lippe. Diese Art blüht während des Winters und eignet sich wohl am besten für das temperierte Gewächshaus. Südamerika.

Epiphyllum CACTACEAE Blattkaktus

Diese Gattung von epiphytischen Kakteen ist nicht sehr groß; früher war sie unter dem Namen *Phyllocactus* bekannt, einer nicht zutreffenden Bezeichnung. In den botanischen Bezeichnungen gibt es einige Verwirrung, weil die Pflanzen, die früher als *Epiphyllum* bekannt waren, jetzt bei der Gattung *Schlumbergera* geführt werden. Obwohl nur wenige der Arten sich für das Gewächshaus des Liebhabers eignen, sind Kreuzungen mit anderen Gattungen wie z. B. *Heliocereus, Selenicereus* und *Nopalxochia* zu den schönsten und dabei unkompliziertesten Gewächshauspflanzen zu rechnen. Sie haben zauberhafte Blüten mit teilweise 15 bis 18 cm Durchmesser in den unterschiedlichsten Farben; viele von ihnen duften wundervoll. Wenn nicht anders angegeben, liegt die Hauptblütezeit im Mai und Juni, manchmal gibt es auch eine zweite im Herbst mit gelegentlich anderen Farbtönen der Blüten. Die Pflanzen werden 30 bis 60 cm hoch und bekommen gewöhnlich eine Stütze. Es gibt keine eigentlichen Blätter, jedoch sind die Sprosse gewöhnlich so flach, daß sie dicken, mittelgrünen Blättern gleichen. Das Charakteristische ihres Wachstums besteht darin, daß die alten Stämme durch neue von der Basis her ersetzt werden, was für Kakteen etwas ungewöhnlich ist. Für die Pflege gilt das bei den epiphytischen Kakteen in der Einleitung bereits gesagte. Pralle Sonne sollte vermieden werden. Mindesttemperatur im Winter 2 °C, falls nicht anders angegeben.

ackermannii (syn. Nopalxochia ackermannii) ✶

Diese Art hat flache, schwache Körper und im Sommer große karminrote Blüten von ca. 10 cm Durchmesser. Sie ist selten und für den Liebhaber nicht zu empfehlen, sei hier aber als Elter für viele schöne Hybriden erwähnt. Viele schöne Züchtungen sind daraus hervorgegangen; siehe rechts. Wahrscheinlich Mexiko.

anguliger   Sägeblattkaktus ✶ ◉

Wird hauptsächlich wegen seiner Glieder gehalten, die flach sind und stark gezähnte Ränder haben, sowie wegen seiner duftenden, kleinen, papierweißen Blüten, die 10 cm lang und 4 bis 5 cm im Durchmesser sind; sie erscheinen im Herbst. Der Duft ist stark, er bleibt im Gegensatz zu den anderen Arten tagelang erhalten. Mexiko.

oxypetalum ✶

Die Pflanze wird 1,20 bis 1,50 m hoch und hat flache dünne, blattartige Glieder. Die großen, weißen Blüten haben einen Durchmesser von 7 bis 10 cm und öffnen sich in der Dämmerung so rasch, daß man oft zusehen kann. Ist besonders in den Südstaaten der USA als Zimmerpflanze beliebt; ebenso in Malaysia, wo sich viel Brauchtum um sie herum entwickelt hat. Mexiko, Guatemala, Venezuela, Brasilien.

strictum ✶

Die flachen Glieder tragen die äußerst eleganten, großen, weißen Blüten, die im Frühsommer erscheinen. Sie sind 7 bis 10 cm groß, haben schmale Blütenblätter, blaßgelbe Antheren (Staubbeutel), einen karminroten Griffel und eine dunkelgelbe Narbe. Sie halten sich nur eine Nacht lang. Eine Wintertemperatur von mindestens 10 °C ist nötig. Mexiko, Guatemala bis Panama.

truncatum → Zygocactus truncatus

Hybriden

Es gibt wahrscheinlich Tausende von Hybriden, die hauptsächlich in Großbritannien, den USA und Deutschland gezüchtet wurden. Man kann Stecklinge ohne Wurzeln kaufen, was recht günstig ist, da sie leicht anwurzeln und sich gut entwickeln. (Siehe auch Vermehrung der epiphytischen Kakteen in der Einleitung.) Hier eine kurze Auswahl:

× *ackermannii*, sehr reich an Blüten und beliebt, wahrscheinlich eine Kreuzung zwischen *Heliocereus speciosus* und *E. ackermannii*. Die Glieder sind dreieckig, nur leicht stachlig, 45 cm lang; die mittelgroßen Blüten sind feuerrot. **207**

'London Beauty', mit feuerroten Blüten im Mai und rosa Blüten im Herbst;

'Carl von Nicolai', rosa. **208**

'Cooperi', mit großen, weißen, stark duftenden Blüten; sehr beliebt. **209**

'Doktor Werdermann', zinnoberrot mit blauem Schimmer;

'Eastern Gold', gelbe, gewellte Blütenblätter; **211**

'Little Sister', weiß;

'London' **210**

'London Delight', lachsrot mit rosa durchsetzt im Sommer, orangerot mit blauem Schimmer im Herbst;

'London Gaiety', äußere Blütenblätter lachsrosa, zur Mitte hin rosarot werdend. Sehr blütenreich; **212**

'London Glory', feuerrot mit leuchtend scharlachrotem Schimmer. Leicht mit Erfolg zu züchten;

'London Magic', blaßrosarot;

'London Majestic', äußere Blütenblätter purpurn, innere rosa angehaucht. Stark aromatisch;

'London Sunshine', gelb, duftend;

'Midnight', tief purpurrot;

'Padre', große rosa Blüten zu den unterschiedlichsten Zeiten;

'Professor Ebert', groß, malvenfarben;

'Reward', groß, dunkelgelb;

'Sunburst', groß, orange;

'Thalia', orangerot mit leuchtend scharlachrotem Schimmer; **213**

Episcia GESNERIACEAE Schattenröhre

Immergrüne Bodenbedeckungspflanzen, die sich fürs Warmhaus oder Zimmer eignen und die wegen ihres schmucken Blattwerks und ihrer kleinen bunten Blüten gehalten werden. Sie können in Hängekörbchen oder Ampeln gepflanzt werden. Von Frühling bis Herbst vor direkter Sonnenbestrahlung schützen und für Luftfeuchtigkeit sorgen. Vermehrung durch abgetrennte Ausläufer oder Stecklinge im Frühjahr oder Sommer.

chontalensis → E. lilacina

cupreata ✶

Eine Kriechpflanze, die besonders wegen ihres vielfarbigen Blattwerkes gehalten wird. Die flaumigen, runzligen, eiförmigen Blätter sind mittelgrün und haben in der Mitte ein rotes und silbriges Band. Es gibt viele Formen mit verschiedenen Blattmustern. Die scharlachroten Blüten stehen einzeln oder in kleinen Büscheln. Kolumbien, Venezuela.

'Metallica', kupferfarbene Blätter mit silberner Zeichnung; orange- oder scharlachrote Blüten;

'Silver Sheen', leuchtende, silbrige Blätter mit kupferfarbenem Rand; orangerote Blüten. **214**

dianthiflora ✶ ◉

Reizvolle kleine Pflanze mit kleinen, 2 bis 4 cm großen, dunkelgrünen, weich behaarten Blättern und zart weißen, leuchtenden Blüten, deren Saum große Fransen hat. Diese Art blüht im Sommer. Mexiko. **215**

fulgida (syn. E. reptans) ✽ ♦
Kleine Pflanze mit 7 bis 13 cm großen, eiförmigen, runzligen, dunkelgrünen, fast kupferfarbenen Blättern; die Äderung ist heller und hebt sich stark ab. Die Blüten erscheinen im Juli; sie sind feuerrot und haben mit kleinen Fransen versehene Blütenblätter. Nördl. Südamerika, Brasilien. **216**

lilacina (syn. E. chontalensis) ✽ ♦
15 cm hohe Pflanze mit eiförmigen, oberseits blaßgrünen, unterseits stumpf purpurfarbenen Blättern. Die hübschen röhrenförmigen Blüten sind weiß oder lila angehaucht, haben einen gelben Fleck und erscheinen im November oder Dezember. Nicaragua.

Eranthemum ACANTHACEAE

atropurpureum → **Pseuderanthemum atropurpureum**

nervosum ✽ ♦
Kleiner, 60 bis 120 cm hoher Strauch mit 10 bis 20 cm großen, harten, eiförmigen Blättern mit vorstehender Äderung. Die dunkelblauen Blüten haben einen purpurnen Fleck. Besonders wertvoll, weil im Winter blühend. Muß im Warmhaus gehalten werden; da die Blätter von jungen Pflanzen am schönsten sind, wird sie oft jedes Jahr neu aus im Frühjahr gewonnenen Stecklingen gezogen. Indien.

Erdmandel → **Cyperus esculentus**

Erica ERICACEAE Glockenheide

Immergrüne Sträucher, die wegen ihrer reichen, glockenförmigen Blüten in vielen Farben gehalten werden. Ein gut durchlüftetes, sonniges, temperiertes Gewächshaus ist am besten geeignet, außerdem kalkfreier Torfboden. Vermehrung im Spätsommer durch Stecklinge. Fälschlicherweise wird die Art oft mit dem Namen Heide *(Calluna)* bezeichnet.

abietina (syn. E. coccinea) ✽
Aufrechter Strauch, bis über 60 cm hoch, mit Ähren von hängenden, langen, röhrigen Glocken, die gewöhnlich rot sind, aber auch orange, gelb oder sogar grün sein können. Blüte von August bis Oktober, gelegentlich auch früher oder später. Südafrika.

canaliculata (syn. E. melanthera) ✽
Ein 90 bis 180 cm hoher, winterblühender Strauch mit winzigen, nadelartigen, unbehaarten Blättern und vielen Büscheln von weißen oder rosaroten, glockenförmigen Blüten mit auffallenden schwarzen Staubbeuteln. Südafrika. **217**

cerinthoides ✽
Üppige, karminrot blühende Art mit 5 bis 7 cm großen, dichten Blütenbüscheln, die von Mai bis Oktober an den behaarten Ästen stehen. Die typischen, heidekrautähnlichen Blätter wachsen in Quirlen von 4 bis 6 an den Zweigen. In großen Töpfen oder Kübeln wird der Strauch bis 1 m hoch. Südafrika.

gracilis ✽
Ein zarter buschiger Strauch, der nur selten über 45 cm Höhe erreicht, mit blaßgrünen Blättern und einer Fülle von Büscheln mit winzigen rosaroten Glocken im Oktober bis Januar, die sehr lange halten. Südafrika.

× hiemalis ✽
Eine aufrechte 60 cm hohe Art mit nadelartigen, mittelgrünen Blättern und endständigen Trauben von 3 cm großen, röhrigen, weißen Blüten, die rosa angehaucht sind und von November bis Januar erscheinen. Ursprung der Züchtung nicht bekannt.

mammosa ✽
1,20 m hoher Strauch mit Blättern zu je 4 röhrigen Blüten, die rötlich-purpurn, leuchtend rot oder weiß sind und in hängenden dichten Blütenständen stehen. Sie blühen von Juli bis Oktober. Südafrika.

massonii ✽
30 bis 90 cm hoher Strauch mit dichten, fadenartigen Blättern, die an der Spitze in einem Haar enden. Die Büschel von je 10 bis 12 Blüten sind etwas klebrig, rötlich-orange; die Blütenblätter sind am Grunde dunkler und werden gegen die Mitte zu heller. Sommerblüte. Südafrika.

melanthera → **E. canaliculata**

tumida ✽
Stämmiger, mit Drüsen versehener Strauch, der von Juni bis Oktober eine Fülle von großen, röhrigen, orangen Blüten hat. Südafrika.

Eriocnema marmorata → **Bertolonia marmorata**
Errötender Baumfreund → **Philodendron erubescens**

Ervatamia APOCYNACEAE

divaricata (syn. E. coronaria) ✽
Hübscher, 1,5 bis 2,5 m hoher Strauch, der an eine Gardenie erinnert; er hat glänzende, grüne, elliptische, 7 bis 12 cm lange Blätter. Die 4 bis 5 cm großen, wachsartigen, weißen Blüten haben am Rande gewellte Blütenblätter und stehen in kleinen Büscheln. Besonders in der Nacht duftet die Pflanze stark. Man setzt sie in Töpfe oder Kübel mit nährstoffhaltiger Erde und beschattet sie im Sommer. Man sorgt für Luftfeuchtigkeit und an heißen Tagen für die nötige Luftzufuhr. Vermehrung im Sommer durch Stecklinge. Indien.

Erythrina LEGUMINOSAE Korallenstrauch

Bäume oder Sträucher, mit dicken, oft dornigen Zweigen, mit großen Trauben von auffallend roten, schmetterlingsförmigen Blüten. Eignen sich gut fürs temperierte Gewächshaus, wo sie in großen Töpfen oder Kübeln gedeihen. Im Beet werden sie in kleineren Gewächshäusern zu groß. Man nimmt nährstoffhaltige Erde, gießt während der Wachstumsperiode häufig, im Winter kaum. Vermehrung im Frühjahr durch Samen oder Stecklinge (zu empfehlen, da es schneller geht) von jungen Trieben mit einem Stück Rinde aus dem alten Stamm.

corallodendron ✽
Dorniger Baum von 2 bis 4 m Höhe mit Blättern, die aus 3 breiten, zugespitzten Fiedern bestehen und die kurze, dornenlose Stiele haben. Die herrlichen langen, hängenden Trauben mit scharlachroten Blüten erscheinen im Mai und Juni nach Abfall der Blätter. Westindische Inseln.

crista-galli Korallenstrauch ✽
Auffallender kleiner Baum fürs temperierte Gewächshaus, der gelegentlich 3 m hoch wird. Die ledrigen, graugrünen Blätter haben 3 Blattfiedern und stehen an dornigen Stielen. Die dichten Trauben mit den 5 cm großen, lebhaft scharlachroten Blüten erscheinen im Juni und Juli. Brasilien. **218**
'Compacta', eine Zwergform.

Etagenprimel → **Primula malacoides**

Eucalyptus MYRTACEAE

Hübsche Bäume, die besonders wegen ihres dekorativen und duftenden Blattwerks gezogen werden. Einige Arten haben auch hübsche Blüten. Sie sind so groß, daß sie nur in den größten Gewächshäusern den nötigen Platz finden; in ihrer Jugend jedoch machen sie sich gut in Töpfen oder Kübeln. Man setzt sie in nährstoffhaltige Erde und stellt sie im gut durchlüfteten Gewächshaus ins volle Licht. Vermehrung im Frühjahr durch Samen; man achte darauf, daß die jungen Pflanzen nie austrocknen.

citriodora
Strauch oder kleiner Baum mit silberner Rinde, der wegen seiner nach Zitrone duftenden Blätter beachtenswert ist. Man setzt ihn im großen Gewächshaus in Töpfe. In der Jugend sind seine Blätter eiförmig, 7 bis 15 cm lang; im Alter werden sie länglicher. Er hat kleine, endständige Büschel von 3 bis 5 Blüten ohne Blütenblätter. Queensland (Australien).

ficifolia
Ein sehr attraktiver Baum von über 6 m Höhe im Alter. Die Blätter sind in der Jugend länglich bis oval, später bis 15 cm lang und schmal mit schlanken Spitzen. Die Blüten stehen in 15 bis 18 cm großen Büscheln; Blütenblätter fehlen, dafür gibt es eine Menge von scharlachroten Staubblättern mit dunkelroten Staubbeuteln. Blütezeit August. Südwestaustralien.

globulus Blaugummibaum
Die Art hat ein hübsches Blattwerk mit in der Jugend blaugrünen, eiförmigen Blättern, die am Grunde herzförmig sind und den Stamm umgeben. Nach dem 3. Jahr entwickeln sich lange, schmale, dunkelgrüne Blätter, die einen hübschen Kontrast zu den kugeligen, cremeweißen Blütenköpfchen bilden, die im Winter und Frühjahr erscheinen. Kann mehr als 15 m hoch werden! Victoria, Australien; Tasmanien. **219**

Eucharis AMARYLLIDACEAE

grandiflora (syn. E. amazonica)
Eine herrliche Zwiebelpflanze mit 20 cm großen, breiten, eiförmigen, glänzend grünen Blättern und leuchtenden weißen, duftenden Blüten mit kurzer Röhre und 6 weit ausgebreiteten, bis 13 cm großen Zipfeln. Sie stehen an 60 cm langen Schäften in Dolden zu 3 bis 6 Blüten, die im Sommer oder auch zu anderen Zeiten blühen. Die Pflanze bevorzugt warme, feuchte Atmosphäre und große Töpfe. Vermehrung im Frühjahr durch Brutzwiebeln. Kolumbien. **220**

× Eucodonopsis GESNERIACEAE

Eine reizvolle Pflanzengruppe, die aus der Kreuzung von *Smithiantha* und *Achimenes* hervorgegangen ist. Verzweigte Sprosse und glockenartige bis röhrige Blüten zeigen eine Mischung der Elterpflanzen. Als Topfpflanzen im Haus oder kühlen Gewächshaus geeignet; zu behandeln wie *Smithiantha*.

Eucomis LILIACEAE Schopflilie

Auffällige Vertreter der Familie der Liliengewächse mit Zwiebeln und riemenförmigen Blättern sowie dichten, säulenartigen Blütenschäften mit Sternblüten. Man zieht sie im Beet oder in Töpfen im temperierten Gewächshaus. Auch hier erzielt man die besten Ergebnisse mit nährstoffhaltiger Blumenerde. Man setzt die Blätter im Frühjahr 7 cm tief ein; bis das Wachstum einsetzt, darf nur wenig gegossen werden. Wenn die Blätter im Herbst absterben, fast trocken werden lassen; jeweils im Frühjahr umtopfen. Die schopfartigen Deckblätter (Brakteen) über den Blüten gaben der Gattung ihren deutschen Namen.

bicolor
Kräftige Art mit länglichen, aufrechten Blättern, deren Ränder gekraust sind. Die dichten, länglichen Trauben von zartgrünen Blüten sind 7 bis 10 cm lang; die Blütenblätter weisen einen schmalen, purpurfarbenen Rand auf. Natal (Südafrika).

comosa (syn. E. punctata)
Die langen, schmalen Blätter dieser Art sind bis 60 cm lang und unterseits purpurn gefleckt. Die kleinen grünen Blüten stehen in einer zylindrischen bis 30 cm langen Traube. Blütezeit Juli und später. Ausgezeichnete Schnittblume, da sich die Blüten wochenlang in der Vase halten. Südafrika. **221**

pole-evansii
Große, manchmal fast 2 m hohe, normalerweise aber nur etwa 1 m erreichende Art. Die Blätter haben gekrauste Ränder und die 30 cm lange, dichte Blütentraube trägt grünlich-weiße Blüten. Die den Blüten folgenden Beeren halten sich monatelang und sind sehr dekorativ. Swasiland (Südafrika).

punctata → E. comosa

zambesiaca
Die leuchtend grünen Blätter dieser Art sind unterseits purpurn gefleckt. Im Spätsommer dichte, zylindrische Trauben von grünlichen, wächsernen Blüten, die von grünen, am Rand roten, Brakteen gekrönt werden. Ostafrika.

Eugenia MYRTACEAE Kirschmyrte

Eine Gattung von immergrünen Sträuchern und Bäumen, von denen einige Arten in Töpfen oder Kübeln im temperierten oder warmen Gewächshaus gedeihen. Die Blüten bestehen aus einem dichten Büschel, das aus vielen bunten Staubblättern besteht; bei manchen Arten entwickeln sie sich zu eßbaren Früchten. Man setzt die Pflanze in nährstoffhaltige Erde oder in eine entsprechende Torfmischung und schützt sie vor praller Sonne. Die Vermehrung im Sommer erfolgt am besten durch Stecklinge im Warmbeet.

dombeyi (syn. E. brasiliensis)
Ein kleiner Baum mit dunkelgrünen, länglichen, 7 bis 12 cm langen Blättern, die 2,5 bis 5 cm breit sind. Die hellen, weißen Blüten stehen in beblätterten, endständigen Büscheln von 2 bis 6 Blüten und blühen im April. Aus ihnen entwickeln sich kleine, runde Früchte, die rot, weiß oder dunkel purpurrot sein können. Brasilien.

jambolana → Syzygium cumini

Eupatorium COMPOSITAE Wasserdost

Strauchige oder krautige Pflanzen mit hübschem Blattwerk und reizvollen Doldentrauben aus kleinen Blütenköpfchen. Die hier beschriebenen strauchigen Arten eignen sich für das Beet im temperierten Gewächshaus und sind während der Blütezeit ein Schmuck fürs Zimmer. Man setzt sie in nährstoffhaltige Erde und schützt sie vor praller Sonne im Sommer. Vermehrung im Frühjahr durch Stecklinge von Seitentrieben.

atrorubens ✽ ♠
Eine herbst- und winterblühende Art mit üppigen, rötlichen, lila angehauchten Blüten, die in lockeren, Doldentrauben stehen, und großen, gezähnten, eiförmigen Blättern, die rötlich behaart sind. Mexiko. **222**

ligustrinum (syn. *E. micranthum*) ✽ ♠
Ein großer, buschiger Strauch, der gewöhnlich mehr als 1,5 m Höhe erreichen kann. Er hat 5 bis 10 cm große, schmale, elliptische Blätter und 20 cm große, flache Doldentrauben mit duftenden, weißen oder rosa getönten Blüten an behaarten Stielen. Sie blühen von September bis November. Mexiko.

ianthinum (syn. *E. sordidum*) ✽ ♠
Eine 90 cm hohe, winterblühende Art mit purpurnen Blüten in großen Doldentrauben und großen, weich behaarten, grob gezähnten Blättern. Mexiko.

Euphorbia EUPHORBIACEAE Wolfsmilch

Eine sehr interessante Pflanzenfamilie mit den unterschiedlichsten Formen, zu der Sukkulenten, krautige und strauchige Arten gehören, die fürs temperierte und warme Gewächshaus geeignet sind. Die hier genannten Arten sind entweder Sträucher oder Sukkulenten. Letztere brauchen ein temperiertes, luftiges Gewächshaus mit gutem Licht und eine Mischung, die zu gleichen Teilen aus lehmhaltiger Erde und Kies oder grobem Sand besteht. Die Vermehrung erfolgt im Frühjahr durch Samen. Die strauchigen Arten kann man in eine lehmhaltige Erde oder in eine handelsübliche Erdmischung geben. Man vermehrt sie im Frühjahr durch Stecklinge und sorgt für gutes Licht und Luftfeuchtigkeit. Im Winter hält man sie trocken und schneidet *E. pulcherrima* und *E. fulgens* zu Beginn des Frühjahrs stark zurück.

fulgens ✽
Eine schöne, höher als 1,80 m werdende Pflanze, die in ihrer Jugend als Zimmerpflanze am attraktivsten ist. Sie hat lange, schlanke Blätter und orange-scharlachrote Blüten, die an schmalen, gebogenen Stengeln wachsen. Die Scheinblüten befinden sich in achselständigen Trugdöldchen am oberen Teil des Stengels und der Äste, eine dichte beblätterte Traube bildend. Kann fast zu jeder Jahreszeit zum Blühen gebracht werden. Mexiko. **223**

horrida ♠
Kaktusartige Pflanze mit gerippten, fleischigen Stämmen. An den Rippen wachsen Stacheln. Die Oberfläche dazwischen ist tief eingewölbt. Die ausgewachsene Pflanze kann 90 cm hoch werden; in der Zucht ist sie aber gewöhnlich viel kleiner. Südafrika. **224**

milii Christusdorn ✽ ♠
Ein äußerst stachliger, bis 1 m hoher, fleischiger Strauch mit spärlichen, dünnen, leuchtend grünen Blättern und flachen Büscheln von lachsroten Blüten, die an leicht klebrigen, roten Zweigen wachsen und im Frühjahr blühen. Madagaskar. **225**
var. *milii* (syn. *E. bojeri*), eine zwergwüchsige Züchtung mit grauen Zweigen und graugrünen Blättern. Tiefrote Blüten.

pulcherrima Weihnachtsstern, Poinsettie ✽
Eine auffallende Art, die als Zimmerschmuck zur Weihnachtszeit besonders beliebt ist; zu dieser Zeit blüht sie am schönsten. Die eigentlichen Blätter sind eiförmig bis elliptisch, mittelgrün. Die blattartigen Scheinblüten (Cyalhien) haben eine auffallende scharlachrote Färbung und wachsen wie ein dicker Kragen unterhalb der kleinen gelben Blütenbüschel. Um eine derart intensive Scharlachfärbung zu bekommen, brauchen sie Wärme und Licht. Züchtungen mit weißen, rosa oder karminroten Hochblättern sind sehr beliebt. Mexiko. **226**
'Mikkel-Rochford Pink', eine Form mit rosa Hochblättern. **227**

resinifera ♠
Kakteenartiger, reich verzweigter Strauch, der 40 cm hoch wird und von der Basis aus verzweigt ist. Jeder Ast ist aufgerichtet, hat 4 Kanten und trägt paarweise Dornen. Die eingebuchteten Oberflächen zwischen den Rippen werden später flacher und graugrün. Marokko. **228**

Exacum GENTIANACEAE

Buschige, belaubte, einjährige oder mehrjährige Pflanzen, die wegen ihrer zahlreichen, kleinen, runden Blüten und ihres schimmernden Blattwerks gezogen werden. Sie eignen sich als gute Topfpflanzen fürs Zimmer und temperierte Gewächshaus. Man setzt sie in eine handelsübliche Erde und vermehrt sie im Frühjahr oder Sommer durch Samen.

affine Blaues Lieschen ✽ ♠
Eine reizende, dichte, buschige Pflanze von etwa 15 cm Höhe mit glänzenden eiförmigen, dunkelgrünen Blättern; von Juni bis November erscheinen üppige, 2,5 cm große, tellerförmige, aromatische Blüten, die lavendelblau mit dunkelgelben Staubblättern sind. Sokotra.
'Midget', eine reizvolle kleinere Sorte; **229**

macranthum ✽ ♠
Größer als *E. affine*, bis 45 cm hoch. Sie hat 5 cm große, dunkelblaue bis purpurne Blüten mit ähnlichen auffallenden, hellgelben Staubbeuteln. Die Blüten stehen in flachen Blütenständen an vierkantigen Stengeln. Die Blätter sind schmal, eiförmig und zugespitzt. Ceylon.

F

Fabiana SOLANACEAE

imbricata
Ein 90 bis 180 cm hoher, heidekrautartiger, immergrüner Strauch mit winzigen, sich überlappenden, dreieckigen Blättern an weich behaarten Trieben. Die schlanken, röhrigen, weißen oder violetten Blüten blühen reichlich von Juni bis August am Ende der Zweige. Die Pflanze eignet sich gut fürs Treibhaus und fürs kalte oder temperierte Gewächshaus in sonniger Lage. Vermehrung durch Stecklinge im Spätsommer. Chile. **230**

× Fatshedera ARALIACEAE Efeuaralie

lizei (*Fatsia japonica* × *Hedera helix*)
Immergrüner Strauch, der mit Stützen über 1,80 m hoch werden kann. Die 12 bis 25 cm großen Blätter sind ledrig, 3 bis 5fach gelappt und ähneln in ihrer Form denen des gewöhnlichen Efeu. Die blaßgrünen Blüten stehen in endständigen Dolden im Oktober und November. Die in England winterharte Pflanze macht sich auch im Gewächshausbeet gut oder in Töpfen und Kübeln mit nährstoffhaltiger Erde im Zimmer. Man setzt sie jedes Frühjahr um und vermehrt sie in den Monaten Juli und August durch Kopfstecklinge.
'Variegata': Bei dieser Sorte haben die glänzenden Blätter cremeweiße Ränder. **231**

Fatsia ARALIACEAE

japonica (syn. **Aralia japonica, A. sieboldii**) Zimmeraralie
Stattlicher, aufrechter Strauch, der oft 3 m Höhe übersteigt und in milden Gegenden in geschützter Lage auch draußen überwintert. Er hat leuchtend grüne, glänzende, 5 bis 9fach gebuchtete Blätter. Kleine, runde, weiße Blütenköpfe stehen in großen, losen Dolden und blühen im Spätherbst. Für die Topfkultur verwendet man eine nährstoffhaltige Erde oder eine der handelsüblichen Torfmischungen. Vermehrungen im Frühjahr durch Stecklinge oder Abmoosen. Japan, Formosa. **232**

Faucaria AIZOACEAE

Ausdauernde, fast stengellose Gewächshauspflanzen, früher in der Gattung *Mesembryanthemum* geführt, charakterisiert durch die kreuzweise angeordneten, dicken und fleischigen, am Rand stark gezähnten Blättern, die bei jungen Pflanzen ineinandergreifen, bei älteren dagegen wie aufgesperrte Kiefer aussehen. Die großen gelben Blüten öffnen sich nachmittags. Hauptwachstumsperiode ist der Herbst; dann braucht die Pflanze viel Wasser, sie kann jedoch schon von Mai an reichlich gegossen werden. Während des Winters hält man sie bei einer Mindesttemperatur von 4 °C trocken. Sie liebt volles Sonnenlicht. Was die Pflege anbelangt, siehe Einleitung (Erdkakteen). Man teilt die Pflanze und topft sie um, wenn sie für den jeweiligen Topf zu groß wird. Neue Pflanzen werden aus Samen oder Stecklingen gezogen. Im Frühjahr sät man den Samen bei mäßiger Wärme aus und hält die Sämlinge während des ersten Winters feucht. Bei Stecklingen geht es schneller; man gewinnt sie von Juni bis August. Sie werden an ihrer Basis getrocknet und in eine Mischung von scharfem Sand und Torf (zu gleichen Teilen) gesetzt.

felina Katzenrachen
Der *F. tigrina* ähnlich, jedoch haben die schmaleren Blätter weniger Flecken und Zähne. Südafrika.

tigrina Tigermaul
4 bis 5 Blattpaare bilden ein Büschel von 5 cm Höhe und sind mit weißen Flecken so bedeckt, daß sie graugrün wirken. Sie sind kurz und stark gezähnt. Die leuchtend gelben Blüten sind 5 cm im Durchmesser und erscheinen im Herbst. Südafrika. **233**

tuberculosa
Eine ziemlich große, bis 15 cm im Durchmesser erreichende und etwa 7 cm hohe Pflanze mit 3 bis 4 dunkelgrünen Blattpaaren. Diese sind oberseits mit weißen Höckerchen (Tuberkeln) bedeckt und haben am Rande 3 bis 5 kräftige Zähne. Die gelben Blüten haben 4 cm Durchmesser und blühen im Herbst. Südafrika.

Federspargel → **Asparagus plumosus**
Feigenbaum → **Ficus**
Feigenkaktus → **Opuntia**
Fensterblatt → **Monstera**

Ferocactus CACTACEAE Kugelkaktus

Kugelige oder zylindrische Kakteen mit auffallend gefärbten, vorstehenden Stacheln, die oft gekrümmt sind. Die Pflanzenkörper haben scharfe Rippen; die trichterförmigen Blüten entwickeln sich an der Spitze der Pflanze, sind aber in Kultur selten; Zur Pflege siehe auch unter Erdkakteen (Einführung). Die Pflanzen entwickeln sich im Treibhaus besser als im Zimmer, da sie volles Sonnenlicht benötigen. Im Sommer stellt man die Pflanzen in die Sonne, dies intensiviert die Färbung der Stacheln. Die Mindesttemperatur für den Winter beträgt 4 °C; man hält sie dabei sehr trocken. Vermehrung durch Samen.

acanthodes Teufelsnadelkissen
Der völlig kugelige, blaugrüne Körper hat 13 bis 27 Rippen und wird mit der Zeit 90 cm hoch und zylindrisch. Die wolligen Areolen haben etwa 10 rosa oder rote borstige Randdornen und 4 mittlere, die 10 bis 12 cm lang werden können und abgeflacht, gelb bis rötlich und mit gebogener Spitze versehen sind. Die gelben bis orangen Blüten haben 5 cm Durchmesser und erscheinen im Juni und Juli. Südkalifornien, Arizona, Nevada.

latispinus Teufelszunge
Große kugelige Pflanze, bis 30 cm hoch, mit 15 bis 23 Rippen und deutlichen Büscheln von 4 starken, rötlichen Mitteldornen und 6 bis 12 weißen oder roten Randdornen. Der unterste mittlere Dorn, die sog. Teufelszunge, wird 3 cm lang und 0,5 cm dick. Dieser Dorn ist hakig gekrümmt und quer gefurcht. Die weißlichen, rötlichen oder purpurnen Blüten duften süß und sind von papierartigen Schuppen umgeben. Sie blühen im Sommer, kommen aber in der Zucht nur selten zur Entfaltung. Mexiko. **234**

melocactiformis (syn. **F. histrix**)
Ein einzelner, kugeliger Pflanzenkörper von 30 bis 60 cm Höhe, der im Alter länglich wird. Wildwachsende Pflanzen haben dagegen oft Seitentriebe. Die Kugeln sind grünlichblau, haben bis zu 25 Rippen und Areolen mit rötlichen Dornen. Im Juni und Juli entwickeln sich blaßgelbe, 5 cm große Blüten. Mexiko.

wislizeni
Runder Kaktus, dessen Körper im Alter lang wird (bis zu 2 m!) und 13 bis 25 Rippen aufweist, außerdem 12 bis 20 schlanke, weißliche oder gelbe, 5 cm lange Dornen; dazu kommen 4 rötlichbraune bis gelbe mittlere, die länger, sehr dick und abge-

flacht sind; die unteren mittleren Dornen sind an der Spitze gekrümmt. Sie stehen an großen, eiförmigen Areolen. Die glockenförmigen, etwa 5 cm langen Blüten sind gelb bis rötlich mit grünen äußeren Blütenblättern und erscheinen im Sommer. Texas, Arizona, Mexiko.

Fetthenne → **Sedum**
Fetthenne, Rotgefärbte → **Sedum rubrotinctum**
Fettkraut → **Pinguicula**
Feuerrote Rochee → **Rochea coccinea**

Ficus   MORACEAE   Feigenbaum, Gummibaum

Eine Gattung von Bäumen und holzartigen Kletterpflanzen mit dekorativem Laub. Die hier beschriebenen Arten sind in der Jugend gute Topfpflanzen, die im Warmhaus oder Zimmer gehalten werden können. Man setzt sie in eine handelsübliche Erdmischung und schützt sie im Sommer vor praller Sonne. Vermehrung durch Stecklinge, Ableger, Ausläufer oder Abmoosen.

benjamina   Kleinblättriger Gummibaum, Birkenfeige
Eine interessante Topf- oder Kübelpflanze, so lange sie klein ist. Sie kann sich aber zu einem bis 12 m hohen Baum entwickeln. Die langen, ovalen, mit schlanker Spitze versehenen Blätter sind glänzend, erst hell, im Alter aber dunkler, und stehen an hängenden Trieben. Indien. **235**

diversifolia (syn. **F. deltoidea**)   Mistelfeige
Langsamwüchsige, buschige Pflanze mit 5 cm großen, ledrigen, runden bis dreieckigen, dunkelgrünen Blättern, die oberseits braun gefleckt und unterseits rehbraun sind. Sie hat üppige, kleine, stumpf-gelbe, beerenartige Früchte, die sie schon als junge Pflanze entwickelt und die ihr als Zimmerpflanze einen besonderen Reiz verleihen. Indien. **236**

elastica   Gummibaum
Eine häufig gehaltene Topfpflanze, die fast nur in Sorten vorkommt. Tropisches Asien.
'Decora', breitblättrige Pflanze mit elliptischen, glänzenden, dunkelgrünen, 25 bis 30 cm langen Blättern, die rechtwinklig vom Stamm abstehen. Sie kann im Kübel 3 m hoch werden; wildwachsend sogar zu einem herrlichen, 30 m hohen Baum. **237**
'Doescheri', eine Sorte, deren junge Blätter blaßgrün sind, mit einem rosa Hauch und weißen Rändern. **238**
'Variegata', die dunkelgrünen Blätter sind cremiggelb und grau gestreift.

lyrata (syn. **F. pandurata**)
Die 30 bis 60 cm großen, geigenförmigen, ledrigen Blätter sind glänzend dunkelgrün und mit gelbgrünen Adern und leierförmigem Rand versehen. Sie wachsen mehr an der Spitze des Stammes. In der Jugend vor allem eine dekorative Pflanze, die im Alter 12 m hoch werden kann. Westl. tropisches Afrika.

pumila   Kletterficus
Eine Kletterpflanze, die sich mit kleinen, efeuartigen Wurzeln an Mauern festhält. Als Topfpflanze braucht sie deswegen eine Stütze; sie kann auch als Hängepflanze gezogen werden. Die jungen, eiförmigen Blätter sind klein, steif, dunkelgrün und bleiben so, solange die Pflanze noch ein handliches Format hat. Später werden sie größer und länglicher. China. **239**

radicans   Kriechender Gummibaum
Die Pflanze eignet sich gut für Körbchen oder Ampeln, wo Zweige an den Blattknoten wurzeln. Sie hat 5 cm große, schmale, ledrige, mit schlanker Spitze versehene Blätter. Sie wird mehr und mehr von der buntblättrigen Sorte abgelöst. Ostindien.
'Variegata', die langen, schmalen Blätter haben cremefarbene Ränder und Flecken. **240**

religiosa   Pepulbaum der Inder, Bobaum
Art mit schlanken, gebogenen Zweigen, an denen hängende, graugrüne, herzförmige Blätter mit seltsam verlängerter (geschwänzter) Spitze und hell gefärbten Adern wachsen. Ostindien.

Fingeraralie → **Dizygotheca**

Fittonia   ACANTHACEAE   Fittonie

Sehr dekorative Blattpflanzen, die fürs warme Gewächshaus oder Zimmer geeignet sind. Die großen, ei- oder kreisrunden Blätter haben ein feines Netz von farbigen Adern. Man schützt sie vor direktem Sonnenlicht und setzt sie in Töpfe oder Schalen mit handelsüblicher Erdmischung. Vermehrung jederzeit durch Stecklinge.

argyroneura (syn. **F. verschaffeltii** var. **argyroneura**)
Eine Zwergform mit eiförmigen, 10 cm großen, leuchtend grünen Blättern, die von einem Netz aus herrlichen silberweißen Adern durchzogen sind. Die unansehnlichen Blüten entfernt man am besten. Die Pflanze braucht hohe Temperaturen und ist anspruchsvoll. **241**

verschaffeltii
Niedrigliegende Pflanze mit wurzelnden Stengeln, gut für Zimmerhaltung. Die Äderung ist leuchtend karminrot und verleiht dem Blatt einen purpurnen Schimmer. Peru. **242**

Flamingoblume → **Anthurium**
Flammendes Käthchen → **Kalanchoe blossfeldiana**
Flammendes Schwert → **Vriesea splendens**
Fleischige Wachsblume → **Hoya carnosa**
Fleißiges Lieschen → **Impatiens walleriana holstii**
Fliederprimel → **Primula malacoides**
Fliegenblume → **Caralluma**

Francoa   SAXIFRAGACEAE

sonchifolia
Die 60 cm hohe, ausdauernde Staude gedeiht am besten in Töpfen an kühlen Plätzen. Die mittelgrünen, geigenförmigen Blätter sind mit einem Netz von Adern versehen. Die Blütenzweige haben hübsche 4blättrige Blüten an langen, blattlosen Stielen. Blütezeit Juli. Jedes Blütenblatt ist weiß oder intensiv rosa und hat gegen die Basis eine dunklere Zeichnung. Die Pflanzen können geteilt werden, werden aber am besten im Frühjahr durch Samen vermehrt. Chile.

Fransenschwertel → **Sparaxis**
Frauenfarn → **Athyrium**
Frauenhaarfarn → **Adiantum**

Freesia   IRIDACEAE   Freesie

Eine Gattung von Knollenpflanzen mit gut duftenden Blüten, die als Zimmerschmuck sehr beliebt sind. Alle gezüchteten Arten sind Hybriden. Sie haben lange, schmale, schwertförmige Blätter und schlanke, verzweigte Stengel mit 2,5 bis 5 cm großen, trichterförmigen Blüten. Am besten eignen sie sich für die Haltung im temperierten Gewächshaus oder Treibhaus. Die Knollen sollten

FUC

in lehmhaltige Blumenerde gesetzt werden. Vermehrung durch Samen oder Seitenzwiebeln. **243**

Fuchsia ONAGRACEAE Fuchsie

Beliebte blühende Sträucher, die wegen ihrer hängenden, glockenartigen Blüten mit meist zwei konstrastierenden Farben geschätzt werden. Bei den vielen Sorten gibt es viele Unterschiede im Wachstum; man findet zahlreiche kleine Pflanzen ebenso wie baumartige Riesen. Man setzt sie in Töpfe oder Kübel mit nährstoffhaltiger Erde und stellt sie bei heißem Sonnenschein in den Schatten. Sie bevorzugen ein gut durchlüftetes, temperiertes Gewächshaus, aber eignen sich auch gut als Topfpflanzen, die man eine Zeit lang ins Zimmer stellt. Im Frühjahr oder Spätsommer vermehrt man sie durch Stecklinge.

austromontana (syn. **F. serratifolia**) ✿
Bis über 1 m hoher Busch mit rötlichen Zweigen, an denen Blüten mit rosaroten Kelchblättern und kurzen scharlachroten Blütenblättern hängen. Blütezeit im Sommer. Die Blätter sind länglich, schmal und zugespitzt. Peru, Chile.

boliviana ✿
60 bis 120 cm hoher Strauch mit üppigen, herabhängenden Trauben aus kräftig karminroten, schlanken, trompetenförmigen Blüten, deren Röhren 5 bis 8 cm lang sind. Die Blätter sind eiförmig zugespitzt und gezähnt. Peru bis Argentinien.

corymbiflora ✿
Obiger Art ähnelnd, mit gebogenen Stengeln, die herabhängenden Trauben von langen, röhrigen, strahlend karminroten Blüten tragen. Blütezeit Juni bis September. Die Blätter sind hellgrün mit rosa Adern. Ecuador bis El Salvador.

fulgens ✿
1 bis 1,20 m hohe buschige Art mit roten Zweigen, an denen große, ovale bis herzförmige Blätter und nach unten gerichtete Trauben von scharlachroten Blüten hängen. Die schmale Röhre ist 5 bis 8 cm lang und hat Zipfel, die an der Spitze grün sind. Mexiko.

magellanica Scharlachfuchsie ✿
Laubwerfender, in milden Gebieten winterfester Busch, der aber gewöhnlich etwas Schutz braucht. Er hat lange, schmale, mittelgrüne Blätter und Trauben von herabhängenden, 4 bis 5 cm großen Blüten mit einer karminroten Röhre und blütenblattähnlichen Kelchblättern sowie 4 purpurnen Blütenblättern, die eine Glocke bilden. Es werden viele Sorten gezüchtet; die meisten davon stammen von Kreuzungen zwischen *F. magellanica* und verschiedenen anderen Arten. Die Unterschiede liegen hauptsächlich in der Blütenform und -farbe, aber auch in der Blattform und dem allgemeinen Habitus. Peru, Chile.
'Arabella', weiße Kelchblätter und rosenrote Blütenblätter; **244**
'Cascade', Hängepflanze mit rosa und weißen Kelchblättern und dunkelkarminroten Blütenblättern;
'Citation', hellrosarote Röhre mit 4 weißen Blütenblättern, die sich tellerförmig öffnen;
'Impudence', leuchtend scharlachrote Kelchblätter bilden die Röhre, während die hervortretenden Blütenblätter weiß und fast flach sind; **245**
'Jack French', stark verzweigte Sorte mit dunkelroten Kelchblättern und purpurnen Blütenblättern;
'Leonora', kräftig rosa mit glockenförmigen Blütenblättern; **246**
'Swingtime', äußerst attraktive, auffällige Art mit leuchtend scharlachroten Kelchblättern und gefransten, weißen Blütenblättern; **247**
'Thalia', die dunkelrosaroten, röhrigen Blüten sind schlank und stehen in dichten Trauben;
'Traudchen Bonstedt', lachsrote Blüten und auffallend hellgrüne Blätter;
'Violet Gem', hochwachsende Art mit karminroten Kelchblättern und violetten Blütenblättern; **248**
'Winston Churchill', gefülltblühende Sorte mit rosa Kelchblättern und blaugetönten Blütenblättern.

serratifolia → **F. austromontana**

splendens ✿
Dicht verzweigter Busch, bis 2 m hoch, mit hellgrünen, zugespitzten, herzförmigen Blättern und herabhängenden Blüten. Die Blütenblätter sind kräftig scharlachrot mit zartgrünen Spitzen. Blüht im Juni. Mexiko.

triphylla ✿
60 cm hoher Busch mit weichhaarigen Zweigen und langen, eiförmigen, oberseits grünen, unterseits purpurnen Blättern. Die von Juni bis Oktober sich öffnenden Blüten sind leuchtend zinnoberrot. Westindische Inseln.

G

Gardenia RUBIACEAE Gardenie, Jasmin-Rose

jasminoides (syn. **G. florida**) ❋
Schöner, 30 bis 180 cm hoher, immergrüner Strauch fürs Gewächshaus; normalerweise findet die gefülltblühende Sorte 'Florida' oder 'Plena' Verwendung. Die Gardenie hat glänzende, dunkelgrüne, länglich-ovale Blätter und 8 cm große, weiße wachsartige Blüten, die ausgezeichnet duften. Sie stehen einzeln von Juni bis September nahe der Spitze der Zweige. Die Pflanze wächst gut in Töpfen mit lehmhaltiger Erde oder handelsüblicher Erdmischung. Ihre Vermehrung erfolgt durch Stecklinge von Dezember bis März oder im August bis September in Sand/Torf. China, Formosa, Japan. **249**
'Fortuniana', 10 cm große, wachsartige, weiße, im Alter gelb werdende Blüten.

Gartenbalsamine → **Impatiens balsamina**

Gasteria LILIACEAE Gasterie

Eine Gruppe von Sukkulenten, die wegen ihrer hübsch gezeichneten, stark verdickten, in 2 Reihen oder in einer Rosette angeordneten Blätter sehr beliebt sind. Problemlose Zimmerpflanzen mit rötlichen, röhrigen Blüten, etwa 2 bis 5 cm lang, von März bis September an 30 cm langen, gebogenen Schäften stehend. Für die Pflege lese man das Kapitel über die Erdkakteen in der Einführung. Man hält sie in der Sonne oder leicht beschattet. Während der Wachstumsperiode (die mit der Blütezeit identisch ist) reichlich gießen, im Winter weniger. Wintertemperatur mindestens 4 °C. Die Vermehrung kann durch Samen oder Stecklinge erfolgen. Eine dritte Möglichkeit sind Ableger, die reichlich gebildet werden.

brevifolia ♦
Die 9 bis 15 cm langen Blätter sind zunächst aufrecht, später neigen sie sich. Sie sind breit und dick, oben flach, unten gewölbt, und verjüngen sich zu einer abgerundeten, kurzen Spitze. Die dunkelgrüne Oberfläche ist von helleren Flecken bedeckt, die in bandartiger Reihung über die Blattfläche verteilt sind. Südafrika. **250**

liliputana Bitterbauch ♦
Auffällige kielartige, dunkelgrüne Blätter, weißgefleckt und spiralig angeordnet. Die Pflanze wird nur 5 bis 8 cm hoch und ist damit die kleinste der Gattung. Südafrika.

maculata ♦
Die linealischen Blätter haben harte Spitzen, sind grün mit weißen Flecken, 15 bis 20 cm lang und stehen in zwei Reihen. Die Pflanze erreicht 15 bis 20 cm Höhe. Scharlachrote Blüten. Südafrika.

verrucosa Hirschzungenkaktus ♦
Erhabene, graue Flecken überziehen die dunkelgrünen, 10 bis 15 cm langen, zugespitzten Blätter. Sie haben abgerundete Ränder und gekerbte Oberseiten. Sie stehen paarweise eins über dem anderen; die ganze Pflanze wird dabei etwa 15 cm hoch. Die Blüten sind klein und rot. Südafrika.

Gaudich → **Medinilla**

Gazania COMPOSITAE

Diese Pflanzen bilden niedrigliegendes, hübsches, dunkelgrünes oder graues Laub und prächtige, große Blüten, oft mit zwei verschiedenen, stark kontrastierenden Farben. Nur im vollen Sonnenlicht öffnen sich die Blüten ganz. Es sind hübsche Topf- oder Beetpflanzen fürs gut durchlüftete kalte oder temperierte Gewächshaus. Man zieht sie in nährstoffhaltiger Erde und vermehrt sie im Spätsommer oder Frühjahr durch Stecklinge oder Samen.

-Hybriden (*G. longiscapa* × *G. nivea*) ❋ ♦
Das dunkelgrüne Laub ist unterseits hellgrau; die langen schmalen Blätter bilden einen reizvollen Kontrast zu den 5 bis 8 cm großen Blüten, die alle Schattierungen von gelb, orange, braun, rosa und rot haben können. Viele Hybriden sind in Namenssorten erhältlich.
'Hazel', dunkelschokoladenbraun bis rot mit dunkelgelben Spitzen;
'Monarch Mixed', umfaßt eine ganze Reihe der verschiedensten Farben.

rigens (syn. **G. × splendens**) ❋ ♦
Die Blätter sind löffelförmig, oberseits dunkelgrün, unterseits seidig-weiß. Die 7 cm großen Blüten sind leuchtend orange, schwarz und weiß gefleckt in der Mitte. Sie blühen von Juli bis September.

Gefleckte Efeutute → **Scindapsus pictus**
Gelbe Beloperone → **Pachystachys lutea**

Geogenanthus COMMELINACEAE

undatus ♦
Niederbleibende Pflanze mit dunkelgrünen eiförmigen Blättern, die an ihrer Oberseite seltsam gewellte, längs verlaufende Linien haben und unterseits kastanienbraun sind. Die Oberseite der Blätter ist ebenfalls runzlig gewellt. Die Pflanze gedeiht in der Wärme und kann durch Stecklinge oder Teilung vermehrt werden. Peru. **251**

Geranium → **Pelargonium**

Gerbera COMPOSITAE

Buschige, ausdauernde Pflanzen mit eleganten, auffälligen, großen Blüten in allen möglichen Farben und Schattierungen. Am besten gedeihen sie im kühlen, gut durchlüfteten Treib- oder Gewächshaus; man kann sie aber auch für kurze Zeit ins Zimmer stellen. Sie werden in nährstoffhaltige Erde gesetzt und im Frühjahr durch Samen oder Teilung vermehrt.

jamesonii ❋
30 bis 40 cm große, ausdauernde Pflanze mit 12 bis 25 cm großen, tief gebuchteten, wollig behaarten Blättern und auffallenden, einzelstehenden, orange-scharlachroten Blüten von 7 bis 12 cm Durchmesser, die an aufrechten, 25 bis 40 cm langen Stielen stehen. **252**
Viele Hybriden wurden mit dieser Art als Elter gezogen; die Blüten können einfach oder ganz gefüllt sein. Ihre Färbung reicht von gelb bis rosa. Südafrika.
'Farnell's Strain', eine gefüllte Form; **253**

Geweihfarn → **Platycerium**
Gewürzrinde → **Cassia**

Gladiolus IRIDACEAE Gladiole

Eine beliebte Gattung von Knollenpflanzen, deren viele Sorten vor allem im Garten gezogen werden. Sie eignen sich aber auch gut als Topfpflanzen für Gewächshaus und Zimmer. Es gibt auch verschiedene wildwachsende Arten aus Südafrika, die zu Anfang Frühling blühen und bei uns nicht im Garten gehalten werden können. Sie eignen sich vor allem für die Haltung in Töpfen. Man setzt die Knolle in einen Topf mit nährstoffhaltiger Erde und sorgt für die nötige Belüftung. Die Vermehrung erfolgt durch Brutknollen oder Samen im Frühjahr oder Sommer. Manche von den kleineren Arten wurden gekreuzt und so erhielt man verschiedene Gruppen von eleganten Pflanzen, die sich für die Zucht in Töpfen eignen. Die Hauptgruppen sind 'Butterfly', × *colvillei*, × *nanus* und *primulinus*. 'Columbine', **254**, gehört zu dieser letzten Gruppe. Eine noch jüngere Kreuzung, × *tubergenii*, wird auch zur Topfhaltung genommen, wobei 'Charm' besonders wirkungsvoll ist; **255**

blandus ✻
Der 30 bis 45 cm lange Sproß hat 4 lineale Blätter und zeigt im Juni Ähren mit 4 bis 8 weißen, rosa getönten oder rötlichen Blüten; die seitlichen Blütenblätter haben einen rosa Schimmer und das unterste hat oft einen purpurroten Fleck in der Mitte. Südafrika.

× **colvillei** (*G. cardinalis* × *G. tristis*) ✻
Eine zierliche Hybride mit einer lockeren, 25 cm langen Ähre von leuchtend roten Blüten; die unteren 3 Blütenblätter haben in der Mitte einen strahlend gelben Fleck. Die Blüten sind 8 cm im Durchmesser und erscheinen im Juli. Die schmalen, spitzen Blätter haben auffällige Adern. Die Gesamthöhe der Pflanze beträgt 30 bis 60 cm.

papilio ✻
Große, kräftige Art, deren Blütenstengel 1,80 m hoch werden können. Die 60 bis 90 cm großen Blätter sind lang und schmal; die gelben glockenförmigen Blüten, die am Rand violett sind und zwei große, dunkle, purpurne Flecken haben, erscheinen im Sommer in langen lockeren Ähren. Südafrika.

primulinus ✻
Eine auffallende Art, die oft zur Kreuzung verwendet wird, mit einer Ähre aus 4 bis 5 schlüsselblumengelben Blüten. Das obere mittlere Blütenblatt bildet eine bis zu 3 cm lange Haube. Das mittlere untere Blütenblatt ist zurückgebogen, so daß die Blüte nickt. Die Pflanze wird 45 cm hoch und die gerippten, schmalen, gebogenen Blätter erreichen 30 cm Länge. Tropisches Ostafrika.

tristis ✻
Eine wohlriechende Art mit 5 cm großen, nach oben schauenden, gelblich-weißen Blüten, die oft rosa getönte Blütenblätter haben. Sie stehen in losen Ähren von 3 bis 4 Blüten an 40 cm langen Stengeln und blühen im Juli. Die 3 Blätter sind im Querschnitt fast rund; bis zu 45 cm lang. Südafrika.
'Christabel', mit dunkel geäderten Blütenblättern. **256**

Glanzkölbchen → Aphelandra
Glanzstrauch → Pimelea
Gliederkaktus → Zygocactus

Globba ZINGIBERACEAE

Aufrechte, buschige, mehrjährige Pflanzen mit leuchtend grünen, schmalen Blättern und schlanken Stengeln, die seltsame orchideenartige Blüten aufweisen. Diese sind oft von bunten Deckblättern geschützt, die manchmal Brutknospen tragen. Sie gedeihen am besten bei Wärme, ertragen aber auch kühlere Verhältnisse. Man setzt sie in nährstoffhaltige Erde und schützt sie vor zuviel Sonne. Vermehrung durch Brutknöllchen im Frühjahr.

atrosanguinea ✻
50 bis 90 cm hohe Pflanze mit schlanken, gebogenen Stengeln. Sie hat 15 bis 20 cm große, dunkelgrüne, gelb gesäumte Blätter, die unterseits fein behaart sind. Die röhrigen gelben Blüten haben am Grunde rote Hochblätter und erscheinen mit Unterbrechungen das ganze Jahr über. Borneo. **257**

schomburgkii ✻
Die Pflanze ist kleiner als die vorige; sie hat 8 cm große Blütenrispen zu 4 bis 5 an jedem Zweig. Die gelben Blütenblätter schließen sich unten zu einer Röhre von 2 cm Länge; die geteilte Lippe hat rote Flecken. Hellgrüne Hochblätter, die z. T. Bulbillen aufweisen, geben den Blüten Schutz. Blütezeit August. Siam.

winitii ✻
Aufrechte, bis 1 m hohe Pflanze mit großen schwertförmigen Blättern; die untersten liegen eng um den Stengel und bilden eine Scheide. Die nach unten hängenden Blütenrispen sind 15 cm lang und besitzen kleine gelbe Blüten mit einer gebogenen Röhre und großen rosa bis purpurnen Brakteen (Hochblätter), die im Herbst am schönsten sind. Siam.

Glockenblume → Campanula
Glockenheide → Erica

Gloriosa LILIACEAE Ruhmeskrone

Eine Gattung von auffallend hübschen, rankenden Knollengewächsen. Man kann sie in Töpfen oder Beeten im Gewächshaus ziehen. Sie brauchen als Stütze Stöcke, Schnüre oder Draht. Die schlangenartigen Knollen werden im Frühjahr eingepflanzt. Vermehrung durch Nebenknollen beim Umtopfen.

rothschildiana ✻
Eine auffallende Art, deren Blüten 6 leuchtend scharlachrote, 10 cm große, nach hinten gebogene Blütenblätter haben. Durch die Zurückbiegung sieht man die goldgelbe Färbung am Grunde der Blüte besonders gut. Die glänzenden, lilienartigen Blätter verjüngen sich zu Ranken, so daß sie sich emporranken können. Sie werden bis annähernd 2 m hoch. Blüte von Juli bis August. Tropisches Afrika.

superba ✻
Der oben beschriebenen Art ganz ähnlich, hat aber kleinere Blüten mit schmaleren 8 cm großen Blütenblättern, die am Rande gewellt und gefaltet sind und ihre Farbe mit der Zeit von gelbgrün über orange bis rot verändern. Spätsommer bis Herbst. Tropisches Asien und Afrika. **258**

Gloxinia → Sinningia
Götterduft → Diosma
Goldfruchtpalme → Chrysalidocarpus
Goldkugelkaktus → Echinocactus grusonii

Gomphrena AMARANTHACEAE

globosa Kugelamarant ✻
Interessante, aufrechte, einjährige Topfpflanze, die man vom temperierten Gewächshaus auch ins Zimmer bringen kann und die 60 cm hoch wird. Sie hat blaßgrüne, längliche, behaarte

Blätter und runde bis eiförmige, kleeähnliche Blütenköpfchen, die am Ende der Zweige stehen und weiß, gelb, rot oder purpurn sein können. Vermehrung durch Samen. Indien.
'Buddy', 15 cm hohe Zwergform mit leuchtend purpurroten, lang haltenden Blüten;
'Nana Compacta', eine Zwergform mit dunkelroten Blüten.

Gossypium MALVACEAE Baumwolle

Aufrechte, ein- oder mehrjährige Halbsträucher mit ahornähnlichen Blättern und trichterförmigen Blüten. Die großen zwiebelartigen Samenhülsen enthalten die handelsübliche Baumwolle. Die hier behandelten Arten werden hauptsächlich aus Interesse gehalten, obwohl die kurzlebigen Blüten sehr hübsch sind. Man setzt sie in Töpfe mit nährstoffhaltiger Erde im feuchten und warmen Gewächshaus. Vermehrung im Frühjahr durch Samen.

arboreum
Strauch oder kleiner Baum, dessen Blätter 5 bis 7 tiefe Buchten haben. Die auffallenden, mit 5 Blütenblättern versehenen purpurnen Blüten blühen im Sommer. Aus ihnen entwickelt sich eine harte, fast kreisrunde Frucht, die bei der Reife aufplatzt, wodurch die Samen, die von den weichen weißen Baumwollfasern umgeben sind, freigesetzt werden. Indien.

herbaceum
Ein 1 bis 1,20 m hoher, dem *G. arboreum* ähnlicher, behaarter Strauch. Seine Blätter sind jedoch nur leicht gebuchtet. Die im Frühsommer erscheinenden Blüten sind purpurfarben und im Inneren gelb. Beim Aufplatzen treten aus den runden Früchten die flaumigen, grauweißen Baumwollfasern hervor. Asien.

Granatapfelbaum → Punica granatum
Grapefruit → Citrus paradisi

Graptophyllum ACANTHACEAE

pictum (syn. *G. hortense*)
Tropischer Strauch mit eiförmigen, ledrigen Blättern, die eigenartige weiße Flecken haben, wobei die Zeichnungen oft Gesichtern gleichen. Die karminroten Blüten wachsen in kleinen Trugdolden. Die Pflanze eignet sich fürs Warmhaus oder warme Treibhaus und braucht im Sommer viel Wasser und Licht. Sie wird oft hoch aufgeschossen und sollte daher am besten öfters erneuert werden. Die Vermehrung erfolgt von März bis Juni durch krautige Stecklinge. Indien.

Greisenhaupt → Cephalocereus senilis

Grevillea PROTEACEAE

Bäume und Sträucher, die wegen ihrer hübschen Blüten oder ihres Laubes oder wegen beidem gehalten werden. Die hier beschriebenen Arten eignen sich alle für Töpfe oder Kübel im gut durchlüfteten, temperierten Gewächs- oder Treibhaus. Man verwendet nährstoffhaltige Erde und vermehrt durch Samen (*G. robusta*) oder Stecklinge im Spätsommer oder Frühjahr.

banksii
Ein Baum oder Strauch von über 4,5 m Höhe. Er hat üppige grüne Blätter, die in 5 bis 11 schmale Lappen geteilt sind, unterseits seidig-weiß. Die leuchtend roten Blüten wachsen in 10 cm großen, dichten Trauben und erscheinen im Frühling. Queensland (Australien).

robusta Australische Silbereiche
Bei Pflanzenliebhabern wird dieser hohe Baum gewöhnlich als 1 bis 1,80 m hohe, nichtblühende Topfpflanze gehalten, die wegen ihres farnartigen Blattwerks beliebt ist. Die 40 cm langen, feingefiederten Blätter sind zunächst mittelgrün und werden später dunkler. Neusüdwales (Australien).

rosmarinifolia
1,80 m hoher Strauch mit dunkelgrünen, rosmarinartigen, schmalen Blättern, die unterseits heller sind, und 2,5 cm großen rosaroten Blüten, die sich von Mai bis September in dichten, endständigen Trauben entwickeln. Neusüdwales (Australien).

sulphurea (syn. *G. juniperina*)
1,80 m hoher Strauch mit schmalen, nadelartigen, hellgrünen Blättern und Büscheln von gelben Blüten, die mit Unterbrechungen entlang der aufrechten belaubten Stengel stehen und sich von Mai bis September öffnen. Jede Blüte ist gelb und etwa 1,5 cm lang mit herausragendem, gelbem Griffel, der den Blütenständen ein federartiges Aussehen verleiht. Neusüdwales (Australien).

Grünlilie → Chlorophytum
Gummibaum → Ficus

Guzmania BROMELIACEAE Guzmanie

Die Pflanze bildet aus ihren Blättern eine zisternenartige Rosette. Die Blüten entwachsen dem Inneren der Rosette und werden von hübsch gefärbten blattartigen Brakteen umgeben. Als gute Topfpflanzen gedeihen sie im Warmhaus oder im Zimmer. Man setzt sie in ein spezielles Bromeliensubstrat und schützt sie vor praller Sonne. Vom Frühjahr bis Herbst muß das Innere der Rosette mit Wasser gefüllt sein. Vermehrung im Sommer durch Kindel.

lingulata
Hübsche Art mit 45 cm langen, lanzettlichen steifen Blättern und einem 30 cm langen Blütenstengel, der ein Büschel von kurzlebigen, gelbweißen Blüten trägt, die von leuchtend karminroten, 7 cm langen Brakteen (Hochblättern) umgeben sind. Diese behalten ihre Farbe noch Wochen nachdem die Blüten vertrocknet sind. Westindische Inseln, Mittel- bis Südamerika. **259**

monostrachya (syn. *G. tricolor*)
Aus der großen Rosette mit ihren schmalen hellgrünen Blättern wächst ein 40 cm hoher Blütenstand. Die unscheinbaren, weißen Blüten werden fast zur Gänze von den Brakteen bedeckt, die am Grunde des Blütenstandes grün mit schmalen purpurbraunen Streifen sind und weiße Spitzen haben. Zur Spitze hin werden sie rötlich und sind ganz oben lebhaft scharlachrot gefärbt. Florida, Westindische Inseln, Mittel- bis Südamerika.

sanguinea
Sehr dekorative Art mit einer flachen Rosette von langen Blättern, deren Ränder fast parallel sind; ihre Spitzen sind umgebogen; in der Mitte sind sie gelb. Zur Blütezeit haben die oberen Blätter einen scharlachroten Schimmer, die unteren sind grün. Die kleinen, gelben, röhrigen Blüten erscheinen in der Mitte der Rosette. Die ganze Pflanze ist ca. 30 cm hoch. Costa Rica, Trinidad, Ecuador, Kolumbien.

Gymnocalycium CACTACEAE

Zwei Gruppen von kugeligen Kakteen, von denen die eine anliegende Dornen hat, die flach um den Stamm liegen, die andere jedoch solche, die eher nach außen gebogen sind, obwohl sie sich

GYN

ebenfalls dem Umriß der Pflanze angleichen. Die Pflanzenkörper sind stark gerippt und die Höcker oft kinnartig vorgezogen. Im Sommer erscheinen vielfarbige und ziemlich große Blüten in reicher Zahl. Für die Kultur gilt dasselbe wie für die Erdkakteen (siehe Einführung). Sie sind unkompliziert, lieben Sonne und im Frühjahr und Sommer viel Wasser. Die Mindesttemperatur im Winter muß 4 °C betragen. Vermehrung durch Ableger, die man in einer Mischung von gleichen Teilen scharfem Sand und feuchtem Torf anwurzelt, oder durch Samen.

baldianum
Eine kugelige, blaugraue Pflanze von 7 cm Höhe mit 9 bis 12 gehöckerten Rippen. Die Areolen sind von etwa 5 kreisförmig angeordneten, gelben Dornen umgeben, die an ihrer Basis braun werden. Auch an jungen Pflanzen entwickeln sich die purpurn bis roten, 2,5 cm großen Blüten in großer Zahl. Auch Samen bildet sich, da die Pflanze sich selbst bestäubt. Die Art ist ganz besonders hübsch. Argentinien. **260**

gibbosum
Eine blaugrüne, kugelige Pflanze, die später säulenartig wird. Sie erreicht 9 cm Durchmesser und 20 cm Höhe. Die geraden Rippen sind mit kinnartigen, vorstehenden Warzen bedeckt. An den Areolen wachsen etwa 10 bräunliche Dornen, die grau werden können. Aus den weißen, oft rosa schimmernden Blüten von 7 cm Länge entwickelt sich an reifen Pflanzen eine bunte Kugel. Ihretwegen ist die Art so beliebt. Argentinien, Patagonien.
nobile, eine schöne Form mit sehr hübschen Stacheln; sie sollte nicht verwöhnt werden, denn sie gedeiht am besten im kühlen, feuchten Klima.

saglionis
Die großen Pflanzen sind fast kugelförmig; sie haben einen Durchmesser von 30 cm und 10 bis 30 Rippen. An den großen, wolligen Areolen stehen 7 bis 12 hübsch gebogene Dornen von 2,5 bis 4 cm Länge und bis zu 3 mittlere Dornen. Alle Stacheln sind bräunlich-schwarz; sie haben einen rötlichen Schimmer und werden im Alter weiß. Die 4 cm langen Blüten sind weiß oder rosa. Argentinien, Bolivien.

Gynura COMPOSITAE Gynure

Hübsche, aufrechte oder teilweise kletternde Blattpflanzen, die sich fürs warme, temperierte Gewächs- oder Treibhaus eignen. Man pflanzt sie in nährstoffhaltige Erde und schützt sie vor heißer Sommersonne. Vermehrung im Frühjahr oder Sommer durch Stecklinge.

aurantiaca
Der 90 cm hohe Halbstrauch hat lange, eiförmige, dunkle Blätter, die ebenso wie der Stengel dick mit leuchtend purpurfarbenen Haaren bedeckt sind, die der Pflanze ein samtenes Aussehen verleihen. Die kleinen Blüten gleichen 2,5 cm großen Gänseblümchen mit orangen Blütenblättern. Sie erscheinen im Februar. Java. **261**

scandens Klettergynure
Die Art gleicht der obengenannten und wird daher von Fachleuten auch als eine Abart von *G. aurantiaca* bezeichnet. Es handelt sich jedoch um eine Kletterpflanze, und sie bedarf einer Stütze, die sie dann umschlingt. Die Blätter weisen dieselben Härchen auf; die Blüten sind jedoch etwas heller und kleiner und blühen im März und April. Indien.

H

Haarcereus → Trichocereus

Habranthus AMARYLLIDACEAE

robustus
Eine große, lilienartige Zwiebelpflanze mit 8 cm langen, trompetenförmigen Blüten, die, wenn sie sich öffnen, purpurn-rosa sind und dann verblassen. Sie stehen an gedrungenen, 60 cm hohen Blütenschäften. Die graugrünen Blätter sind sehr lang und schmal. Die Hauptader ist besonders auffällig. Am besten gedeihen sie an besonnten Plätzen im temperierten Gewächshaus oder an einem geeigneten Fensterbrett im Zimmer. Die Vermehrung geschieht durch Abtrennen der Seitenzwiebeln im Frühjahr. Argentinien.

Haemanthus AMARYLLIDACEAE Blutblume

Ungewöhnliche Zwiebelpflanzen mit Dolden von winzigen Blüten, die bürstenartig in einem Kopf angeordnet sind. Sie werden von Blütenblättern ähnlichen Brakteen umgeben. Einige Arten haben größere Blüten, die in runden Dolden stehen. Abgesehen von ein oder zwei immergrünen Arten blühen sie alle vor Erscheinen der neuen Blätter. Man zieht sie im temperierten Gewächshaus, wo man sie ins Beet oder in einen Topf mit nährstoffhaltiger Erde setzt. Dabei darf von der Zwiebel nicht mehr als die Hälfte im Erdreich ruhen. Wenn die Blätter absterben, so gießt man so lange nicht, bis die Blütenköpfe sich zeigen; nun beginnt man wieder schrittweise mit dem Gießen während sich die Blätter bilden. Die immergrünen Arten müssen das ganze Jahr hindurch feucht gehalten werden.

albiflos Elefantenohr
Etwas sukkulente, immergrüne Art mit dicken, fleischigen, gebogenen Blättern und einer Fülle von 5 cm großen, bürstenartigen, grünlich-weißen Blüten mit langen, hervorstehenden Staubblättern. Sie blühen im Juni. Die Blütendolden stehen auf kurzen Schäften. Südafrika.

coccineus
Die 6 bis 8 cm großen, kugeligen, leuchtend lachsroten Blütendolden blühen im August und September an den kahlen Schäften. Erst nachdem sie abgestorben sind, erscheinen die langen, am Boden liegenden, mittelgrünen Blätter. Südafrika.

katharinae Blutblume
Eine reizvolle Pflanze mit 30 bis 45 cm langen, weichen, fleischig grünen, am Rande gewellten Blättern und einer großen Dolde aus dunkelroten Blüten mit herausragenden blutroten Staubblättern an 15 cm langen, kräftigen Schäften. Die Blüten erscheinen bei dieser Art manchmal gleichzeitig mit den Blättern, oder aber etwas vorher – wie für die Gattung typisch. Blütezeit im Juli. Südafrika. **262**

multiflorus
Die herrliche Art besitzt 15 cm große, kugelige Blütendolden mit bis zu 100 dunkelkorallenroten bis roten Blüten, die im April an einem 90 cm langen Schaft stehen. Die abfallenden Blätter sind 30 cm lang, breit und mittelgrün und am Grunde des Stammes verwachsen. Tropisches Afrika.

Hakea PROTEACEAE

Strauch mit nadelförmigen, stechenden Blättern. Die kleinen Blüten entwickeln sich gewöhnlich in überreicher Zahl. Blütenblätter fehlen, sie haben jedoch schmale, fleischige Kelchblätter, die häufig leuchtend gefärbt sind und mit den Staubblättern verwachsen sind. Sie benötigen ein kühles, gut belüftetes Gewächshaus mit gutem Licht. Am besten sind große Töpfe oder Kübel; man kann sie aber auch ins Gewächshausbeet setzen. Eine nährstoffhaltige Erde ist erwünscht. Vermehrung im Frühjahr durch Samen.

laurina
Der Strauch wird mehr als 3 m hoch und hat 10 bis 15 cm große, schmale, längliche Blätter und kugelige Blütenstände von roten Blüten mit langen, goldgelben Griffeln, die aus ihnen wie weiche Stacheln herausragen. Sie erscheinen im Sommer und wachsen direkt an den beblätterten Zweigen der Pflanze. Westaustralien.

microcarpa
Ein 1,80 m hoher Strauch, der einen dichten Busch bildet. Die bis zu 10 cm langen Blätter sind sehr schmal. Die gelblich-weißen Blüten erscheinen im Mai und bilden duftende Blütenköpfe von 2,5 cm Durchmesser. Tasmanien, Australien.

salicifolia (syn. H. saligna)
Eine Art mit kurzgestielten Büscheln von weißen duftenden Blüten, die in den Achseln der langen, sich verjüngenden Blätter von März bis Juli zu sehen sind. Die Pflanze ist fast vollständig unbehaart. Sie kann über 3 m hoch werden. Queensland, Neusüdwales (Australien).

suaveolens
Der 2,50 bis 4,50 m hohe Strauch hat nadelartige Blätter und kleine, dichte Büschel von weißen, aromatisch duftenden Blüten, die sich im Sommer an den jungen Trieben entwickeln. Westliches Australien.

Hakenkaktus → Hamatocactus

Hamatocactus CACTACEAE Hakenkaktus

Kugelige oder etwas verlängerte, vielrippige Pflanze mit hakigem Mitteldorn. Die trichterförmigen oder röhrigen Blüten entwickeln sich zu kleinen roten Früchten. Für die Pflege gilt, was in der Einführung über Erdkakteen gesagt wurde. Sie vertragen volles Sonnenlicht oder leichte Beschattung. Im Winter ist die Mindesttemperatur 4 °C. Neue Pflanzen zieht man aus Samen oder Ablegern.

hamatacanthus
Der Pflanzenkörper ist in der Jugend kugelig, 10 bis 15 cm im Durchmesser und wird im Alter bis zu 60 cm hoch. Er ist dunkelgrün und hat bis zu 13 Rippen, die durch tiefe Rillen voneinander getrennt sind. Die gelblich-weißen Areolen haben 9 bis 12 radiale und 1 bis 4 mittlere Dornen, von denen der unterste bis zu 11 cm lang und an der Spitze nach unten gebogen ist. Die Dornen sind alle rot und werden später weiß. Die gelben Blüten haben im Innern einen roten Hauch. Außen sind sie braungrün. Sie sind bis 8 cm breit und blühen den ganzen Sommer über. Texas, Neumexiko.

setispinus
Bemerkenswert für die Art sind die reizvollen Dornen und die Blühfreudigkeit. Die kreisrunden Sprosse, die im Alter länglich werden, haben 13 bis 15 gewellte Rippen. An den wolligen, weißen Areolen stehen 11 bis 15 weißliche oder bräunliche Dornen von etwa 3 cm Länge, außerdem bis zu 3 mittlere Dornen, die länger, dicker und an der Spitze hakenförmig umgebogen sind. Die gelben, aromatischen Blüten haben ein intensiv scharlachrotes Inneres; sie sind etwa 7 cm lang und folgen rasch aufeinander. Mexiko.

Hammerstrauch → Cestrum

Hardenbergia LEGUMINOSAE

Gattung von immergrünen Kletterpflanzen mit zwei- und dreifarbigen, schmetterlingsförmigen Blüten. Man kann sie an Gittern oder Drähten, in Töpfen oder im Beet emporranken lassen. Sie bevorzugen ein temperiertes Gewächshaus, wo sie bei heißer Sonne im Schatten stehen müssen. Vermehrung durch Samen oder Stecklinge im Sommer.

comptoniana
Die hübsche, immergrüne Kletterpflanze kann über 2 m hoch werden. Die Blätter bestehen aus 3 oder 5 kleineren Fiederblättchen. Bei den purpurblauen Blüten zeigt sich am Grunde der Blütenblätter eine grünlich-weiße Zeichnung. Man sieht die Blüten von Januar bis April in Büscheln von 7 bis 15 cm in den Blattachseln und an den Triebspitzen. Westliches Australien.

violacea
Die rankende oder kletternde, immergrüne Art hat ungeteilte Blätter und Büschel von violetten Blüten, die eine gelbe Zeichnung aufweisen. Sie blühen im März und April. Australien.

Harfenstrauch → Plectranthus

Haworthia LILIACEAE Haworthie

Dicke, grüne, meist weiß gezeichnete Blätter bilden eine hübsche Rosette. Im Sommer zeigen sich Trauben von schlanken, verzweigten, grünlich-weißen, krugförmigen Blüten. Diese sind sehr klein und unansehnlich. Was die Pflege anbelangt, so vergleiche man, was in der Einführung über Erdkakteen gesagt ist. Die Pflanzen gedeihen im vollen Sonnenlicht oder leichten Schatten. Im Frühjahr und Sommer gießt man reichlich, im Herbst weniger und im Winter überhaupt nicht. Die Mindesttemperatur im Winter beträgt 4 °C. Neue Pflanzen gewinnt man aus Seitensprossen oder Samen, den man im Frühjahr bei mäßiger Wärme aussät.

attenuata
Ihre hübschen Blätter sind oberseits mit verstreuten, weißen Wärzchen gezeichnet, die unterseits quer angeordnet sind. Die an der Basis dicken und sich verjüngenden Blätter sind rosettig angeordnet. Der Durchmesser der Rosette beträgt 5 bis 8 cm. Seitensprosse bilden sich leicht. Im Sommer entstehen unbedeutende Blüten. Es gibt alle möglichen Abarten, die zum Teil mit Namen versehen wurden. Südafrika. **263**

margaritifera
Schmale, sich verjüngende Blätter bilden eine große Rosette von unterschiedlicher Breite und etwa 7,5 cm Höhe. Sie sind reizvoll mit weißen Wärzchen verziert. Vom Frühsommer bis in den Herbst grünlich-weiße, glockenförmige Blüten in lockerer Anordnung. Seitensprosse bilden sich leicht. Südafrika.

truncata
Die dunklen, aufgerichteten Blätter bilden eine stammlose Rosette von unterschiedlicher Breite und 2 bis 5 cm Höhe. Die Blätter

sind zylindrisch; sie sehen aus, als wären sie an der Spitze abgeschnitten. Die Spitze ist durchsichtig und bildet eine Art Fenster, durch welches die Pflanze in der trockenen Jahreszeit Licht bekommt. Zu dieser Zeit ist sie nämlich in ihrer Heimat fast ganz im Sand vergraben. Im Sommer erblühen grünlich-weiße Blüten. Südafrika.

Hedera ARALIACEAE Zierefeu, Zimmerefeu

Eine Gattung von sehr geschätzten, immergrünen Kletterpflanzen, aus denen viele dekorative Züchtungen entstanden sind. Sie sind dankbare Topfpflanzen, wenn man sie in lehm- oder torfhaltiger Erde hält und ihnen zum Klettern eine Stütze gibt. Man kann sie auch als Hängepflanzen behandeln. Im Sommer schützt man sie vor direkter Sonneneinstrahlung. Ein kühler Raum ist ihnen im Winter angenehm.

canariensis   Kanarischer Efeu
Eine hübsche Art mit 12 bis 20 cm großen, ledrigen Blättern, die etwas runder als beim Großblättrigen Efeu, *H. helix*, sind. Kanarische Inseln.
'Variegata' (syn. 'Gloire de Marengo') ist eine hübsche Form mit dunklen, glänzend grünen Blättern, die kremig-weiß gezeichnet sind und einen ebensolchen Rand haben. **264**

helix   Großblättriger Zierefeu
Von dieser bekannten Art stammen eine Menge mit Namen versehene Züchtungen ab, von denen hier einige genannt werden. Europa.
'Buttercup' syn. 'Golden Cloud' oder 'Russel's Gold', eine sehr hübsche, golden gefärbte Zuchtform;
'Chicago' mit kleinen, dunkelgrünen Blättern die purpurne bis bronzene Zeichnungen aufweisen;
'Digitata', die breiten Blätter sind in 5 fingerartige Lappen unterteilt;
'Discolor', eine kleine, hübsche Pflanze mit dunkelgrünen Blättern, die kremig, manchmal auch mit einem rosaroten Anhauch, marmoriert sind;
'Eva', eine untersetzte Zwergform mit spitzen, dreifach gelappten Blättern, die einen breiten, weißen Saum haben;
'Glacier', die kleinen Blätter haben einen silbernen Schimmer und einen breiten, weißen Rand; **265**
'Gold Heart' syn. 'Jubilee', hat hübsche, sich verjüngende Blätter mit einem goldenen Klecks auf dunkelgrünem Hintergrund; **266**
'Green Ripple' mit ausgezackten Lappen, von denen sich der mittlere zu einer Spitze verjüngt;
'Lutzii', mit marmorierten Blättern; **267**
'Sagittifolia', pfeilförmige Blätter, deren mittlerer Lappen lang und dreieckig ist;
'Tricolor', mit kleinen, graugrünen Blättern, die mit einem weißen Rand versehen sind; er wird im Herbst und Winter rosa.

Hedychium ZINGIBERACEAE

Aufrecht stehende, unverzweigte, krautige und ausdauernde Pflanzen mit Sprossen, die jährlich aus einem dicken, kriechenden Wurzelstock wachsen. Jeder Sproß hat zwei Reihen von schmalen Blättern und endet in einer dichten Ähre von etwas orchideenartigen Blüten. Man zieht sie am besten im Beet in einem temperierten Gewächshaus; sie nehmen jedoch auch mit Kübeln vorlieb. Sie gedeihen in nährstoffhaltiger Erde und sollten bei heißer Sommersonne in den Schatten gestellt werden. Im Sommer gießt man reichlich; im Winter dagegen hält man die Pflanze lediglich feucht. Vermehrung im Frühjahr durch Teilung und Aussaat.

coccineum
Eine 1,20 m hohe Art mit schmalen, 45 cm langen und 4 bis 5 cm breiten Blättern, die an ihrer Basis eng am Sproß anliegen. Von Juli bis September werden die Sprosse von Ähren mit orange-roten Blüten gekrönt; die schlanken langen Staubblätter werden viel länger als die 5 cm großen Blüten und ragen weit aus ihnen heraus. Indien, Birma, Ceylon. **268**

coronarium
Eine gut duftende Art, die 1,80 m hoch wird und schmale, 60 cm lange Blätter hat. Sie sind oberseits mittelgrün und unterseits behaart. Die rein weißen Blüten stehen in 20 cm langen Ähren. Gelegentlich ist ihre Lippe mit einer gelben Zeichnung versehen. Indien.

flavum
Eine gelb blühende Art, deren 50 cm lange mittelgrüne Blätter an einem 1,5 m hohen Sproß stehen. Die 8 cm langen, duftenden Blüten haben in der Mitte orangefarbene Zeichnungen und öffnen sich von Juli bis September. Nordindien.

gardnerianum
Besonders schöne Art, vor allem wegen ihrer roten Staubfäden, die weit über die gelben Blütenblätter hinausragen. Die 30 cm langen, lanzettlichen Blätter sind oberseits mittelgrün, unterseits flaumig-weiß und stehen an einem 1,80 m langen steifen Sproß. Blüte von Juli bis September. Indien. **269**

Heeria elegans → Schizocentron elegans

Heliocereus CACTACEAE

Sieht dornigen Blattkakteen etwas ähnlich; die gewöhnlich viereckigen Pflanzenkörper erreichen bis 1 m Höhe. An den Kerbungen der Rippen sind Areolen. Die Pflanzen können verzweigt, aufrecht oder hängend sein. Büschel von 5 bis 8 hübschen, gelblich-braunen Dornen stehen an den in 2 bis 3 cm Abstand befindlichen Areolen. Wurzelt sehr leicht an den Zweigspitzen an (wie der Brombeerstrauch). Die Blüten sind 15 bis 18 cm lang, 7 bis 10 cm breit (manchmal noch breiter), einzelstehend und blühen 2 bis 3 Tage lang. Sehr eindrucksvoll. Die Pflege erfolgt wie bei den epiphytischen Kakteen (siehe Einleitung). Braucht im Winter mindestens 4 °C. Vermehrung durch Stecklinge oder Samen. Wahrscheinlich die Mutterpflanze vieler hybrider, blütentragender Kakteen.

amecamensis
Weist große Ähnlichkeit mit *H. speciosus* auf, hat aber weiße Blüten. Wahrscheinlich eine wilde Spielart jener Spezies.

cinnabarinus
Auffällige Blüten, 5 bis 6 cm breit und 9 bis 15 cm lang, mit grünen äußeren Blütenblättern und zinnoberroten inneren, die im Frühsommer erscheinen. Die tiefgerippten, aufrechten oder schlaffen und ausladenden Körper haben um die Areolen herum bis zu 10 gelbliche Dornen. Guatemala.

speciosus
Die gebogenen oder herabhängenden, manchmal kriechenden Sprosse sind gewöhnlich 2 bis 4 cm dick, in der Jugend rötlich, später dunkelgrün, bis 1 m hoch, mit 3 bis 4 Rippen. Die eindrucksvollen, trichterförmigen, scharlachroten, bläulich schimmernden Blüten erscheinen im späten Frühjahr und sind ca. 15 bis 20 cm lang. Langlebige Art, die oft mit Blattkakteen gekreuzt wird, um neue Farbschattierungen zu züchten. Mexiko, Zentralamerika. **270**

Hellotropium BORAGINACEAE Heliotrop

arborescens ✽
Beliebte, stark duftende Zimmerpflanze, die auch im temperierten Gewächshaus gehalten werden kann. Sie hat dunkel- bis mittelgrüne, eiförmige Blätter, die dicht geädert und runzlig sind. Die dichten flachen Blütenbüschel können einen Durchmesser von 15 cm erreichen und sind lavendelrosa bis violett. Auch weiße Formen werden gezüchtet. Hauptblütezeit Sommer und Frühherbst, aber auch zu anderen Jahreszeiten erscheinen Blüten. Man setzt sie in nährstoffhaltige Blumenerde, verwendet 10 bis 15 cm-Töpfe und sorgt für Wärme, um die Blüte zu stimulieren. Vor praller Sonne schützen und feucht halten. Am besten vertopft man sie jedes Jahr im Frühling. Vermehrung durch Kopfstecklinge im Herbst oder Anfang Frühjahr. Wird in mehreren Sorten angeboten. **271**

Helxine soleirolii → Soleirolia soleirolii

Heterocentron MELASTOMATACEAE

roseum ✽
30 cm hoher Strauch fürs Warmhaus, mit ganzrandigen, elliptischen Blättern, die oberseits etwas rauh sind. Sie tragen im Herbst endständige Büschel von 2 bis 3 cm großen, leuchtend rosapurpurnen Blüten mit 4 Blütenblättern. Braucht im Winter Wärme. Man zieht ihn in handelsüblicher Erde. Vermehrung durch im Februar oder März gewonnene Stecklinge. Mexiko.

Hibbertia DILLENIACEAE

Immergrüne blühende Kletterpflanzen von kräftigem Wuchs. Geeignet für ungeheizte Treibhäuser. Man zieht sie am besten in einem Beet mit Rohr- oder Drahtgestell; sie gedeihen aber auch in Kübeln oder großen Töpfen mit lehmhaltiger Erde. Bei sehr starker Sonne muß für Beschattung gesorgt werden. Vermehrung im Sommer durch Kopfstecklinge.

dentata ✽
In der Jugend mit seidenhaarigen, eiförmigen, leicht gezähnten, 4 bis 7 cm langen Blättern und attraktiven, 2 bis 4 cm breiten goldgelben Blüten, die aus weit auseinanderliegenden, leicht gefalteten Blütenblättern bestehen. Die Blüten stehen einzeln an kurzen Stielen in den Blattachseln. Blütezeit Frühling bis Sommer. Australien.

scandens (syn. **H. volubilis**) ✽ ♠
Wenn man ihn ganz auswachsen läßt, kann dieser Strauch 10 m und sogar höher werden. Wenn man ihn jedoch stets gut stutzt, kann man ihn auf eine Höhe von 1 m oder etwas darüber beschränken, ohne daß er Schaden nimmt. Die dunkelgrünen, eiförmigen Blätter werden 10 cm lang; sie sind oberseits glänzend, unterseits seidig behaart. Die prächtigen Blüten von 5 cm Durchmesser haben Blütenblätter mit weiten Abständen, zwischen denen die 2 bis 3 cm großen, grünen, zugespitzten Kelchblätter zu sehen sind. Blütezeit im Sommer. Australien.

Hibiscus MALVACEAE Eibisch

Eine wegen der farbenprächtigen Blüten bekannte Gattung. Die Sträucher sind immergrün und haben trichter- oder trompetenförmige Blüten in allen Farben und Größen. Obwohl sie im Lauf der Zeit zu großen Büschen werden, kann man sie auch bereits im kleinen Zustand zur Blüte bringen, so daß sie insgesamt als gute Topf- oder Kübelpflanzen gelten dürfen. Man verwendet nährstoffhaltige Erde und hält die Pflanzen im temperierten Gewächshaus oder Warmhaus. Vermehrung durch Stecklinge im Sommer.

× archeri (*H. rosa-sinensis* × *H. schizopetalus*) ✽
Hybridform, die dem *H. rosa-sinensis* im Aussehen sehr ähnelt, aber dunklere rote, im August und September erscheinende Blüten hat. Aufrechter, buschiger Strauch, bis 1,80 m hoch.

mutabilis ✽
Eine ungewöhnliche Art mit einzelstehenden, 10 cm großen Blüten, die im Laufe des Tages ihre Farbe ändern, beginnend am Morgen mit einem ganz blassen Rosa, und endend mit rot am Abend. Die Blüten erscheinen im August und September in dauernder Folge. Der Strauch wird 2 m und höher; seine Blätter sind herzförmig, mittelgrün und leicht behaart. Als Topfpflanze läßt er sich bis etwa 90 cm Höhe ziehen. China.

rosa-sinensis Chinesischer Roseneibisch, Chinarose ✽
Äußerst attraktiver, bis über 1,80 cm hoher Strauch, mit eiförmigen, dunkelgrünen, glänzenden, schwach gezähnten Blättern. Das Laub bildet einen ausgezeichneten Hintergrund für die verschwenderische Fülle von 12 cm großen, dunkelkarminroten, einzelnen Blüten, jede mit einer großen Zahl langer roter Staubfäden in der Mitte und gelben Staubbeuteln. Sie erscheinen von Juni bis September. **272** Viele Sorten aus Kreuzungen sind im Handel; sie haben doppelte oder einfache Blüten mit gelben, rosa oder lachsroten Blütenblättern. China.
'Apricot', aprikosengelb mit einem großen karminroten Auge;
'Cooperi' hat farbenprächtige cremeweiße und dunkelrote Blätter sowie etwas kleinere Büten;
'Hubba', leuchtend rosa, mit zurückgebogenen, gewelltrandigen Blütenblättern;
'Miss Betty', große, einzelne, blaßgelbe Blüten; **273**
'The President', kirschrote, stark gewellte Blütenblätter und gelbe Staubfäden; **274**
'Veronica', weiß geäderte, gelbe Blütenblätter, rosig-malvenfarben übergossen, mit purpurfarbenem Auge; **275**

schizopetalus ✽
Die sehr hübsche, hochgewachsene Pflanze hat hängende Zweige mit eiförmigen, gezähnten, glänzenden, grünen Blättern und kleinen Büscheln von leuchtend orange-roten Blättern, die an langen, schlanken Stielen hängen. Jede Einzelblüte hat 8 cm Durchmesser und tief eingeschnittene feuerrote Blütenblätter und Staubblätter, die säulenartig weit über die Blütenblätter hinausragen. Die Staubblätter werden 12 cm lang und sind miteinander verwachsen. Blüte im August und September. Tropisches Afrika.

waimeae ✽
Hochwüchsige Art mit bunten Zweigen, die zunächst stumpf purpurfarben sind und später grau werden. Die breiten, eiförmigen bis runden Blätter werden bis zu 20 cm lang; sie sind oberseits glatt und unterseits weich behaart. Die einzeln stehenden Blüten sind weiß und haben 11 cm lange, ausgebreitete Blütenblätter und eine auffallende, lange Röhre, die aus den verwachsenen, roten Staubblättern besteht. Sie sind über 15 cm lang und erscheinen im Herbst. Hawaii. **161, 276**

Hippeastrum AMARYLLIDACEAE Ritterstern

Die interessanten Zwiebelpflanzen haben lilienartige Blüten. Sie eignen sich gut für die Haltung im Zimmer und fürs temperierte Gewächshaus. Die dunkelgrünen Blätter sind lang und linealisch. Die Blütenstengel sind dick. Bei vielen Arten öffnen sich die Blüten erst dann, wenn die Blätter abgestorben sind. Die Zwie-

HOL

beln pflanzt man einzeln in nährstoffhaltige Erde, wobei die obere Hälfte der Zwiebel aus der Erde ragt. Bis die Blätter absterben, hält man die Pflanze feucht. Im März vermehrt man sie durch Samen oder Brutzwiebeln. Viele verbreitete Pflanzen sind Hybriden. Sie haben große, trompetenförmige Blüten, deren Farbe von weiß über karminrot bis dunkelrot reicht. Manchmal sind sie andersfarbig gestreift. **277**

Einige als »Amaryllis« erhältliche empfehlenswerte Sorten sind:
'American Express', karmin-scharlachrot mit seidigem Schimmer;
'Bouquet', lachsfarben mit roter Äderung und rotem Flecken;
'Candy Cane', weiß, geädert und manchmal rötlich schimmernd;
'Jenny Lind', mit großen, kirschroten Blüten; **278**
'Nivalis', rein weiß und im Innern gelb; **279**

× ackermannii
Eine Hybride mit dunkelroten, trompetenförmigen Blüten von 12 bis 15 cm Länge. Sie blühen im Winter und Frühling an 45 bis 60 cm langen Stengeln.

aulicum
Die 40 cm langen Blütenstiele tragen 2 bis 4 Blüten, von denen jede 12 bis 15 cm lang ist. Die Blüten sind kräftig rot und werden nach innen zu dunkler. Die Blütenblätter sind am Grunde grün. Die Blüten erscheinen im Winter. Brasilien. **280**

candidum
Die sommerblühende Art hat 60 bis 90 cm lange Blütenschäfte mit ein oder zwei hängenden, weißen Blüten mit gelbem oder grünem Schimmer. Sie duften sehr aromatisch. Die langen, schmalen Blätter erscheinen mit den Blüten. Argentinien.

equestre
Die 45 bis 75 cm hohe Art hat lange Blätter, die sich nach dem Absterben der Blüten entwickeln. Die Blüten stehen in Gruppen von 2 bis 4 an langen Schäften. Sie sind 10 bis 12 cm im Durchmesser und von manchmal unterschiedlicher Färbung. Meist sind sie rot mit einem grünem Schimmer. Die Blüten zeigen sich im Winter und im Frühjahr. Bei den vielen Sorten handelt es sich meist um Hybriden. Südamerika.
'Fulgidum', hell orange mit eckigen Blütenblättern;
'Splendens', rote Blüten, die größer sind als bei der Art.

× johnsonii (H. reginae × H. vittatum)
Die widerstandsfähige Pflanze hat große, dunkelrote Blüten. Die 6 Blütenblätter zeigen in ihrer Mitte jeweils einen weißen Strich. Sie ist sehr blühwillig und ist fürs Gewächshaus oder fürs Fenster ein dekorativer Schmuck. **281**

reticulatum
Die 30 cm langen Blätter zeigen in der Mitte einen hellen, weißen Streifen. Die 8 cm großen, matt rosa und weißen Blüten haben eine rote Äderung. Sie entwickeln sich zu 5 oder 6 im Herbst an langen Blütenschäften. Die Art ist sehr wärmeliebend. Brasilien.

rutilum
Die 7 bis 10 cm großen, leuchtend karminroten Blüten zeigen einen grünen Schimmer oder sind grün gestreift. Sie blühen im Frühling an 30 cm langen Stielen zu 2 bis 4. Venezuela, Brasilien.

vittatum
Vor den Blüten erscheinen die 6 bis 8 30 cm langen, leuchtend grünen Blätter. Die Blüten sind 10 bis 12 cm im Durchmesser und weiß mit roten Streifen. Sie stehen an 90 cm langen Schäften in Gruppen von 3 bis 6 Blüten. Peru.

Hirschzunge → Phyllitis

Hirschzungenkaktus → Gasteria verrucosa
Hohlnarbe → Coelogyne

Holmskioldia VERBENACEAE

sanguinea
Der wuchernde Strauch kann bis zu 9 m hoch werden. Zu Hause hält man ihn gewöhnlich niedriger als 1,80 m. Er hat 10 cm große, immergrüne, eiförmige Blätter mit schlanker Spitze und Quirlen von scharlachroten, röhrigen Blüten, die sich von der Mitte des fast kreisrunden Kelches aus entwickeln. Der Kelch ist flach und rötlich. Die Pflanze bevorzugt das Warmhaus und sollte durch Stecklinge vermehrt werden. Indien.

Honigstrauch → Melianthus
Hornklee → Lotus
Hortensie → Hydrangea

Howeia (syn. Kentia) PALMAE

Zu dieser Gattung von Palmen gehören nur zwei Arten, die beide dekorative Topf- und Kübelpflanzen und ein schöner Schmuck fürs Haus sind, sich aber auch fürs Gewächshaus eignen. Wildwachsend können sie mehr als 18 m hoch werden, in Kultur hält man sie gewöhnlich niedriger als 3 m. Man setzt sie in humus- und lehmhaltige Erde an einen Platz mit gutem Licht. Im Sommer sollte man für Beschattung sorgen. Jedes zweite Jahr setzt man die Pflanze um. Vermehrung durch Samen bei großer Wärme.

belmoreana Kentiapalme
Die hübschen Blätter bestehen aus vielen, langen, mit einer schlanken Spitze versehenen, nach oben gebogenen Fiederblättchen, die dem Blatt ein gefiedertes Aussehen geben. Die steifen, rötlichen Stiele sind in der Jugend aufgerichtet und im Alter gebogen, so daß sie schließlich mit der Spitze nach unten hängen. Lord Howe Island (Australien).

forsteriana
Vieles hat diese Pflanze mit *H. belmoreana* gemeinsam; die Blattwedel sind jedoch in der Jugend aufgerichteter; dadurch wirkt die Pflanze dichter. Lord Howe Island (Australien).

Hoya ASCLEPIADACEAE Wachsblume

Immergrüne, kletternde oder kriechende Pflanzen mit biegsamen Zweigen und ledrigen oder fleischigen, glänzenden Blättern. Die sternförmigen Blüten stehen in Büscheln und sind wächsern. Sie eignen sich gut als Zimmer- oder Gewächshauspflanzen und sollten eine Stütze haben. Man setzt sie in humus- und lehmhaltige Erde und sorgt bei heißer Sonne für Schatten. Im Sommer brauchen sie Luftfeuchtigkeit; sie können aber kühler und trockener überwintern. Vermehrung durch Stecklinge im Sommer.

bella Zwergwachsblume
Eine ausgebreitete, strauchartige Zwergform mit hängenden Zweigen. Sie eignet sich gut für Hängekörbchen. Die kleinen, dunkelgrünen Blätter sind schmal, eiförmig und zeigen manchmal weiße Flecken. Die aromatischen, weißen Blüten sind in der Mitte purpurrot und stehen in breiten Büscheln in den Blattachseln. Blütezeit von Mai bis September. Indien. **282**

carnosa Fleischige Wachsblume
Die dankbare Zimmerpflanze hat mittelgrüne, fleischige Blätter an langen Zweigen, die mit Hilfe von Luftwurzeln klettern. Die

Blüten sind weißrosa und zeigen in der Mitte eine rote, sternförmige Zeichnung. Sie duften und blühen von Mai bis September. Queensland (Australien). **283**
'Variegata', eine hübsche Form mit blaugrünen Blättern, die einen kremig-weißen Rand haben und rötlich schimmern.

imperialis ✽ ♦
Die kräftige Kletterpflanze liebt das Warmhaus. Ihre Blätter sind 15 bis 22 cm groß, glänzend, und dennoch filzig. Die großen, rötlichbraunen Blüten sind im Innern weiß und erscheinen in hängenden Trugdolden im Sommer. Borneo.

Humea COMPOSITAE

elegans ✽
Die zweijährige Pflanze bevorzugt das temperierte Gewächshaus. Sie wird 1,50 bis 1,80 m hoch und hat große, eiförmige bis lanzettliche, klebrige Blätter und reizvolle, herabhängende Rispen von winzigen, rosaroten, glänzend roten oder braunroten Blüten, die von Juli bis Oktober blühen. Samen sollte im Juli ausgesät werden. Die Sämlinge setzt man so früh wie möglich in kleine Töpfe mit nährstoffhaltiger Erde. Man topft die Pflanzen wegen ihrer starken Wurzelentwicklung regelmäßig um.

Hyacinthus LILIACEAE Hyazinthe

orientalis Hyazinthe ✽
Eine beliebte, winterharte Zwiebelpflanze, die sich im Gewächshaus und im Zimmer wohl fühlt. Sie hat mehrere, schmale, glänzend grüne Blätter und dichte, längliche Trauben mit stark duftenden, wächsernen Blütenglöckchen. Die Größe der Blütentraube und Blüten kann verschieden sein. Eine Traube wird z. B. zwischen 10 und 20 cm lang. Will man sie im Zimmer züchten, so pflanzt man die Zwiebeln im September in Schalen oder Töpfe mit nährstoffhaltiger Erde oder einer Torfmischung. Die Pflanze muß so eingetopft werden, daß gerade die Spitze der Zwiebel aus dem Boden ragt. Die frisch eingepflanzten Zwiebeln stellt man in einen kühlen Keller oder bedeckt sie mit Sand oder Erde. Im Dezember oder wenn die Triebe 5 bis 8 cm lang sind, stellt man den Topf in einen kühlen Raum oder in ein Gewächshaus, das gut durchlüftet ist. Man achtet darauf, daß die Erde nicht austrocknet. Anfangs Frühling blüht die Pflanze. Wenn man schon im Dezember blühende Hyazinthen wünscht, so muß man sogenannte präparierte Zwiebeln kaufen. Osteuropa. **284**
Unter den vielen Sorten sind zu empfehlen:
'Amethyst', violett-malvenfarben;
'City of Haarlem', blaßgelb mit langen Blütenähren;
'Eros', große, leuchtend rosa, eng stehende Glocken; **285**
'King of the Blues', dunkelblau, groß;
'Lady Derby', blaßrosa, groß;
'La Victoire', leuchtend rot;
'L'Innocence', rein weiß, groß;
'Ostara', leuchtend blau;
'Perle Brillante', außen blau und innen heller; **286**
'Rosalie', hellrosa;
'Victory', leuchtend karminrot;
'Yellow Hammer', goldgelb.

Hydrangea SAXIFRAGACEAE Hortensie

macrophylla Gartenhortensie ✽
Die beliebte und weit verbreitete Hortensie ist ein Strauch, der im Zimmer oft in Töpfen gezogen wird. Sie hat breite, eiförmige, stark geäderte Blätter und große, flache oder gewölbte Blütenköpfe, deren Farbe von rosa, rot, blau, purpurn bis weiß reicht. Die wildwachsende Art hat Blütenköpfe mit vielen kleinen, grünlichen oder bläulichen, sternförmigen Teilblüten, die von viel größeren, bunteren, unfruchtbaren Blüten umgeben sind. Von der Art gibt es verschiedene Züchtungen. Die Gruppe mit gefüllten Blüten ist die in Garten und Haus übliche. Bei ihr sind die Blütenköpfe gewölbt und bestehen fast zur Gänze aus unfruchtbaren Teilblüten; nur einige wenige, fruchtbare Blüten verbergen sich darunter. Man hält sie im temperierten Gewächshaus oder Zimmer und stellt sie bei heißer Sonne in den Schatten. Nach der Blüte stellt man die Pflanze ins Freie und schlägt sie am besten in Erde ein. Sie sollte feucht gehalten werden. Die Blütenzweige schneidet man zurück und topft die Pflanze jährlich um. Im Frühjahr oder im Spätsommer läßt sie sich durch Stecklinge vermehren; sobald sie Wurzeln ausgebildet hat, setzt man sie in einen Topf, wobei man eine handelsübliche Torfmischung oder eine humus- und lehmhaltige Mischung ohne Kalk verwendet, wenn man schöne, blaue Blüten erhalten will. Die Erde soll einen ph-Gehalt von 5,5 bis 6 vorweisen. Will man rosa oder rote Sorten blau färben, muß die Erde saurer sein (ph 4 bis 4,5). Japan. **287**
Hier eine Sortenauswahl ohne Anspruch auf Vollständigkeit:
'Altona', rosarot, groß;
'Hamburg', rosa, **288**
'La France', rosa oder blau;
'Miss Belgium', rot, eine Zwergform;
'Niedersachsen', rosa oder purburblau; **289**
'Souvenir de Madame E. Chautard', blaß rosa, malvenfarben oder blau und dicht.

Hydrocleys LIMNOCHARITACEAE Wassermohn

nymphoides ✽ ♦
Eine schöne, tropische Wasserpflanze, die sich gut für Aquarien oder Wasserkübel eignet. Sie hat 5 bis 8 cm große, glänzend grüne, rundliche, lederige Blätter mit schwammigem Gewebe, so daß sie schwimmen können. Die großen, einzeln stehenden Blüten sind gelb, mohnartig und erblühen im Mai eine nach der anderen. Die Stengel entwickeln beim Wachsen Wurzeln. Die Vermehrung durch Teilung (Abtrennen der Adventivsprosse) ist sehr einfach.

Hydrosme rivieri → Amorphophallus rivieri

Hylocereus CACTACEAE Waldcereus

Diese Kletterpflanzen wachsen meist epiphytisch und halten sich mit Luftwurzeln an den Bäumen fest. Die Triebe zeigen gewöhnlich 3 Kanten. Die großen, weißen und oft an der Außenseite purpurnen Blüten erblühen bei Nacht. Für die Pflege gilt, was in der Einführung über die epiphytischen Kakteen gesagt wurde. Sie lieben leichten Schatten, brauchen im Sommer eine Menge Wasser und zum Blühen vor allem viel Wärme. Die Mindesttemperatur im Winter sollte 7 °C betragen. Die Vermehrung erfolgt durch Stecklinge.

undatus (syn. Cereus triangularis) ✽ ♦
Die dunkelgrünen, dreikantigen Triebe haben einen Durchmesser von 5 cm. Sie sind bis zu 45 cm lang, aufgerichtet oder nach unten hängend und weit verzweigt. Die Dornen sind sehr kurz und unauffällig. Die trichterförmigen Blüten werden bis zu 30 cm lang; sie erscheinen im Spätsommer. Die Art wird oft als Unterlage beim Pfropfen verwendet; dabei legt man dann keinen Wert auf die Blüten und es genügt eine winterliche Mindesttemperatur von 4 °C. Westindische Inseln.

HYM

Hymenocallis AMARYLLIDACEAE

Eine hübsche Gattung von Zwiebelpflanzen, der es am besten in Töpfen im Gewächshaus gefällt. Sie hat lange, gestreifte und geschwungene Blätter. Das Innere der aromatischen Blüten ist trompetenförmig und ist von ausgebreiteten, schmalen Blütenblättern umgeben. Die Blüten stehen an dicken Schäften. Man gibt die Zwiebeln in lehmhaltige Erde aus der sie oben herausschauen. Während der Wachstumszeit gießt man tüchtig. Im Sommer brauchen die Pflanzen Schatten. Man sollte sie alle zwei oder drei Jahre im Frühjahr umsetzen. Vermehrung durch Abtrennen der Brutzwiebeln beim Umtopfen.

amancaes ✼
Die 60 cm hoch werdende Art hat netzartig geäderte Blätter, die die untere Hälfte des Schaftes eng umgeben. Sie hat 10 bis 12 cm große, gelbe oder gelbweiße, nickende Blüten, die am Grunde der Röhre grünlich sind. Sie stehen einzeln. Im Warmhaus blühen sie im April, an kühleren Standorten jedoch später. Chile.

americana → H. littoralis
calathina → H. narcissiflora

caribaea ✼
Die rein weißen Blüten sind 15 cm lang und haben lange, schmale, äußere Blütenblätter und in der Mitte eine gezähnte Röhre. Sie blühen im Sommer. Die 60 bis 90 cm langen Blätter sind linealisch und dunkelgrün. Westindische Inseln. **290**

× **festalis** (*H. calathina* × *Elisena longipetala*) ✼
Wuchskräftige Hybride mit 10 bis 12 cm großen, weißen Blüten mit gefranster Krone und langen, zurückgebogenen, schlanken Blütenblättern. Die Blüten entwickeln sich zwischen April und August, je nach den Temperaturverhältnissen ihrer Umgebung, an 45 cm langen Stielen.

harrisiana ✼
Eine kleine Art mit geschwungenen Blättern. An einem 45 cm langen Schaft entwickeln sich im Juni und Juli spinnenhafte, große, weiße Blüten von 15 bis 20 cm Durchmesser. Mexiko.

littoralis (syn. **H. americana**) ✼
Eine herrliche Art mit mehr als 90 cm langen Blättern. Die Blüte besteht aus einer trichterförmigen Krone, die von sehr langen, schlanken, herabhängenden Blütenblättern umgeben ist. Sie blühen im Mai. Südamerika. **291**

× **macrostephana** (*H. calathina* × *H. speciosa*) ✼
Eine Hybride mit 12 bis 18 cm großen, weißen, duftenden Blüten, die je nach Wärme zwischen April und August blühen. Die Röhre hat eine grüne Schattierung. Nördliches Südamerika, Mexiko, Guatemala.

narcissiflora (syn. **H. calathina**) ✼
Eine laubwerfende Art, die oft über 60 cm hoch wird. Die großen, 10 bis 15 cm Durchmesser erreichenden Blüten sind weiß mit grün angehauchter Röhre. Die Krone ist oben gezackt. Je nach Temperaturverhältnissen entwickeln sie sich zwischen März und Juli. Brasilien.

Hypocyrta GESNERIACEAE Kussmäulchen

Die hier genannten Arten sind langsamwüchsig und buschig; sie haben ganzrandige Blätter und beutelförmige Blüten. Die blasig aufgetriebenen Kronblätter sehen etwas aus wie ein zum Küssen gespitzter Mund. Sie eignen sich für ein warmes Gewächshaus mit hoher Luftfeuchtigkeit. Ausgeblühte Blütenstengel entfernt man, damit die Pflanze klein und buschig bleibt. Vermehrung durch Stecklinge.

glabra ✼ ◆
Eine unverzweigte Art mit einem aufgerichteten, purpurfarbenen, fleischigen Sproß und samten behaarten, glänzenden, eiförmigen Blättern. Die kleinen, aber reizvollen, leuchtend orangeroten Blüten, die im Juni und Juli erscheinen, sitzen in den Blattachseln. Südamerika. **295**

nummularia ✼ ◆
Die zarte, niedrige, kriechende Art hat eiförmige, behaarte Blätter an rot behaarten Stengeln. Die seltsamen Blüten besitzen eine lebhaft scharlachrote Röhre; der Beutel weist kleine, gelbe Lappen auf. Sie ist eine dankbare, sommerblühende Art, die sich für Ampeln eignet. Mexiko.

Hypoestes ACANTHACEAE

Eine Gattung von immergrünen Sträuchern und Halbsträuchern, die meist in den Tropen vorkommen und hoher Temperaturen bedürfen. Man setzt sie in lehm- oder torfhaltige Erde und vermehrt sie im Frühjahr durch junge Stecklinge, die Bodenwärme haben müssen.

sanguinolenta ✼ ◆
Eine kleine Art mit behaartem, 15 bis 30 cm hohem Sproß. Mit ihrem schönen Blattwerk bevorzugt sie das Warmhaus oder Zimmer. Die dunkelgrünen, rundlichen Blätter haben einen welligen Rand und sind rot geädert und gefleckt. Die blaßlila und weißen Blüten sind dunkel purpurn gezeichnet und bilden sich während des ganzen Sommers. Am besten gedeihen sie in einer handelsüblichen Erdmischung. Während des Sommers gießt man reichlich, im Winter hält man die Pflanze lediglich feucht. Die Vermehrung geschieht durch Stecklinge im Sommer. Madagaskar.

taeniata ✼
Die buschige, ausdauernde Art hat eiförmige oder längliche Blätter. An langen Stengeln stehen hoch über dem Blattwerk endständige Blütenbüschel. Die röhrigen Blüten sind matt purpurfarben und entwachsen einem Ring von rosa Brakteen. Die Blütezeit erstreckt sich vom Herbst bis in die frühen Winter hinein. Madagaskar. **292**

I

Iboza → Moschosma
Ife → Sansevieria cylindrica
Igelkaktus → Echinocactus
Igel-Säulenkaktus → Echinocereus

Illicium   MAGNOLIACEAE   Sternanis

Eine Gattung immergrüner Sträucher mit ganzrandigen, glänzenden, ledrigen Blättern und einzelnen Blüten wie kleine Magnolien, mit bis zu 30 Blütenblättern. Als fast völlig frostunempfindliche Pflanzen können sie im Kalthaus gezogen werden, am besten in kalkfreier Erde, obwohl sie etwas Kalk vertragen. Vermehrung durch Aussaat oder Stecklinge im Frühjahr oder Spätsommer.

anisatum   Japanischer Sternanis   ✼
Busch oder kleiner Baum mit eigenartig riechendem Holz und Laub; die Blätter sind schmal eiförmig und bis zu 10 cm lang. Die Blüten stehen einzeln oder zu zweien in den Blattachseln, jede 2 bis 4 cm im Durchmesser und mit bis zu 30 schmalen, blaß grüngelben Blütenblättern. Blütezeit Mai. Japan, Taiwan.

floridanum   ✼
2 bis 3 m hohe immergrüne Pflanze mit bis zu 15 cm langen, schmalen, sich verjüngenden Blättern und einzelnen Blüten, die an nickenden Stengeln stehen, einen Durchmesser von 5 cm aufweisen und 20 bis 30 purpurrote schmale Blütenblätter haben. Sie öffnen sich im Mai. Südosten der USA.

Immergrün → Catharanthus

Impatiens   BALSAMINACEAE   Springkraut, Balsamine

Eine Gattung von leicht sukkulenten, einjährigen und ausdauernden Pflanzen, geeignet für die Haltung im Gewächshaus und Zimmer. Sie haben einfache Blätter und Büschel von leuchtenden, tassenförmigen oder flachen, stiefmütterchenartigen Blüten mit langen Spornen. Diese Arten sollten in lehmhaltiger Blumenerde oder einer der handelsüblichen Erdmischungen wachsen und während der Wachstumsperiode gut gegossen werden. Vor direkter Sonne schützen. Vermehrung durch Aussaat im März; bei den ausdauernden Arten jederzeit durch Stecklinge.

balsamina   Gartenbalsamine   ✼
Buschig wachsende, einjährige Pflanze, gut geeignet für Topfhaltung. Sie hat lange, schmale, hellgrüne Blätter und 4 cm große rote Blüten mit einem umgebogenen Sporn. Gefülltblühende Namenssorten sind von dieser Art entwickelt worden. Malaysia. **293**

hawkeri   ✼
60 cm hohe ausdauernde Art mit dicht verzweigten, roten, sukkulenten Sprossen, die 12 cm lange, eiförmige Blätter und 7 bis 10 cm große, bronzerote Blüten mit cremeißen Zeichnungen und einem tiefroten Sporn tragen. Südostasien.

holstii → I. walleriana var. holstii

marianae   ✼ ◆
Einjährige, fast ausschließlich wegen ihres sehr hübschen Laubs gezogene Art. Die tiefgrünen, fleischigen Blätter haben bleichere, fast silbrige Zeichnungen zwischen den Adern. Die hellpurpurnen Blüten wachsen in kleinen, dichtstehenden Köpfchen und haben einen schlanken, gebogenen Sporn; sie öffnen sich im Juni. Assam (Indien).

oliveri   ✼
Große, ausdauernde, bis über 1 m erreichende Art mit langen, eiförmigen, mattgrünen, fleischigen Blättern von 15 bis 20 cm Länge. Die zartlila Blüten haben einen Durchmesser von bis zu 6 cm und einen langen schlanken Sporn. Vor allem für schattigere Plätze geeignet. Ostafrika.

petersiana → I. walleriana var. petersiana
sultani → I. walleriana var. sultani

walleriana var. holstii   Fleißiges Lieschen   ✼ ◆
Halbstrauch mit roten, sukkulenten Sprossen und grün oder braun getönten, eiförmigen Blättern. Die 2 bis 4 cm großen, leuchtend scharlachroten Blüten haben flache Blütenblätter und einen langen, abwärts gerichteten Sporn. Blütezeit April bis Oktober. Tropisches Afrika.

walleriana var. petersiana   ✼ ◆
Eine dicht verzweigte, buschige Art mit Stengeln und Laub von ganz ausgeprägter Farbgebung: ein dunkles, bronzegetöntes Rot. Die Blätter sind lang und elliptisch, die Blüten leuchtend rot, mit einem Durchmesser von 2 bis 4 cm und langen schlanken Sporen. Blüte von April bis Oktober. Westafrika. **294**

walleriana var. sultani   ✼
Vielverzweigte, ausdauernde Pflanze mit grünen fleischigen Stengeln und schmalen, elliptischen, an beiden Enden zugespitzten Blättern. Die großen flachen Blüten mit langem Sporn kommen in den Farben rot, orange und auch weiß vor, von April bis Oktober. Sansibar. **296**
'Variegata' mit weiß geränderten Blättern.

Indigofera   LEGUMINOSAE   Indigostrauch

pulchella   ✼
Zierlicher, 1,50 m hoher Strauch mit hübschen kleinen, elliptischen Blättchen. Die purpurroten und lila, erbsenförmigen Blüten stehen in aufrechten Trauben in den Blattachseln. Man hält ihn im Kalthaus oder temperierten Gewächshaus und schützt ihn vor praller Sonne. Bester Standort ist ein Gewächshausbeet, aber Kübel oder große Töpfe lassen sich auch verwenden. Die Vermehrung erfolgt durch Stockteilung im Sommer oder durch Aussaat im Frühjahr. Indien.

Iochroma   SOLANACEAE   Veilchenstrauch

Eine Gattung von ansehnlichen Sträuchern oder kleinen Bäumen mit dichtgedrängten, röhrigen Blüten. Gut fürs Beet oder große Töpfe im temperierten Gewächshaus. Man verwendet eine handelsübliche Erdmischung und lüftet die Pflanzen vor allem im Sommer reichlich. Während dieser Zeit sollte auch für etwas Beschattung gesorgt werden. Vermehrung im Sommer durch Stecklinge oder Samen.

coccineum   ✼
Scharlachblütiger Strauch; die kleinen Blüten hängen in Büscheln zu 8 oder mehr herab. Sie bestehen aus einer 4 bis 5 cm langen, sich etwa 2 cm weit öffnenden Röhre, die leicht gelappt und im Grund cremig-gelb ist. Die Blüten stehen am Ende von langen, flaumigen Zweigen mit 8 bis 12 cm langen, länglich eiförmigen,

zugespitzten Blättern. Die einfach zu ziehende Pflanze erreicht 1,20 m und mehr Höhe. Mittelamerika.

cyaneum (syn. **I. tubulosum**) ✽
1,20 bis 1,80 m hoher Strauch mit Büscheln von bis zu 20 tiefpurpurnen Blüten. Jede hat eine zylindrische, 4 cm lange Röhre, 5lappig, mit einem Durchmesser von gut 1 cm. Die im August blühenden Blüten sind schwach purpurn. Die Blätter sind länglich eiförmig, grau-grün und bis 12 cm lang. Tropisches Amerika.

grandiflorum ✽
Großer, flaumiger Strauch mit breit-eiförmigen, am Grund etwas herzförmigen, bis 12 cm langen Blättern. Die kräftig purpurnen Blüten, die in Büscheln am Ende der Triebe stehen, haben eine 4 cm lange Röhre, die aus 5 zugespitzten Blütenblättern besteht. Die Öffnung ist 3 cm breit. Blütezeit im Herbst. Ecuador, Peru.

Ipomoea CONVOLVULACEAE Prunkwinde

Eine prächtige Gattung von Kletterpflanzen mit großen Blüten, die sich frühmorgens öffnen und bald nach Mittag zu welken beginnen. Sie brauchen, um sich voll entwickeln zu können, irgendeine Art von Stütze. Man setzt die für die Topfhaltung gut geeigneten Pflanzen in nährstoffhaltige Blumenerde. Vermehrung im März und April durch Samen.

batatas Süßkartoffel, Batate ✽
Die durch ihre eßbaren Wurzelknollen bekannte Pflanze wird am besten in Hängekörben gezogen. Die Blätter sind dreieckig und gezähnt; die 5 cm großen trichterförmigen Blüten in den Farben purpurrot, rötlich bis weiß, wachsen in Rispen zu 3 oder 4 an langen Stielen. Indien.

biloba → **I. pes-caprae**

bonariensis ✽
Eine rankende Art mit purpurfarbenen Sprossen. Die Blätter sind am Grund herzförmig und in 3 bis 5 gerundete Lappen geteilt. Die rosapurpurnen Blüten, die sich im Sommer, eine nach der anderen, öffnen, stehen in Rispen zu 3 bis 7. Gewächshauspflanze. Argentinien.

horsfalliae ✽
Hübsche, immergrüne Kletterpflanze fürs Gewächshaus. Sie hat tief eingeschnittene, glänzende Blätter mit 5 stark zugespitzten Fiederblättchen sowie Büschel von großen, rosaroten, trompetenförmigen Blüten mit leicht zurückgebogenen Blütenblättern, die sich im Winter öffnen. Westindische Inseln.

pes-caprae (syn. **I. biloba**) ✽
Große, ausdauernde, am Boden wachsende oder kletternde, unbehaarte Pflanze mit breiten, 2-lappigen, fleischigen Blättern und 2 bis 5 cm großen, glockigen, rosa oder purpurnen Blüten, die einzeln, zu zweit oder zu dritt stehen. Tropen.

purpurea (syn. **Pharbitis purpurea**) ✽
Einjährige Kletterpflanze mit ganzrandigen, herzförmigen Blättern und schönen purpurroten Blüten von 7 cm Durchmesser. Sie sind zwar kurzlebig, aber die Pflanze trägt von Juli bis September ständig neue Blüten. Tropisches Amerika.
'Scarlet O'Hara', eine Form mit dunkelkarminroten Blüten. **297**

tricolor (syn. **I. rubro-coerulea, I. violacea**) ✽
Rankende Kletterpflanze mit dünnen Stengeln, die bis über 2,5 m lang werden können. Zwischen Juli und September trägt sie eine Fülle von zart blau-purpurnen Blüten, die sich jeden Morgen zu 12 cm Breite öffnen und während des Nachmittags absterben. Sie werden am nächsten Tag bereits durch neue ersetzt. Mexiko. **298**

Iresine AMARANTHACEAE Iresine

Eine Gattung von dekorativen Blattpflanzen; prächtige Topfpflanzen fürs Zimmer oder Gewächshaus. Sie sollten in lehmhaltiger Erde oder handelsüblicher Erdmischung gepflanzt werden und im Winter ziemlich trocken gehalten werden. Vermehrung durch Stecklinge im Frühjahr oder Herbst.

herbstii ♦
30 bis 45 cm hohe Pflanze mit leuchtend roten, verzweigten Sprossen sowie charakteristischen, runden bis herzförmigen Blättern, die an der Spitze gekerbt und oberseits purpurrot sind, unterseits mit helleren Adern und karminrot. In vollem Sonnenlicht entwickelt sie ihre Farben am besten. Südamerika.
'Aureireticulata' hat leuchtend grüne Blätter mit gelben Adern; die Sprossen sind dunkelrot.

lindenii ♦
Die Art hat schmälere Blätter als obige; sie sind lanzettlich und zugespitzt, kräftig dunkelrot mit einem helleren Streifen in der Mitte. Ecuador.
'Formosa' hat gelbe Blätter mit hellgrünen Zeichnungen; die Sprosse sind rot.

Isoloma → **Kohleria**

Ixia IRIDACEAE Klebschwertel

viridiflora ✽
Hübsche Zwiebelpflanze mit langen, steifen, grasartigen Blättern und hohen, drahtartigen Sprossen, die Ähren von Sternblüten tragen. Viele Kreuzungen sind im Handel. Die echte Art hat bis zu 45 cm lange Stiele mit grünlichen Blüten, die im Innern dunkler, fast bläulich werden. Die Hybriden sind gewöhnlich kräftiger, 45 cm hoch, und kommen in vielen Farben vor. **299**
Man hält sie in Töpfen mit lehmhaltiger Erde und gießt sie nur in der Wachstumsperiode. Vermehrung durch Nebenknollen oder durch Aussaat im März.
'Afterglow', außen zartrosa, innen orange-rehbraun, zur Mitte hin dunkelrot;
'Artemis', weiß, in der Mitte schwarz; die Rückseite der Blütenblätter ist karminrot;
'Blue Bird', weiß mit kräftig rotem Auge;
'Conqueror', mit dunkelrotem Auge, Rückseite karminrot;
'Rose Queen', die ganze Blüte zart rosarot;
'Venus', dunkelkarminrot mit noch dunklerem Auge.

Ixora RUBIACEAE Ixore

coccinea ✽
1 bis 1,20 m hoher, immergrüner Strauch mit länglich herzförmigen, ungestielten, ledrigen Blättern und Büscheln von schönen, leuchtend scharlachroten Blüten. Die Röhre ist annähernd 5 cm lang mit 4 ausgebreiteten, zugespitzten Zipfeln. Eine ganze Anzahl von Farbvarietäten sind gezüchtet worden. Prächtige Pflanze fürs Gewächshaus, am besten in Töpfen in einer lehm- oder torfhaltigen Erdmischung. Sie wird durch Stecklinge vermehrt. Indien.

J

Jacaranda BIGNONIACEAE

mimosifolia (syn. **J. ovalifolia**) Palisanderbaum ✽
Ein zum Teil immergrüner Zierstrauch oder -baum von manchmal mehr als 3 m Höhe und 45 cm großen, farnartigen Blättern. Blätter fein doppelt gefiedert mit 16 oder mehr Fiederpaaren, von denen jedes Fiederchen wiederum 14 bis 24 Blättchen auf jeder Seite trägt. Die auffallenden, blauen und hängenden Blüten stehen in 20 bis 30 cm großen, aufgerichteten Rispen. Sie blühen im Juni, entwickeln sich jedoch nur an großen Pflanzen. In der Jugend ist die kleine Pflanze ein dekorativer Schmuck fürs Zimmer, am besten gefällt es ihr jedoch im temperierten Gewächshaus- oder Warmhausbeet. Vermehrung im Sommer durch Stecklinge oder durch Aussaat. Brasilien.

Jacobinia ACANTHACEAE Jakobine

Eine Gattung von farbenfrohen, immergrünen Halbsträuchern mit zweilippigen, röhrigen Blüten und ganzen Blättern. Die meisten Arten blühen im Winter. Sehr gut entwickeln sie sich im Warmhaus. Sie müssen das ganze Jahr über feucht gehalten werden. Die Vermehrung erfolgt durch krautige Stecklinge am besten im April.

carnea ✽ ♦
Der Strauch kann 1,80 m hoch werden und hat dunkelgrüne, glänzende Blätter mit schlanken Spitzen. Die 10 bis 15 cm großen, dichten Blütenbüschel mit ihren karminroten Blüten entwickeln sich an den Spitzen der Triebe im August und September. Brasilien. **300.**

chrysostephana ✽ ♦
Der 1,20 m hohe Strauch hat lange, mittelgrüne, sich verjüngende Blätter mit unterseits auffallender, roter Äderung. Die gelben Blüten stehen in dichten, endständigen Ähren und erscheinen von November bis Februar. Mexiko.

coccinea (syn. **Pachystachys coccinea**) ✽
Im Februar entwickeln sich die leuchtend scharlachroten Blüten in dichten, 5 cm großen, an der Spitze des Stammes stehenden Ähren. Die Blätter sind elliptisch bis eiförmig und stehen an den Zweigen des 1,50 m hohen Strauchs. Brasilien. **301**

pauciflora (syn. **Libonia floribunda**) ✽
Die Pflanze unterscheidet sich stark von den anderen hier erwähnten Arten. Die langen, mit gelber Spitze versehenen, scharlachroten Blüten entwickeln sich einzeln in den Blattachseln. Sie blühen von Oktober bis Mai. Der Strauch ist stark verzweigt und wird 60 cm hoch. Die dekorative Topfpflanze ist fürs temperierte Gewächshaus geeignet. Brasilien. **302**

pohliana
Die kräftigwüchsige Pflanze wird über 1,20 m hoch. Sie hat dichte, 15 cm große, ovale Blätter und endständige, eiförmige Ähren mit leuchtend karminroten Blüten. Sie blühen im August und September. Brasilien.

suberecta ✽ ♦
Die niedrige, ausgebreitete Art wird nur 45 cm hoch. Sie besitzt graue, samtig behaarte Zweige und Blätter. Die endständigen Ähren mit ihren orange-scharlachroten Blüten entwickeln sich von Juli bis September. Sie macht sich gut als Ampelpflanze. Uruguay. **303**

Jahrhundertpflanze → **Agave americana**
Jakobine → **Jacobinia**
Jakobslilie → **Sprekelia**
Japanischer Sternanis → **Illicium anisatum**
Jasmin-Rose → **Gardenia**

Jasminum OLEACEAE Jasmin

Eine beliebte Gattung von Gartensträuchern, von denen die beiden beschriebenen Arten am besten im temperierten Gewächshaus gedeihen. Die Blüten sind röhrig und öffnen sich später flach und sternartig. Obwohl sie auch in großen Töpfen wachsen, gedeihen sie doch am besten im Gewächshausbeet. Man gibt ihnen eine Stütze zum Klettern und hält sie feucht. Vermehrung durch Stecklinge im Frühjahr oder im August und September.

mesnyi (syn. **primulinum**) ✽
Ein etwas rankender, immergrüner Strauch, der, wenn er sich schön entfalten soll, ein Spalier braucht. Die 2 bis 7 cm großen Blätter gliedern sich in 3 eiförmige Fiederblättchen. Die halbgefüllten, 5 cm großen, schlüsselblumengelben Blüten blühen von März bis Mai in den Blattachseln. China. **304**

polyanthum ✽
Die zum Teil immergrüne Kletterpflanze wird bis zu 3 m hoch und kann im Gewächshausbeet 6 m hoch werden. Sie hat dunkelgrüne, geteilte Blätter, die 7 bis 12 cm groß werden und 5 bis 7 Fiedern haben. Die Blütenknospen sind blaßrosa und entfalten sich zu weißen Blüten, die in 5 bis 10 cm großen Büscheln stehen. Die Blütezeit ist von November bis April. In der Jugend bringt man sie auch in Töpfen zur Blüte. China.

Jovellana SCROPHULARIACEAE

Die Pflanzen dieser Gattung werden wegen ihrer seltsamen, schönen, helmförmigen Blüten gezüchtet. Sie sind mit der *Calceolaria* verwandt, an die die Gattung auch erinnert. Sie sind dankbare Pflanzen fürs temperierte Gewächshaus und können auch für kurze Zeit ins Zimmer gestellt werden. Für die Kultur in Töpfen nimmt man torf- oder lehmhaltige Erde. Vermehrung im Frühjahr durch Samen oder im Sommer durch krautige Stecklinge.

sinclairii ✽
Der aufrechtwachsende, behaarte Halbstrauch hat elliptische, gezähnte Blätter, die oberseits flaumig und unterseits glatt sind. Die Blüten stehen in lockeren, sich verzweigenden Rispen; sie sind weiß bis blaßlila, weiß gesprenkelt und auffallend zweilippig, wobei die obere Lippe kürzer als die untere ist. Sie blühen im Juni. Neuseeland.

violacea ✽
Der 1,80 m hohe, immergrüne Strauch hat dicht behaarte Zweige mit kleinen, dunkelgrünen, einfachen Blättern, die am Rande unregelmäßig gezähnt und gebuchtet sind. Die lockeren, endständigen Blütenbüschel blühen im Juli. Die Einzelblüten sind 1,5 cm groß, blaßgelb bis fliederfarben und mit violetten Flecken versehen. Chile. **305**

Judenbart → **Saxifraga stolonifera**
Jupiters Bart → **Anthyllis barba-jovis**

K

Känguruhwein → **Cissus antarctica**
Känguruhblume → **Anigozanthus**
Kaffee → **Coffea**
Kahnorche → **Cymbidium**

Kalanchoe CRASSULACEAE

Die beliebten Blattsukkulenten werden teils wegen ihrer Blüten, teils wegen ihres attraktiven Blattwerks gehalten. Sie sind eng mit *Bryophyllum* verwandt. Der Hauptunterschied zu *Bryophyllum* liegt darin, daß die Kalanchoen keine Brutknospen in den Blattkerben ausbilden, meist im Winter blühen und dann eine etwas höhere Temperatur brauchen. Wie immer es sich auch mit ihrer botanischen Stellung verhalten mag, so gibt es doch berechtigte Gründe, sie gesondert zu behandeln. Die Pflege ist dieselbe, wie für die Erdsukkulenten, wobei man beachten muß, daß die Hauptwachstumsperiode oft im Winter liegt. Auch in der Ruhezeit sollte man sie nicht ganz austrocknen lassen. Vermehrung entweder durch Samen oder durch Stecklinge im Sommer. Die Wintertemperatur sollte 10 °C betragen, aber auch 4 °C reichen aus; dann allerdings blüht die Pflanze im Winter nicht so kräftig.

beharensis
Die kleinen, rosa Blüten erscheinen im März und April. Man kann sie jedoch selten im Gewächshaus erzielen; die Pflanze wird vor allem wegen ihres hübschen Blattwerks gezüchtet. Die Blätter sind braun, dreieckig, 12 bis 20 cm lang und haben einen doppelt gezähnten Rand. Sie sind mit feinen, braunen, kurzen Härchen bedeckt, die ihnen ein samtenes Aussehen verleihen. Bei älteren Blättern werden mit der Zeit die Härchen weiß und verschwinden schließlich ganz. Behar, Madagaskar.

blossfeldiana Flammendes Kätchen
Eine im Winter oder Frühling blühende Art, die wegen ihrer 2 bis 4 cm langen, scharlachroten Blüten gehalten werden. Sie stehen in großen, sich verzweigenden Blütenköpfen. Die Blätter sind dunkelgrün mit rotem Rand, 7 cm lang und 4 cm breit; ihre Spitze ist gekerbt. Stecklinge wurzeln an; am besten vermehrt man die Pflanze jedoch im Februar durch Samen. Madagaskar. Es gibt eine Anzahl von Formen und Hybriden, die als Topfpflanzen beliebt sind.
'Emma Lord', mit großen Köpfen von locker stehenden, scharlachroten Blüten; **306**
'Morning Sun', ist eine gelbe Varietät; **307**
'Tom Thumb', eine Zwergform mit scharlachroten Blüten; **308**

marmorata
Die Blüten öffnen sich von März bis Mai; sie sind weiß, 7 cm lang, bilden sich aber in der Kultur nur selten. Die rundlichen, bis zu 10 cm breiten Blätter sind grün und haben einen wachsartigen Überzug und eine große, braune Zeichnung. Äthiopien, Eritrea.

millotii
Die weich behaarte, verzweigte Pflanze hat löffelförmige, fleischige Blätter mit gewelltem Rand. Sie wachsen an 5 bis 8 cm langen Sprossen. Die Pflanze wirkt sehr dicht. Afrika. **309**

pumila
Die Blätter sind ganz mit einem weißen, rosagetönten Reif bedeckt; sie sind schmal, etwa 2,5 cm lang und grob gezähnt. Die Pflanze eignet sich mit ihren herabhängenden Stengeln gut für Hängekörbchen. Die Blüten sind rosa bis rotviolett und 2,5 cm lang. Madagaskar. **310**

tomentosa
Blüten entwickeln sich in Kultur nur selten. Die Blätter sind mit kurzen, silbernen Härchen bedeckt, die gegen die gekerbte Spitze zu rostigrot werden. Sie sind 4 cm lang und 2 cm breit. Sie bilden eine lockere Rosette an der Spitze eines Sprosses, der sich an der Basis verzweigt. Madagaskar.

tubiflora → **Bryophyllum tubiflorum**
Kalla → **Zantedeschia**
Kalmus → **Acorus**
Kamelie → **Camellia**
Kannenpflanze → **Nepenthes**
Kanonierblume → **Pilea muscosa**
Kapland-Klimme → **Rhoicissus capensis**
Kapuzinerkresse → **Tropaeum**
Kastanienwein → **Tetrastigma voinieriana**
Katzenrachen → **Faucaria felina**
Kentia → **Howeia**
Keulenlilie → **Cordyline**
Kirschmyrte → **Eugenia**
Klebsame → **Pittosporum**
Klebschwertel → **Ixia**
Kleinia → **Senecio**
Kletterficus → **Ficus pumila**
Kletterphilo → **Philodendron scandens**
Klimme → **Cissus**
Klivie → **Clivia**

Kochia CHENOPODIACEAE

scoparia 'Trichophylla' Feuerbusch, Besenkraut
Eine 1 m hohe, einjährige Pflanze, die einen dichten, zypressenartigen Busch bildet und sich als farbiger Fleck gut im temperierten Gewächshaus macht. Die sehr schmalen, fast fadenartigen, 5 bis 7 cm langen, blaßgrünen Blätter werden im Herbst dunkelbronzerot bis blutrot. Man setzt die Pflanze in Töpfe mit lehmhaltiger Erde und vermehrt sie im März durch Samen. Südeuropa. Asien. 'Childsii' ist eine Sorte mit reingrünen Blättern.

Köcherblümchen → **Cuphea**

Kohleria GESNERIACEAE

Eine Gattung von immergrünen, fürs Warmhaus geeigneten Pflanzen. Sie haben auffallend hübsche, röhrige, etwas fingerhutähnliche Blüten, die sich an der Spitze in etwas zurückgebogenen Lappen öffnen. Man pflanzt sie in Töpfe mit nährstoffhaltiger Erde und sorgt für genügend Luftfeuchtigkeit. Während der Wachstumszeit achte man darauf, daß die Pflanze immer gut feucht gehalten wird. Die Vermehrung geschieht im März durch Teilung der Rhizome oder durch Stecklinge im Sommer.

amabilis
Eine aufrechtwachsende, behaarte Pflanze, die 60 cm hoch wird. Die eiförmigen, muschelartigen Blätter sind dunkelgrün und haben eine dunkle, purpurne Äderung. Die großen, dunkelrosa Blüten sind dunkler purpurrot gefleckt; sie werden 2 bis 5 cm groß und entwickeln sich einzeln von Juni bis August in den Blattachseln. Kolumbien.

bogotensis (syn. **Isoloma bogotense**) ✼ ♦
Die aufrecht wachsende Pflanze wird 60 cm hoch und hat behaarte Stengel. Die großen, dicht gezähnten Blätter sind eirund und unter der weich behaarten Oberfläche deutlich geädert. Sie sind dunkelgrün und vor allem in der Blattmitte weiß gefleckt. Die Unterseite ist rötlich. Die 4 cm großen, orangen und gelben Blüten sind rot gesprenkelt und stehen an langen Stielen in den Blattachseln. Sie blühen von Juni bis September. Kolumbien.

digitaliflora (syn. **Isoloma digitaliflorum**) ✼ ♦
Eine widerstandsfähige, aufrecht wachsende, behaarte und 30 bis 45 cm hoch werdende Pflanze mit großen, eiförmigen, spitzen Blättern und kurzen, endständigen Büscheln von großen, fingerhutähnlichen Blüten. Die Röhre ist oberseits rosa bis purpurn und unterseits weiß. Die grünen Lappen haben purpurne Flecken. Die Blütezeit ist von Juli bis November. Kolumbien.

elegans ✼ ♦
Weich behaarte, etwas rötliche Art mit mittel- bis tiefgrünen, 15 cm langen, eiförmigen Blättern und orange-roten Blüten, die von Juli bis September in Büscheln zu etwa 4 erblühen. Südmexiko bis Panama.

eriantha (syn. **Isoloma erianthum**) ✼ ♦
Diese Art wird bis 1,20 m hoch und entwickelt schon Blüten, wenn sie weniger als 30 cm hoch ist. Rötliche Stengel tragen dunkelgrüne, eiförmige bis lanzettliche Blätter, an deren Saum rote Härchen stehen. Die wollig behaarten, scharlachroten Blüten werden 4 bis 5 cm lang. Ihre unteren Blütenblätter sind gelb gefleckt. Von Juni bis September entwickeln sich die Blüten in kleinen Büscheln. Kolumbien. **311**

tubiflorum (syn. **Isoloma tubiflorum**) ✼ ♦
Die 45 bis 60 cm hohe Pflanze hat große, eiförmige Blätter. Deutliche Adern verlaufen über die bronzegrüne Oberseite der Blätter, deren Unterseite rot ist. Die kleinen, etwas aufgeblasenen, orangen Blüten sind weich behaart und tragen oben eine gelbe Zeichnung. Kolumbien.

Kolbenfaden → **Aglaonema**
Korallenbäumchen → **Solanum pseudocapsium**
Korallenkaktus → **Rhipsalis**
Korallenraute → **Boronia**
Korallenstrauch → **Erythrina**
Korallentröpfchen → **Bessera elegans**
Korbmarante → **Calathea**
Kranzschlinge → **Stephanotis floribunda**
Kreuzblume → **Polygala**
Kreuzkraut → **Senecio**
Krokus → **Crocus**
Kronwicke → **Coronilla**
Kroton → **Codiaeum**
Kugelamarant → **Gomphrena globosa**
Kugelkaktus → **Echinocactus**
Kugelmalve → **Sphaeralcea**
Kußmäulchen → **Hypocyrta**

L

Lachenalia LILIACEAE

Eine dekorative Gattung von Zwiebelpflanzen, die als dankbare Topfpflanzen im Winter und anfangs Frühjahr im temperierten Gewächshaus blühen. Sie wachsen auch recht gut in Hängekörbchen. Blühende Pflanzen lassen sich auch für kurze Zeit ins Zimmer stellen. Sie haben weiche, grüne, lineealische Blätter, die oft hübsch gesprenkelt sind. Die röhrigen Blüten stehen in Ähren oder Trauben an aufrechten Stengeln. Die Zwiebeln werden in nährstoffhaltige Erde gesetzt. Während sich Blätter und Blüten entwickeln, gießt man; nach Absterben der Blätter hält man die Pflanze trocken. Man kann die Pflanze dadurch vermehren, daß man die Brutzwiebeln abtrennt. Die beste Gelegenheit dazu bietet sich beim Umtopfen.

aloides (syn. **L. quadricolor, L. tricolor**) ✼ ♦
Die bunte Art hat gelbe, hängende Blüten, die einen grünen und roten Schimmer haben und von Dezember bis März an etwa 20 bis 30 cm langen, purpurgefleckten Stielen erscheinen. Die langen, röhrenförmigen Blüten zeigen eine ähnliche Zeichnung. Südafrika. **312**
Lachenalia-Aloides-Hybriden:
'Aurea', (syn. *L. aurea*) hat leuchtend goldgelbe, helle Blüten an hohen Stielen.
'Nelsonii', (syn. *L. nelsonii*) eine Hybride mit gelben und grünen Blüten.

aurea → **L. aloides 'Aurea'**

bulbifera (syn. **L. pendula**) ✼
Die purpurfarbenen oder roten, hängenden Blüten sind grün gesäumt und stehen in Köpfen mit nur wenigen Einzelblüten an gedrungenen 25 cm hohen Stielen. Sie blühen im Januar und Februar. Südafrika.

glaucina ✼
Eine niedrige Art, deren Stengel oft nicht höher als 15 cm werden. Die weißen bis tiefblauen Blüten haben einen gelben oder rötlichen Schimmer. Sie stehen in dichten Ähren an der Spitze eines gedrungenen Stiels; ihre Stellung zum Stengel ist fast rechtwinklig. Sie erscheinen gewöhnlich im Februar und März. Südafrika.

mutabilis ✼
Die duftenden violettblauen Blüten werden im Alter gelbgrün und schließlich bräunlich. Sie blühen im Februar an schlanken, blaßgrünen Stengeln. Gewöhnlich sind die Blätter gesprenkelt. Südafrika.

nelsonii → **L. aloides 'Nelsonii'**

× pearsonii ✼ ♦
Diese Hybride hat leuchtend orange Blüten, die an der Außenseite der Röhre rot und dunkler gesäumt sind. Von Januar bis März blühen sie an 30 cm langen, gefleckten Stengeln. Die mittelgrünen Blätter sind purpurfarben gezeichnet. Gartenzüchtung.

pendula → **L. bulbifera**
quadricolor → **L. aloides**
tricolor → **L. aloides**

Lagerstroemia LYTHRACEAE

indica ✽
Der hübsche, laubwerfende, große Strauch bevorzugt das temperierte Gewächshaus. Er hat 2,5 bis 6 cm große, elliptische Blätter und 15 bis 20 cm große, endständige Rispen mit rosaroten bis dunkelroten Blüten. Jede Blüte besitzt 6 Blütenblätter, die aussehen, als wären sie gestielt, da sie am Grunde schmal werden; nach außen öffnen sie sich zu einem kreppapierähnlich gekräuselten Lappen. Man zieht sie in lehmhaltiger Erde in Kübeln oder im Gewächshausbeet. Während der Wachstumszeit gießt man reichlich, im Winter nur spärlich. Jedes Frühjahr schneidet man die Blütensprößlinge um mindestens die Hälfte zurück. Vermehrung durch Stecklinge oder Aussaat im Frühjahr. Südasien.

Lantana VERBENACEAE Wandelröschen

Die Gattung besteht aus immergrünen Sträuchern, von denen sich besonders zwei im temperierten Gewächshaus sehr gut entwickeln, wo sie in Töpfen, Kübeln oder im Beet gedeihen. Man setzt sie in lehmhaltige Erde, gießt sie sommers reichlich und gibt ihnen viel frische Luft und Licht. Man vermehrt sie im Frühjahr durch Samen oder im Spätsommer durch Stecklinge von Jungtrieben.

camara ✽
Ein behaarter Strauch mit manchmal stachligen Zweigen und glänzenden, dunkelgrünen und eiförmigen Blättern. Die kleinen, dichten Blütenköpfe wechseln mit der Zeit ihre Farbe von weiß über gelb bis ziegelrot. Da die Blüten in der Mitte des Blütenköpfchens sich zuerst öffnen, ist der Blütenstand vielfarbig. Die Blüten stehen an steifen, aufrechten Stielen von Mai bis Oktober. Tropisches Amerika. **313**
'Cloth of Gold', hat einfarbige, goldgelbe Blüten;
'Snow Queen', blüht schneeweiß.

sellowiana (syn. **L. montevidensis**) ✽
Die behaarte, niedrige Art wird selten über 30 cm hoch, breitet sich aber waagrecht mehr als 1 m weit aus. Sie hat eirunde Blätter und Büschel von flachen Blütenköpfchen mit kleinen, leuchtend rosalila Blüten, die einen gelben Fleck aufweisen. Obwohl sie das ganze Jahr hindurch blühen, sind sie im Sommer am schönsten. Uruguay. **315**

Lanzenrosette → **Aechmea fasciata**

Lapageria LILIACEAE

rosea ✽
Eine schlanke, immergrüne Kletterpflanze, die ein Drahtgeflecht oder ein Spalier als Stütze braucht, an der sie sich hochranken kann. Am besten gedeiht sie im Beet im temperierten Gewächshaus, man kann sie aber auch in Töpfen halten. Charakteristikum der Pflanze sind die schönen, wächsernen, rosa bis karminroten Blütenglocken, die an hängenden Stielen stehen und über 7 cm lang werden. Die Blütenblätter sind im Innern weiß gefleckt. Die Pflanze blüht von Juli bis Oktober und die Blüten bilden einen hübschen Kontrast zu den dunkelgrünen, eiförmigen Blättern. Man vermehrt die Pflanze im März oder April durch Samen oder im Frühjahr und Herbst durch Ableger oder Stecklinge (gelingt selten). Chile. **314**

Lasiandra macrantha → **Tibouchina semidecandra**
Lebende Steine → **Lithops**
Ledebouria socialis → **Scilla violacea**
Lepismium paradoxum → **Rhipsalis paradoxa**

Leptospermum MYRTACEAE

Eine Gattung von fast winterharten, immergrünen Sträuchern oder kleinen Bäumen, die besonders für das temperierte Gewächshaus geeignet sind. Sie haben sehr kleine, ganzrandige, dunkelgrüne Blätter und offene Blüten mit 5 Blütenblättern. Man setzt sie ins Beet oder in Kübel mit lehmhaltiger Erde. Im Juni oder Juli kann man sie durch krautige Stecklinge vermehren.

cunninghamii
Die kleinen, silbergrauen Blätter und die dunkelroten Stämme machen die Art so attraktiv. Im Juli blüht sie weiß. Sie kann bis zu 1,80 m hoch werden. Australien. **316**

humifusum (syn. **L. scoparium var. prostratum**) ✽ ♦
Der am Boden kriechende Strauch wird bis 30 cm hoch. Er hat dunkelgrüne, schmale, stumpfe und lederige Blätter und ist von Mai bis Juni mit weißen Blüten bedeckt, deren Blütenblätter 2 cm groß und flach ausgebreitet sind. Tasmanien.

laevigatum ✽ ♦
Hoher Strauch oder Baum von 6 m Höhe oder darüber. Er hat schmale, längliche, stumpfe Blätter. Sie werden 2,5 cm lang und sind völlig unbehaart. Die Blütenblätter der weißen Blüten sind 1,5 cm groß und flach ausgebreitet. Die Blüten entwickeln sich einzeln in den Blattachseln. Australien.

myrtifolium ✽ ♦
Der 2,50 bis 4,50 m hohe Strauch hat biegsame, seidige Zweige und kleine, längliche, spitze Blätter, die kaum 1,5 cm lang werden. Die weißen Blüten entwickeln sich üppig an einzelnen Stielen in den Blattachseln. Australien, Tasmanien.

scoparium ✽ ♦
Ein kleiner Baum, der gewöhnlich in der Kultur bis zu 3 m hoch wird, wildwachsend jedoch die doppelte Wuchshöhe erreichen kann. Die winzigen Blätter sind aromatisch und duften, wenn man sie zerreibt. Die flachen Blüten können weiß, rosa oder rot sein und blühen im Mai und Juni. Neuseeland.
'Nanum' ist eine Zwergform mit rosaroten Blüten; **317**
'Red Damask' hat ganz gefüllte, tiefrote Blüten.

Leschenaultia GOODENIACEAE

biloba ✽ ♦
Der schöne, immergrüne, buschige Strauch wird bis zu 90 cm hoch. Er hat schmale, heidekrautähnliche Blätter, die entlang dem Stamm wachsen. Die ungestielten, 2 bis 3 cm großen, blauen Blüten entwickeln sich von Juni bis August in den Blattachseln und bilden ein lockeres, mit Blättern versehenes Büschel. Man hält die Pflanze am besten im temperierten, gut belüfteten Gewächshaus in Töpfen oder im Beet mit Heideerde. Vermehrung durch Samen im Frühjahr oder im Spätsommer durch Stecklinge. Westliches Australien.

Leucadendron PROTACEAE

argenteum ♦
Der Baum mit seinem schönen Blattwerk eignet sich für ein großes Gewächshaus, denn er wird über 3 m hoch. Er hat 6 bis 12 cm große, lanzettliche Blätter mit schlanker Spitze, die beiderseits dicht mit feinen, silbernen, seidigweichen Härchen bedeckt sind. Die kleinen, festen, kegelförmigen Blütenbüschel wachsen endständig in 3 cm großen Blütenköpfen an den Spitzen der Zweige. Sie entwickeln sich jedoch nur an großen, reifen Exemplaren.

Man setzt die Pflanze in ein Beet im hellen, gut durchlüfteten, temperierten Gewächshaus oder in Kübel. Sie darf nicht zu viel gegossen werden. Am besten nimmt man lehmhaltige Erde oder eine handelsübliche Erdmischung. Vermehrung durch Samen im Frühjahr (später dann veredeln). Südafrika. **318**

Leuchterblume → **Ceropegia**
Leucophyta → **Calocephalus**
Libonia floribunda → **Jacobinia pauciflora**
Liebesperlenstrauch → **Callicarpa**

Lilium   LILIACEAE   Lilie

Eine Gattung meist winterharter Zwiebelpflanzen mit hübschen, wächsernen Blüten. Manche empfindliche Arten eignen sich zur Zucht in Töpfen oder fürs Gewächshausbeet. Sie haben schuppige Zwiebeln und gedrungene Stengel mit lanzettlichen Blättern. Die großen Blüten sind entweder trompetenförmig oder ähneln denen des Türkenbunds. Man setzt die Lilien in lehm- oder torfhaltige Erde; dann hält man sie feucht bis sich die Triebe zeigen. Nun wird kräftig gegossen, besonders dann, wenn die Blüten erscheinen. Man schützt sie vor heißer Sommersonne und sorgt im Sommer für Belüftung. Vermehrung durch Brutzwiebeln beim Umtopfen, oder im Herbst, beziehungsweise im Frühjahr durch Samen.

auratum   Goldbandlilie   *

Von der Gattung *Lilium* ist sie die auffälligste Art mit den größten Blüten. Sie hat 20 bis 25 cm große, weite, golden gestreifte, weiße Blüten an 10 bis 15 cm langen Stengeln. Die herabhängenden Blätter sind dunkelgrün. Es gibt Formen, deren Blütenblätter karminrote Streifen haben. Sie sind sehr häufig. Die Art ist zwar winterhart, gedeiht aber besonders gut in großen Töpfen im temperierten Gewächs- oder Treibhaus. Ihre Blüten duften süß und schwer. Zur Blütezeit kann man sie für kurze Zeit ins Zimmer stellen. Japan. **319**

brownii   *

Die schöne Art hat große, trompetenförmige Blüten, die 15 cm lang und außen elfenbeinfarben mit einem dunklen schokoladebraunen Schimmer sind. Die Blüten stehen an einem steifen, 90 cm bis 1,20 m hohen Stiel mit 2 bis 5 Einzelblüten. Sie erscheinen im Juli. China.

formosanum   *

Eine stattliche Art, die 30 cm bis 1,80 m hohe Sprosse mit trompetenförmigen Blüten im August und September aufweist. Die Blüten sind 14 bis 18 cm lang, weiß und tragen außen oft eine kastanienbraune oder dunkelbraune Zeichnung. Die Pflanze weist viele, schmale und zugespitzte Blätter auf. Der Blütenstengel ist dunkel purpurfarben bis braun. Formosa.

longiflorum   *

Die schöne, rein weiße und aromatische Art eignet sich gut als Topfpflanze. Die 12 bis 18 cm großen, trompetenförmigen Blüten haben gelbe Staubbeutel und stehen an 30 bis 60 cm langen Stengeln, an denen viele, 7 bis 12 cm große, schmale, spitze und nach oben gebogene Blätter wachsen. Die Blüten erscheinen im Juli und August. Formosa.

nepalense   *

Die zweifarbige Art hat duftende, schmale und nickende Blüten. Sie sind grünlich-gelb und im Innern dunkel kastanienbraun oder purpurn angehaucht. Die äußeren Blütenblätter sind zurückgebogen. Sie blühen an 60 bis 90 cm langen Stengeln im Juni und Juli. Die wenigen Blätter stehen weit auseinander. Nepal.

Limonium   PLUMBAGINACEAE   Widerstoß, Meerlavendel

Zu dieser Gattung gehören die bekannten Meerlavendel. Die beiden beschriebenen Arten werden in der Kultur als einjährige Pflanzen behandelt und gedeihen besonders gut im temperierten Gewächshaus, wo sie attraktive Topfpflanzen sind. Man vermehrt sie im Herbst oder Frühjahr durch Samen.

bonduellii   *

Diese Art empfiehlt sich nicht nur als hübsche Topfpflanze, auch ihre getrockneten Blüten sind ein hübscher Vasenschmuck. Sie wird 30 cm hoch und hat an ihrer Basis eine Rosette von 7 bis 12 cm großen, tief gebuchteten, schmalen, hellgrünen Blättern. Die gelben Blüten erscheinen von Juli bis September in lockeren Ähren und bilden vielverzweigte Blütenköpfe. Algerien.

suworowii (syn. Statice suworowii)   *

45 cm hohe Pflanze, die sich wie die obige Art verwenden läßt. Die langen, gewellten Blätter sind hellgrün und stehen in einer Rosette, aus der eine Anzahl von steifen Blütenstengeln wächst. Letztere tragen verzweigte, federige Ähren mit rosaroten Blüten. Die Blütezeit ist von Juli bis September. Westturkestan. **320**

Lippia   VERBENACEAE

citriodora (syn. Aloysia triphylla)   * ♦

Der 1,50 m hoch werdende Strauch duftet stark nach Zitronen. Er hat lange, schmale, gelblichgrüne Blätter und zu Rispen vereinigte Ähren mit winzigen, malvenfarbenen bis weißen Blüten. Die Pflanze ist fast als winterhart anzusehen und eignet sich als dankbare Pflanze fürs Treibhaus- oder Gewächshausbeet oder für große Töpfe; dann sollte man sie in lehmhaltige Erde setzen. Im Sommer gießt man reichlich und stellt die Pflanze an die Luft. Jedes zweite Jahr topft man sie um. Vermehrung im Juli aus Stecklingen. Chile. **321**

Lithops   AIZOACEAE   Lebende Steine

Früher gehörten sie zur Gattung *Mesembryanthemum*. Es handelt sich um eine echte 'Mimikrypflanze', da sie sich in ihrem Aussehen kaum von gleichgroßen Steinen in ihrer Heimat, der Wüste, unterscheidet. Der Pflanzenkörper besteht aus einem Paar von außergewöhnlich dicken Blättern, die etwa 2,5 cm hoch werden und die fest miteinander verwachsen sind. Diese Verwachsung der Blätter ist in der Jugend erheblicher als im Alter. Manchmal bilden die Pflanzen auch dicke Klumpen, die sich verbreitern, aber nie in die Höhe wachsen; dies dauert bei einigen äußerst langsamwüchsigen Arten mehrere Jahre. Die gelben oder weißen Blüten erscheinen im September. Sie sind etwa 3 cm im Durchmesser. Für die Pflege siehe Einführung (Erdkakteen). Von Oktober bis April die Pflanzen absolut trocken halten. Die Mindesttemperatur im Winter beträgt 4 °C. Vermehrung durch Samen.

bella   * ♦

Die bräunlich-gelben Blätter besitzen eine dunklere Zeichnung von blauer, grüner oder grauer Farbe an der konkaven Blattoberseite. Sie ähneln den Granitsteinen, die man in ihrer Umgebung findet. Manchmal bilden sie Büschel von 6 bis 8 Körpern. Die weißen Blüten haben einen Durchmesser von 3 cm und bilden sich im Herbst reichlich. Namaland (Südafrika).

erniana   * ♦

Eine interessante Art, deren graue Blätter eine netzartige, braunrote Zeichnung aufweisen. Sie wird 2,5 cm hoch und entwickelt im September weiße Blüten.

lesliei ✽ ♠
Die Pflanze wird 4 cm hoch und hat auf der rotbraunen Oberfläche ein Muster von grünbraunen Furchen. Die gelben, 3 cm großen Blüten erscheinen im September. Östliches Südafrika.

olivacea ✽ ♠
Die dunkelgrünen, 2 cm hoch werdenden Blätter sind durch eine tiefe Spalte voneinander getrennt. Im Herbst tragen sie gelbe Blüten. Kapland (Südafrika).

optica ✽ ♠
Sie bildet Gruppen von Klumpen mit graugrünen Blättern, die durch eine tiefe Spalte voneinander getrennt sind. Sie gehört zu den wenigen Arten, deren Blattspitzen »Fenster«, d. h. durchscheinende Zellen aufweisen, so daß das Licht auch zu den inneren Teilen des Gewebes vordringen kann. Die kleinen Pflanzen werden knapp 2 cm hoch und blühen im Herbst weiß. Namaland (Südafrika).

pseudotruncatella ✽ ♠
Sie hat meist graugrüne Blätter, die mit dunklen Streifen versehen sind. Die gelben Blüten entwickeln sich im September und Oktober. Südwestafrika.
var. *mundtii*, mit orange-gelben Blüten; die Spitzen der Blütenblätter sind rot.

salicola
Die 2,5 bis 4 cm großen, eiförmigen Pflanzenkörper sind gespalten und oben flach. Sie wachsen einzeln oder in Gruppen und sind grau; oberseits haben sie dunkelgrüne, durchscheinende Flecken; ihre Ränder sind weißlich gesäumt. Südafrika. **322**

turbiniformis ✽ ♠
Die bräunlichen, warzigen Blätter werden 2 bis 2,5 cm hoch und sind hübsch mit rostroten Adern gezeichnet. Die gelben Blüten erreichen 4 cm im Durchmesser und erscheinen im September. Namaland (Südafrika).

Littonia LILIACEAE

modesta ✽ ♠
Die ungewöhnliche, aber sehr hübsche Kletterpflanze wird 60 cm bis 1,80 m hoch. Ihre Blätter sind lang, schmal, glänzend grün und stehen in großem Abstand voneinander an einem unverzweigten Sproß; jedes Blatt endet in einer kurzen Ranke. Die weit ausgebreiteten, glockigen Blüten sind leuchtend orange und stehen einzeln in den Blattachseln. Am besten setzt man die Pflanze in Töpfe oder ins Beet und hält sie im temperierten Gewächshaus. Man nimmt lehm- oder torfhaltige Erde und sorgt im Sommer für Schatten. Man kann sie im Frühjahr durch Samen vermehren oder aber auch durch neu entstandene Knollen. Südafrika.
'Keitii', eine üppiger blühende, kräftige Pflanze.

Livistona PALMAE

In ihrer Jugend eignen sich die hoch gewachsenen Palmen dieser Gattung gut als Zimmer- und Gewächshauspflanzen. Größere Exemplare setzt man in Kübel. Sie bevorzugen lehmhaltige Erde und wollen im Sommer Luftfeuchtigkeit und Schatten. Im Frühjahr vermehrt man sie durch Samen.

australis ♠
Ausgewachsen kann diese Palme 25 m hoch werden. In ihrer Jugend ist sie äußerst dekorativ. Sie hat fächerförmige Blätter mit schmalen Segmenten; sie sind bandartig, glänzend dunkelgrün und haben eine gelbe Hauptader. In der Jugend ist der Stamm braun und faserig. Australien.

chinensis (syn. **Latania borbonica**) ♠
Die hübsche Pflanze ist in ihrer Jugend ganz besonders dekorativ; sie hat fächerförmige Blätter, die bis halb zur Mitte hin in lange, spitze Segmente geteilt sind. Sie stehen an steifen Stengeln, die dem Zentrum der Pflanze entwachsen. Die Pflanze kann schließlich 9 m Höhe erreichen. Die riesigen Blätter haben 1,80 m im Durchmesser. China.

Lobivia CACTACEAE Lobivie

Die kleine, fast kugelige Kakteenart hat große Dornen und bürstige Haare. Oft entwickelt sie sehr hübsche, gelbe oder rote, glockige Blüten in üppiger Fülle. Sie öffnen sich bei Tag und schließen sich nachts. Der Name ist ein Anagramm zum spanischen Namen von Bolivien, wo die Pflanze besonders verbreitet ist. Zur Pflege siehe Einführung (Erdkakteen). Bei Hitze sollte man sie in den Schatten stellen. Ableger bilden sich an der Basis leicht und lassen sich ohne Schwierigkeiten abtrennen und anwurzeln. Mindesttemperatur im Winter 7 °C.

allegraiana ✽ ♠
Die auffallenden, rosa oder roten, trichterförmigen Blüten werden 5 cm lang. Sie bilden sich im Sommer an 15 cm langen, hohen, runden, dunkelgrünen Körpern mit 7 bis 11 deutlichen Rippen; diese sind spiralig angeordnet und mit Warzen versehen. An jeder Areole befinden sich 12 gebogene, braune Dornen von bis zu 3 cm Länge. Peru.

hertrichiana ✽ ♠
Die nahezu kugeligen, dunkelgrünen Körper erreichen selten mehr als 10 cm Höhe; sie tragen schöne, scharlachrote Blüten von etwa 5 cm Durchmesser und 5 bis 7 cm Länge. Sie blühen im Sommer und haben an jeder Areole 7 gelbe Dornen, die radial stehen und einen 2,5 cm langen und schwarzen Dorn in der Mitte. Peru.

jajoiana ✽ ♠
Die fast zylindrischen Körper haben 5 cm im Druchmesser; sie sind grün und weisen 14 bis 20 mit Knöllchen bedeckte Rippen auf. An den Areolen stehen 10 rosa, radiale und ein besonders langer, schwarzer, mittlerer Dorn. Im Sommer entwickeln sich leuchtende, weinrote Blüten von 5 cm Durchmesser. Argentinien.

pygmaea → **Rebutia pygmaea**
Lomaria → **Blechnum**

Lophomyrtus MYRTACEAE

bullata (syn. **Myrtus bullata**) ✽ ♠ ♣
3 bis 4,5 m hoher Strauch, als Topfpflanze kleiner, mit flaumigen Trieben, an denen eiförmige, ganzrandige, runzlige, ungestielte Blätter stehen, in der Jugend purpurfarben, später rötlichbraun. Die 2 cm großen Blüten stehen einzeln in den Blattachseln und wachsen aus einem purpurnen Kelch. Die Blüten öffnen sich im Mai und Juni. Die eßbaren Früchte sind schwarzpurpurn. Neuseeland.

obcordata (syn. **Myrtus obcordata**) ✽ ♠ ♣
3 bis 4,5 m hoher Strauch, dicht verzweigt, mit nach innen gebogenen, eiförmigen, dunkelgrünen Blättern, die an der Spitze gekerbt sind. Die 0,5 cm großen weißen Blüten stehen in den Blattachseln. Die rötlich-violette Beere ist eßbar. Neuseeland.

Losbaum → **Clerodendrum**
Lotosblume → **Nelumbo**

Lotus LEGUMINOSAE Hornklee
Weit verbreitete Gattung, von der die beiden hier beschriebenen Arten fürs Gewächshaus geeignet sind. *L. berthelotii* stellt eine gute Pflanze für Hängekörbe dar; beide sind dankbare Topfpflanzen. Vermehrt werden sie durch Samen, können aber auch durch Stecklinge vermehrt werden.

berthelotii ✶ ♠
Silbrig behaarte, ausdauernde Pflanze mit rankenden Zweigen und Blättern mit schönen nadelartigen Segmenten. Die zinnoberroten schmetterlingsförmigen Blüten wachsen in Büscheln nahe den Zweigenden. Blütezeit Mai. Kanarische Inseln.

jacobaeus ✶ ♠
Ausdauernde, grau behaarte Staude von 30 bis 100 cm Höhe. Die Blättchen sind lang, schmal und stark zugespitzt. Die schmetterlingsförmigen Blüten sind schwarzpurpurn mit gelber Fahne und wachsen in Büscheln entlang der grauen Zweige. Kapverdische Inseln.

Louisianamoos → **Tillandsia usneoides**

Luculia RUBIACEAE
Eine Gattung immergrüner Sträucher mit endständigen Doldentrauben oder Rispen von duftenden, wächsernen, röhrigen Blüten. Man kann sie in Töpfen oder Kübeln mit lehmhaltiger Blumenerde halten, am besten aber wachsen sie im Gewächshausbeet. Während der Wachstumsperiode müssen sie feucht gehalten werden; alle 2 oder 3 Jahre sollten sie im Frühjahr umgetopft werden. Vermehrung durch Stecklinge.

grandifolia ✶ ♠
Großer Busch bis 3 m Höhe. Er hat breit-eiförmige, mittelgrüne Blätter, die am Rand rostfarben sind und bis an die 40 cm lang werden können. Die duftenden weißen Blüten haben eine 5 bis 6 cm große Röhre, die sich zu flachen, sternartigen Lappen öffnet. Sie stehen in losen Doldentrauben an den Enden der Zweige und blühen im Mai und Juni. Bhutan (Indien).

gratissima ✶ ♠
1,80 m hoher Strauch mit eiförmigen, ganzrandigen, mittelgrünen Blattpaaren, die oberseits glatt und unterseits flaumig behaart sind. Die rosa-malvenfarbenen Blüten stehen in runden Rispen von 10 bis 22 cm Durchmesser an den Enden der Zweige. Sie öffnen sich im Winter. Himalaya, China.

pinceana ✶ ♠
Obiger Art etwas ähnlich, hat aber größere cremigweiße Blüten, die rosa übergossen sind und von Mai bis September blühen. Indien.

Luffa CUCURBITACEAE

aegyptiaca (syn. **L. cylindrica**) Schwammgurke ✶ ♠
Schnellwüchsige tropische Kletterpflanze, die sich mit Ranken festklammert. Sie hat 5 bis 7lappige, rauh behaarte Blätter wie eine Gurke und 8 cm große, weiße oder gelbe Blüten. Diesen folgen zylindrische, bis 60 cm lange Früchte. Sie sind eßbar, solange sie noch sehr jung sind; vor allem wird jedoch das Fruchtfasergewebe der getrockneten Früchte als Badeschwämme kommerziell verwertet. Man hält die Pflanze im Warmhaus oder temperierten Gewächshaus in einem Beet, das mit Düngetorf angereichert ist. Auch in Kübeln oder großen Töpfen mit lehmhaltiger Erde oder handelsüblicher Erdmischung, der nach Möglichkeit Humusstoffe zugefügt werden, ist die Zucht möglich. Man sorge für Schnüre oder Drähte zum Ranken. Vor praller Sonne schützen und die nötige Luftfeuchtigkeit gewährleisten bis sich die Früchte bilden. Es kann sich als notwendig erweisen, die Blüten künstlich zu bestäuben, um Früchte zu erhalten. Weibliche Blüten erkennt man an der winzigen unreifen Luffa hinter den Blütenblättern. Vermehrung durch Aussaat im Frühjahr. Tropisches Asien und Afrika.

Lycaste ORCHIDACEAE Lykaste
Eine Gattung von tropischen, auf Bäumen wachsenden (epiphytischen) Orchideen mit kurzen Pseudobulben, die harte dunkelgrüne Blätter tragen. Die prächtigen wächsernen Blüten halten sehr lange und duften meistens; sie bestehen aus 3 großen Kelchblättern und 3 kleineren Blütenblättern. Man zieht die Pflanze im temperierten Gewächshaus in Hängetöpfen oder Ampeln mit einer Mischung aus Rasen- und Lauberde, Osmundafaser, Kompost, Sphagnum und Ziegelbrocken. Man sorgt im Sommer für Halbschatten und gute Belüftung und gießt reichlich. Außerhalb der Wachstumszeit, vor allem im Winter, hält man sie nur wenig feucht, sorgt aber weiterhin für Luftzufuhr. Vermehrung im Frühjahr durch Teilung. Es gibt viele Hybriden aus den Arten, unter ihnen die Auburn-Gruppe mit rosa bis roten Blüten. 323 324

cruenta ✶
Ausgezeichnete Zimmerpflanze, die an ihren 15 cm langen Stielen würzig duftende Blüten trägt. Sie haben grünlichgelbe Kelchblätter und goldgelbe Blütenblätter von 5 bis 10 cm Durchmesser und blühen am schönsten im März und April, aber auch sonst unregelmäßig über längere Zeit hinweg. Die Blätter sind 35 bis 45 cm lang, und mittelgrün. Guatemala.

fimbriata ✶
Im Winter und Frühjahr blühende Art mit großen, weißen, duftenden Blüten, gelb oder grün getönt. Die Kelchblätter sind 6 cm lang und weiter als die 5 cm langen, gekrümmten Blütenblätter. Die Lippe ist dreifach gelappt und gekräuselt. Brasilien.

macrophylla ✶
Höchst attraktive Blüten mit bräunlichroten, auf der Rückseite grünen Kelchblättern und weißen Blütenblättern, beide mit rosa Tupfen und Zeichnungen. Sie haben einen Durchmesser von 10 bis 12 cm und stehen an Stielen von gleicher Höhe. Sie öffnen sich der Reihe nach von Juli bis November. Peru, Bolivien.

schilleriana ✶
Hübsche Art mit 7 cm breiten Blüten, die aus langen, grünlichbraunen Kelchblättern bestehen, die sich hinter 3 kleineren weißen Blütenblättern ausbreiten. Diese sind zu der reinweißen Lippe heruntergebogen. Die 2 bis 3 Blätter sind bis zu 60 cm lang und tiefgrün. Nordöstl. Südamerika.

virginalis (syn. **L. skinneri**) ✶
Sehr schöne und reich blühende Art, die einen etwas wärmeren Standort bevorzugt als die obigen Arten. An den 25 cm langen Stielen stehen weiße, wächserne Blüten; Kelchblätter und Lippe mit rosaroten Zeichnungen. Die Lippe ist dabei deutlicher gezeichnet. Die Blütenblätter sind rosa oder weiß. Die Blüten haben einen Durchmesser von 10 bis 15 cm und erscheinen mit Unterbrechungen das ganze Jahr über; sie kontrastieren sehr hübsch

Lycium japonicum → **Serissa foetida**

Lycoris AMARYLLIDACEAE

Eine hübsche Gruppe von Zwiebelpflanzen fürs temperierte Gewächshaus. Sie haben trichterförmige Blüten mit ausgebreiteten Blütenblättern, sowie lange, lineare Blätter, die sich gewöhnlich nach der Blüte entwickeln. Man zieht sie in Blumentöpfen mit lehmhaltiger Erde und trägt Sorge, daß die Zwiebeln nicht austrocknen. Vermehrung durch Abnehmen der Brutzwiebeln im Frühjahr.

aurea ✻
Zierliche Art mit goldgelben Blüten. Die kurze Röhre öffnet sich zu schmalen Segmenten; das spinnenartige Aussehen wird dabei noch durch die langen gelben Staubfäden verstärkt, die über die Blütenöffnung hinausragen. Es stehen jeweils mehrere Blüten an den 30 cm langen Stielen. Sie öffnen sich im August und September. Besser in ein Beet als in Blumentöpfe pflanzen. China.

cinnabarina ✻
Eine auffallend schöne Art mit kräftig orangen Blüten, die einen Durchmesser bis zu 8 cm haben und in Büscheln von 4 bis 6 an 45 cm langen Schäften stehen. Sie öffnen sich im Juli und August. Ostasien.

incarnata ✻
Ähnelt der *L. aurea*, hat aber zartrosa gefärbte Blüten von 7 bis 10 cm Durchmesser mit glatteren und geraderen Blütenblättern. 6 bis 11 Blüten stehen im August an 45 cm langen Schäften. Gut duftend. China.

sanguinea ✻
Die roten Blüten dieser Art stehen in Büscheln zu 3 bis 4; sie haben glatte, blütenblättern ähnliche Lappen, die nicht, wie bei der Gattung sonst meist üblich, zurückgebogen sind. Sie stehen an 30 bis 45 cm langen Schäften im Juli und August. Japan.

M

Mackaya bella → **Asystasia bella**
Maiglöckchen → **Convallaria**

Malvastrum MALVACEAE Scheinmalve

Eine ausdauernde Pflanzengattung, von der die folgenden Arten ziemlich unempfindlich sind und einen kühlen Standort, entweder in einem Beet, oder in Töpfen, brauchen. Man verwendet dabei lehmhaltige Blumenerde. Vermehrung durch Stecklinge im Spätsommer oder Samen im Frühjahr; gelingt leicht.

campanulatum ✻
30 bis 45 cm hohe Pflanze, etwas behaart, mit großen Blättern, die in 3 bis 7 tief gezähnte Lappen geteilt sind. Die malvenartigen Blüten erscheinen in losen Köpfchen im Sommer am Ende der Zweige; die gekerbten Blütenblätter sind zartrosa-purpurn. Chile.

capense (syn. **M. scabrosum**) Fleißiges Lieschen ✻
Eine buschige, verzweigte Art, deren eiförmige Blätter aus drei gezähnten Lappen bestehen. Die tiefrosa bis purpurroten Blüten stehen einzeln oder zu zweit in den Achseln der oberen Blätter und erscheinen im Spätsommer. Südafrika.

Malvaviscus MALVACEAE Beerenmalve

Eine Gattung von Sträuchern und Bäumen mit roten, röhrigen Blüten, die in den Achseln der endständigen Blätter stehen. Sie sind geeignet fürs Gewächshaus- oder Treibhausbeet ebenso wie für Wannen und große Blumentöpfe. Vermehrung durch krautige Stecklinge im Sommer.

arboreus ✻
3 bis 3,50 m hoher Strauch mit üppigen roten Blüten von 2,5 cm Durchmesser, die im Herbst an 2 bis 7 cm langen Stielen in den Blattachseln stehen. Die 6 bis 11 cm langen Blätter sind breitherzförmig bis elliptisch, 3fach gelappt, oberseits rauh und unterseits mit kurzen Haaren bedeckt. Mexiko. **325**

mollis ✻ ♠
Dem *M. arboreus* sehr ähnlich; die ganze Pflanze ist aber von weichen, flaumigen Haaren bedeckt. Die 3fach gelappten Blätter sind 7 bis 13 cm lang. Von August bis Oktober stehen die üppigen roten Blüten in den Blattachseln gegen das Ende der Zweige zu. Südamerika.

Mamillopsis CACTACEAE

senilis ✻ ♠
Kugelige bis zylindrische Kakteen, 6 cm im Durchmesser und bis 10 cm hoch. Die auffälligen grünen Pflanzenkörper haben wollige weiße Areolen mit etwa 40 kurzen, weißen, radialen Borsten und 4 bis 6 zartgelben mittleren Dornen, von denen der unterste auch der längste ist (2 bis 2,5 cm) und an der Spitze gekrümmt ist. Es bilden sich auch Büschel von wolliger Substanz in den Achseln der Areolen, so daß die Pflanze ganz mit weichen, weißen Haaren bedeckt zu sein scheint. Orangegelbe bis violette Blüten, 6 cm lang, mit grünlichen Narben, erscheinen an fast jedem Punkt des Pflanzenkörpers. Im Alter bildet die Pflanze reichlich Blüten-

stände. Für die Pflege schlage man in der Einführung nach (Erdkakteen). Vermehrung durch Ableger. Mindesttemperatur im Winter 4 °C. Diese Gattung unterscheidet sich von *Mammillaria* dadurch, daß sie eine lange, schuppige Blütenröhre und hervorstehende Staubfäden hat. Mexiko.

Mammillaria CACTACEAE Warzenkaktus

Kugelige oder säulenartige Kakteen mit spiralig angeordneten Körpern, die nicht wie bei anderen Kakteen in Rippen stehen. Die kurzen, glockenförmigen Blüten bilden an der Spitze der Pflanze einen Ring; sie sind oft von einem weiteren Ring umgeben, der aus den Früchten des vorhergehenden Jahres gebildet wird. Im allgemeinen entwickeln sie sich bei weißen und kremfarbigen Blüten früher als bei rotblühenden. Manche Arten werden nur wegen ihrer schönen Dornen gehalten. Die meisten verzweigen sich an der Basis; nur wenige haben einzeln stehende Sprosse. Ableger bilden sich leicht und wurzeln ohne Schwierigkeiten an. Zur Pflege siehe Einführung (Erdkakteen). Die Mindesttemperatur im Winter beträgt 4 °C.

bocasana
Sie gehört zu den dankbarsten Arten. Blaugrüne, etwa 15 cm hohe Körper von 5 cm Durchmesser sind mit vielen silberweißen Dornen bedeckt. An jeder Areole steht ein ausgeprägter gelber oder roter mittlerer Dorn, der länger als die übrigen und an der Spitze umgebogen ist. Auf die kleinen, kremfarbenen Blüten folgen purpurne Früchte. Ohne jeden Eingriff entwickeln sich Gruppen von Körpern, die einen Durchmesser von 15 bis 20 cm haben. Mexiko. **326**

densispina (syn. **Leptocladodia densispina**)
Die zylindrischen Pflanzen werden bis zu 30 cm hoch und sind gewöhnlich unverzweigt. Sie weisen kegelförmige Körper auf, an denen 25 auffallende, gelbe, radiale und bis zu 6 Mitteldornen stehen. Die mittleren sind länger und an der Spitze hakenförmig gebogen; sie sind bräunlich. Im Sommer bilden sich purpurne Blüten. Ihre inneren Blütenblätter sind gelb. Sie blühen reichlich in einem Ring an der Spitze der Triebe. Die Art ist langsamwüchsig. Mexiko.

echinaria → M. gracilis

elegans
Eine langsamwachsende Art, die 15 cm hoch wird und in der Jugend 5 bis 7,5 cm dicke, einzelne Pflanzenkörper bildet, im Alter sich jedoch verzweigt. Die dicht stehenden Körper weisen Areolen auf, die mit einem Flaum von 25 bis 30 kurzen, weißen Stacheln bewehrt sind. Sie sehen aus wie kleine, über den Pflanzenkörper gespannte Schirmchen. Gewöhnlich findet man 2 weiße mittlere Stacheln mit brauner Spitze, die von der Mitte jeder Areole aus wachsen. Im Juli und August bilden sich reichlich violettrote Blüten. Mexiko.

elongata (syn. **Leptocladodia elongata**)
Zylindrische, aufgerichtete oder ausgebreitete Sprosse bilden bis zu 15 cm hohe Gruppen. Die hübschen Dornen sind gelblich und mit brauner Spitze versehen. Die Blüten sind weiß oder gelblich mit oder ohne einen dunkleren Streifen. Sie werden etwa 1,5 cm lang. Im Herbst und Winter hält man die Pflanze trocken. Mexiko. **327**

erythrosperma
Kugelige, 5 cm große Sprosse, deren Areolen 14 bis 20 feine, weiße, strahlenförmig ausgebreitete, radiale Dornen von 1 cm Länge aufweisen. Die 3 bis 4 mittleren Dornen sind von gelblicher Farbe. Im Sommer entwickeln sich rosarote Blüten in reicher Zahl; aus ihnen werden im Herbst karminrote Früchte. Die Art ist sehr dankbar. Mexiko.

gracilis (syn. **M. echinaria**)
Die 10 cm hoch werdende Art verzweigt sich gerne und bildet leicht Ableger. Sie hat säulenartige, 5 bis 6 cm dicke Körper von lebhaft grüner Farbe. Bei reifen Pflanzen heben sich die größeren Mitteldornen mit ihren braunen Spitzen gut gegen die kleinen, weißen bis gelben, strahlenförmig angeordneten Dornen ab. Besonders auffallend sind im Sommer die weißen oder gelben Blüten. Ableger lassen sich gut loslösen und wurzeln leicht an. Mexiko.

hahniana
Silberweiße Stacheln bedecken die kugeligen, oben flachen Pflanzenkörper fast zur Gänze. Im Sommer entwickeln sich karminrote Blüten in reicher Zahl. Die Sprosse erreichen 10 cm Durchmesser. Mexiko. **328**

plumosa Flaumfederkaktus
Kugelige Körper von 5 bis 8 cm Durchmesser stehen in Gruppen beisammen; sie sind fast unter einem Netz von federartigen, weißen Dornen verborgen. Die Pflanze benötigt volles Sonnenlicht. Sie verträgt auch Kalkboden. In der Kultur entwickeln sich die kleinen, weißen Blütchen nur selten. Mexiko.

umbrina
Sie hat eine Ausnahmestellung unter den Vertretern der Gattung *Mammillaria* inne; denn sie blüht schon in der Jugend üppig. Sie wird etwa 10 cm hoch und 5 cm dick. Meist hat sie in der Jugend nur einen Pflanzenkörper, im Alter jedoch kann sie sich verzweigen. Der säulenartige Körper ist oben flach oder sogar konkav. Die Areolen findet man an langen, spitzen, kegelförmigen Warzen. Sie besitzen 20 bis 24 schlanke, seitliche, und gewöhnlich 2 mittlere Dornen. Diese sind in ihrer Jugend viel dicker und zeigen einen auffallenden, leuchtend roten Schimmer, werden aber später grau. Im Frühsommer erscheinen karminrote bis purpurne Blüten. Mexiko.

zeilmanniana
Kleine Dornen bedecken den leuchtend grünen Pflanzenkörper. Dieser ist in der Jugend kugelförmig, wird aber mit der Zeit zylindrisch und etwa 10 cm hoch. Oft beginnt die Pflanze zu blühen, wenn sie kaum einen Durchmesser von 2 cm erreicht hat. An den Spitzen der Areolen wachsen 16 bis 19 weiße und silberne, radiale und 4 größere, rötlichbraune mittlere Dornen, von denen der längste hakenförmig gebogen ist. Malvenfarbene, innen blaßgelbe Blütenringe entwickeln sich im Sommer an den Spitzen der Pflanzenkörper. Ableger bilden sich leicht. Mexiko. 'Alba', eine weiß blühende Form. **329**

Mandarine → **Citrus reticulata**

Mandevilla APOCYNACEAE

splendens → **Dipladenia splendens**

suaveolens (syn. **M. laxa**)
Eine Kletterpflanze mit ovalen, herzförmigen, dunkelgrünen Blättern, die sich zu einer schmalen Spitze verjüngen. Unterseits zeigen die Winkel der Nervatur eine weiße Behaarung. Die 5 cm großen, weißen oder kremfarbenen Blüten haben eine lange Röhre, die sich oben zu 5 eiförmigen Blütenblättern öffnet, die sich verjüngen und eine umgebogene Spitze haben. Sie duften sehr aromatisch und entwickeln sich im Sommer reichlich. Die

MAN

hübsche Pflanze gedeiht im Beet und ist weniger zur Haltung in Töpfen geeignet. Am besten zieht man sie an einer Wand oder an einem Pfosten empor. Die Vermehrung erfolgt durch Stecklinge oder aus Samen. Argentinien, Bolivien. **330**

Manettia RUBIACEAE Manettie

Eine Gattung von immergrünen Kletterpflanzen mit sich verjüngenden, ganzrandigen Blattpaaren und röhrigen, manchmal etwas aufgeblähten Blüten. Besonders geeignet sind sie für Spaliere oder Stützen im Warmhaus und im temperierten Gewächshaus. Im Sommer kann man sie durch Stecklinge von jungen Trieben vermehren.

bicolor Zweifarbige Manettie
Die rankende Pflanze hat schmale, spitze, lange und etwas blaugrüne Blätter. Die ungestielten, röhrigen und wächsernen Blüten sind in der unteren Hälfte leuchtend scharlachrot; der obere Teil der Blütenröhre ist hellgelb. Die Pflanze blüht vom Frühsommer bis zum Spätherbst und manchmal sogar noch länger. Brasilien.

inflata Aufgeblasene Manettie
Sie ähnelt sehr der obigen Art, ist jedoch stärker behaart und hat eine eher rote Blütenröhre. Wie ihre Verwandte kann man sie als Topfpflanze im Zimmer halten. Besonders gut macht sie sich, wenn man sie an einem kreisförmigen Draht entlang zieht. Paraguay, Uruguay.

Maranta MARANTACEAE Pfeilwurz

Die Gattung von immergrünen Pflanzen ist besonders wegen ihrer hübschen Blätter beliebt. Sie sind dankbare Zimmer- und Warmhauspflanzen. Am besten setzt man sie in Töpfe mit lehm- oder torfhaltiger Erde. Sie sind raschwüchsig und müssen, wenn sie noch klein sind, öfters umgetopft werden. Später setzt man sie alljährlich im Frühjahr um. Im Sommer sorgt man für Beschattung. Man kann die Pflanze beim Umsetzen durch Teilung vermehren oder im Sommer durch Abschneiden der am Ende der Stengel sich bildenden Blattschöpfe mit 2 bis 3 Blättern.

bicolor
Die 10 bis 15 cm großen Blätter sind elliptisch und unbehaart. Sie sind oberseits dunkelgrün, jedoch in der Mitte heller, unterseits purpurfarben. Der Rand ist gewellt. Brasilien, Guayana.

leuconeura
Sie ist die am weitesten verbreitete Art. Ihre elliptischen Blätter stehen tagsüber fast waagrecht und richten sich bei Nacht auf wie betende Hände. In der Jugend sind die Blätter leuchtend smaragdgrün und haben zu beiden Seiten der Adern purpurbraune Flecken. Später verlieren sie die leuchtende Farbe und werden matt.
'Erytrophylla', die Blätter sind am Blattrand hell gelbgrün und werden gegen die Mitte zu samtig dunkelgrün. Sie sind von einem Netz von dunkelkarminroten Adern bedeckt; **331**
'Kerchoveana', wie bei *M. leuconara* richten sich die Blätter abends von der Mitte aus auf. Die Farbe der Blätter ist etwas graugrün und sie haben eine helle Nervatur. Zwischen den Adern befinden sich große Flecken von zunächst schokoladebraunen Flecken, die im Alter dunkelgrün werden. Unterseits sind die Blätter purpurfarben; **332**
'Massangeana', eine Züchtung mit kleineren Blättern, die einen blaßgrünen Rand haben und in der Mitte dunkler grün gefärbt sind. Von der Hauptader aus erstreckt sich ein federiges, silberweißes Band über die Nebenandern.

Marmorblatt → **Peristrophe angustifolia**

Martynia MARTYNIACEAE

louisianica (syn. **Proboscidea louisianica**)
Die 60 bis 90 cm hohe, einjährige Pflanze hat gewellte, rundliche bis herzförmige, klebrige Blätter. Sie werden 10 bis 30 cm lang und stehen an verzweigten Stielen. Die 4 bis 5 cm großen Blüten sind glockenförmig; sie haben eine gelbliche Röhre mit grünen und hellgelben Flecken und purpurfarbenen Punkten und Streifen. Die Lappen der Blütenblätter sind auf blaß violettem Hintergrund ähnlich gezeichnet. Aus ihnen bilden sich Samenschoten, die mit einem Horn versehen sind. Man setzt die Pflanze im temperierten Gewächshaus in Töpfe mit lehm- oder torfhaltiger Erde. Vermehrung im Frühjahr durch Samen. USA. **333**

Masdevallia ORCHIDACEAE

Eine ungewöhnliche Gattung von auf Bäumen wachsenden, epiphytischen Orchideen mit großen, bunten Kelchblättern, die bei vielen Arten in einem Schwanz auslaufen und dadurch der Pflanze ein exotisches Aussehen verleihen. Bulben gibt es bei keiner Art der Gattung. Die Pflanzen gedeihen gut in Ampeln und Hängekörbchen, besonders im temperierten Gewächshaus, wenn man sie reichlich gießt und vor direkter Sonne schützt. Vermehrung durch Teilung.

bella
Die interessante, schöne Art hat dunkelgelbe Kelchblätter, die reichlich mit dunklen, rotbraunen Flecken bedeckt sind und in 10 cm langen, schmaler werdenden Schwänzen enden. Die weiße, muschelförmige Lippe bewegt sich beim geringsten Lufthauch. Die Blätter sind dunkelgrün und 12 bis 18 cm lang; die Blüten entwickeln sich im Winter und Frühjahr. Kolumbien.

coccinea (syn. **M. harryana**)
Eine sehr interessante und auffallende Orchidee mit leuchtend scharlachroten oder purpurnen Blüten. Das obere Kelchblatt ist klein und verschmälert sich zu einem 4 cm langen Schwanz, der an der Spitze oft hakenförmig gebogen ist; die seitlichen Kelchblätter sind bis zu einem Drittel ihrer Länge miteinander verwachsen und ähneln einer Klaue. Sie sind 2,5 cm breit und 4 bis 5 cm lang. Ein Schwanz ist bei ihnen nicht ausgebildet. Die kleinen Blütenblätter und die Lippe sind in der Röhre verborgen, die die verwachsenen Kelchblätter bilden. Kolumbien.

Maurandia (syn. Asarina) SCROPHULARIACEAE

Die ausdauernden Kletterpflanzen winden mit ihren Blattstielen. Besonders gut lassen sie sich am Spalier oder Drahtgitter im temperierten Gewächshaus emporziehen, wo sie im Winter fingerhutartig blühen. Man vermehrt sie im Frühjahr durch Samen oder im August durch Stecklinge von jungen Trieben.

barclaiana
Die etwas holzige Kletterpflanze hat rechtwinklig gelappte Blätter an langen Stielen und 4 bis 8 cm große Blüten. Diese haben weiße, rosarote oder purpurne Lappen und eine grünliche Röhre, die beide an der Außenseite behaart sind. Sie erscheinen im Sommer. Mexiko.

erubescens
Die langen, röhrigen Blüten sind rosarot. Sie öffnen sich in gekerbten Lappen und haben oben einen Durchmesser von 8 cm.

Im Sommer und Herbst entwickeln sich in den Blattachseln langgestielte Blüten. Die Blätter sind eckig bis rundlich, gezähnt und mit etwas Flaum bedeckt. Mexiko. **334**

scandens ✻ ♠
Die 4 cm großen Blüten sind fliederfarben, lavendelfarben oder rot und im Innern weiß. Die langen, spitzen Blätter haben eine lanzettliche Form. Mexiko. **335**

Maxillaria ORCHIDACEAE
Eine Gattung von immergrünen Orchideen, deren Blätter aus der Spitze der Pseudobulben wachsen. Die einzelstehenden Blüten entwickeln sich an von der Basis an aufrecht wachsenden Schäften. Man setzt sie in Töpfe, Schalen oder Körbchen und verwendet eine Mischung, die aus Sphagnum, groben Farnwurzeln, etwas Lauberde und Scherbengrus besteht. Alle 2 bis 3 Jahre muß man die Pflanze im Frühjahr umsetzen. Sie braucht Halbschatten und im Sommer reichlich Wasser. Im Winter hält man sie dagegen nur wenig feucht. Vermehrung im Frühjahr durch Teilung.

nasuta ✻
Ihre Blätter sind 25 bis 30 cm lang. Die einzeln stehenden Blüten erreichen 2,5 bis 4 cm im Durchmesser; sie haben blasse, gelbgrüne Blütenblätter, die auf der Rückseite einen purpurnen Schimmer haben. Ihre Lippe ist purpurrot und hat eine gelbe, zurückgebogene Spitze. Die Blüten stehen an aufrechten, 10 bis 15 cm hohen Schäften und erscheinen von März bis September. Die Art ist am besten fürs Warmhaus geeignet. Costa Rica.

nigrescens (syn. M. rufescens) ✻
Diese Art kann verschieden aussehen. Im Winter und im Frühjahr tragen die 10 bis 12 cm langen Schäfte 4 cm große Blüten. Sie besitzen 3 äußere Blütenblätter, die rostbraun sind und 3 innere, die kleiner und gelb sind. Die gelbe, dreifach gelappte Lippe ist mit roten Punkten gesprenkelt. Tropisches Amerika.

picta ✻
Die auffallend hübsche, etwas buschige Art hat 5 cm große Pseudobulben, denen 1 oder 2 dunkelgrüne, linealische Blätter von etwa 30 cm Länge entwachsen. Die 5 cm großen Blüten duften, sie sind gelb gesprenkelt, haben im Innern eine schokoladenbraune und purpurne Zeichnung und eine weiße, purpurn gesprenkelte Lippe. Die Blütenblätter sind einwärts gebogen. Jede Blüte steht einzeln an einem 10 cm langen, aufrechten Schaft. Die Blütezeit liegt im Winter. Am besten eignet sich die Pflanze fürs temperierte Gewächshaus. Brasilien.

sanderiana ✻
Sie erweist sich im temperierten Gewächshaus als sehr dankbar und wird oft als die beste ihrer Gattung betrachtet. Sie hat fleischige Blüten von 12 bis 15 cm Durchmesser; sie sind weißlich und haben in der Mitte der dreieckigen, zugespitzten Kelch- und Blütenblätter und auf der kremfarbenen Lippe eine dunkelrote Zeichnung. Sie entwickeln sich zwischen Mai und Oktober; eine genaue Blütezeit läßt sich nicht angeben, da dies von Pflanze zu Pflanze verschieden ist. Am besten setzt man sie in Hängekörbchen. Ecuador, Peru. **336**

tenuifolia ✻
Die 4 bis 5 cm großen Blüten sind gelb mit dicken rostroten Flecken und Querstreifen. Sie blühen im März an kurzen, 4 bis 5 cm langen Stengeln. Oft sind sie fast ganz hinter den 30 cm langen, ledrigen, dunkelgrünen Blättern verborgen. Das hervorstechende Charakteristikum ist jedoch der sehr starke Duft, der von den lang blühenden Blüten ausgeht. Mexiko.

variabilis ✻
Eine elegante, purpurrot blühende Art. Die Blüten entwickeln sich in reicher Zahl an 60 cm langen Stengeln und blühen vom Frühjahr bis in den Herbst. Die kurzen Blätter werden selten über 10 cm lang. Mexiko bis Panama.

Medinilla MELASTOMACEAE Medinille, Gaudich

magnifica ✻ ♠
Der sehr attraktive, immergrüne Strauch wird 90 cm bis 1,50 m hoch und ist fürs Warmhaus geeignet, wo er im späten Frühjahr blüht. Die 20 bis 25 cm großen, breit elliptischen, glänzenden, dunkelgrünen Blätter besitzen eine hervortretende Äderung. Die rosaroten Blüten mit ihren auffallenden, purpurnen Staubbeuteln stehen in herabhängenden End- oder Seitenrispen von oft über 30 cm Länge. Man setzt sie in große Töpfe mit lehmhaltiger Erde oder einer handelsüblichen Erdmischung und sorgt für Luftfeuchtigkeit. Vermehrung durch Stecklinge, die man aus halb ausgereiften Schößlingen anfangs Frühjahr gewinnt. Philippinen. **337**

Mediolobivia → Rebutia
Meeresnarzisse → Pancratium maritimum
Meerlavendel → Limonium
Meerzwiebel → Urginea maritima

Melianthus MELIANTHACEAE Honigstrauch

major ✻
Ein etwas schlaffer, wenig verzweigter, immergrüner Halbstrauch von mehr als 2 m Höhe. Die 9 bis 11 elliptischen, grob gezähnten, graugrünen Blattfiedern werden jede bis zu 13 cm lang; wenn man sie reibt, geht von ihnen ein unangenehmer Geruch aus. Die 2,5 cm langen Blüten sind rotbraun und stehen in dichten, aufrechten Trauben am Ende der Zweige. Die Pflanze hält sich gut im temperierten Gewächshaus, wo man sie an einer Wand oder einer Säule, die ihr als Stütze dient, ins Beet setzt. Man kann sie auch in großen Töpfen oder Kübeln, mit lehm- oder torfhaltiger Erde, ziehen. Vermehrung im Frühjahr oder Spätsommer durch Stecklinge oder Teilung des Wurzelstockes. Südafrika.

Mesembryanthemum → Faucaria

Michelia MAGNOLIACEAE

doltsopa ✻
Ein ziemlich großer, beinahe winterfester, z. T. immergrüner Strauch, der in einem geräumigen Gewächshaus in großen Kübeln oder im Beet vor einer Wand seinen idealen Standort hat. Er hat lange, schmale, zugespitzte Blätter bis zu 27 cm Länge. Die cremefarbenen, am Grund grün getönten, duftenden Blüten sind tassenförmig und haben 12 bis 16 Kelch- und Blütenblätter. Vermehrung durch Stecklinge im Sommer. Östlicher Himalaya.

Microlepia POLYPODIACEAE
Eine Gattung von Farnen; die drei hier beschriebenen Arten eignen sich fürs Warmhaus oder Zimmer. Man hält sie in Töpfen mit einer handelsüblichen Erdmischung an einem halbschattigen Standort. Vermehrung durch Sporen oder Teilung im Frühjahr.

pyramidata ♠
Eine kräftig wachsende Pflanze mit Wedeln, deren Länge 1 bis 1,80 m beträgt. Sie sind drei- oder viermal geteilt, so daß sie ein

MIL

leicht gefiedertes Aussehen haben. Tropisches Asien, Hawaii. 'Cristata' hat herabhängende Wedel mit hahnenkammartigen Scharten.

speluncae ♠
Schnellwüchsige Art mit weichen, hellgrünen, 60 cm langen Wedeln, die in feine Fiedern geschnitten und leicht behaart sind. Eine hübsche und dekorative Art. Tropen.

strigosa ♠
Eine ähnliche Art, aber nicht so kräftig wie obige. Sie hat einen verholzten Wurzelstock und bis 45 cm lange gefiederte Wedel. Sie verträgt die Haltung im temperierten Gewächshaus. Japan und pazifische Inselwelt.

Miltonia ORCHIDACEAE Miltonie

Eine Gattung prächtig blühender Orchideen, deren große Blüten flach und etwas stiefmütterchenartig sind. Sie stehen an aufrechten, gebogenen Stengeln. Die Pflanzen haben lange schmale Blätter, die zu 1 bis 3 an den Pseudobulben stehen. Sie erfordern ein temperiertes oder warmes Gewächshaus und sollten in Töpfen oder Körben gezogen werden. Als Erde sind 2 Teile Osmundafaser auf ein Teil Sphagnum zu empfehlen. Gut lüften und an hellen sonnigen Tagen im Sommer für Schatten sorgen. Vermehrung alle 2 oder 3 Jahre im Spätsommer oder Frühjahr durch Teilung. Es gibt viele Kreuzungen zwischen den Arten, besonders solche mit stiefmütterchenartigen Blüten. Typisch für diese Gruppe ist 'Everest'. **338**

candida ✽
Die 8 cm großen Blüten haben grünlichgelbe Blütenblätter, die rotbraune Zeichnungen aufweisen, während die Lippe rosarot getönt ist. Sie stehen zu 3 bis 6 an einem 30 cm langen Stengel. Blätter dunkelgrün. Die im Herbst blühende Pflanze ist eine gute, kräftig wachsende Art und eignet sich fürs temperierte Gewächshaus. Brasilien.

regnellii ✽
Die 3 bis 5 Blüten haben einen Durchmesser von 5 bis 8 cm; sie bestehen aus weißen bis hellrosaroten Blütenblättern und einer flachen, fast runden Lippe mit dunkelvioletten Zeichnungen und einem gelben Kamm. Sie stehen an 45 cm langen Stengeln und blühen von Juli bis Oktober. Jede der 5 cm großen Pseudobulben hat zwei dunkelgrüne, 25 bis 40 cm lange Blätter. Fürs temperierte Gewächshaus geeignet. Brasilien.

spectabilis ✽
Die großen einzelstehenden Blüten haben einen Durchmesser von 7 bis 10 cm. Die Blütenblätter sind rein weiß, gegen den Grund hin rosarot, und die Lippe ist rosig-purpurn mit weißem Rand; sie kann über 5 cm breit werden. Die dünnen, gelbgrünen Blätter stehen an 5 bis 8 cm großen Bulben. Blütezeit Herbst. Brasilien.
'Moreliana', hat dunkelpurpurrote Blüten mit einer rosenrot gezeichneten Lippe; sehr häufige Zuchtform.

Milchstern → Ornithogalum

Mimosa LEGUMINOSAE Sinnpflanze

pudica Schamhafte Sinnpflanze ✽ ♠
Eigenartige, sparrig wachsende, ausdauernde Pflanze, die aber gewöhnlich als einjährige Pflanze gezogen wird. Sie hat etwas dornige Stämme und dünne, drahtartige Zweige, die die tief eingeschnittenen, federartigen Blätter tragen. Sie bestehen aus vielen Paaren von elliptischen Blättchen. Wenn man bei Tageslicht die Blätter berührt, falten sie sich zunächst entlang der Mittelrippe nach oben zusammen, worauf sich der Stiel mit dem ganzen gefalteten Blatt nach unten senkt. Dann breitet die Pflanze ihre Blättchen wieder wie vorher aus. Die purpurnen Blüten stehen in kugelartigen Büscheln im Juli und August in den Blattachseln. Faszinierende Gewächshaus- und Zimmerpflanze, die am besten in lehmhaltige Erde gesetzt wird. Während der heißesten Monate sorgt man für Schatten und ausreichend Feuchtigkeit. Vermehrung im Frühjahr durch Samen oder Stecklinge. Tropisches Amerika.

Mimose → Acacia
Mina lobata → Albizia julibrissin
Mistelfeige → Ficus diversifolia

Mitraria GESNERIACEAE

coccinea ✽ ♠
Hübscher, immergrüner, kletternder oder wuchernder Strauch fürs temperierte Gewächshaus. Die kleinen, glänzenden, ledrigen Blätter sind eiförmig und bilden einen guten Hintergrund für die leuchtend scharlachroten Blüten. Diese stehen an langen, hängenden Stielen von Mai bis Herbst und haben eine 4 cm große, etwas aufgeblasene, behaarte Röhre, die sich in 5 runden Lappen öffnet. Gut fürs Beet im temperierten Gewächshaus, wo die Pflanze Schatten braucht. Vermehrung durch Stecklinge im Frühling oder Sommer. Chile. **339**

Momordica CUCURBITACEAE

Eine Gattung tropischer Kletterpflanzen, von denen man die hier beschriebenen Arten am besten als einjährige Pflanzen behandelt. Sie gedeihen gut in großen Töpfen oder einem Beet im Warmhaus oder temperierten Gewächshaus. Sie klettern mit Hilfe von Ranken und haben gelappte Blätter sowie glockenförmige Blüten, denen besonders auffällige, laternenartige Früchte folgen.

balsamina Balsamapfel ✽ ♠ ♣
Die 5-blättrigen Blüten sind mit braunen Flecken und stehen im Juli an langen Stengeln; es folgen eiförmige, zugespitzte, warzige, orangenfarbene Früchte. Die Blätter sind gezähnt und glänzend grün. Tropengebiete Australiens, Asiens und Afrikas.

charantia Balsambirne ✽ ♠ ♣
Die Pflanze ist größer als *M. balsamina* und hat viel mehr behaarte Blätter sowie gelbe Blüten, die von ganzen Brakteen umgeben sind und sich im Juni öffnen. Die Früchte sind länglich, gelb oder kupferfarben; beim Aufplatzen wird das scharlachrote Fruchtfleisch um die Samen herum deutlich sichtbar. Tropisches Afrika, Südostasien. **340**

Monstera ARACEAE Fensterblatt

Eine Gattung tropischer, immergrüner Kletterpflanzen mit großen, oft unregelmäßig eingeschnittenen oder durchlöcherten Blättern, besonders bei erwachsenen Pflanzen. Sie sollten in Blumentöpfe mit lehmhaltiger Erde oder handelsüblicher Erdmischung gesetzt werden. Es handelt sich um ausgesprochene Zierpflanzen fürs Warmhaus, aber auch als Zimmerpflanzen sind sie sehr beliebt. Vermehrung im Sommer durch Kopfstecklinge oder aber durch Einlegen von Stammstücken in ein warmes Vermehrungsbeet, wo jedes Auge austreibt und eine neue Pflanze bildet. Die Vermehrungserde sollte aus einer Mischung aus Torf und Sand zu gleichen Teilen bestehen.

deliciosa Köstliches Fensterblatt ♠ ♣
Wenn sie reif ist, erreicht diese Pflanze eine Höhe von 6 m und mehr. Sie hat dunkelgrüne, bis zu 1,20 m lange Blätter. Die reife Pflanze trägt 10 bis 15 cm große, cremefarbene, aronartige Spatha (Hüllblätter), auf die grünliche, zapfenartige, eßbare Früchte folgen. Die Blätter wachsen rasch, besonders wenn die Pflanze reichlich Wärme und Licht hat; das Muster der Perforierung wird dabei ausgeprägter. In der Jugend stellt sie eine ausgezeichnete Topfpflanze dar, solange sie nicht zu groß wird. Mexiko.

pertusa Durchbrochenes Fensterblatt ♠
Kleiner und gedrungener als *M. deliciosa*; hübsche Topfpflanze. Tropisches Amerika. **341**

Mooskraut → **Selaginella**

Moraea IRIDACEAE

Eine Gattung zierlicher Pflanzen mit Büscheln von schmalen, steifen Blättern und kurzlebigen, aber leuchtend bunten, süß duftenden, irisartigen Blüten. Die folgenden Arten sind entzükkende Topfpflanzen fürs temperierte Gewächshaus. Pflanzen mit Rhizomen (Wurzelstöcken) werden von manchen Fachleuten der Gattung *Dietes* zugerechnet. Vermehrung durch Teilung oder durch Abtrennen der Brutknollen.

bicolor (syn. **Dietes bicolor**) ✻
Die gelben Blüten haben einen schwarzbraunen Fleck in der Mitte der 3 äußeren Blütenblätter; sie stehen im Sommer in einem vielblütigen losen Büschel. Die zartgrünen Blätter sind lang und etwas schlaff. Die Gesamthöhe der Pflanze beträgt etwa 60 cm. Südafrika.

glaucopis ✻
Die breiten äußeren Blütenblätter sind weiß mit einem glänzenden, blauschwarzen Fleck nahe dem Grund, dem 'Auge' eines Pfauenrades ziemlich ähnlich. Blütezeit Sommer. Die Stiele sind 45 bis 60 cm lang. Südafrika.

irioides (syn. **Dietes vegeta**) ✻
Die dunkelgrünen Blätter wachsen von der Basis in einem fächerartigen Büschel, während die weißen irisartigen Blüten gelbe und braune Flecken haben. Der gelbe Griffel hat einen blauen Kamm. Blüte im Juli. Südafrika. **342**

ramosissima (syn. **M. ramosa**) ✻
Verzweigte Art mit 60 bis 100 cm hohen Stengeln und üppigen, kleinen, zartgelben Blüten; sie bilden ein Büschel, das in etwa einem verzweigten Kandelaber ähnelt. Blütezeit Mai und Juni. Südafrika.

Moschosma LABIATAE

riparium (syn. **Iboza riparia**) ✻
Gedrungene, verzweigte Staude, die 60 bis 150 cm Höhe erreicht. Sie hat eiförmige, einfache, fein gezähnte Blätter und lange aufrechte Rispen von kleinen, cremig-weißen, oft lila getönten Blüten, die von Dezember bis Februar erscheinen. Gut geeignet für große Töpfe oder fürs Beet in einem temperierten Gewächshaus. Lehmhaltige Blumenerde verwenden. Vermehrung im Frühjahr durch Kopfstecklinge. Wenn man sie als ausdauernde Pflanze zieht, muß sie jedes Jahr nach der Blüte stark zurückgeschnitten werden. Südafrika.

Mottenkönig → **Plectranthus**

Musa MUSACEAE

Am meisten bekannt sind die bananentragenden Arten dieser Gattung; es werden aber eine Reihe von ihnen ausschließlich als Zierpflanzen gezüchtet. Es sind große, immergrüne, etwas palmenartige, ausdauernde Pflanzen mit dicht zusammengerollten Blattgründen, die einen scheinbaren Stamm bilden. Eindrucksvolle Kübelpflanzen für Warmhäuser, es ist aber auch die Haltung im Gewächshausbeet möglich. Man verwende lehmhaltige Erde, sorge für Luftfeuchtigkeit, sowie Schutz vor praller Sonne. Vermehrung durch Teilung oder (Zierpflanzen) Samen im Frühjahr.

cavendishii (syn. **acuminata**) Banane ✻ ♠ ♣
Große, baumartige Pflanze mit starken länglichen Blättern, die sich z. T. in mehrere ungleiche Lappen gliedern; Gesamthöhe bis 3 m. Die röhrigen Blüten sind grünlich, gelblich oder purpurn getönt und in großen, kahnartigen, rötlichen Brakteen eingeschlossen. Sie stehen an einem hängenden Stiel. Wenn sie verblühen, fallen die Brakteen ab und die jungen Früchte drehen sich nach oben. Ceylon bis zur Malaiischen Halbinsel.
Es sind zahlreiche Sorten und Hybriden verbreitet, von denen mehrere die eßbaren Bananen liefern. Die für die Gewächshauskultur am besten geeignet ist 'Dwarf Cavendish' (*M. cavendishii*), ein Mutationszwerg, der weithin als Kanarische Banane bekannt ist. Er wird etwa 1,80 m hoch und trägt reichlich Früchte, wenn man ihn in einem großen Kübel hält. **343**

uranoscopos (syn. **M. coccinea**) ✻ ♠ ♣
Kleinere, Ausläufer treibende Art, 1 bis 1,20 m hoch, mit dunkelgrünen länglichen Blättern. Die Blüten mit ihren gelbgrünen Spitzen stehen an aufrechten Stengeln und sind in leuchtend scharlachrote Brakteen gehüllt. Es folgen ihnen gelborange, längliche Früchte. Bei dieser Art handelt es sich um eine höchst dekorative Pflanze. Indochina.

velutina ✻ ♠ ♣
Der *M. uranoscopos* ähnliche Pflanze, mit glänzenden, fast 1 m langen Blättern, deren Mittelrippe rot ist. Die röhrigen Blüten sind orange und in große, rosa Brakteen gehüllt. Die kleinen behaarten Früchte sind rosa und brechen reif auf. Assam (Indien).

Mutisia COMPOSITAE

Einzigartige Kletterpflanzen mit drahtigen Zweigen und immergrünen Blättern, die oft in eine Ranke auslaufen. Die Blüten sind cremig-gelb, rosa oder rot bis orange. Sie sind fast völlig winterhart und erfordern ein gut gelüftetes temperiertes Gewächshaus oder Treibhausbedingungen. Sie werden am besten über einem Busch oder an einem Gitter rankend im Beet gezogen. Gegen starkes Sonnenlicht bedürfen sie des Schutzes; als Boden nimmt man eine Torfmischung oder lehmhaltige Blumenerde. Vermehrung im Frühjahr durch Stecklinge: wurzeln leicht.

clematis ✻ ♠
Kräftige Art, deren Blätter aus mehreren länglichen Blättchen bestehen, oberseits dunkelgrün, unterseits weiß und wollig. Die Blütenköpfchen erscheinen im Sommer und Herbst. Sie hängen herab, haben einen Durchmesser von 5 bis 8 cm und leuchtend orange Blütenblätter. Kolumbien, Ecuador.

decurrens ✽

Diese seltene Art stellt Anforderungen an das Geschick des Züchters; wenn sie aber gedeiht, trägt sie den ganzen Sommer über leuchtend orange Blüten von 10 cm Durchmesser. Die ungestielten Blätter stehen an 1,80 bis 2,50 m langen Stengeln; sie sind schmal, länglich und dunkelgrün. Chile.

ilicifolia ✽ ♦

Eine kräftig wachsende Kletterpflanze, bis über 3 m hoch, mit dunkelgrünen, länglichen, ungestielten, gezähnten Blättern. Die 5 bis 8 cm breiten Blüten sind leuchtend rosa mit einer Spur von purpur; sie öffnen sich im Simmer und Frühherbst. Chile.

latifolia ✽ ♦

Diese Art hat breit geflügelte Stengel von 2,50 m Höhe und darüber, sowie stark gezähnte längliche Blätter. Die 8 cm breiten, rosa Blüten erscheinen im Sommer und Herbst. Chile.

oligodon ✽ ♦

Eine Kletterpflanze mit Saugwurzeln, die 1,20 m Höhe erreicht und am besten an einem lebenden Strauch als Stütze wächst. Jedes der länglichen, grob gezähnten Blätter hat einen geflügelten Blattgrund, in dessen Achseln die 5 bis 8 cm breiten, seidig-rosa Blüten stehen. Diese öffnen sich im Sommer und bleiben bis Herbst. Chile. **344**

Myrsine MYRSINACEAE

africana ♦

Kleiner, immergrüner, buschiger, 60 bis 120 cm hoher Strauch. Die 1,5 cm großen, gerundeten, dunkelgrünen Blätter sind fein gezähnt und an der Spitze gekerbt. Sie stehen an roten, kantigen und flaumigen Stengeln. Der Strauch ist eine hübsche Blattpflanze fürs Zimmer und fürs temperierte Gewächshaus. Die kleinen braunen männlichen und weiblichen Blüten sitzen an verschiedenen Pflanzen; nur wenn eine männliche und eine weibliche Pflanze zusammen stehen, tragen sie die glänzenden, blaupurpurnen Beeren. Die Haltung erfolgt in Töpfen oder kleinen Kübeln mit handelsüblicher Erdmischung. Im Sommer reichlich, im Winter weniger gießen. An allen warmen Tagen lüften, sowie für Halbschatten sorgen. Vermehrung im Sommer durch Stecklinge. Wenn Samen verfügbar ist, so kann dieser im Frühjahr ausgesät werden. Afrika, Arabien bis China.

Myrtus MYRTACEAE Myrte

communis

Blattduftender, immergrüner Strauch, dessen tellerförmige, weiße Blüten Unmengen von feinen bürstenartigen Staubfäden aufweisen. Er gedeiht im Beet oder in großen Kübeln im temperierten Gewächshaus. Man gibt ihm lehmhaltige Blumenerde und sorgt im Sommer für Luftzufuhr. Vermehrung im Juni und Juli durch Stecklinge.

Mystacidium distichum → Angraecum distichum

N

Nachtschatten → Solanum
Naegelia → Smithianta

Nandina BERBERIDACEAE

domestica ✽ ♦ ♣

Ein eleganter, hübscher, immergrüner Strauch, der 2 m Höhe und mehr erreichen kann. Mit seinen langen, schmalen, rotbraunen Zweigen, die die ausgebreiteten Blätter tragen, hat er eine gewisse Ähnlichkeit mit einem Bambusstrauch. Jeder Blatteil besteht aus 3 bis 10 schmalen Fiederblättchen, die sich zu schlanken Spitzen verjüngen; sie sind hellgrün und werden im Herbst leuchtend karminrot. Im Juni und Juli erscheinen lange, verzweigte Büschel von kleinen, weißen, strahligen Blüten, denen leuchtend rote Beeren folgen. Auch eine Sorte mit weißen oder elfenbeinfarbenen Früchten ist bekannt. Man zieht den Strauch im Beet oder in großen Töpfen oder Kübeln im Kalthaus oder temperierten Gewächshaus in einer handelsüblichen Erdmischung. Kleine Pflanzen sind für ein kühles Zimmer sehr geeignet. An warmen Tagen muß für Luftzufuhr und Schatten gesorgt werden. Vermehrung durch Teilung oder Samen im Frühling oder durch Stecken der Seitenäste im Spätsommer. China, Japan.

Narcissus AMARYLLIDACEAE Narzisse ✽

Der botanische Gattungsname *Narcissus* umfaßt alle bekannten Arten von Narzissen, von denen die meisten beliebte, ausdauernde Gartenpflanzen sind. Sie sind auch über einen kürzeren Zeitraum hinweg als Topfpflanzen zu verwenden, die einen willkommenen Farbtupfer ins Zimmer oder temperierte Gewächshaus bringen. Man topft die Zwiebeln im September oder Oktober ein, indem man eine lehm- oder torfhaltige Blumenerde verwendet. Die Töpfe umgibt man mit Laub, Sand oder Torf. Wenn dies nicht möglich ist, stellt man sie in einen kühlen Raum oder in den Keller und hält sie dunkel. Wenn die Triebe etwa 5 cm lang sind, kommen sie an einen hellen Ort, bei einer Durchschnittstemperatur von 7 bis 10 °C. Die Erde muß stets etwas feucht sein; wenn sie auch nur für kurze Zeit austrocknet, kann es sein, daß die Blütenknospen welken oder nicht entsprechend wachsen. Für die Topfhaltung sind folgende Sorten geeignet:

Trompeten-Narzissen:
'Dutch Master' reines gelb;
'Queen of the Bicolors' weiße Blütenblätter, kanariengelbe Trompete;
'Mount Hood' einheitlich cremeweiß.
Großkronige Narzissen:
'Carlton', ganz zartgelb mit gekräuseltem Kelch;
'Fortune', gelbe Blütenblätter, oranger Kelch.
Kurzkronige Narzissen:
'La Riante', weiße Blütenblätter, Kelch kräftig dunkelorange;
'Snow Princess', schneeweiße Blütenblätter, gelber Kelch mit orangen Rändern.
Gefülltblühende Narzissen:
'Double Event', weiß mit zartorange in der Mitte; **345**
'Irene Copland', gelb und weiß an kräftigen Stielen;
'Texas', gelb und leichtend orange.
Tazetten-Narzissen:
'Geranium', mehrere kleine Blüten an einem Stiel; jede hat weiße Blütenblätter und eine orangerote Krone;

'Paperwhite Grandiflora', Weihnachtsnarzisse, eine rein weiße Sorte, mehrblütig.

Natternkopf → **Echium**
Neanthe bella → **Chamaedorea elegans**
Nelke → **Dianthus**

Nelumbo NYMPHAEACEAE Lotosblume

nucifera (syn. **Nelumbium speciosa**)   Indische Lotosblume ✱ ♦
Eine schöne, bei den Buddhisten als heilig geltende Wasserpflanze, mit 10 bis 25 cm großen, zartrosa, reich duftenden, kelchförmigen Blüten, die sich tags öffnen und nachts schließen; Blütezeit Sommer. Die großen, schildartigen Blätter haben einen Durchmesser von 30 bis 60 cm und stehen an steifen Stengeln, die 60 bis 180 cm über die Wasseroberfläche ragen können. Die Pflanze braucht eine Wassertiefe von 15 bis 25 cm; man hält sie am besten allein in einem Gefäß (z. B. Aquariumglas). Die Rhizome (Wurzelstöcke) sollten in 20 bis 25 cm tiefe, nährstoffreiche Erde gesetzt werden. Vermehrung durch Teilung der Rhizome oder Aussaat unter Wasser im Frühjahr. Südasien.

Neoregelia BROMELIACEAE

Eine Gattung immergrüner Bromelien, deren Rosetten von dornigen, linealischen Blättern in der Mitte eine Rosette bilden, die als Wasserspeicher dient. Die zahlreichen Blüten wachsen das ganze Jahr über in der Mitte der Pflanze. Man zieht sie in Töpfen im temperierten Gewächshaus; der Standort muß in vollem Sonnenlicht sein. Während der Wachstumszeit gut gießen, vor allem die von den Blättern gebildete Rosette muß immer voll Wasser sein. Während des Winters dagegen nur etwas feucht halten. Vermehrung durch Kindel im Sommer.

carolinae ✱ ♦
Die Blätter sind glänzend grün mit einem kupferfarbenen Schimmer. Die Ränder sind gezähnt. Zur Blütezeit erscheinen leuchtend granatapfel-purpurfarbene Blätter, die die violett-purpurnen, büscheligen Blüten umgeben und waagrecht zurückgebogen sind. Brasilien.
'Tricolor': Die Blätter werden in der Mitte von einem elfenbeinfarbenen Streifen durchzogen; während der Blüte wird die ganze Pflanze rosa, die mittleren Blätter karminrot; **347**

spectabilis ✱ ♦
Diese Art hat lange, ledrige, olivgrüne Blätter mit einem roten Fleck an der Spitze und unterseits grauweiße Streifen. Sie sind 30 cm lang und stehen in einer abgeflachten Rosette von 60 cm Durchmesser. Wenn der dichte blaue Blütenkopf sich bildet, werden die umgebenden Blätter rosarot. Brasilien.

Nepenthes NEPENTHACEAE Kannenpflanze

Eine Gattung von eigenartigen insektenfressenden Pflanzen, die sowohl Kletter- wie auch niederwüchsige Pflanzen umfaßt. Die Mittelrippen der Blätter setzen sich in Ranken fort und sind häufig am Ende mit den kräftig gefärbten Kannen versehen. Diese hängen herab, sind urnenförmig mit zurückgerolltem Rand und abgewinkeltem Deckel und enthalten eine Pepsinflüssigkeit; durch sie werden die Insekten verdaut, die durch die Honigdrüsen am Rand in die Kanne gelockt werden. Für eine erfolgreiche Haltung brauchen die Pflanzen eine warme, feuchte Atmosphäre. Man zieht sie am besten in Körben oder Hängetöpfen, damit die Kannen sich voll entwickeln können. Als Boden wird eine Mischung aus Torf und Sphagnum genommen. Im Sommer reichlich gießen. Stets im Schatten halten. Vermehrung durch Stecklinge oder durch Samen. Gegen Ende des 19. Jahrhunderts wurden mehrere Hybridformen gezüchtet, darunter 'F. W. Moore'; **348**

ampullaria ♦
Kräftige Pflanze mit hellgrünen Kannen, die gelegentlich rote Zeichnungen haben und an breiten, länglichen Blättern wachsen. Malaysia bis Neuguinea.

× intermedia (*N. gracilis* × *N. rafflesiana*) ♦
Aus Kreuzung entstandene Pflanze mit 15 cm großen Kannen, die in der Mitte eine leichte Anschwellung aufweisen, so daß sie einen Durchmesser von 6 cm haben. Die Flügel sind breit und gefranst.

khasiana ♦
Kräftige Kletterpflanze mit langen schmalen Blättern und 7 bis 17 cm großen Kannen, grün bis rötlich-grün, röhrig, mit schmalen, gefransten Flügeln. Der Rand ist leuchtend grün, der ovale Deckel unterseits rot überzogen. Indien.

Nephrolepis OLEANDRACEAE Schwertfarn

Eine Gattung von stattlichen tropischen Farnen mit hellgrünen, einfach gegliederten Wedeln, die in Abständen aus den Rhizomen wachsen. Es sind äußerst dekorative Zimmerpflanzen; sie kommen am besten in Hängekörben zur Geltung. Vor allem für Gewächshäuser stellen sie ausgezeichnete Blattpflanzen dar. Man setzt sie in eine Mischung aus 3 Teilen Torf, 2 Teilen Lehm und 1 Teil scharfem Sand, hält sie feucht und vor Zugluft geschützt. Vermehrung durch Ausläufer.

acuminata ♦
Eine hübsche Art, die sich fächerförmig entwickelt; die Blätter wölben sich von der in der Mitte stehenden Krone. Die Wedel sind zwischen 30 und 60 cm lang und stehen an 10 bis 15 cm langen Stielen; sie sind einfach gefiedert. Malaysia.

cordifolia ♦
60 bis 75 cm hoher immergrüner Farn mit hellgrünen, einfach gefiederten, kurzgestielten Wedeln; Blätter dicht gebüschelt, bandförmig, nickend. Tropen.
'Duffii', eine sehr kleine, gedrungene Art mit manchmal gegabelten Wedeln, die nie mehr als 2,5 cm breit werden;
'Plumosa', äußere Hälfte der Fiedern sind nochmals gefiedert. Die Segmentspitzen der steifen Wedel sind fast völlig geteilt und kräftig dunkelgrün.

exaltata ♦
Einige der zahlreichen Züchtungen, gehören zu den attraktivsten Farnen überhaupt.
'Elegantissima', mit leuchtend grünen, gedrungenen Wedeln; **349**
'Hillii', kräftigwachsende Pflanze mit tiefgelappten, krausen, zartgrünen Wedeln;
'Marshalii', die hellgrünen, breiten Wedel haben dichte Kämme. Eine sehr hübsche Form;
'Rooseveltii', lange, gewölbte, ledrige Wedel mit hellgrünen, gewellten Blättchen;
'Todeoides', zartgrüne, tief eingeschnittene, gefiederte Wedel.

Nerine AMARYLLIDACEAE

Eine Gattung von erlesenen, im Herbst blühenden Zwiebelpflanzen mit linealischen oder streifenförmigen Blättern, die nach den langgestielten Dolden von leuchtend bunten Blüten erscheinen.

NER

Sie wachsen am besten in Töpfen im temperierten Gewächshaus: *N. bowdenii* ist die einzige Art, die im Kalthaus gedeiht. Man setzt sie in lehmhaltige Blumenerde so ein, daß die Zwiebelspitzen noch herausschauen, und gießt vom ersten Erscheinen der Blüten, bis die Blätter ausgewachsen sind. Die Vermehrung erfolgt am besten durch Brutzwiebeln, die man alle 3 bis 4 Jahre beim Umtopfen entfernt. Aber auch Samen können ausgesät werden, und zwar gleichsobald sie reif sind.

bowdenii ♦

Diese schöne Art hat runde Köpfe aus mehreren rosa Blüten von 10 bis 15 cm Durchmesser mit gewellten Blütenblättern, die an 45 cm langen Schäften stehen. Blütezeit September bis November. Südafrika. **350**

'Fenwick's Variety', größere, kräftigere Pflanze mit erlesenen rosa Blüten.

crispa → **N. undulata**

filifolia ✻

Die 8 bis 10 rosaroten, 2,5 cm großen Blüten stehen in einem losen Blütenkopf an einem 30 cm langen Schaft. Die schlanken, binsenartigen Blätter sind kürzer als die Blütenstengel. Südafrika.

flexuosa ✻

Ungewöhnlich an dieser Art ist, daß manche der schmalen, gebogenen Blätter zur gleichen Zeit wie die rosa Blüten erscheinen. Deren Blütenblätter haben gekräuselte Ränder und stehen in losen Köpfchen bis zu 12 Blüten. Eine robuste Pflanze, die bis 1 m hoch wird. Südafrika.

'Alba', eine weiß blühende Form.

sarniensis ✻

Diese Art hat Blüten von sehr unterschiedlicher Farbe, von zartrosa bis rot; sie stehen in 15 cm großen Büscheln an 60 cm langen Schäften. Die mittelgrünen Blätter erscheinen zur gleichen Zeit wie die Blüten. Südafrika.

'Corusca Major', eine Züchtung mit orange-scharlachroten Blüten;

'Miss E. Cator', eine kräftige Pflanze mit dunkelroten Blüten; **351**

'Nicholas', weiße Blüten mit roten Streifen;

'Sacred Heart', reinweiße Blüten.

undulata (syn. **N. crispa**) ✻

Diese Art hat weiße bis fleischrosa Blüten, die in großer Zahl erscheinen. Die Blütenblätter haben gekräuselte Ränder. Die schmalen blaßgrünen Blätter erscheinen gewöhnlich vor den Blüten. Südafrika.

Nerium APOCYNACEAE Oleander

oleander ✻

Aufrechter, immergrüner bis über 1,80 m hoher Strauch mit Blättern von lederartiger Beschaffenheit, die denen der Weide ähneln. Die großen, immergrünartigen Blüten stehen in endständigen Trauben. Blütezeit Juni bis Oktober. Der Busch wächst im Treibhaus oder temperierten Gewächshaus bei einer Mindesttemperatur im Winter von 7 °C. Man verwendet große Töpfe oder Kübel mit lehmhaltiger Blumenerde. Vermehrung durch Stecklinge im Juli oder August. Es gibt mehrere Formen mit unterschiedlichen Farben, von weiß über rosa bis rot, einfach oder ganz gefüllt. **352**

'Variegata', die Blätter haben einen cremig-gelben Rand, die Blüten sind rosa.

Nestfarn → **Asplenium nidus**

Nidularium BROMELIACEAE Nestrosette, Nestananas

Rosettenbildende Pflanzen mit linealischen Blättern, die am Grund eine Zisterne zur Wasserspeicherung bilden. Zur Blütezeit werden die unteren Teile der mittleren Blätter leuchtend rot. Man zieht die Nestrosetten in Töpfen oder Schalen mit einer handelsüblichen Erdmischung, nach Möglichkeit zur Hälfte mit Sphagnum vermischt. Sie gedeihen im Warmhaus; von Frühling bis Herbst brauchen sie Feuchtigkeit, vor allem muß die Rosette immer gefüllt sein. Im Winter eher trocken halten. Vermehrung durch Kindel, im späten Frühjahr oder Sommer.

fulgens ♦

Die glänzenden gewölbten Blätter sind 30 cm lang; die Blüten bestehen aus 3 blauvioletten Blütenblättern, die von roten Brakteen umgeben sind. Brasilien.

innocentii ♦

Die feingezähnten Blätter sind schmal und linealisch, grün mit einem Hauch von Purpur oberseits, unterseits dunkelrot. Die weißen Blüten haben orangefarbene Brakteen. Brasilien. **354**

Nopalxochia CACTACEAE

ackermannii → **Epiphyllum ackermannii**

phyllanthoides ✻ ♦

Die einzige Art dieser Gattung; sie ähnelt stark einem kleinen Blattkaktus. Die beliebte Pflanze erzeugt eine Unmenge von rosa, 8 cm langen und 5 cm breiten, im Mai sich öffnenden Blüten. Sie kommen gewöhnlich aus den Areolen nahe dem Ende der Glieder. Als rankende Pflanze mit abgeflachten, blattlosen Gliedern von 20 bis 30 cm Länge ist sie gut zur Haltung in Hängekörben geeignet. Es gab einmal eine Varietät unter der Bezeichnung 'Deutsche Kaiserin', aber die heute unter diesem Namen verkauften Pflanzen scheinen die der echten Art zu sein. Sie ist in starkem Maße hybridisiert worden. Für die Pflege schlage man unter *Epiphyllum* nach. Wahrscheinlich aus Mexiko und Kolumbien stammend, heute aber ausschließlich in der Zucht bekannt. **355**

Norfolktanne → **Araucaria excelsa**

Nymphaea NYMPHAEACEAE Seerose

Eine große Gattung von Wasserpflanzen, von denen die unten angeführten Arten tropischen Ursprungs sind und nur geeignet sind für die Zucht in einem großen Becken im warmen Gewächshaus. Wenn man ihnen die richtigen Bedingungen verschafft, sind sie nicht schwer zu ziehen. Sie haben große dekorative Blätter, oft herzförmig, mit lebhaft rotem Rand oder gesprenkelt. Blüte von Juli bis September. Zum guten Gedeihen ist eine Wassertemperatur von 21 °C im Sommer und von 10 °C im Winter erforderlich. Vermehrung durch Brut von Nebenknollen oder durch Samen unter Wasser im Frühjahr.

caerulea Blaue Lotosblume der Ägypter ✻ ♦

Schwach duftende, während des Tages blühende Art; die hellblauen Blüten haben 12 bis 20 in 3 Reihen angeordnete Blütenblätter. Die eiförmigen Blätter können einen Durchmesser von 40 cm erreichen; sie sind am Grund leicht gewellt und haben unterseits purpurne Zeichnungen. Afrika.

capensis ✻ ♦

Der *N. caerulea* ähnliche Art mit duftenden, kräftiger blauen, größeren Blüten, die sich 10 oder 12 cm über das Wasser erhe-

ben. Die Blätter haben gewellte und gezähnte Ränder. Afrika, Madagaskar.
'Sansibariensis Rosea', mit Blüten von dunkelkarminrot bis rosa. Sanisbar. **356**

stellata   Blaue Lotosblume von Indien   ✽ ♠
Die blaßblauen Blüten haben einen Durchmesser von 7 bis 17 cm und bestehen aus 11 bis 14 Blütenblättern, die zur Mitte hin allmählich cremeweiß werden. Die gerundeten Blätter sind unterseits violett, oberseits grün. Südostasien.
'Director G. T. Moore', eine Hybride mit blaupurpurnen Blüten, die um ihre Mitte herum einen gelben Ring, sowie am Grund strahlend blaue Antheren (Staubbeutel) haben; **358**
'Mrs. G. H. Pring', cremig-weiße, kastanienbraun getupfte Blüten;
'St. Louis', blaßgelbe Blüten mit goldgelben Staubbeuteln.

O

Ochna   OCHNACEAE

Eine Gattung von immergrünen, laubwerfenden Bäumen und Sträuchern. Die beiden hier genannten Vertreter sind attraktive Pflanzen, die vor allem fürs Warmhaus geeignet sind. Am dekorativsten sind ihre Früchte, die eine seltsame Form und Farbe haben. Sie sind dankbare Topf- und Kübelpflanzen, die eine lehmartige Erde bevorzugen. Man vermehrt sie durch Aussaat oder Stecklinge im Warmbeet.

atropurpurea   ✽ ♠
Der 1,20 m hohe Strauch hat sich verjüngende, längliche, lederige, glänzende und deutlich gezähnte Blätter. Die einzeln stehenden Blüten sind gelb und stehen in einem dunklen, purpurnen Kelch. Südafrika.

serrulata   ✽ ♠ ♣
Sie ist die Art, der man am häufigsten in der Kultur begegnet. Es handelt sich um einen 1,20 bis 1,50 m hohen Strauch mit leuchtend grünen, glänzenden und gezähnten Blättern und langgestielten, gelben Blüten, die in einem Kelch von eiförmigen Lappen stehen. Diese Lappen sind erst grün und werden rot, während die Früchte reifen. Es sind glänzende, schwarze Beeren, die sich in der roten, fast erdbeerartigen Mitte der Blüte bilden. Die Blüten erscheinen im Frühjahr; auf sie folgen dann im Sommer die Früchte. Natal.

Ochsenzunge → Anchusa

× **Odontioda**   ORCHIDACEAE   ✽

Diese Hybriden der Gattungen *Cochlioda* und *Odontoglossum* ähneln in der Form etwas der Gattung Odontoglossum, haben aber buntere und länger blühende Blüten. Sie sind nicht sehr hitzeempfindlich; im allgemeinen gilt für sie, was die Pflege betrifft, dasselbe wie für die Vertreter der Gattung *Odontoglossum*.
'Astomar' hat hellrosa-malvenfarbige Blütenblätter mit breiteren, blütenblattartigen Kelchblättern und einer purpurn gesprenkelten Lippe;
'Florence Stirling', die weißen Blüten haben eine helle, purpurfarbene bis tief scharlachrote Zeichnung;
'Mazurka', leuchtend rote, große Blüten.

Odontoglossum   ORCHIDACEAE   Zahnzunge

Die Gattung von tropischen, epiphytischen Orchideen hat lange, gebogene Stengel mit Trauben oder Rispen von Blüten. Die Blüten weisen breite und flache Blütenblätter und blütenblattähnliche Kelchblätter auf. Die immergrünen, langen und linealischen Blätter sind von mittelgrüner Farbe. Man setzt sie in Töpfe oder Körbchen mit einem Substrat, das aus einer Mischung aus feinen Farnwurzeln und Sphagnum, mit Zusatz von etwas grobem Sand, besteht. Man hält die Pflanzen kühl und feucht. Im Sommer stellt man sie in den Schatten. Vermehrung alle zwei bis drei Jahre im Frühjahr oder Spätsommer durch Teilung.

bictoniense   ✽
Die weit auseinander stehenden Blüten stehen an einem 75 cm hohen Schaft. Jede hat einen Durchmesser von 4 cm und lange,

schmale, grünliche Kelchblätter. Die Blütenblätter sind purpurbraun gezeichnet. Eine weiße Zeichnung findet man auch auf der großen, herzförmigen, spitzen und blaßrosa Lippe. Die Blütezeit ist von Oktober bis April. Die Pflanze kann ein ganz verschiedenartiges Aussehen haben. Guatemala.
'Album', hat eine reinweiße Lippe;
'Sulphureum': gelbe Kelch- und Blütenblätter und weiße Lippe.

citrosmum (syn. O. pendulum) ✽
Auf den 8 bis 13 cm großen Pseudobulben wachsen zwei breite, lederige Blätter und der Blütenschaft, der etwa 60 cm hoch wird und der durch das Gewicht der 15 bis 30 Blüten nach unten gezogen wird. Jede dieser Blüten ist 6 bis 8 cm im Durchmesser, hat weiße, rosa angehauchte Kelch- und Blütenblätter und eine rosarote bis dunkelrosarote Lippe mit einem gelben Kamm. Sie erscheinen im Mai. Guatemala.
'Album': reinweiße Blüten, Lippe mit gelbem Kamm;
'Sulphureum': gelbe Blütenblätter mit rosa Schimmer.

crispum ✽
Sie wird oft als die schönste Orchidee bezeichnet. Die 6 bis 12 geschwungenen Blütenstengel werden 60 cm lang und tragen viele Blüten. Diese erreichen 10 cm im Durchmesser und haben glänzende, weiße und krause Kelch- und Blütenblätter, die leicht rosa getönt sind. Die Lippe ist rot gepunktet und hat gegen die Basis zu einen gelben Kamm. Blüten entwickeln sich das ganze Jahr über, besonders reichlich jedoch von Februar bis April. Die Blütenfarbe kann unterschiedlich ausfallen. Kolumbien. **357**
'Lyoth Arctic', reinweiß mit sehr krausen Blütenblättern.

grande   Großblättrige Zahnzunge ✽
Die sehr hübsche Orchidee ist leicht zu kultivieren und läßt sich zu Hause gut in Töpfen ziehen. Von August bis November bilden sich 30 cm lange Blütentrauben, deren Einzelblüten 18 cm Durchmesser erreichen. Die langen, schmalen und ausgebreiteten Blütenblätter sind orange-gelb und in ihrer unteren Hälfte mit braunen Querstreifen versehen. Die kleine, cremig-gelbe Lippe hat eine rotbraune Zeichnung und einen orangen Kamm. An jeder Pseudobulbe bemerkt man dunkelgrüne, paarig angeordnete Blätter. Guatemala. Einige Hybriden seien genannt:
× 'Alport', eine Hybride mit etwa 15 weißen Blüten pro Blütentraube. Jede Einzelblüte hat weiße, am Rande gewellte Blütenblätter mit rosa und karminroter Zeichnung;
Edalva-Gruppe: weiße Blüten mit karminrotem Muster.
Kopan 'Lyoth Aurea', goldgelb mit brauner Zeichnung; **359**
Stropheon 'Lyoth Galaxy', kastanienbraun mit blaßrosa Rand.

nobile (syn. O. pescatorei) ✽
Eine besonders hübsche Art mit 10 bis 100 einzeln stehenden, 8 cm großen Blüten. Die 30 bis 60 cm hohen Blütenschäfte biegen sich unter ihrem Gewicht. Die Blüten sind weiß, haben manchmal einen rosaroten Schimmer und sind hellbraun gefleckt. Die Lippe hat etwas die Form einer Geige oder eines Nachtfalters; sie trägt eine purpurne Zeichnung und hat einen gelben oder karminroten Kamm. An den braunen, gefleckten Pseudobulben wachsen 15 bis 30 cm lange Blätter. Kolumbien.

pendulum → O. citrosmum

× Odontonia ORCHIDACEAE ✽
Hybriden der Gattungen *Miltonia* und *Odontoglossum*, die große Ähnlichkeit mit der Gattung *Odontoglossum* zeigen.
Andreana 'Stonehurst', weiß, fein mit rosa Punkten gesprenkelt, die der Blüte einen rosaroten Schimmer verleihen;
Atheror 'Lyoth Majesty', die blaß-fliederfarbenen Blütenblätter sind purpurn und kastanienbraun gezeichnet. Die weiße Lippe hat einen gelben Hauch und ist innen tief kastanienbraun. **360**
Olga 'Icefall', eine reinweiße Sorte. **361**

Oleander → Nerium
Oliveranthus elegans → Echeveria harmsii

Oncidium ORCHIDACEAE Schwielenorche
Die Gattung von immergrünen Orchideen zeigt eine große Vielfalt, was die Form der Blätter und der Blütenblätter anbetrifft. Die Pflanzen sind leicht kultivierbar und gedeihen gut im temperierten oder warmen Gewächshaus. Man setzt sie in Töpfe oder Körbchen, die eine Erde aus 2 Teilen Farnwurzeln und einem Teil Sphagnum enthält. Während der Sommermonate brauchen sie Schatten und Luftfeuchtigkeit. Man gießt sie spärlich. Vermehrung im März oder April beim Umsetzen durch Teilung.

flexuosum ✽
Die reizvolle Art hat 60 bis 90 cm hohe Blütenstengel, die sich gegen die Spitze zu verzweigen und eine Fülle von 3 cm großen Blüten tragen. Die Blüten haben kleine, goldgelbe Blüten- und Kelchblätter, die mit dunkelbraunen Querstreifen versehen sind, und eine breite, eingekerbte, gelbe Lippe mit einigen wenigen roten Flecken. Die ganze Blüte könnte man mit einiger Phantasie mit einer barocken Tänzerin vergleichen. Die Blütezeit liegt im Spätsommer. Aus jeder Pseudobulbe wachsen 1 oder 2 15 bis 20 cm lange, linealische Blätter. Die Pflanze eignet sich fürs temperierte Gewächshaus. Brasilien.

ornithorhynchum   Vogelschnabelähnliche Schwielenorche ✽
An den 60 cm hohen, verzweigten und herabhängenden Stengeln stehen dichte Büschel mit süß duftenden, lang haltenden Blüten. Kelch- und Blütenblätter sind fliederfarben bis rosa; sie haben eine dunklere Lippe, die am Grunde einen gelben Kamm trägt. Blüht von Oktober bis Dezember und eignet sich fürs temperierte Gewächshaus. Mexiko bis Salvador.

papilio ✽
Die auffallende Pflanze eignet sich fürs Warmhaus. Aus jeder Pseudobulbe wächst ein einziges, 15 bis 20 cm langes, steifes und geflecktes Blatt. Die Blüten folgen aufeinander an 60 cm bis 1,20 m hohen Schäften. Die beiden dunkelroten Blütenblätter und ein Kelchblatt sind mit gelben Querstreifen versehen; sie sind so weit ausgebreitet, daß sie von Spitze zu Spitze einen Durchmesser von 8 bis 18 cm erreichen. Die große, goldgelbe Lippe hat einen breiten, rötlichen, kannelierten Rand und ist in der Mitte eingekerbt. Die Pflanze blüht in unregelmäßigen Abständen das ganze Jahr über. Trinidad, Venezuela, Peru, Brasilien.

sarcodes ✽
Eine im Frühjahr blühende Art mit dunkelgrünen Pseudobulben, auf denen 2 oder 3 glänzende, dunkelgrüne, sich verjüngende Blätter und geschwungene Blütenstengel wachsen. Letztere können 1,50 m lang werden. Jede 5 cm große, glänzende Blüte hat orangegelbe, mit kastanienbraunen Flecken und Punkten versehene Blüten- und Kelchblätter. Die Lippe ist am Rande gewellt, hellgelb und hat ein paar rotbraune Punkte. Fürs temperierte Gewächshaus eine dankbare Pflanze. Brasilien.

varicosum ✽
Besonders schön ist die Art, wenn sie in voller Blüte steht. An den graugrünen, herabhängenden, bis zu 90 cm langen Blütenschäften entwickeln sich 80 bis 90 Einzelblüten. Diese haben kleine, gelbgrüne Kelch- und Blütenblätter, die mattbraun quergestreift sind, und eine große, tief eingekerbte Lippe, die etwas gewellt

und hell-goldgelb ist. Am Grunde zeigt sie einen braunroten Flecken. Blütezeit von September bis November. Diese Art bevorzugt das temperierte und warme Gewächshaus. Brasilien.

Ophiopogon LILIACEAE Schlangenbart

Eine Gattung von buschartigen Stauden mit schmalen Blättern, die fast grasartig aussehen. An unbiegsamen Schäften stehen dichte Blütentrauben. Die Pflanzen lieben das temperierte oder kalte Gewächshaus. Sie eignen sich als Bodendecker für Beete. Im kühlen oder kalten Zimmer sind sie auch ausdauernde Topfpflanzen. Man setzt sie in eine handelsübliche Erdmischung, schützt sie vor praller Sonne und sorgt an allen warmen Tagen für Belüftung. Vermehrung durch Teilung im Frühjahr.

jaburan
Die immergrüne Art bildet eine Menge von festen, dunkelgrünen, bandartigen Blättern aus. Manchmal sind sie etwas bunt. Die Spitzen neigen sich nach unten. Das ganze Blatt wird bis über 60 cm hoch. Die hängenden Blüten sind blaß purpurfarben oder weiß; sie entwickeln sich in einer dichten Traube; sie sind 6 bis 12 cm lang und sitzen zu 6 bis 9 in den Achseln der Hochblätter. Sie blühen im Juli. Japan.
'Variegatus' oder 'Vittatus', die Blätter sind cremeweiß oder goldgelb gestreift oder weißgefleckt. **362**

japonicus
Die Art hat eine starke Ähnlichkeit mit O. jaburan, ist aber kleiner. Ihre dunkelgrünen, grasartigen Blätter werden nur 15 bis 25 cm lang. Sie breitet sich durch unterirdische Sprosse oft mattenartig aus. Die kleinen Blütenähren sind blaß fliederfarben oder weiß und stehen an 5 bis 10 cm langen Stengeln. Sie blühen im Juni. Japan, Korea, China.

planiscapus
Sie ähnelt O. japonicus, ist jedoch langsamwüchsiger und hat stärker gebogene Blätter. In Kultur meist die dunklen, mit purpur-schwarzen Blättern versehene Form 'Nigrescens'. Japan.

Oplismenus GRAMINEAE

burmannii 'Albidulus'
Weiße Blätter mit einem blaßgrünen Mittelstreifen. Indien.

hirtellus Stachelspelze
Ein schlankes Kriechgras, das an den Knoten Wurzeln ausbildet. Die aufrecht stehenden Büschel bestehen aus gewellten, 4 bis 13 cm langen Blättern. Besonders hübsch macht sich die Pflanze im temperierten oder kalten Gewächshaus in Hängekörbchen oder als Bodendecker. In Kultur begegnet man meist Varietäten. Man setzt sie in eine handelsübliche Erdmischung und beschatte sie vor praller Sonne im Sommer. Vermehrung durch Stecken der Spitzentriebe. Tropisches Amerika, Afrika, Polynesien.
'Albidus', die weißen Blätter haben entlang der Hauptader einen grünen Streifen;
'Variegatus', die Blätter sind rosa, weiß und grün gestreift. Westindische Inseln. **363**

Opuntia CACTACEAE Opuntie, Feigenkaktus

Alle Vertreter dieser Gattung, von den baumartig bis zu den zwergig wachsenden Arten, die in 10 cm großen Töpfen gedeihen, haben als besonderes Merkmal scheidenförmig verbreiterte, glatte oder gehöckerte Glieder. Diese Arten weisen auch Büschel von feinen, bartartigen Borsten auf, die man Glochiden nennt. Sie brechen ab und dringen in die Haut ein. Man kann sie nur schwer wieder herausziehen. An den Seiten der Stämme befinden sich die Areolen; an ihnen bilden sich im Juni und Juli rote oder gelbe Blüten. Als Besonderheit können sich bei manchen Arten aus den alten Früchten neue Blüten entwickeln. Was die Pflege anbelangt, siehe Einführung (Erdkakteen). Mindestwintertemperatur 4 °C. Vermehrung durch Samen oder Stecklinge.

bergeriana Bergers Feigenkaktus
Bei dieser Art stehen die Areolen in großem Abstand. Sie sind mit 3 bis 5 Stacheln und hervorstehenden Glochiden bewehrt. Die Scheiben sind lang und flach und tragen im Sommer viele dunkelrote Blüten. Die rote Frucht wird 5 cm lang und birnenförmig. In der Natur wurde die Art noch nicht wildwachsend gefunden, ist aber im Mittelmeerraum verbreitet, wo sie Hecken bildet.

decumbens
Ein niedriger Busch mit eiförmigen, dunkelgrünen Gliedern, die in der Nähe der Areolen rötlich schimmern und gelbliche Glochiden haben. Die Zweige sind etwas nach unten geneigt. Von gelber Farbe sind die 5 cm Durchmesser erreichenden Blüten, die im Alter verblassen. Mittelamerika. **364**

engelmannii
An den rundlichen, flachen, blaßgrünen Stammgliedern befinden sich weit auseinander stehende Areolen mit weißen Dornen, die an ihrer Basis dunkelrot sind. Von den 3 bis 4 ausgebreiteten Dornen sind die größeren manchmal bis zu 5 cm lang und flach. Die sehr großen, gelben Blüten werden bis zu 10 cm im Durchmesser und blühen im Sommer. Die Pflanze wird 1,80 m hoch. New Mexiko, Texas, Arizona (USA).

humilis
Ein Busch von 1 m Höhe und flachen, kreisrunden Stammgliedern mit großen Areolen. Die 2 bis 6 gelben Dornen weisen gelbliche Glochiden auf. Auch die Blüten sind gelb, aber scharlachrot angehaucht und 5 cm im Durchmesser. Jamaica.

microdasys Goldopuntie
Sie wird bis zu 1 m hoch und hat eng beisammen stehende, flache, längliche und hellgrüne Glieder. Gelblich braune Glochiden stehen an den Areolen. Dornen fehlen. Die Blüten sind meist gelb, haben manchmal einen scharlachroten Schimmer und sind 4 bis 5 cm im Durchmesser. Mexiko.
'Albispina', hat weiße Glochiden. **365**

monacantha → O. vulgaris

robusta
Diese manchmal baumartig ausgeprägte Opuntienart hat eßbare Früchte. Bei uns wird sie gewöhnlich nur 60 cm hoch. Oft werden die meergrünen Glieder mit ihren weit auseinanderstehenden Areolen und den bräunlichen Glochiden 30 cm breit. Die gelben Blüten sind etwa 8 cm im Durchmesser. Mexiko.

salmiana
Sie wird gewöhnlich 45 cm hoch und hat wurstförmige Stämme von 4 cm Durchmesser. Sie sind schlaff und wuchern; daher gibt man ihnen am besten eine Stütze. Ihre Farbe ist meergrün, gelegentlich auch rot oder purpurn. An den kleinen Areolen wachsen ein paar gelbe Dornen und zahlreiche Glochiden. Die ebenfalls kleinen Blüten von 2,5 bis 4 cm im Durchmesser sind gelblich und bilden sich reichlich an den Spitzen der Glieder. Aus ihnen entstehen samenlose, rote Früchte mit wenigen oder gar keinen Dornen. Sie fallen oft ab und wurzeln an. Brasilien, Paraguay, Argentinien.

scheeri ♠
Eine ausgebreitete, 60 bis 90 cm hohe Pflanze mit flachen Stammgliedern. Diese sind 15 bis 20 cm lang, blaugrün und mit gelben Dornen und Haaren bedeckt. In Kultur entwickeln sich die großen, gelben Blüten nur selten. Mexiko.

sulphurea ✽ ♠
Eine wuchernde, 45 cm hohe Pflanze mit länglichen, flachen Trieben und mit Knötchen versehen. An den kleinen Areolen wachsen gelblich-rote Glochiden und 2 bis 8 dicke, manchmal gebogene Dornen bis zu 10 cm Länge. Die Blüten sind etwa 5 cm lang und schwefelgelb. Argentinien.

tomentosa ✽ ♠
Die kräftige Opuntienart wird oft als Pfropfunterlage für schwächere Arten verwendet. Die dunkelgrünen Stammglieder sind eirund und etwa 13 cm lang. An den weit auseinanderstehenden Areolen wachsen nur einige wenige oder überhaupt keine Dornen. Die flammend orangeroten Blüten entwickeln sich gewöhnlich an alten Pflanzen. Zentralmexiko.

tunicata ✽ ♠
Eine buschige, etwa 45 cm hohe Pflanze mit zylindrischen Stämmen, die leicht abgetrennt werden können. Die Areolen sind mit weißlicher Wolle bedeckt. Gelbe, bartartige Dornen stecken in papierartigen, weißen Scheiden. Die Blüten sind gelb und etwa 5 cm im Durchmesser. Mexiko, Ecuador bis Chile.

× verschaffeltii ✽ ♠
Eine seltsame Hybride, die aus zwei Untergattungen von *Opuntia, Tephrocactus* und *Cylindropuntia*, hervorgegangen ist. Die niedrige Pflanze wird nur 30 cm hoch und wächst mehr in die Breite als in die Höhe. Die runden bis kurz zylindrischen Stammglieder werden in Kultur lang und dünn. Glochiden sind spärlich vorhanden und weiß. Art blüht orange bis blutrot. Bolivien.

vulgaris (syn. O. monacantha) Kleiner Feigenkaktus ✽ ♠
Flache, längliche, am Grunde schmalere Glieder bilden eine Pflanze von 1,80 m Höhe. Die weißen, wolligen Areolen sind mit 1 bis 3 langen Dornen und braungelben Glochiden bewehrt. Im Sommer erscheinen goldgelbe oder rötliche Blüten von 8 cm Durchmesser. Brasilien, Uruguay, Argentinien.

Orangenbäumchen → Citrus
Ordensstern → Stapelia
Oreodoxa → Roystonea

Ornithogalum LILIACEAE Milchstern

thyrsoides Chincherinchee ✽
Die hübsche Zwiebelpflanze ist fürs Zimmer und temperierte Gewächshaus geeignet. An den 15 bis 45 cm hohen Schäften stehen 20 bis 30 weiße bis goldgelbe, sternförmige Blüten, die von Mai bis Juli blühen. Sie besitzen 6 Blütenblätter und stehen in einer dichten Traube, die sich nach oben öffnet. Die Zwiebeln setzt man im Herbst in lehmhaltige Erde. Südafrika. **366**

Oxalis OXALIDACEAE Sauerklee

Eine große Gattung von hauptsächlich niedrig wachsenden Pflanzen mit leuchtenden Blüten. Zu ihnen gehören Halbsträucher und Arten mit knollenartig verdickten Wurzeln. Die Blätter sind kleeartig und klappen bei Dunkelheit zusammen, indem sie sich entlang der Hauptader eines jeden Fiederblatts zusammenfalten. Als dankbare Zimmer- und Gewächshauspflanzen (temperiertes Haus) benötigen sie ein sonniges Plätzchen. Man setzt sie in lehmhaltige Erde und topft sie jedes zweite Jahr im Herbst um. Vermehrung durch Teilung, bei Zwiebelarten nach der Blüte und bei allen anderen Arten im Frühjahr; dann auch durch Samen.

bupleurifolia ♠
Eine Pflanze mit streifenförmigen, blattartigen Stengeln, von denen einige 3 Blattfiedern besitzen. An bis zu 8 cm hohen Stengeln stehen kleine, verzweigte Büschel mit 2 bis 4 Blüten, die kleine, gelbe Blütenblätter haben. Brasilien.

cernua → O. pes caprae

dispar ✽ ♠
Ein dicht verzweigter Halbstrauch mit kleinen, weich behaarten Blättern, die aus 3 schmalen, zugespitzten Fiederblättchen bestehen. Die 3 cm großen, gelben Blüten (5 Blütenblätter), stehen dicht gedrängt an langen Stielen. Blühzeit: Frühjahr bis Herbst. Guayana.

hirta ✽
Eine Knollenpflanze mit aufrechten oder kriechenden Stengeln und geteilten, behaarten Blättern, die sich in schmale, längliche Blattfiedern teilen. Die glänzenden, violetten Blüten haben eine gelbe Röhre und entwickeln sich in üppiger Fülle in den Blattachseln an den Spitzen der Triebe. Sie blühen im Herbst. Südafrika.

ortgiesii ✽ ♠
Eine hochgewachsene Art, die teilweise 45 cm, meist aber nur 20 cm hoch wird. Der unverzweigte, fleischige Sproß hat ungestielte Blätter, die in drei 6 cm große Segmente geteilt sind. Oberseits sind sie mattgrün, unterseits purpurfarben. Die kleinen, zitronengelben Blüten besitzen eine leuchtendgelbe Äderung. Sie entwickeln sich an langen Stielen in Büscheln von 5 bis 10 Einzelblüten das ganze Jahr über bei Sonnenschein. Peru.

pes-caprae (syn. O. cernua) ✽
In warmen Gegenden wird sie als Unkraut betrachtet; sie ist jedoch auch eine reizvolle Topfpflanze mit hübschen, 4 cm breiten, buttergelben, glockenförmigen Blüten. Die lang gestielten, ziemlich fleischigen Blätter haben 3 Blattfiedern. Die Blüten erscheinen von April bis September in Büscheln von 3 bis 8 an langen, aufrechten Stielen. Südafrika.

succulenta ✽ ♠
Eine bis etwa 30 cm hohe, buschige Pflanze mit kleinen, graugrünen Blättchen an langen, fleischigen und zylindrischen Stielen. Die kleinen, bronzegelben Blüten stehen in Büscheln an 8 bis 10 cm langen, glatten Stielen. Sie blühen vom Frühjahr bis in den Herbst hinein in unregelmäßigen Abständen. Die unter diesem Namen gezüchtete und beschriebene Pflanze wurde wahrscheinlich nicht korrekt bestimmt. Südamerika.

Oxypetalum ASCLEPIADACEAE ✽

caeruleum (syn. Tweedia caerulea)
Der rankende Strauch ist besonders wegen seiner Blüten mit ihren 5 schmalen Blütenblättern beachtenswert. Sie öffnen sich zu blaßblauen Blüten mit einem grünlichen Ton, werden dann purpurn und schließlich fliederfarben. Sie blühen im Juli. Die behaarten Blätter sind lanzettlich, am Blattgrund gerundet, ebenso oben; sie enden jedoch in einer kurzen Spitze. Die Kletterpflanze bietet einen besonders schönen Anblick, wenn sie in allen möglichen Schattierungen und Farben in Blüte steht. Man setzt sie ins Gewächshausbeet oder in Töpfe mit lehmhaltiger Erde und gibt ihnen eine Stütze. An warmen Tagen sorgt man für Luftzufuhr. Vermehrung im Frühjahr durch Samen.

P

Pachyphytum CRASSULACEAE

Eine Gattung von interessanten Sukkulenten mit lockeren Rosetten von sehr dicken, fleischigen Blättern. Die glockigen Blüten entwickeln sich in herabhängenden Büscheln. Man zieht sie in gut durchlüfteten, sonnigen, temperierten Gewächshäusern. Die Erde sollte gut durchlässig sein. Am besten nimmt man lehmhaltige Erde mit grobem Sand. Im Sommer gießt man reichlich, hält die Pflanzen im Winter aber fast trocken. Vermehrung durch Stecklinge oder Samen.

brevifolium
Die 25 cm hohen Sprosse haben dicke, fleischige und elliptische Blätter, die aufgebogen, abgerundet und oben mit einer kleinen Spitze versehen sind. Sie sind 3 bis 4 cm lang, blau mit oft rötlichem Schimmer und mit perlmutterartigem Hauch bedeckt. Zwischen den jungen Blättern ist der Sproß leicht klebrig. Die glockigen Blüten sind dunkelkarminrot und stehen in kurzen Büscheln. Mexiko.

oviferum
Eine sehr hübsche Art mit kurzen Sprossen. Die 4 cm großen, eirunden Blätter sind mit silberweißem Hauch bedeckt, so daß ihre Farbe milchig erscheint; im Sommer werden sie rosa und blau getönt. Die Blüten sind tiefrot und glockig, aber fast völlig durch die weißen Kelchblätter verdeckt. Sie erscheinen im Mai. Mexiko.

Pachystachys ACANTHACEAE

coccinea → Jacobinia coccinea

lutea
Eine aufrechte, verzweigte Art von bis 45 cm Höhe mit elliptischen, zugespitzten, kräftig grünen Blättern. Jeder Sproß endet in einem 10 bis 15 cm langen, zapfenartigen Blütenstand von kräftig gelben, sich überdeckenden Brakteen, aus welchen die weißen, röhrigen Blüten herausragen. Die Pflanzen blühen immer wieder während der meisten Zeit des Jahres. Die auffällige Pflanze ist ausgezeichnet geeignet für die Topfhaltung im Haus oder im temperierten bis warmen Gewächshaus. Man zieht sie in lehmhaltiger Erde oder handelsüblicher Erdmischung und schützt sie vor praller Sonne. Vermehrung durch Stecklinge, nach Möglichkeit junge, nicht blühende Triebe von zurückgeschnittenen Pflanzen im Frühjahr oder Sommer. Brasilien. **367**

Palisanderbaum → Jacaranda mimosifolia
Palma Christi → Ricinus
Palme, Kanarische → Phoenix canariensis

Pamianthe AMARYLLIDACEAE

peruviana
Eine schöne, lilienähnliche Pflanze mit langen, linealischen, immergrünen Blättern, die eine stammartige, röhrige Scheide bilden, wenn sie aus der Zwiebel wachsen. Die Blüten stehen an kurzen, kantigen Stielen und haben eine lange, 12 cm tiefe, grüne Röhre, die sich in 6 ausgebreiteten, äußeren weißen Blütenblättern öffnet; jedes endet in einer kurzen Spitze; die äußeren 3 haben einen grünen Mittelstreifen. Die Blüte hat innen eine ungefähr 7 cm lange Krone von ähnlicher Farbe. Sie ist glockig. Blütezeit Februar und März. Man hält sie im Warmhaus in feuchter Atmosphäre und verwendet Töpfe mit lehmhaltiger Erde. Sie ist auch eine dankbare Zimmerpflanze, wenn die Temperatur einigermaßen konstant ist. Vermehrung durch Teilung der Zwiebeln oder durch Aussaat. Peru. **368**

Pancratium AMARYLLIDACEAE Pankrazlilie

Eine Gattung von großen, weißblühenden Zwiebelpflanzen, die im temperierten Gewächshaus besonders dekorativ sind. Sie haben graugrüne, linealische Blätter. Man zieht sie in Töpfen mit lehmhaltiger Erde und gießt sie, außer während der Wachstumsperiode, spärlich. Alle 2 bis 3 Jahre setzt man die Pflanze im Herbst um. Die Vermehrung kann durch Brutzwiebeln, die man beim Umtopfen abtrennt, oder im März durch Samen erfolgen.

canariense
Die weißen Blüten sind 8 cm im Durchmesser; sie haben eine kurze Röhre, die sich in schmalen, schlanken und ausgebreiteten Lappen öffnet, sowie eine Nebenkrone mit 12 kurzen Zähnen. Die langen, nach unten hängenden Blätter sind oben abgestumpft und paarweise angeordnet. Kanarische Inseln.

illyricum
Eine 45 cm hoch werdende Art mit Dolden bis zu 12 Blüten; sie entwickeln sich an den Spitzen der Blütenstengel. Die Röhre ist blaßgrün und nur halb so lang wie die schmalen Blütenblätter, die sich zu einem Blütenstern erweitern. Die kurze Nebenkrone ist weiß. Blütezeit im Mai und Juni. Südeuropa.

maritimum Meeresnarzisse
Sie ist ähnlich wie obige Art, besitzt jedoch eine längere Röhre und schmale Blätter, die den Winter überdauern können. Die duftenden Blüten haben eine vorstehende, becherförmige Krone und blühen von Juli bis September. Südeuropa.

Pandorea BIGNONIACEAE

Eine Gattung von immergrünen Kletterpflanzen mit geteilten Blättern und Büscheln von langen, glockigen Blüten. Sie sind ein Schmuck fürs temperierte und kalte Gewächshaus und Treibhaus. Sie lieben einen sonnigen Standort und sollten mit irgendeiner Stütze, an der sie sich emporranken können, ins Beet gepflanzt werden. Vermehrung im Sommer durch Stecklinge oder durch Samen.

jasminoides
Die herabhängenden Büschel von Blüten sind 4 bis 5 cm lang und weiß; sie haben im Schlund einen rosa Schimmer und öffnen sich oben in einer flachen Glocke. Sie stehen endständig an den Zweigen oder in den Achseln der unteren Blätter und erblühen im Sommer. Die Blätter setzen sich aus 5 bis 9 eiförmigen Blattfiedern mit schlanker Spitze zusammen. Australien.

pandorana
Eine Art mit kleinen Blüten von gelber oder rosaweißer Farbe; sie öffnen sich in 5 kleinen Lappen und sind im Schlund violett gesprenkelt. Die gefiederten Blätter haben eiförmige Fiedern mit schlanker Spitze, die etwas breiter sind als bei P. jasminoides. Australien, Neuguinea.

Pankrazlilie → Pancratium
Pantoffelblume → Calceolaria
Papageienblatt → Alternanthera

Paphiopedilum ORCHIDACEAE Venusschuh

Eine Gattung von sehr attraktiven Orchideen mit pantoffelartigen Blüten, die oft auch als *Cypripedium* bezeichnet werden. Die buschigen Pflanzen haben linealische, lederige Blätter und 5 bis 13 cm große Blüten mit einem großen, aufrechten Blütenblatt (eigentlich ein Kelchblatt) an der Spitze, 3 schmalen seitlichen Blütenblättern und einer pantoffelartigen Lippe. Sie sind leicht zu halten, meist brauchen sie Luftfeuchtigkeit und sollten in Töpfen mit einer Erde gezogen werden, die zu gleichen Teilen aus Farnwurzeln, Sphagnum und Lehm besteht. Man gießt reichlich und setzt die Pflanze alle 2 bis 3 Jahre um. Vermehrung durch Teilung im Frühjahr. Alle Arten eignen sich, soweit nicht anders angegeben, fürs Warmhaus.

callosum Schwieliger Venusschuh ✼
Die blaugrünen Blätter sind hell und dunkel marmoriert. An den 30 cm hohen Schäften entwickeln sich 10 cm große Blüten. Das große, aufrechte Blütenblatt (Fahne) ist weiß mit kastanienbrauner und grüner Äderung. Die beiden seitlichen Blütenhüllblätter sind grün gestreift und zeigen am Rand glänzende, rote Warzen. Die Lippe hat das Aussehen eines dunkelrotbraunen Pantoffels. Blütezeit von Januar bis Juni. Indochina, Thailand.

fairieanum ✼
Die Zwergform wird nur 10 bis 25 cm hoch und hat mittelgrüne Blätter. Die kremig-weißen Blütenblätter sind sichelförmig und karminrot gestreift, während der Pantoffel grün mit rotbrauner und karminroter Zeichnung ist. Alle Blütenblätter haben einen gewellten Rand. Die Blütezeit ist von August bis Oktober. Die Art eignet sich ausgezeichnet fürs temperierte Gewächshaus. Assam, Himalaya.

hirsutissimum ✼
Die einzeln stehenden Blüten werden oft 15 cm im Durchmesser; sie haben grüne Kelchblätter mit einem rosa Schimmer und ebensolchen Flecken. Die Blütenblätter sind leuchtend scharlachrot und am Grunde grün. Die Lippe ist braunrot gesprenkelt. Blütezeit von März bis Mai. Die blaßgrünen Blätter sind etwa 25 cm lang. Nordostindien.

insigne ✼
Die kräftige Art hat breite, blaßgrüne und linealische Blätter. Bis zu 13 cm im Durchmesser werden die einzeln stehenden Blüten; ihr breites, oberes Blütenblatt ist leuchtend gelbgrün mit purpurbraunen Flecken und weißer Spitze; die helmförmige Lippe ist bräunlich golden. Blüht regelmäßig vom Frühwinter bis zum Frühjahr. Nepal, Assam. **369**

× maudiae ✼
Eine hübsche Hybride mit weißen, intensiv olivgrün gestreiften Blütenblättern und olivgrüner Lippe. **370**

purpuratum ✼
Eine Zwergform mit gesprenkelten Blättern. Das große, aufgerichtete Kelchblatt ist weiß, hat gegen die Basis zu einen grünen Schimmer und ist mit purpurbraunen Streifen versehen. Die Blütenblätter sind purpurrot mit dunklerer Äderung, während die Lippe eher eine purpurnbraune Farbe aufweist. Hongkong.

rothschildianum ✼
Eine starkwüchsige Art von 1 m Höhe, die im Mai und Juni 60 cm lange Ähren mit bis zu fünf 18 bis 20 cm großen Blüten entwickelt. Sie haben lange Blütenblätter mit schlanker Spitze, hellgrün und dunkel purpurn längsgestreift; der sonst rotbraune Beutel ist oben gelb. Die Blätter sind lederig und glänzend dunkelgrün. Indien.

venustum ✼
Die Art hat eine besonders zarte Farbe. Ihre Blätter sind bläulich und hellgrün marmoriert. Die einzeln stehenden, 8 cm großen Blüten besitzen weiße, grüngestreifte Kelchblätter; die großen Flügel sind an der Spitze purpur-rosa angehaucht und weisen schwärzliche Warzen auf. Der gelbgrüne Beutel ist rosa marmoriert und mit einer dunkleren grünen Äderung versehen. Geeignet fürs temperierte Gewächshaus. Nepal.

Papyrusstaude → **Cyperus papyrus**
Paradiesvogelblume → **Strelitzia reginae**

Parkinsonia LEGUMINOSAE

aculeata ✼ ♠
Eine elegante, 2,50 bis 3 m hohe Pflanze mit langen, bandartigen Blättern an winzigen, mit Stacheln versehenen Stielen. Die winzigen, eiförmigen Blattfiedern stehen in großem Abstand an der langen Hauptader. Im Frühjahr und Sommer erscheinen Büschel mit gelben Blüten; jede Einzelblüte hat ein rot gesprenkeltes oder angehauchtes Blütenblatt. Man setzt die Pflanze in Kübel oder ins Beet. Sie gedeiht am besten im gut belüftbaren, temperierten Gewächshaus in lehmhaltiger Erde. Vermehrung im Frühjahr durch Samen. Mexiko, Südwesten der USA.

Parodia CACTACEAE Parodie

Eine Gruppe von Kakteen mit kleinen Pflanzenkörpern, die sowohl kugelig als auch etwas länglich sein können; sie besitzen zahlreiche Stacheln und wachsen einfach oder sprossig. Zur Pflege siehe Einführung (Erdkakteen).

chrysacanthion ✼ ♠
Sie ist die Art, die am häufigsten in der Kultur zu finden ist. Der Pflanzenkörper ist kugelig bis kurz säulenförmig. Er wird bis 7 cm hoch und hat manchmal an der Basis kleinere Nebensprosse. Blüten entwickeln sich an der Spitze der Pflanze; sie sind trichterförmig, goldgelb und bis zu 3 cm lang. Argentinien. **371**

Passiflora PASSIFLORACEAE Passionsblume

Eine Gattung von immergrünen, mit Ranken versehenen Kletterpflanzen mit auffälligen Blüten. Regelmäßig ausgebildete Blütenblätter bilden einen Blütenstern oder eine Blütenschale mit einer Nebenkrone, die einen nach außen weisenden Saum von fadenartigen Strahlen zeigt, der den Stiel umgibt; dieser trägt den Fruchtknoten und die Staubbeutel. Am besten eignen sich die Passionsblumen fürs temperierte und warme Gewächshaus. Sie gedeihen in Töpfen oder Kübeln in lehmhaltiger Erde. Allerdings brauchen sie eine leichte Stütze zum Emporranken. Vermehrung durch krautige Stecklinge im Juli oder August.

× allardii (*P. caerulea* × *P. quadrangularis*) ✼
Die 8 cm großen Blüten haben weiße, rosa angehauchte Blütenblätter und blaue Strahlen. Sie erscheinen von Juni bis Oktober. Die mittelgrünen Blätter sind 3- bis 5fach gelappt. Die Pflanze kann eine Höhe von 6 m erreichen. Gartenzüchtung. **372**

caerulea Blaue Passionsblume ✼
Sie wächst in Gegenden mit mildem Klima, gedeiht aber auch vorzüglich im temperierten Gewächshaus oder in der Jugend im Zimmer. Sie hat 5- bis 7fach gelappte Blätter von hellgrüner Farbe und bis zu 18 cm Durchmesser. Die einzeln stehenden Blüten duften aromatisch und erscheinen von Juni bis September.

Die Blütenblätter und der in der Mitte stehende Fruchtknoten, sowie die Staubblätter sind reinweiß. Sie werden von einem Strahlenkranz von dunkelblauen, gegen die Mitte zu verblassenden, aber am Grunde dunkelvioletten Fäden umgeben, die einen hübschen Kontrast bilden. Manchmal kann man eirunde, blaß-orangegelbe Früchte von 2 bis 3 cm Länge sehen. Brasilien, südliches Südamerika.

× **caponii** 'John Innes' (*P. quadrangularis* × *P. racemosa*) ✱
Die Hybride hat eine große Ähnlichkeit mit *P. quadrangularis*, hat aber 3fach gelappte Blätter und innen dunkelrosarote Blütenblätter, die an der Außenseite grün sind. Der Strahlenkranz ist blau und weiß gestreift.

coccinea ✱
Sie hat auffallende, scharlachrote Blütenblätter die auf der Rückseite gelblich sind. Der Strahlenkranz ist am Grund weiß und färbt sich bis zum Rand über rosa bis zum Purpurrot. Die eiförmigen, gezähnten Blätter sind ganz und stehen an etwas purpurn gefärbten Stielen. Tropisches Südamerika.

edulis Purpurgranadilla ✱ ♣
Die Art wird in warmen Ländern wegen ihrer fein schmeckenden, 5 cm großen Früchte gezogen. Jede 6 cm breite, weiße Blüte hat weiße und purpurne Strahlen. Die Blüte erfolgt im Sommer. Die eiförmigen Früchte können purpurn oder gelb sein. 10 bis 15 cm groß werden die Blätter, die 3fach gelappt und mit welligem Rand versehen sind. Tropisches Südamerika. **373**

incarnata ✱ ♣
Die Art besitzt ovale, gelbe Früchte, die etwa hühnereigroß werden. Die 5 cm Durchmesser erreichenden Blüten haben blasse, lavendelfarbene oder weiße Blütenblätter mit einem purpurnen Strahlenkranz. Im Sommer oder Winter blühende Art (je nach Klima) mit 3fach gelappten Blättern. Südöstliche USA.

laurifolia ✱ ♣
Die 8 bis 13 cm langen, ungelappten Blätter sind eiförmig, lederig und glänzend. Die aromatischen Blüten erreichen 5 bis 7 cm Durchmesser und haben Blütenblätter, die außen grün und innen rot sind. Der Strahlenkranz ist purpurn und weiß, blau und rot gestreift. Blütezeit Juni und Juli; danach entwickeln sich gelbe, eiförmige Früchte, die die Form von Zitronen haben und 5 bis 8 cm lang werden. Sie sind eßbar. Tropisches Amerika.

manicata ✱
Ein kräftiger Kletterer mit 3fach gelappten, tief eingeschnittenen, lederigen Blättern. Die einzelnen Lappen sind eiförmig und gezähnt. Die 10 cm großen Blüten besitzen lebhaft gefärbte, scharlachrote Blütenblätter. Die Pflanze eignet sich fürs Warmhaus. Venezuela bis Peru.

mixta ✱
Leuchtend gefärbte Blüten werden bis zu 9 cm im Durchmesser. Ihre Blütenblätter sind rosa bis orangerot und haben eine verkümmerte lavendel- oder purpurfarben gesäumte Krone. Sie erscheinen von Juli bis September. Die Blätter sind 3fach gelappt, spitz, mit gezähnten Lappen, oberseits glatt und unterseits weich behaart. Tropisches Südamerika.

mollissima ✱
Eine weich behaarte Art mit breiten, tief eingeschnittenen, 3fach gelappten Blättern und 8 cm großen, rosaroten, langröhrigen Blüten, deren unauffällige Krone zu einem etwas warzigen Rand verkümmert ist. Blütezeit von Juni bis Oktober. Manchmal erscheinen gelbe, eiförmige Früchte, die bis 8 cm groß werden. Tropisches Südamerika.

quadrangularis Riesengranadilla ✱
Eine üppig blühende Art von exotischem Aussehen. Die Blütenblätter sind weiß, innen dunkel rosa bis purpurn angehaucht; die Strahlenkrone besteht aus bis zu 10 cm langen, welligen Fäden und ist purpurn, weiß und blau gestreift. Die Blüten erscheinen in großer Fülle von Juli bis September. Die länglichen, gelben Früchte sind 20 bis 30 cm lang, bilden sich aber nur selten oder überhaupt nicht im Gewächshaus. Die Blätter sind eiförmig bis elliptisch und 10 bis 20 cm lang. Die ganze Pflanze ist unbehaart. Tropisches Amerika. **374**

racemosa Traubige Passionsblume ✱
Eine Art mit unterschiedlich aussehenden, gewellten Blättern; manche sind ganzrandig und eiförmig. Meist haben sie jedoch 3 Lappen. Die rosa bis karminroten Blüten haben einen Durchmesser von 10 bis 13 cm und tragen eine Strahlenkrone von kurzen Fäden. Die äußeren sind purpurfarben mit weißer Spitze, die inneren rot und kurz. Die Blütezeit ist im Herbst und die Blüten erscheinen in Büscheln von 8 bis 13 Einzelblüten an den Spitzen der langen, herabhängenden Stengel. Brasilien.

Pavonia MALVACEAE Pavonie

multiflora ✱
Ein immergrüner, tropischer Strauch, meist mit langen, eintriebigen Sprossen und schmalen länglichen, bis 25 cm langen Blättern, die sich zu einer schlanken Spitze hin verjüngen. Die seltsamen Blüten entwickeln sich einzeln in den Blattachseln im Bereich des Spitzentriebs, wo sie ein beblättertes, rundes Büschel bilden. Der Hüllkelch ist korbförmig; seine Blättchen linealisch-zungenförmig, aufsteigend und langbewimpert. Die mit blauen Staubbeuteln versehenen Staubblätter ragen über beide hinaus. Die interessante Art blüht im Herbst und eignet sich fürs Warmhaus, wo man sie in Töpfen mit lehm- oder torfhaltiger Erde hält. Man sorgt für Luftfeuchtigkeit und stellt die Pflanze bei heißer Sonne in den Schatten. Vermehrung im späten Frühjahr durch Kopfstecklinge. Brasilien.

Pedilanthus EUPHORBIACEAE Schuhblüte

tithymaloides ✱ ♠
Ein verzweigter, sukkulenter Strauch von bis zu 1 m Höhe mit zylindrischen, fleischigen, graugrünen Stengeln. Typisch ist der Zick-Zack-Wuchs, bei dem in jedem Winkel ein Blatt steht. Die Blätter sind 5 bis 8 cm lang, eiförmig und bei den wild wachsenden Arten grün. Der rote Blütenkopf ist mit einem Sporn versehen und hat Ähnlichkeit mit einem Vogelkopf. Man setzt die Art am besten in lehmhaltige Erde, die mit grobem Sand vermischt ist. Die Vermehrung erfolgt im Sommer durch Kopfstecklinge, die man vor dem Einsetzen einige Stunden trocknen läßt. Westindische Inseln.
'Variegata', mit Blättern, die einen weißen Rand haben und schwach rot getönt sind.

Peitschenkaktus → **Aporocactus**

Pelargonium GERANIACEAE Pelargonie, Geranie

Eine artenreiche Gattung, die sehr gute Topfpflanzen fürs Haus oder Gewächshaus aufweist. Man setzt sie in lehmhaltige Erde, hält sie im Winter lediglich feucht und gießt während der Wachstumszeit reichlich. Im Sommer stellt man sie bei heißer Sonne in den Schatten. Vermehrung durch Kopfstecklinge im Spätsommer oder Frühjahr. Man setzt sie jedes Jahr um.

PEL

crispum ✱ ♠
Eine 60 cm hoher, aufrechter und dicht verzweigter Strauch mit mittelgrünen, fächerartigen, grob gezähnten und gekräuselten Blättern, die stark nach Melisse riechen. Die Büschel von 2 bis 3 Einzelblüten stehen an Stielen in den Achseln der oberen Blätter und blühen von Mai bis Oktober. Sie sind blaßrosa oder lavendelfarben, 3 cm im Durchmesser und haben schmale Blütenblätter. Südafrika.
'Variegatum', besonders auffallend ist die cremeweiße Blattzeichnung. **375**

cucullatum ✱ ♠
Ein dicht behaarter Strauch, der manchmal über 1 m hoch wird und dicht verzweigt ist. Die nierenförmigen, gezähnten Blätter sind bis zu 8 cm lang. Die üppigen Blütenbüschel entwickeln sich an den Spitzen der Zweige. Eine dunkle Äderung kennzeichnet die roten Blütenblätter. Blütezeit im September. Südafrika.

denticulatum ✱ ♠
Eine dicht belaubte Art, die eigentlich nicht wie ein Strauch aussieht. Sie hat schlanke Zweige mit 4 bis 8 cm großen Blättern, die tief in schmale Lappen gegliedert sind. Die mit winzigen Stielen versehenen Blüten stehen in Büscheln zu 1 bis 3 im Sommer an den Enden der Zweige. Sie sind fliederfarben bis purpurrosa und zeigen auf den beiden oberen Blütenblättern dunkle Flecken. Südafrika.

× domesticum (syn. **P. Grandiflorum-Hybriden**) ✱
Eine Gruppe von Hybriden mit 4 bis 5 cm großen Blüten, die sich in runden Büscheln gegen die Triebspitzen zu in den Blattachseln entwickeln. Sie zeigen alle Schattierungen von rosa bis purpurfarben und sind in unterschiedlichster Art mit dunkler Äderung oder Tupfen versehen. Vom späten Frühjahr bis in den Herbst blühen sie reichlich. Man hat viele Sorten gezüchtet. Hier eine Auswahl:
'Aztec', leuchtend rote Blüten mit purpurnen Adern und weißem Rand;
'Doris Frith', eine schöne, weißblütige Varietät mit gewellten Blütenblättern, die am Grunde purpurne Federchen zeigen; **376**
'Grand Slam', rosarote bis violettrote Blüten; **377**
'Kingston Beauty', eine kräftige Sorte mit großen, gekräuselten, kirschroten Blüten, die im Innern weiß sind; **378**
'May Magic', große, gekräuselte, orange Blüten, die in der Mitte und an den Rändern blasser sind.

× fragrans ✱ ♠
Ein stark verzweigter, belaubter Strauch mit behaarten, 3fach gelappten, herzförmigen Blättern, die stark nach Muskat duften. Die kleinen, weißen Blütenblätter haben rote Adern. Die Blüten stehen in Büscheln von 4 bis 8 Blüten und blühen den ganzen Sommer hindurch.

fulgidum ✱ ♠
Eine dichte, strauchige Art mit 3fach gelappten, silbernen Härchen an den Blättern und langen Stengeln. An ihnen erscheinen 5 bis 12 feuerrote, dunkel geäderte Blüten. Blüht im Sommer. Südafrika.

graveolens Rosenpelargonie ✱ ♠
Die starkwüchsige Art wird 1 m hoch und hat 5 bis 7fach gelappte, duftende Blätter. An den 8 cm hohen Stengeln stehen Büschel mit 5 bis 10 rosa bis purpurfarbenen Blüten mit deutlichen dunklen Flecken. Sie erscheinen von Juni bis Oktober. Südafrika.

× hortorum (syn. **P.-Zonale-Hybriden**) ✱ ♠
Der Name umfaßt eine große Gruppe von Hybriden, die von *P. zonale* abstammen. Sie sind hochgewachsen, werden in ihrer Heimat 1,80 m hoch und haben deutlich gerundete Blätter mit brauner oder malvenfarbener Zeichnung. Hier eine Auswahl schöner Sorten:
'Distinction', die hübschen, runden Blätter haben gegen den Rand einen schmalen purpurbraunen Bereich. Die Blüten sind karminrot; **379**
'Fiat', halbgefüllte, korallenrote Blüten; **380**
'Gazelle', gedrungene Pflanze mit gelappten Blättern, die gegen die Mitte einen purpurbraunen Bereich haben; blüht hell lachsfarben in üppiger Fülle; **381**
Gruppe 'Irene'. Eine neue, in Amerika gezüchtete Gruppe von verschiedener Ausprägung. Sie umfaßt dicht verzweigte Pflanzen, mit sich immer wieder neu bildenden Blüten. Sie blühen an sonnigen Standorten, auch mitten im Winter (Zimmer oder Gewächshaus). Zu den besten unter den vielen, farbigen Vertretern gehören:
'Fire Brand', mohnrot, blüht üppig;
'Modesty', rein weiß, gelegentlich mit rosa Schimmer;
'Lollipop', leuchtend orange-scharlachrot;
'Party Dress', zart lachsfarben, blüht reichlich;
'Mr Henry Cox', rosafarben, gekerbte Blütenblätter, gelbrandige Blätter, mit sich teilweise überlagernden rosa und grünen Zeichnungen; **382**
'Mrs Pollock', mit zinnoberroten Blüten. Die Blätter haben einen kremfarbenen Rand, sind in der Mitte blasser und dazwischen unregelmäßig dunkelrot und orange gezeichnet;
'Spitfire', ungefüllte rote Blüte mit stark kontrastierenden grünen und weißen Blättern; **383**
Zwergformen: ✱ ♠
'Pink Harry Hieover' glänzend gelbgrüne Blätter mit einem kastanienbraunen Band; Blüten rosa mit dunkleren Adern; **384**
'Red Black Vesuvius', fast schwarzes Laub mit einzelnen großen, roten Blüten;
'Sprite', dunkelgrüne Blätter mit elfenbeinweißem Rand und einem rosa Schimmer. Lachsrosa einzelne Blüten.

odoratissimum Zitronenpelargonie ✱ ♠
Zwergstrauch, der nicht höher als 1,80 m wird mit samtigen, gekräuselten, ei- bis nierenförmigen, hellgrünen Blättern. Die Blüten stehen in Büscheln zu 5 bis 10, duften nach Äpfeln und haben obere weiße Blütenblätter, die rot gesprenkelt und geädert sind. Südafrika.

peltatum Efeupelargonie ✱ ♠
Eine als Hängepflanze verwendete Art mit fleischigen, efeuartigen Blättern. Die Blüten sind von weiß und zart rosa bis karminrot, die Blütenblätter oft dunkler geädert. Es gibt mehrere unterschiedliche Sorten;
'L' Elegante', hat rosa und kremige Blätter sowie rosa Blüten;
'Claret Crousse' oder 'Mexican Beauty', kräftigwüchsig mit weinroten Blüten;
'Sussex Lace', hat lilarosa Blüten und Blätter, die hübsche, elfenbeinweiße Adern aufweisen; **385**

quercifolium ✱ ♠
Reich verzweigter Strauch mit dunkelgrünen Blättern, die denen der Eichen ähnlich sind und entlang der Nervatur braun gezeichnet sind; sie riechen streng. Die Büschel mit 3 bis 7 Blüten stehen an kurzen Stielen; die einzelnen Blüten sind rosig-malvenfarben mit purpurn gezeichneten oberen Blütenblättern. Blütezeit Mai. Südafrika.

radens (syn. **P. radula**) Rosenpelargonie ✱ ♠
1 m hoher, graugrüner, vielverzweigter Strauch mit aromatisch balsamartig duftenden Blüten. Von den rosigen Blütenblättern haben die oberen beiden dunkelrote Zeichnungen in der Mitte; die 5-blütigen Büschel erscheinen im Juni. Südafrika.

tetragonum ✱ ♦
Ein aufrechter, dicht verzweigter, sukkulenter Strauch mit kleinen, mattgrünen, behaarten Blättern, die in der Mitte einen dunklen Fleck haben. Die 1 bis 3 rosigen und purpurnen Blüten mit dunkleren Zeichnungen stehen an kurzen Stielen und öffnen sich im Juni. Südafrika.

tomentosum ✱ ♦
Wuchernder oder halb kletternder Strauch mit weich behaarten, mittelgrünen, leicht gebuchteten Blättern, die stark nach Pfefferminz riechen. Die kleinen, weißen Blüten haben rötliche Adern und blühen von Mai bis zum ersten Frost.

triste ✱ ♦
Nachts süß duftende, braun-purpurne Blüten mit gelbem Rand, die in lang gestielten Büscheln im Juli erscheinen. Die großen Blätter sind tief eingeschnitten und an den Rändern gezähnt. Südafrika.

zonale ✱ ♦
Ein Halbstrauch, unten verholzt und oben mit etwas fleischigen Zweigen. Die gerundeten, herzförmigen, gewelltrandigen Blätter haben die undeutliche Zeichnung eines Pferdehufes auf der Oberseite. Die Blüten stehen in Büscheln und haben schmale, gewöhnlich rosig-purpurne Blütenblätter. Nach der Mitte hin werden sie weiß; sie können aber auch weiß, rosa oder rot sein. Sie erscheinen im Sommer. Beliebteste Balkonpflanze. Südafrika.

Pellaea   SINOPTERIDACEAE   Pellefarn, Pelläa

rotundifolia   Rundblättriger Pellefarn ♦
Sehr hübscher kleiner Farn, gut als Bodendecker und eine ausgezeichnete Topfpflanze fürs temperierte Gewächshaus. Er hat 30 cm lange Wedel, die nach unten bis zum Boden heruntergebogen und zur Mittelrippe hin in 20 bis 30 wächserne, etwas ledrige Segmente geteilt sind; in der Jugend fast rund, im Alter länglich werdend. Als Erde wird eine Torfmischung genommen. Die Pflanze braucht Schutz vor direktem Sonnenlicht. Vermehrung durch Teilung im März oder April oder durch Aussaat von Sporen im Frühjahr. Neuseeland. **386**

Pellionia   URTICACEAE   Pellionie

Die Gattung wird vor allem wegen ihrer dekorativen Blätter gezüchtet. Es sind niederwüchsige Pflanzen, die entweder als Ampelpflanzen oder als Topfpflanzen (mit Spalier) gehalten werden. Sie brauchen Wärme und stehen deshalb am besten im Warmhaus, obwohl sie auch kühlere Temperaturen ertragen und somit als Zimmerpflanzen kultiviert werden können. Man nimmt eine handelsübliche Erdmischung oder lehmhaltige Blumenerde. Vermehrung durch Kopfstecklinge im Frühling.

daveauana → **P. repens**

pulchra ♦
Die eiförmigen, hellgrünen Blätter sind mit einem Netz von matten, schwarzpurpurnen Adern auf der Oberseite überzogen; unterseits sind sie hellgrau mit purpurfarbenen Adern. Die Blätter stehen an kriechenden, fleischigen, rosig-purpurfarbenen Stämmen. Indochina. **387**

repens (syn. **P. daveauana**) ♦
Kriechpflanze mit fleischigen Stämmen, an denen die dünnen, fleischigen, in der Jugend rundlichen, im Alter bis 6 cm länglich-eiförmigen Blätter stehen. Sie sind dunkelbronzegrün und in der Mitte heller. Die Blüten sind grünlich und unbedeutend. Südvietnam, Birma, Malaysia.

Pentapterygium serpens → **Agapetes serpens**

Pentas   RUBIACEAE   Pentas

lanceolata (syn. **P. carnea**) ✱
45 cm hoher, ausdauernder Halbstrauch mit einer Neigung zum Kriechwuchs, wenn die jungen Ableger nicht entfernt werden. Die flaumigen Zweige tragen paarweise stehende, leuchtend grüne, eiförmige, behaarte Blätter, die sich zu einer Spitze verjüngen. Jeder Zweig endet in kugeligen Büscheln von 3 cm großen, röhrigen Blüten, die am Schlund geöffnet sind und strahlig wirken. Die Farbe ist hauptsächlich zartpurpur, es treten aber auch weiße, rosarote und dunkelrosarote Blüten auf. Pflanzen geeignet fürs temperierte Gewächshaus, aber auch für ein sonniges Fensterbrett, und sollten in lehmhaltiger Erde gezogen werden. Vermehrung: Kopfstecklinge im Frühjahr. Tropisches Afrika. **388**
'Quartiniana', üppigere, leuchtend rosarote Blüten.

Peperomia   PIPERACEAE   Zwergpfeffer, Pfeffergesicht

Eine Gattung tropischer, zum großen Teil sukkulenter Pflanzen, von denen viele ein hübsch gemustertes Blattwerk haben und gute Zimmerpflanzen sind. Sie haben meist schmale rispenähnliche Blütenstände von unbedeutenden gelben oder weißen Blüten, Mäuseschwänzen nicht unähnlich; manche aber haben ausgesprochen dekorative Blüten. Man setzt die Pflanzen in eine lehm- oder torfhaltige Blumenerde. Man setzt die Pflanzen in eine lehm- oder torfhaltige Blumenerde. Man läßt sie im Winter fast austrocknen, zu den sonstigen Zeiten aber hält man sie feucht. Man sorgt für Luftfeuchtigkeit und Schutz vor Sonnenlicht. Jährlich umtopfen und (wenn nicht anders angegeben) im Frühjahr oder Sommer durch Kopfstecklinge vermehren.

argyreia (syn. **P. sandersii**) ♦
Die breit-eiförmigen Blätter sind weich und fleischig, mit leuchtend grünen, federartig geränderten Adern auf silbrig-weißem Grund. Sie stehen an steifen roten Stengeln. Die Pflanze wird 20 bis 25 cm hoch. Vermehrung von Frühling bis Herbst durch Blattstecklinge. Brasilien. **389**

caperata   Gerunzeltes Pfeffergesicht ✱ ♦
Die zartrosa Sprosse tragen zahlreiche, 3 cm große, ei- bis herzförmige Blätter, von samtigem Dunkelgrün mit einem silbergrauen Schimmer zwischen den Adern. Diese sind tief eingesenkt und schaffen damit eine steppdeckenartige Oberfläche. Die grünlich-weißen 'Blütenschwänze' stehen an purpurroten Stielen, die dunkelrot gefleckt sind. Blütezeit April bis Dezember. Brasilien. **390**

glabella ♦
Die kleinen, wächsernen, grünen Blätter haben die selbe Form wie der Liguster und stehen an roten Stengeln, aus denen die stark verzweigte Pflanze besteht. Mittelamerika.
'Variegata', zierliche Pflanze mit hellgrünen Blättern, die milchig-weiß gesäumt und marmoriert sind.

hederifolia (syn. **P. griseo-argentea**) ♦
Der *P. caperata* etwas ähnelnde Pflanze, aber mit größeren, runderen, bis 6 cm langen Blättern. Sie sind silbrig-grün und stumpf; die Runzelung ist flacher. Brasilien. **391**

maculosa ✱ ♦
Die Blätter sind eiförmig, herabhängend, fleischig und bis etwa 18 cm lang. Sie sind wächsern, blaugrün mit silbrigen Rippen und

stehen an rot gezeichneten Stengeln. Die schwanzartigen Blütenähren sind grün und werden bei dieser Art bis zu 30 cm lang. Westindische Inseln.

magnoliifolia (syn. **P. obtusifolia, P. tithymaloides**) ♠
Stark verzweigte, buschige Art mit 10 bis 12 cm langen, eiförmigen bis elliptischen, frischgrünen, glänzenden Blättern an braunpurpurnen Stengeln. Die Art selber wird selten gezüchtet; die meisten in Kultur befindlichen Pflanzen sind Varietäten. Westindische Inseln.
'Variegata', die jungen Blätter sind fast völlig cremeweiß, mit der Reife werden sie allmählich zartgrün. Die Blattstiele sind zunächst rot und werden später grün, behalten aber rote Zeichnungen. **392**

resediflora (syn. **P. fraseri**) ✽ ♠
Eine kleine, verzweigte Art, die Rosetten von herzförmigen, steppdeckenartigen, dunkelgrünen, fein behaarten Blättern bilden, die fast glasiert aussehen. Unterseits sind sie schwächer grün, mit hervortretenden roten Adern. Die Blüten sind weiß und auffällig, etwas resedaähnlich und stehen an langen roten Stengeln. Vermehrung im Frühjahr und Sommer durch Blattstecklinge. Kolumbien, Ecuador.

sandersii → **P. argyreia**

serpens (syn. **P. scandeus**) Schlängelndes Pfeffergesicht ♠
Die ausschließlich anzutreffende Form ist 'Variegata'. Kletter- oder Kriechpflanze mit fleischigen, rötlichen Stengeln, die man ein Spalier hochranken lassen kann. Die 5 cm großen Blätter sind zugespitzt, herzförmig, zunächst cremeweiß, später hellgrün, wobei sie aber cremefarbene Ränder behalten. Kräftigwüchsige, am besten in einer Ampel gezogene Pflanze, so daß die langen Triebe herunterhängen können. Peru.

Pepulbaum der Inder → **Ficus religiosa**

Pereskia CACTACEAE

aculeata ✽ ♠
Die am meisten verbreitete Vertreterin der Gattung, z. T. immergrün, mit buschig verzweigten Stämmen von 2 m und mehr Höhe und Areolen, die sich in den Blattachseln bilden. An jungen Trieben tragen diese 3 gekrümmte Dornen, die es ihnen erlauben, an anderen Pflanzen hochzuranken. Alternde Zweige haben gerade, braune Dornen, von etwa 2,5 cm Länge. Tassenförmige, weiße, zartgelbe oder rosa, duftende Blüten von über 4 cm Durchmesser öffnen sich im Oktober. Die mittelgrünen Blätter erscheinen im Frühjahr und fallen im Herbst gewöhnlich ab. Die interessante Gattung ist eine primitive Kakteenart, die noch Blätter trägt. Für die Pflege siehe Erdkakteen (siehe Einleitung). Im Winter halte man die Pflanze bei einer Mindesttemperatur von 4 °C. Die Vermehrung erfolgt durch Stecklinge oder Samen. Tropisches Amerika.

Perilepta → **Strobilanthes**

Peristrophe ACANTHACEAE

Eine Gattung von ausdauernden Halbsträuchern, von denen die folgenden Arten Zierpflanzen sind (Blüten und Blattwerk). Man hält sie als Topfpflanzen im temperierten oder warmen Gewächshaus, aber sie gedeihen auch im Haus über kürzere Zeiträume. Man setzt sie in lehmhaltige Erde. Vermehrung durch Kopfstecklinge das ganze Jahr hindurch. Man stutzt die jungen Pflanzen, um einen reich verzweigten Wuchs zu fördern.

angustifolia (syn. **P. salicifolia**) ✽ ♠
Niederwüchsige Pflanze, deren waagrechte Zweige von schmalen, zugespitzten, lanzettlichen Blättern bedeckt sind. Die schlanken 2-lippigen Blüten sind rosarot und stehen während des Winters in kleinen, endständigen Trauben. In Kultur findet man vor allem die Varietät 'Aurea', Marmorblatt, die auf jedem Blatt einen großen, federförmigen, gelben Fleck hat. Bester Standort ist ein Warmhaus. Java. **393**

speciosa ✽ ♠
Diese hübsche Art bildet schlank verzweigte Büsche von 1 m Höhe und darüber, wenn man sie als Topfpflanze zieht, ist aber gewöhnlich niedriger. Sie hat eiförmige, zugespitzte, kräftig grüne Blätter und endständige, beblätterte Blütenstände von 5 cm langen Blüten. Diese sind glühend purpurrosa mit zwei hervorstehenden, zungenartigen Lappen, von denen der obere zurückgebogen ist. Herrliche, winterblühende Topfpflanze fürs warme oder temperierte Gewächshaus. Indien.

Petrea VERBENACEAE

volubilis Purpurkranz ✽ ♠
Schöner tropischer Kletterstrauch, der eine Höhe von 6 m und darüber erreicht. Die kurzgestielten, elliptischen Blätter sind rauh und ziemlich zerbrechlich, 2 bis 20 cm lang. Die strahligen, lila und violettblauen Blüten stehen in prächtigen herabhängenden Trauben von bis zu 30 cm Länge, die sich hauptsächlich im Frühjahr, aber auch plötzlich und unregelmäßig im Sommer öffnen. Die Pflanze braucht volles Licht, Frischluft und nährstoffreiche Erde. Am besten steht sie in einem Gewächshausbeet, wo sie an der Wand und unter dem Glasdach wachsen kann. Vermehrung durch Stecklinge im Frühling oder Sommer. Mexiko, Westindische Inseln.

Pfauenblume → **Tigridia pavonia**
Pfeffergesicht → **Peperomia**
Pfeifenblume → **Aristolochia**
Pfeilwurz → **Maranta**
Pharbitis purpurea → **Ipomoea purpurea**

Phaseolus LEGUMINOSAE Bohne

caracalla Schneckenbohne ✽
Ausdauernde Schlingpflanze, die auch als einjährige Pflanze gezogen werden kann. Die Blätter sind in 3 eiförmige, zugespitzte Fiederblättchen geteilt. Die duftenden, purpurnen und gelben Blüten haben eine äußerst eigenartige Form mit einem gebogenen oberen Blütenblatt; die Flügel und die Lippe sind spiralig aufgewickelt, so daß sie einem Schneckenhaus gleichen. Sie stehen in langen hängenden Trauben. Die Pflanze eignet sich fürs warme oder temperierte Gewächshaus. Man zieht sie in Töpfen mit lehmhaltiger Erde oder im Beet und vermehrt sie durch Samen. Tropisches Südamerika.

Philesia LILIACEAE

buxifolia (syn. **P. magellanica**) ✽ ♠
60 cm hoher, immergrüner Strauch mit schmalen, ledrigen, glänzenden, dunkelgrünen Blättern, deren Ränder eingerollt sind. Die Blüten stehen einzeln oder zu 2 oder 3 an den Zweigenden. Sie sind glockig, 5 cm lang, rosa oder rot und wächsern. Sie entstehen

im Mai und Juni. Die Pflanze ist geeignet fürs temperierte Gewächshaus oder fürs geschützte Kalthaus und gedeiht in Töpfen mit lehmhaltiger Erde, nach Möglichkeit ohne Kalk, oder mit einer handelsüblichen Erdmischung. Vermehrung durch Aussaat oder durch Stecklinge, am besten durch Abmoosen mit Umhüllung von Kunststoffolie. Chile. **394**

Philodendron ARACEAE Baumfreund

Eine Gattung hübscher Blattpflanzen mit großen, ledrigen Blättern. In der Jugend sehr dekorative Topfpflanzen; im Gewächshausbeet können sie bis zur vollen Größe wachsen. In der Zucht kommen sie selten zur Blüte. Man verwendet lehmhaltige Erde oder handelsübliche Torfmischung und gießt vor allem während der Sommermonate reichlich. Die kletterwüchsigen Arten brauchen Stützen. Die nichtkletternden Arten werden vermehrt durch Wurzelschößlinge, die man als Stecklinge nimmt, und die kletternden Arten durch Kopfstecklinge, stets im Sommer. Beide Gruppen (nichtkletternde und kletternde) lassen sich auch im Frühjahr aus Samen ziehen.

andreanum (syn. melanochrysum) ♠
In Töpfen bis 1,80 m hoch werdene Art, die sonst aber noch weitaus größer werden kann. Die samtigen, herz- bis pfeilförmigen, herabhängenden Blätter erreichen 60 cm Länge; sie sind dunkeloliv mit einem kupferfarbenen Schein und elfenbeinweißen Adern. In der Jugend sind sie unterseits rosapurpurn. Kolumbien, Costa Rica. **395**

bipinnatifidum ♠
Kompakte, nichtkletternde Art, die im Alter zu einem Baum wird. Die jugendlichen Blätter, die sie 2 Jahre lang hat, sind herzförmig; danach aber bringt die Pflanze tief eingeschnittene, dunkelgrüne Blätter mit bis zu 20 gewelltrandigen Lappen hervor. Die gesamte Blattlänge beträgt dabei 60 bis 90 cm. Sie stehen an langen aufrechten Stämmen. Brasilien.

erubescens Errötender Baumfreund ♠
Zunächst sind die Blätter dieser Art zart rosarot; sie werden aber bald glänzend dunkelgrün mit einem bronzefarbenen Schimmer und rosigroten Rändern. Die Unterseiten sind braunrot, ebenso die Blattstiele. Diese pfeilförmigen Blätter werden 25 cm lang und stehen an kräftigen, kletternden Sprossen, die an jedem Gelenkknoten anwurzeln. Kolumbien.

hastatum (syn. P. domesticum) ♠
Kräftigwüchsige, bis 1,50 m hohe Kletterpflanze. Die fleischigen, pfeilförmigen Blätter können 30 cm lang werden; sie sind mittelgrün mit blasseren Adern und werden im Alter länger. Brasilien. **396**

laciniatum ♠
Kletterpflanze mit tiefgelappten Blättern; von den schmalen Segmenten sind die oberen 2 weiter unterteilt und etwas zurückgebogen. Die dunkelgrünen glänzenden Blätter sind im Umriß dreieckig und sehr variabel. Brasilien.

melanochrysum → P. andreanum ♠

micans ♠
Elegante kleinblättrige Pflanze, gelegentlich als eine Jugendform von *P. scandens* betrachtet. Die herzförmigen, stachelspitzigen Blätter haben oberseits einen seidigen Bronzeschimmer, unterseits eine rötliche Färbung. Dominica, Tobago.

oxycardium → P. scandens

panduriforme ♠
Stattliche Kletterpflanze mit 3 bis 5fach gelappten oder eingeschnittenen Blättern; der unterste Lappen ist groß und eiförmig, die oberen herzförmig an der Spitze. Sie sind stumpf-mittelgrün, zäh und ledrig. Brasilien.

sagittifolium ♠
Fürs Zimmer geeignete Kletterpflanze. Die pfeilförmigen Blätter und Stämme sind mittelgrün ohne rote Zeichnung. Mexiko.

scandens (syn. P. ocycardium) Kletterphilo ♠
Die als Zimmerpflanze bei weitem beliebteste Art. Sie hat glänzende, grüne, herzförmige, stachelspitzige Blätter. Sie sind anfangs 10 bis 15 cm lang, erreichen im Alter 30 cm. Kommt auch mit wenig Licht erstaunlich gut aus. Mittelamerika, Westindische Inseln. **397**

selloum ♠
Nichtkletternde, baumartige Art, mit glänzenden, dunkelgrünen, bis 90 cm langen Blättern. Sie sind tief (bis 5 cm an die Mittelrippe) eingeschnitten, die Segmente schmal und gezähnt. Sie stehen an langen, schlanken Stengeln. Eine sehr dekorative Art, die am besten einzeln in einem großen Raum oder im Gewächshaus steht. Fürs Haus meist etwas zu groß. Brasilien.

Phlebodium POLYPODIACEAE Tüpfelfarn

Eine Gattung niederwüchsiger Farne. Die von den Rhizomen (Wurzelstöcken) ausgehenden, biegsamen Stengel tragen ledrige Wedel, ganzrandig oder verschiedenartig unterteilt. Die folgenden Arten sind gute Haus- und Gewächshauspflanzen. Man zieht sie in lehmhaltiger Erde oder einer handelsüblichen Erdmischung. Vermehrung durch Teilung oder durch Sporen im Frühjahr.

aureum (syn. Polypodium aureum) ♠
Dekorativer Farn mit großen, tief eingeschnittenen, bis über 1,20 m langen und 22 bis 45 cm breiten Blättern mit 4 bis 6 langen, linealischen, am Rand gewellten Segmenten. Die Rhizome sind von rostbraunen Schuppen bedeckt. Tropisches Amerika. **408**
'Glaucum', blaugraue Form, in der Zucht häufiger als die Art.

lucidum ♠
Die 60 bis 120 cm langen Wedel sind fast bis zur Mittelrippe in einfache, 15 bis 30 cm lange Segmente geteilt. Die untersten stehen an kurzen Stielen und haben stark verjüngte Spitzen. Sie wachsen an einem langen Sproß aus den dicken, schuppigen Rhizomen. Indien, Nordvietnam.

Phoenix PALMAE Dattelpalme

Eine Palmengattung, von der vor allem die Dattelpalmen interessant sind. Sie haben gefiederte Blätter und viele erreichen im Alter 30 m Höhe. In der Jugend aber sind sie sehr dekorative Topfpflanzen. Man zieht sie in großen Töpfen oder Behältern in lehmhaltiger Erde; in der Jugend schützt man sie im Sommer vor der Sonne. Vermehrung durch Aussaat im Februar und März.

canariensis Kanarische Palme ♠
Dekorative Art, deren Blätter in der Jugend vom Boden weg wachsen; der Stamm entsteht erst nach mehreren Jahren. Die leuchtend grünen, gebogenen Wedel sind tief in lange, stachelspitzige, linealische Segmente gegliedert, die von der Mittelrippe steif abstehen. Bester Standort ist das temperierte Gewächshaus. Kanarische Inseln.

PHY

dactylifera Dattelpalme, Echte Dattelpalme ♠
Dieser Baum liefert die im Handel üblichen Datteln. Er hat blaugrüne, gebogene Wedel, die ähnlich gegliedert sind wie jene der *P. canariensis*, aber weniger Segmente haben. Diese hängen mehr herab und haben entlang der Mittelrippe größere Abstände, was ihr ein schütteres Aussehen verleiht. Wächst im warmen oder temperierten, gut belüfteten Gewächshaus. Südostasien.

roebelinii ♠
In der Jugend eine zierliche, fast stammlose Palme; die schlanken, gefiederten Wedel sind in schmale, etwas hängende Segmente geteilt. Ausgezeichnete Zierpflanze, vor allem in einem großen Raum oder im warmen Gewächshaus. Südostasien. **398**

Phyllitis ASPLENIACEAE Hirschzunge

Eine Gattung von Farnen mit einfachen linealischen Wedeln, die manchmal gegabelt, aber nie in Segmente geteilt sind. Die 2 unten beschriebenen Arten sind gute Topfpflanzen für die Haltung im temperierten oder warmen Gewächshaus. Man zieht sie in handelsüblicher Torfmischung und sorgt während der heißesten Tage für Luftfeuchtigkeit und Halbschatten. Vermehrung durch Teilung oder Sporen im Frühjahr.

brasiliensis ♠
Die ganzrandigen, 15 bis 30 cm langen Wedel sind 2,5 bis 4 cm breit und verjüngen sich zu den Enden hin. Sie neigen sich etwas; ihre Farbe ist tiefgrün. Brasilien.

hemionitis ♠
Die 10 bis 15 cm langen Wedel sind speerförmig, am Ende spitz, aber am Ansatz der 10 bis 15 cm langen Stengel sind sie herzförmig, mit fast zugespitzten Lappen. Südeuropa.

Phyleocactus → **Epiphyllum**
Piaranthus pullus → **Caralluma mammilaris**

Pilea URTICACEAE

Eine Gattung von immergrünen, ausdauernden Pflanzen, die besonders wegen ihres dekorativen Laubes gezüchtet werden. Sie eignen sich ausgezeichnet fürs Zimmer und Warmhaus. Man setzt sie in Töpfe mit lehm- oder torfhaltiger Erde, schützt sie vor Sonne und gießt sie von April bis September reichlich; für den Rest des Jahres hält man die Pflanzen feucht. Vermehrung durch Stecklinge im Frühjahr oder Sommer.

cadierei ♠
Eine aufrechte, verzweigte Art, die in der Jugend etwas sukkulent ist und dünne, fleischige, eiförmige, 8 cm lange Blätter besitzt. Sie sind dunkelblaugrün mit silbernem Schimmer und haben eine steppdeckenartige Oberfläche. Schnellwüchsige Art, die im Alter zum Rankenwuchs neigt. Indochina. **399**
'Nana', kompakte Zwergform ohne die Mängel der Art. Auf den Blättern hat sie silberne Flecken.

involucrata ♠
Zwergpflanze mit eiförmigen, tiefbronzegrünen, steppdeckenartigen Blättern an kurzen purpurgrünen Stengeln und dichten Büscheln von kleinen, grünlichweißen Blüten, die sich in den Blattachseln entwickeln. Peru.

muscosa (syn. **P. microphylla**) Kanonierblume ♠
Die Blätter dieser Art sind winzig, mittelgrün und verleihen der Pflanze ein moosiges Aussehen. Die ganze Pflanze ist leicht sukkulent und fleischig. Der volkstümliche Name ist darauf zurückzuführen, daß die unansehlichen Blüten im Mai und September, wenn sie die Samenreife erlangt haben, kleine Wölkchen von Pollen wie Geschosse wegschießen. Tropisches Amerika. **400**

repens ♠
Eine Art mit buntem Blattwerk, von zwergförmigem und sich ausbreitendem Wuchs. Die kleinen, runden, steppdeckenartigen Blätter sind oberseits glänzend bronzefarben, unterseits purpurn und behaart, und stehen an purpurbraunen Zweigen. Im Sommer erblühen kleine grünlichweiße Blüten an langen Stielen. Mexiko.

Philosocereus chrysacanthus → **Cephalocereus chrysacanthus**

Pimelea THYMELAEACEAE Glanzstrauch

Eine Gattung von dichten, üppig blühenden Sträuchern mit sehr kleinen, fast ungestielten, immergrünen Blättern. Die kleinen Büschel mit ihren röhrigen Blüten stehen am Ende der Zweige. Die Gattung gedeiht gut im Beet, im temperierten Gewächshaus oder auch in Töpfen mit lehm- oder torfhaltiger Erde. Man schützt sie vor praller Sonne. Vermehrung im Spätsommer durch Stecklinge von halbreifen Trieben.

ferruginea ✽
Ein aufrechter, dicht verzweigter Strauch vom 45 bis 60 cm Höhe. Die runden Blütenköpfe sind 3 bis 4 cm groß; jede rosarote Blüte besitzt eine 1,5 cm lange Röhre und kleine, ausgebreitete, außen behaarte Lappen. Blütezeit Frühjahr. Westaustralien.

longiflora ✽
Weiß blühende Art mit seidiger Röhre und schmalen Lappen. Die Blüten stehen an schlanken, behaarten Trieben, an denen schmale behaarte Blätter wachsen. Die Pflanze wird bis zu 1,20 m hoch. Blütezeit Juni. Westaustralien.

spectabilis ✽
Großblütige Art von 100 bis 120 cm Höhe, mit unbehaarten Trieben und Blättern. Die Blüten sind weiß bis intensiv rosig, mit behaarter Röhre und Lappen von etwa 1,5 cm Durchmesser. Sie stehen in 5 bis 8 cm großen Blütenköpfen, unter denen 6 große, eiförmige, grüne, blattartige Brakteen wachsen. Westaustralien.

Pinguicula LENTIBULARIACEAE Fettkraut

Eine Gattung von ausdauernden, insektenfressenden Pflanzen mit attraktiven, löwenmaulartigen, gespornten Blüten an langen Stielen. Die blaßgrünen, fleischigen Blätter sind mit einer klebrigen, verdauungsfördernden Flüssigkeit bedeckt, die die Insekten fängt und sie langsam auflöst. Man pflanzt sie in eine Erde aus gleichen Teilen Torf und Sphagnum und stellt den Topf oder die Schale in einen Untersatz mit Wasser. Man schützt sie vor Sonne und sorgt für Luftzufuhr. Vermehrung im Herbst durch Samen, die man in eine ähnliche Erde sät; auch Anfang Frühjahr möglich.

caudata (syn. **P. bakeriana**) ✽ ♠
Die Rosetten aus fleischigen Blättern sind dicht und in der Jugend blaßgrün, werden aber im Alter größer und dunkler. Einzelne karminrote Blüten von 3 cm Durchmesser stehen an langen Stielen, die den Rosetten entspringen. Blütezeit Herbst. Mexiko.

grandiflora ✽ ♠
Die hellgrünen, ovalen Blätter wachsen in flachen Rosetten. Aus ihnen kommen lange Stiele, die im Sommer eine einzelne violettblaue Blüte von 3 cm Durchmesser tragen. Westeuropa.

gypsicola ✽ ♦
Die Art ist besonders bemerkenswert, da sie im Sommer und Winter verschiedene Blattformen hat. Die Winterblätter sind sehr klein, 1 cm lang, und stehen in einer dichten Rosette; die Sommerblätter dagegen sind lang und schmal und werden knapp 6 cm lang. Sie sind mit Drüsenhärchen bedeckt und stehen aufrecht. Der Basis entwachsen 8 cm lange Stile, die im Sommer purpurne Blüten tragen, mit kurzen weißen Röhren und langen purpurnen Spornen. Mexiko.

Pittosporum PITTOSPORACEAE Klebsame

Eine Gattung von immergrünen, blühenden Sträuchern, mit glänzenden Blättern und röhrigen Blüten in endständigen Doldenrispen oder einzeln end- oder achselständig. Es sind ausgezeichnete Topf- oder Kübelpflanzen fürs temperierte Gewächshaus, wo man sie in lehmhaltige Erde setzt. Vermehrung im März durch Samen oder im Juli durch halbausgereifte Stecklinge.

crassifolium ✽ ♦ ♣
Ein 1,80 m hoher Strauch, der in milden Gegenden winterhart ist, sonst jedoch des Schutzes bedarf. Er hat längliche ledrige Blätter, die oberseits dunkelgrün und glänzend, unterseits cremig oder rostfarben und kurz behaart sind. Die purpurroten Blüten erscheinen im April und Mai in 5 cm großen Büscheln an den Triebspitzen; aus ihnen entwickeln sich harte, weiße Früchte. Neuseeland.

dallii ✽ ♦
2,50 bis 3 m hoher Baum mit langen, spitzen, ledrigen Blättern, die an roten und in der Jugend glänzenden Trieben stehen. Im Juli erscheinen weiße Blüten in Büscheln von bis zu 4 cm Durchmesser. Neuseeland.

daphniphylloides ✽ ♣
2 bis 3 m hoher Busch mit Büscheln von kleinen, grünlichgelben, aromatischen Blüten, die im Mai und Juni blühen. Aus ihnen entwickeln sich oft im August und September runde rote Beeren. China, Formosa.

tenuifolium ✽ ♦ ♣
Diese Art ist ausgewachsen ein stattlicher Baum von über 4,5 m Höhe. Die Blätter sind blaßgrün mit welligem Rand und stehen an schwarzen Stengeln. Es gibt verschiedene Varietäten. Die kleinen Büschel von duftenden, dunkelpurpurbraunen Blüten erscheinen im Mai in den Blattachseln; auf sie folgen runde, rote Früchte. Neuseeland.
'Garnettii', weiß und rosa getönte Blätter;
'Silver Queen', Blätter silbergrau angehaucht.

tobira ✽ ♦
Strauch mit schön glänzenden, dunkelgrünen, eiförmigen Blättern und herrlich duftenden Büscheln von cremegelben Blüten, die am Ende der belaubten Sprosse stehen. China. **402**
'Variegatum', hübsche Form mit silberbunten Blättern. Japan.

Platycerium POLYPODIACEAE Geweihfarn

Eine ungewöhnliche und stattliche Gattung von großen Farnen fürs Gewächshaus oder Zimmer. Sie haben 2 verschiedene Arten von Blattwerk, die unfruchtbaren Wedel, auch Nischen- oder Mantelblätter genannt, die oft schildförmig sind, sowie die fruchtbaren Wedel oder Sporenblätter, die lang und in der Art eines Hirschgeweihs gegabelt sind. In der Natur wachsen diese Farne an Baumstämmen oder Ästen, in Kultur hängt man sie am besten an Rindenstücken oder in Hängekörben auf. Als Erde dient eine Mischung aus Sphagnum und handelsüblicher Torfmischung zu gleichen Teilen. Wenn man sie an einem Rindenstück zieht, hüllt man die Wurzeln in Kompost oder Humus ein, der mit Draht befestigt wird. Während der heißen Monate sorgt man für Luftfeuchtigkeit und Beschattung. Vermehrung durch Abtrennen der Jungpflanzen, die sich aus Adventivsprossen bilden.

bifurcatum (syn. **P. alcicorne**) Zweigabeliger Geweihfarn ♦
Die häufigste und als Zimmerpflanze am besten geeignete Art. Sie fühlt sich zwar in der Wärme am wohlsten, verträgt aber auch das temperierte Gewächshaus. Sie hat aufrechte oder ausgebreitete Sporenblätter, die 60 bis 90 cm lang und 2 bis 3fach gegabelt sind. Die Nischenblätter sind schildartig, gerundet und konvex; sie umhüllen das Wachstumszentrum. Jedes Jahr werden mehrere Ableger gebildet, die, wenn sie an einem Epiphytenstamm oder in einem Korb wachsen, einen großen kugeligen Klumpen bilden. Indien, Neukaledonien. **401**

grande Großer Geweihfarn ♦
Eine der schönsten Arten; die großen, dreieckigen Sporenblätter sind 1,20 m lang und darüber, jedes gelappt und an der Spitze gegabelt. Sie sind kräftig grün und glänzend. Die Nischenblätter sind etwas schildförmig, aber gelappt und an den Rändern wellig. Ostaustralien bis Philippinen.

Plectranthus LABIATAE Mottenkönig, Harfenstrauch

Eine Gattung immergrüner Pflanzen, von denen die beschriebenen Arten zur Haltung im Gewächshaus und Zimmer geeignet sind; sämtliche sind attraktive Blattpflanzen mit hübschen Blütenständen. Man verwendet Töpfe mit lehmhaltiger Blumenerde, gießt reichlich und sorgt im Sommer für Halbschatten; im Winter nur wenig feucht halten. Vermehrung durch Stecklinge im Frühjahr.

coleoides ✽ ♦
Niedrige, buschige Pflanze mit aufrechten Stengeln, die von behaarten, eiförmigen, dunkelgrünen Blättern bedeckt sind; die Ränder sind gezackt. Die weißen und purpurnen Blüten stehen an aufrechten Stielen. In Kultur kommt ausschließlich die Varietät vor. Indien.
'Marginatus', Varietät mit cremig-weißen, gewellten Blatträndern. Sehr hübsche Pflanze; **403**

oertendahlii ✽ ♦
Am Boden wachsende Pflanze mit kriechenden, rötlichen Sprossen, die bronzegrüne, fast runde, entlang der Nervatur silbrige, unterseits purpurne Blätter tragen. Die 2-lippigen, röhrigen Blüten sind rosa und stehen in aufrechten Büscheln von 10 bis 15 cm Länge. Ausgezeichnete Ampelpflanze. Natal (Südafrika). **404**

Pleione ORCHIDACEAE

Eine Gattung reichblühender Orchideen, die fürs temperierte Gewächshaus wie fürs Zimmer geeignet sind. Die Blüten mit ihren ausgebreiteten, zugespitzten Blütenblättern und der gefransten, trompetenförmigen Lippe erscheinen vor den länglich-eiförmigen Blättern. Man setzt sie im Frühjahr in handelsübliche Torfmischung, der man Sphagnum beimengt, schützt im Sommer vor direktem Sonnenlicht und lüftet gut. Während der Wachstumsperiode reichlich gießen, aber wenn die Blätter welken, austrocknen lassen und den Winter über an einem trockenen, frostfreien Ort lagern. Vermehrung beim Umtopfen im Frühjahr durch Teilung.

bulbocodioides (syn. **P. formosana**) ✽
Eine sehr variable Art; die Blütenblätter sind weiß, dunkelrosa oder malvenfarben. Die blassere Lippe hat ziegelrote bis leuchtend scharlachrote Flecken. Blüht von Februar bis Juni. China, Formosa, Tibet.

forrestii ✽
Hübsche Art mit cremig-gelben bis leuchtend orangen Blüten, deren Lippe rötlichbraune Flecken hat. Blütezeit Mai und Juni. Südostasien. **405**

praecox ✽
Die dunkelrosaroten Blütenblätter haben einen Durchmesser von 8 cm; die blaßrosa Lippe hat gelbe Zeichnungen. Die Blüten stehen an 5 bis 10 cm langen Stengeln von November bis Januar. Indien, China.

Plumbago PLUMBAGINACEAE Bleiwurz

Zwei Vertreter dieser Gattung werden allgemein gezüchtet und sind ausgezeichnete Topfpflanzen fürs temperierte oder warme Gewächshaus. Man zieht sie in lehmhaltiger Erde und gießt im Sommer reichlich. *P. auriculata* wird durch Stecklinge im Juni und Juli vermehrt, *P. indica* im Frühjahr durch Wurzelschößlinge von zurückgeschnittenen Pflanzen.

capensis (syn. **P. auriculata**) Bleiwurz ✽
Halbstrauch mit 22 bis 30 cm großen Büscheln von hellblauen Blüten. Die lange Blütenröhre öffnet sich zu einer Platte von 2,5 cm Durchmesser. Die Blätter sind mittelgrün und eiförmig. Wächst am besten im Gewächshausbeet, aber auch Topfhaltung ist über einen kürzeren Zeitraum hinweg möglich. Die Blüten erscheinen von April bis November. Pflanze fürs temperierte Gewächshaus. Südafrika. **406**

indica (syn. **P. rosea**) ✽
Ausdauernder Strauch mit scharlachroten bis purpurnen Blüten in 15 bis 22 cm großen Blütenständen von Juni bis August. Die 10 cm großen, elliptischen Blätter stehen an drahtigen Stielen. Gesamthöhe der Pflanze 60 bis 90 cm. Da sie nicht so widerstandsfähig ist wie *P. auriculata,* fühlt sie sich im Warmhaus am wohlsten. Indien.

Plumeria APOCYNACEAE

rubra Frangipani ✽
Erlesener Strauch oder Baum, bis über 3,5 m hoch, geeignet für Beet, große Töpfe oder Kübel im großen Warmhaus. Kräftige fleischige Zweige tragen lange, schmale, etwas fleischige Blätter und große, wächserne, stark duftende Blüten von 5 cm Durchmesser, rosa- oder karminrot mit gelbem Auge. Sie stehen in dichten Büscheln an den Sproßenden. Blütezeit Juni bis September. Man zieht die Pflanze in lehmhaltiger Erde, gießt sie gut und sorgt für reichlich Licht und Luft während der sommerlichen Wachstumszeit. Während der Winterruhe fast austrocknen lassen. Westindische Inseln, Mexiko bis Ecuador.

Podalyria LEGUMINOSAE

Eine Gattung immergrüner Sträucher mit ungeteilten Blättern und großen, schmetterlingsförmigen Blüten. Sie wachsen am besten im Gewächshausbeet, zur Not aber auch in großen Töpfen oder Kübeln. Ideal ist ein temperiertes, helles, gut durchlüftetes Gewächshaus. Man verwendet lehmhaltige Erde oder handelsübliche Erdmischung. Vermehrung im Frühjahr durch Samen oder im Sommer durch Stecklinge von Seitentrieben.

argentea ✽ ♦
30 bis 60 cm hoher Strauch mit unterschiedlich geformten, seidigen Blättern. Die weißen Blüten stehen zu 1 oder 2 an dicken, 4 cm langen Stengeln in den Blattachseln und öffnen sich im Juni. Südafrika.

calyptrata ✽ ♦
1 bis 1,80 m hoher, dicht verzweigter Strauch mit dünn behaarten Trieben. Die elliptischen Blätter sind 2 bis 5 cm lang; die zartrosa Blüten stehen einzeln in der Nähe der Sproßenden. Blütezeit Mai und Juni. Südafrika.

Podocarpus PODOCARPACEAE Steineibe

Eine Gattung von Nadelbäumen; in der Natur prächtige Exemplare bis 45 m Höhe, in der Jugend jedoch äußerst attraktive Blattpflanzen. Man zieht sie in lehmhaltiger Erde oder einer handelsüblichen Erdmischung in großen Töpfen und hält sie feucht. Die Vermehrung erfolgt am besten im Spätsommer durch Stecklinge.

dacrydioides ♦
Wenn die Reife eingetreten ist, hat dieser Nutzholzbaum steife, schuppenartige Blätter; in der Jugend aber sind sie weich und nadelartig. Sie stehen an herabhängenden Zweigen, was die Pflanze weidenartig aussehen läßt. Neuseeland.

gracilior ♦
Wie die obige Art eine wertvolle Nutzholzpflanze mit dekorativem, jugendlichem Laub. Die Zweige hängen leicht herab und tragen an älteren Pflanzen tiefbläulichgrüne Blätter, die bis 5 cm lang und an den Zweigen unregelmäßig angeordnet sind. An jungen Pflanzen sind die Blätter glänzend, dunkelgrün und bis 10 cm lang. In diesem Alter eine äußerst hübsche Topfpflanze. Kenia, Uganda, Äthiopien.

Poinciana → **Caesalpina**
Poinsettia → **Euphorbia**

Polianthes AGAVACEAE

tuberosa Tuberose ✽
Ausdauernde Pflanze mit fleischiger Knolle. Sie hat mittelgrüne linealische Blätter und stark duftende, rein weiße Blüten. Diese sind trichterförmig und öffnen sich zu 6 wächsernen Blütenblättern von etwa 2,5 cm im Durchmesser. Sie stehen in aufrechten Trauben oder Ähren an langen, steifen Schäften und blühen im Spätsommer. Sehr hübsche Pflanzen fürs temerierte Gewächshaus oder helle Zimmer. Man setzt die Pflanze in lehmhaltige Erde und sorgt für einen hellen Standort. Die Vermehrung ist schwierig, da zwar reichlich Breitknollen gebildet werden, diese aber meist nicht richtig reifen. Mexiko. **407**

Polygala POLYGALACEAE Kreuzblume

Eine große Gattung, deren hier beschriebenen Arten gute Zimmerpflanzen sind. Man zieht sie in lehmhaltiger Erde oder einer handelsüblichen Erdmischung, gießt sie reichlich und schützt sie im Sommer vor praller Sonne. Im Winter nur mäßig feucht halten. Vermehrung durch Stecklinge unter Glas im August bis September.

grandifolia ✽
Aufrechter, unverzweigter, 30 cm hoher Strauch mit eiförmigen, zugespitzten, 10 bis 12 cm langen Blättern und großen, schmetterlingsförmigen Blüten. Die seitlichen Blütenblätter sind weiß mit rosa Spitzen, die 3 inneren Kelchblätter grün und schwarzpurpurn getönt. Sie stehen im Frühling in Blütenständen von 6 bis 10. Brasilien.

myrtifolia var. grandiflora ✽
1,20 m hoher, immergrüner Strauch mit länglichen zugespitzten Blättern und kräftig purpurnen Blüten, 2,5 bis 4 cm lang, die in kleinen Büscheln an den Zweigenden stehen. Blütezeit Mai bis Oktober. Südafrika.

Polypodium aureum → Phlebodium aureum

Pomaderris RHAMNACEAE

Eine Gattung immergrüner Sträucher und kleiner Bäume, die dicht mit weißlichen oder rostfarbenen Haaren bedeckt sind. Die kleinen Blüten stehen in Büscheln. Man zieht die Pflanzen im Beet oder in großen Kübeln im temperierten Gewächshaus. Für die Kübel nimmt man lehmhaltige Blumenerde. Vermehrung durch Stecklinge oder durch Samen im Frühjahr.

betulina ✽ ♦
Kleiner schlanker Busch oder Baum, bis über 4,50 m hoch. Die 2,5 cm großen, ovalen Blätter stehen an behaarten Zweigen; die zartgelben Blüten erscheinen im April in dichten, kugeligen Büscheln nahe dem Ende der Blattsprosse. Südostaustralien.

elliptica ✽ ♦
1 bis 2,5 m hoher Strauch mit größeren Blättern als *P. betulina,* 5 bis 10 cm lang, unterseits beflaumt, oberseits unbehaart und glänzend. Die zartgelben Blüten stehen im Mai und Juni in flachen Blütenständen von 8 bis 12 cm Durchmesser. Tasmanien.

Pomeranze → Citrus aurantium

Primula PRIMULACEAE Primel

Eine große Gattung von ausdauernden Arten, von denen die folgenden sich besonders gut fürs Haus oder temperierte Gewächshaus eignen. Man zieht sie am besten in Töpfen mit einer handelsüblichen Erdmischung. Sie brauchen das ganze Jahr über Feuchtigkeit. Vermehrung durch Samen; man sät sie im Frühjahr aus, sobald sie reif sind.

bracteata ✽
Eine mit weichen Drüsenhaaren bedeckte Art. Die kräftig goldgelben Blüten bestehen aus einer langen Röhre, die sich zu 5 großen Lappen öffnet. Sie stehen zu 8 an einem verzweigten Blütenstand und öffnen sich im Sommer. Die schmalen Blätter verjüngen sich zu den geflügelten Stielen. China.

× kewensis (*P. floribunda* × *P. verticillata*) ✽
Eine Hybride mit zartgrünen Blättern, die mit einem weißen, wächsernen Schimmer überzogen sind. Die Büschel von duftenden gelben Blüten stehen an den langen, belaubten Stengeln von Dezember bis April. **409**

malacoides Flieder-, Braut- oder Etagenprimel ✽
Obwohl diese Art ausdauernd ist, zieht man sie am besten jährlich neu. Sie hat viele zartgrüne, eiförmige, gezähnte Blätter und schlanke Stengel, die von Dezember bis April langlebige Quirle von strahligen, 1,5 cm breiten Blüten tragen. Es gibt eine große Vielfalt von Farben und eine ganze Reihe von verschiedenen Sorten. China. **410**
'Fire Chief', ziegelrote Blüten, groß;
'Lilac Queen', lila-malvenfarbene Blüten;
'Snow Storm', rein weiße, gefüllte Blüten.

obconica Becherprimel ✽
Eine im Winter blühende Primel mit breiten, herzförmigen, frischgrünen Blättern, die einen scharfen Geruch verströmen und von kurzen Drüsenhaaren bedeckt sind, gegen die manche Menschen allergisch sind. Die Blüten gibt es in einer Vielzahl von verschiedenen Farben von zartrosa bis blaupurpurn; sie haben einen Durchmesser von 2 bis 4 cm und stehen in Büscheln an langen Stielen. Blütezeit Dezember bis Mai. Viele Zuchtformen. China. **411**
'Caerulea', blaupurpurne Blüten;
'Giant White', rein weiße Blüten;
'Wyaston Wonder', dunkelkarminrot.

sinensis (syn. **P. praenitens**) Chinesenprimel ✽
Die mittelgrünen, etwas aufrechten Blätter dieser Art sind gelappt und gezähnt. Die Blüten stehen in 2 oder 3 Quirlen an einem dicken Stengel, der länger wird, wenn die Blüten reifen. Jede Blüte hat einen Durchmesser von 2 bis 5 cm und ist oft malvenfarben mit gelbem Auge, es gibt aber auch die Farben rot, rosa und weiß. Blütezeit Dezember bis März.
'Dazzler', leuchtend scharlachrote Blüten; **412**
'Royal Blue', ein dunkles Purpurblau.

Proboscidea → Martynia louisianica

Prostanthera LABIATAE

Eine Gattung von kleinen bis mittelgroßen wohlriechenden Sträuchern. Sie eignen sich gut für ein helles und luftiges temperiertes Gewächshaus, wo man sie ins Beet oder in große Töpfe und Kübel mit lehmhaltiger Erde setzt. Vermehrung im Sommer durch halbreife, gerissene, kurze Stecklinge.

cuneata ✽ ♦
Ein 60 bis 90 cm hoher Strauch mit ausgebreitetem Wuchs und sehr kleinen, kreisförmigen und ledrigen Blättern. Die Blüten entwickeln sich gegen die Spitze der Triebe zu in den Blattachseln; sie sind zweilippig und weiß mit purpurnen Flecken. Die Blütezeit ist im Juni. Australien.

melissifolia ✽ ♦
Ein stark duftender, schlanker Strauch mit grob gezähnten, eiförmigen, bis zu 5 cm langen Blättern und einer Fülle von malvenfarbenen bis violetten Blüten, die im Juni an lockeren, blattlosen Büscheln erscheinen. Australien.

nivea ✽ ♦
Ein 1 bis 2 m hoher Strauch, der fast ganz unbehaart ist und lange, schmale Blätter mit eingerolltem Rand hat. Die reinweißen Blüten sind zartblau getönt und stehen einzeln in allen Achseln der oberen Blätter, so daß sie ein mit Blättern versehenes, 9 bis 15 cm langes Büschel bilden. Sie erscheinen gewöhnlich im Mai in üppiger Fülle. Australien.

ovalifolia ✽ ♦
Ein stark duftender, behaarter Strauch mit eiförmigen, ledrigen Blättern und purpurnen bis flieder- oder malvenfarbenen Blüten, die im Juni in kurzen Scheinähren an den Zweigenden stehen. Australien. **413**

Protea PROTEACEAE

Eine bemerkenswerte Gattung von immergrünen Sträuchern mit auffallenden Blütenbüscheln aus vielen röhrigen Blüten, die alle zusammen von einer schützenden Hülle von lebhaft gefärbten, seidig behaarten und blütenblattähnlichen Brakteen umgeben sind. Man setzt sie in Töpfe, Kübel oder besonders auch ins Beet im temperierten Gewächshaus; man stellt sie ins volle Licht und belüfte gut. Vermehrung im Frühjahr durch Samen.

cynaroides
Ein auffallender, 60 cm bis 2 m hoher Strauch mit dicken, ledrigen, 5 bis 13 cm langen Blättern an roten Stengeln. Die Blüten sind weiß oder rosig, seidig behaart. Sie bilden einen flauschigen Blütenstand von 20 bis 30 cm Durchmesser, der von einer Reihe weißer bis rosaroter, steifer Brakteen umgeben ist, die wie bei einer Artischocke über den Blütenstand hinausreichen. Blüht im Mai und Juni. Südafrika. 414

latifolia
Bei dieser Art sind die Blüten in der Mitte karminrot, gelegentlich auch dunkelrosa oder grün wie die 9 bis 12 Reihen von Brakteen. Sie blühen von Juni bis August. Der Strauch selbst wird mehr als 1,50 m hoch. An den behaarten Trieben stehen dichte, eiförmige, stumpfe Blätter von 8 bis 10 cm Länge mit etwas wolligen Rändern. Südafrika.

nana
Ein 60 bis 90 cm hoher Strauch mit langen, nadelähnlichen und an der Spitze stachligen Blättern und herabhängenden Blütenköpfen. In der Mitte haben diese eine Menge von Einzelblüten mit einem Rand aus roten Haaren und 3 oder 4 Reihen von leuchtend roten Brakteen. Die attraktive Zwergform blüht im Mai. Südafrika.

repens (syn. P. mellifera)
Schöner, hoher Strauch oder kleiner Baum mit 8 bis 13 cm langen, eiförmigen, graugrünen Blättern und becherförmigen Blütenköpfen von 8 cm Durchmesser. Sie werden von 14 bis 18 Reihen roten bis ganz blaß rosigen Brakteen umgeben. Blütezeit im September. Südafrika.

speciosa
9 bis 11 Reihen von silber-rosaroten oder gelben Brakteen umgeben die 13 cm großen Blütenköpfe, die im April erblühen. Die 8 bis 14 cm großen Blätter haben ein dickes Gewebe; sie sind gewellt und im Grunde weich behaart. Der Strauch wird 1 bis 2 m hoch. Südafrika.

Prunkwinde → Ipomoea

Pseuderanthemum ACANTHACEAE

Gattung von tropischen Sträuchern oder Halbsträuchern mit schönem Laub und dekorativen Blüten. Man zieht sie am besten in Töpfen mit lehmhaltiger Erde im Warmhaus. Bei heißer Sonne stellt man sie in den Schatten und sorgt für Luftfeuchtigkeit. Blühende Pflanzen können für kurze Zeit ins Zimmer gestellt werden. Vermehrung durch kantige Stecklinge im geschlossenen Vermehrungsbeet. Eine buschige Wuchsform erreicht man, indem man den Haupttrieb oben kappt.

atropurpureum (syn. Eranthemum atropurpureum)
Das sehr dunkle Blattwerk dieser Art – die 10 bis 15 cm langen Blätter sind schwärzlich purpurn – macht sie zu einer sehr hübschen Topfpflanze. Die weißen, röhrigen Blüten öffnen sich in zwei Lippen; sie sind rot gesprenkelt und bilden einen hübschen Kontrast. Sie erscheinen im Frühling an 20 cm langen, aufgerichteten Ähren an den Zweigenden. Pazifische Inselwelt.

reticulatum
Eine dankbare Blattpflanze mit langen, lanzettlichen, grünen Blättern, die mit einem Netz von goldgelben Adern überzogen sind. Die weißen, rot gepunkteten Blüten sind röhrig, 5fach gelappt und erscheinen im Frühjahr in endständigen Blütenbüscheln. Neue Hebriden.

Pteris PTERIDACEAE Saumfarn

Die unten beschriebenen Arten sind immergrüne Farne, die sich gut fürs Gewächshaus oder Zimmer eignen. Man setzt sie in Töpfe mit einer Torfmischung, gießt während der Wachstumszeit reichlich und schützt sie vor heißer Sonne. Vermehrung im Frühjahr durch Sporen, die man aussät, oder durch Teilung von Pflanzen, deren Töpfe zu klein geworden sind.

cretica
Eine 30 bis 45 cm hohe Pflanze mit tief eingeschnittenen, gefiederten Blattwedeln. Die Fiedern sind hellgrün und linealisch. Sie stehen an aufrechten Stengeln, die an der Spitze nach unten hängen. Es gibt viele Sorten mit verschiedenartiger Blattfärbung und Form. Gemäßigte und tropische Gebiete.

ensiformis
Der obigen ähnliche Art mit dunkleren Blättern und längeren, schmaleren Blattfiedern. Südostasien bis Australien und Samoa. 'Victoriae', Sorte mit weiß gestreiften Blattfiedern; kleinere Art.

quadriaurita
Man trifft sie selten in Kultur; die häufig gezüchtete Form ist unter dem Namen P. qu. var. argyraea bekannt, die heute als eine eigene Art betrachtet wird (P. argyraea). Der kräftige Farn hat 60 bis 90 cm lange Wedel, die aus gelappten, paarig an der Mittelrippe stehenden Blattfiedern bestehen. Sie sind hellgrün und zeigen in der Mitte einen cremeweißen Streifen. Indien.

tremula
Eine widerstandsfähige Art mit großen Wedeln, die 3- oder 4fach geteilt sind und ein hübsches Blattwerk bilden. Sie stehen an aufrechten, leuchtend kastanienbraunen Stengeln und können mehr als 1 m hoch werden. Neuseeland, Australien.

Punica PUNICACEAE

granatum   Granatapfelbaum, Granatbaum
Ein langsamwüchsiger, buschiger Strauch von 2,50 bis 3 m Höhe. Er hat kleine, glänzende, eiförmige Blätter. Die leuchtenden, scharlachroten Blüten sind 4 bis 5 cm lang und röhrig bis glockig. Sie blühen von Juni bis September; aus ihnen entwickeln sich die großen, orangeroten Früchte. Die dekorative Art eignet sich besonders fürs temperierte Gewächshaus, wo man sie im Beet, in Töpfen oder Kübeln mit lehmhaltiger Erde hält. Während der Wachstumszeit gut gießen und lüften. Vermehrung im März durch 10 cm lange Stücke unbelaubter Zweige. Südeuropa.
'Flore Pleno', gefüllte, pomponartige, orangerote Blüten; 415
'Nana', eine Zwergform, die unempfindlicher gegen Frost ist. Sehr dankbare Topfpflanze fürs Zimmer oder Gewächshaus; 416

Purpurgranadilla → Passiflora edulis
Purpurkranz → Petrea volubilis
Purpurtute → Syngonium vellozianum

Q

Quamoclit CONVOLVULACEAE Sternwinde

Gattung von rankenden Kletterpflanzen mit auffallenden, langen, röhrigen Blüten, die mit der Prunkwinde *(Ipomoea)* verwandt sind. Man zieht sie im Gewächshausbeet oder in Töpfen mit lehmhaltiger Erde und gibt ihnen eine Stütze. Im Sommer gießt man reichlich. Vermehrung durch Samen im Frühjahr.

coccinea ✻

Die ganzrandigen Blätter mit ihren schlanken Spitzen sind am Grunde pfeilförmig und wachsen an Zweigen von bis zu 2,50 m Höhe. Die scharlachroten Blüten duften aromatisch, haben eine 2 bis 4 cm große Röhre mit gelbem Schlund und einer 5fach gelappten Platte. Sie erscheinen im Spätsommer in den Achseln der oberen Blätter. Mexiko, Arizona.

lobata (syn. Mina lobata) ✻

Ein kräftiger Kletterer mit 3fach gelappten Blättern, die am Grunde herzförmig sind. Die angeschwollene Röhre öffnet sich oben in 5 winzigen Lappen; sie ist leuchtend rot mit orangen bis gelben Schattierungen und hat weit herausragende Staubblätter. Von Juni bis September erscheinen die Blüten in gebogenen Büscheln. Mexiko.

pennata ✻

Eine hübsch gefärbte Art mit lebhaft orange- bis scharlachroten Blüten, die eine schmale Röhre und eine 5fach gelappte Platte aufweisen. Sie entwickeln jeweils nur einige an langen Stielen in den Blattachseln. Die Blätter sind in schmale, lange, fast fadenartige Blattfiedern geteilt, die ihnen ein gefiedertes Aussehen verleihen. Sie wachsen an schlanken, glatten Stengeln, die sich 2 bis 2,5 m in die Höhe ranken. Peru.

Quisqualis COMBRETACEAE

indica ✻ ♦

Ein schöner, sehr wuchskräftiger Kletterstrauch mit schlanken Stengeln und weichen, eiförmigen, blaßgrünen Blättern, die 13 cm lang werden. Die duftenden Blüten entwickeln sich in hängenden Büscheln in den Blattachseln. Während sie sich öffnen, ändern sie ihre Farbe von rosa zu weiß und werden schließlich rot. Die Blütezeit erstreckt sich von Mai bis August. Am besten setzt man die Pflanze im Warmhaus in große Kübel, wo man sie durch Zurückschneiden in vernünftiger Größe hält. Am besten nimmt man lehmhaltige Erde, aber auch eine Torfmischung ist geeignet. Bei heißer Sonne sorgt man für etwas Schatten und Luftfeuchtigkeit. Die Vermehrung geschieht durch krautige Stecklinge im Sommer. Tropisches Asien.

R

Rebutia CACTACEAE Rebutie

Reichblühende, kugelige Kakteen, deren Blüten von den Areolen aus oft ringförmig an der Basis der Pflanze wachsen. Die trichterförmigen Blüten kommen je nach Art in vielen Farben vor; sie halten wochenlang, öffnen sich tagsüber und schließen sich abends. Die grünen Pflanzenkörper besitzen eher spiralig angeordnete Knoten als Rippen. Zur Pflege siehe Einführung (Erdkakteen). Die Mindesttemperatur im Winter beträgt 4 °C. Vermehrung durch Sprosse, die sich an der Basis leicht bilden, oder durch Samen. Verschiedene Arten mit *R. xanthocarpa* in der Mitte zeigt Farbbild **417**.

aureiflora (syn. Mediolobivia aureiflora) ✻ ♦

Die kugeligen, 5 cm hohen Stämme sind dunkelgrün, rot getönt und wachsen in Büscheln. Man erkennt 15 bis 20 radiale und 3 bis 4 längere, mittlere Dornen an jeder Areole. Sie sind von gelbweißer Farbe. Im Frühjahr reichlich gelbe Blüten mit weißem Schlund und fast 5 cm Durchmesser. Argentinien.

deminuta (syn. Aylostera deminuta) ✻ ♦

Die 5 bis 10 cm hohen, etwas abgeflachten, kugeligen Körper verzweigen sich an der Basis häufig und weisen 11 bis 13 Reihen von Knötchen auf. An jeder Areole stehen 10 bis 12 weiße, mit brauner Spitze versehene oder ganz braune Dornen. Von Mai bis Juli entwickeln sich orange, trichterförmige Blüten. Argentinien.

kupperiana (syn. Aylostera kupperiana) ✻ ♦

Die kugeligen, rötlich-grünen Körper werden 5 bis 10 cm hoch. Die Areolen sind mit 12 bis 20 kleinen, weißen Dornen mit kupferfarbener Spitze bewehrt. Von Mai bis Juni blüht der Kaktus rot. Bolivien.

marsoneri ✻ ♦

Die kugelartigen Körper sind oben etwas konkav; sie haben runde, knotenartige Areolen mit 20 bis 35 winzigen Bürstendornen, von denen die oberen weißlich, die unteren braunrot sind. Die 4 cm breiten, goldenen Blüten erscheinen im April und Mai. Argentinien.

minuscula (syn. Echinocactus minuscula) ✻ ♦

Die kugeligen, abgeflachten Körper von 3 bis 4 cm Höhe und 5 cm Durchmesser und blaßgrüner Farbe tragen schon im Alter von 1 Jahr an der Basis und an den Seiten im Sommer viele leuchtend rote Blüten. Die Areolen sind mit 20 bis 25 sehr kurzen, weißlichen Dornen bewehrt. Argentinien. **418**

pseudodeminuta (syn. Aylostera pseudodeminuta) ✻ ♦

Eine gruppenbildende Pflanze mit rundlichen Körpern von 5 bis 6 cm Höhe. Sie sind breit und oben leicht eingedrückt. An erhabenen Knoten erkennt man winzige Areolen mit 11 radialen und 2 bis 3 mittleren Dornen. Alle Stacheln sind weiß mit braunen Spitzen. Im Mai und Juni bilden sich leuchtend goldgelbe Blüten von 2,5 cm Durchmesser. Argentinien.

pygmaea (syn. Mediolobivia pygmaea) Zwergrebutie ✻ ♦

Aus einem kräftigen, dicken Wurzelstock entwickeln sich sehr kleine, eiförmige Körper, die nicht einmal 2,5 cm hoch werden. Sie weisen Knoten mit 9 bis 12 kleinen, weißlichen Dornen auf. Die 2,5 cm langen, lachsfarbenen bis purpurrosigen Blüten erscheinen im Mai und Juni. Bolivien, Argentinien.

REC

senilis ✽ ♠
Die abgeflachten, kugeligen Körper von etwa 8 cm Höhe bilden Gruppen. Sie weisen spiralig angeordnete Knoten auf, an denen 25 bis 40 borstige Dornen stehen, die den Pflanzenkörper fast ganz verbergen. Die Blüten werden etwa 5 cm lang und 4 cm breit; sie sind leuchtend rot und erscheinen von April bis Juli. Argentinien.

spegazziniana (syn. **Aylostera spegazziniana**) ✽ ♠
Die zylindrischen Körper werden 10 cm hoch, bei 4 cm im Durchmesser; sie sind hellgrün und wachsen gern in Gruppen. An den spiralig angeordneten Knoten erkennt man Areolen, die mit 14 weißen, radialen, gegen den Stamm zurückgebogenen Dornen, sowie 2 gelben, kurzen, mit brauner Spitze versehenen mittleren Dornen bewehrt sind. Im Mai und Juni bilden sich um die Basis herum dunkelrote Blüten. Argentinien.

violaciflora ✽ ♠
Die abgeflachten, olivgrünen Pflanzenkörper werden 4 cm hoch und 8 cm im Durchmesser. Sie wachsen in Gruppen. An den spiralig angeordneten Knoten sind wollige, gelbgrüne Areolen zu erkennen. An ihnen befinden sich 15 oder mehr gelblich weiße, radiale Dornen und etwa 5 bis 10 längere, dicke, mittlere Dornen, die zunächst weiß sind und später gelb werden. Die fliederfarbenen Blüten werden etwa 6 cm lang und blühen im Juni reichlich. Argentinien.

xanthocarpa ✽ ♠
5 cm hohe, blaßgrüne Körper bilden Gruppen von 10 cm Durchmesser und sind mit sehr kurzen, dünnen, weißen Dornen bedeckt. Die rötlichen, 2 cm breiten und langen Blüten erscheinen von Mai bis Juli. Argentinien.

Rechsteineria GESNERIACEAE Rechsteinerie

Eine Gattung von ausdauernden Knollenpflanzen mit auffälligen, röhrenförmigen Blüten, die ein Schmuck fürs Zimmer und temperierte Gewächshaus sind. Man verwendet lehm- oder torfhaltige Erde. Im Sommer gießt und düngt man und schützt die Pflanze vor heißer Sonne. Sobald die Pflanze ausgeblüht hat und die Blätter welken, läßt man sie langsam austrocknen und stellt sie bis zum Frühjahr an einen frostsicheren Platz. Weiterkultur durch Teilung der Knollen oder durch Blattstecklinge. Nach 3 Jahren muß die Pflanze ersetzt werden. Die Gattung gehört jetzt zu *Sinningia*.

cardinalis Scharlachrote Rechsteinerie ✽ ♠
Eine untersetzte Pflanze von 20 bis 45 cm Höhe, deren Stengel mit weißen Härchen und breiten, samtig weichen, smaragdgrünen, 8 bis 15 cm langen Blättern besetzt sind. Die leuchtenden, scharlachroten Blüten sind 5 cm lang und röhrig; sie öffnen sich in 2 Lippen. Am Schlund sind sie heller. Sie stehen an kurzen Stielen in Blütenbüscheln, die gruppenweise in den Blattachseln, gegen die Spitzen der Zweige zu, erscheinen. Blütezeit Juni bis August. Brasilien. **419**
'George Kalmbacher', eine Sorte mit aufgerichteten Blüten, die oben nicht 2lippig, sondern sternförmig sind.

cooperi ✽ ♠
Eine aufrecht wachsende Art mit behaarten Stengeln, die bis zu 60 cm hoch werden und breite, leuchtend hellgrüne, ungeteilte, oberseits weich behaarte Blätter haben. Die scharlachroten Blüten sind 8 cm lang; ihre langen Röhren sind am Grunde aufgeblasen und gelb. Sie stehen in langen Blütenständen im Bereich der Triebspitzen. Auch bei dieser Art fällt die Blütezeit in den Sommer. Brasilien.

leucotricha ✽ ♠
Die sehr dekorative Art hat silbergraue, elliptische Blätter, die ebenso wie die Stengel mit feinen, silberweißen Härchen bedeckt sind. Büschel von leuchtend korallenroten, röhrigen und etwas hängenden Blüten bilden einen hübschen Kontrast zu den weichen Farben der Blätter. Jede Einzelblüte ist 4 cm lang und blüht von August bis Oktober. Brasilien. **421**

Reinwardtia LINACEAE

Die Gattung umfaßt nur zwei Arten, beides im Winter bunt blühende Sträucher, die fürs warme oder temperierte Gewächshaus oder Treibhaus geeignet sind. Man setzt sie entweder ins Beet oder in Töpfe mit einer lehmhaltigen Erde oder handelsüblichen Erdmischung. Am liebsten haben sie einen hellen Standort und Luft. Während der Wachstumsperiode brauchen sie viel Wasser. Man erhält einen dichten Wuchs, wenn man die Triebe junger Pflanzen abschneidet. Vermehren lassen sich die Pflanzen im April und Mai durch Stecklinge, vor allem von Bodentrieben.

tetragyna ✽
Ein 60 cm bis 1,20 m hoher Strauch mit 10 bis 15 cm langen, eiförmigen Blättern und leuchtend gelben Blüten; sie erscheinen vom Herbst bis in den Frühling hinein in endständigen Büscheln. Nordindien.

trigyna (syn. **R. indica**) ✽
Eine hübsche, strauchartige Pflanze mit biegsamen Ästen. Sie wird bis zu 90 cm bis 1,20 m hoch und hat sich verjüngende, eiförmige, dunkelgrüne Blätter, die 8 cm lang werden. Von Oktober bis März schmückt sie eine Fülle von trichterförmigen, leuchtend gelben Blüten von 5 cm Durchmesser. Indien. **420**

Rhaphiodophora ARACEAE

aurea (syn. **Scindapsus aureus**) ♠
Eine hochrankende, fleischige Kletterpflanze mit spitzen, eirunden Blättern, die ausgewachsen 60 cm lang werden, in der Jugend aber nur 8 bis 13 cm. Sie sind wächsern und leuchtend dunkelgrün mit bunten Flecken, Linien und Punkten von goldgelber Farbe. Salomoninseln.
'Marble Queen', die Blätter sind weiß gefleckt. Die weiße Farbe bedeckt die Blattoberfläche stärker als bei der Art; **450**
'Tricolor', die grünen Blätter sind blaßgrün, dunkelgelb und cremeweiß gezeichnet.

Rhipsalidopsis CACTACEAE Osterkaktus

Eine Gattung mit blattartigen, flachen oder 2 bis 5kantig geflügelten Gliedern. Gewöhnlich wachsen aus einer langen Areole am Ende eines Sprosses 2 neue Sprossen; es können aber auch 1 bis 4 sein. Die Blüten entwickeln sich an den Areolen der neuen Sprosse. Die hier beschriebenen Arten sind leicht zu halten und blühen üppig, weshalb sie so beliebt sind. Der Sproß wächst im Sommer. Zur Pflege siehe Einführung (epiphytische Kakteen). Im Winter brauchen sie eine Mindesttemperatur von 4 °C.

gaertneri (syn. **Schlumbergera gaertneri**) ✽ ♠
Die Sprosse sind 5 bis 8 cm lang und grün, oft mit rötlichem Schimmer. Die scharlachroten, röhrenförmigen Blüten stehen regelmäßig, fast strahlenförmig in Bündeln. Man findet sie auch bei jungen Pflanzen in üppiger Fülle im Mai. Von November ab haben die Pflanzen zwar Ruhezeit, sie sollten aber nie ganz austrocknen. Brasilien. **422.**

rosea ✱ ♦
Diese Art hat 3 bis 5 cm Glieder, die im Profil eirund sind; sie sind grün und haben einen roten Rand. Die rosaroten, röhrigen Blüten erscheinen im Mai an älteren Pflanzen reichlich. Die Pflanze ruht zur selben Zeit wie die obige. Brasilien. **423**

Rhipsalis CACTACEAE Ruten-, Binsen-, Korallenkaktus

Die Gattung wird besonders wegen ihrer ungewöhnlichen Glieder gehalten, denn sie hat meist kleine und uninteressante Blüten, allerdings manchmal Früchte in leuchtenden Farben. Ganz ungewöhnlich ist, daß sie im Gegensatz zu anderen Kakteen, die normalerweise nur in Amerika wild wachsen, offenbar wild wachsend in Ceylon und im tropischen Afrika vorkommen. Dies gibt zu der Vermutung Anlaß, daß sie irgendwie in prähistorischer Zeit dort eingeführt wurden. Zur Pflege siehe Einführung (epiphytische Kakteen). Mindesttemperatur im Winter 10 °C.

cassutha (syn. **R. baccifera**) ✱ ♦
Die kleinen, kremfarbenen Blüten erscheinen im Sommer. Zylindrische Glieder von jeweils 10 bis 13 cm Länge hängen in großen, 45 cm langen, sich verzweigenden Büscheln herab. An den Areolen befinden sich einige Borsten. Florida, Mexiko, Mittelamerika bis Peru; aber auch Afrika, Ceylon.

crispata ✱ ♦
Die Art hat breite, flache Stammglieder von etwa 30 cm Länge mit einem gekerbten Rand. Im Sommer blüht die Pflanze mit cremefarbenen oder blaßgelben Blüten. Brasilien.

paradoxa (syn. **Lepismium paradoxum**) ✱ ♦
Die kurzen, dreieckigen, 8 bis 10 cm langen Glieder verzweigen sich häufig und bilden 40 cm lange Äste. Jedes neue Glied steht in einem etwas anderen Winkel, so daß die Pflanze ein seltsames Aussehen hat. Die Areolen sind mit dichter Wolle besetzt, besonders ist dies bei jungen Pflanzen der Fall. Im Sommer wachsen an den Spitzen der Glieder große, weiße Blüten. Die Art ist für Hängekörbchen geeignet. Brasilien.

pentaptera ✱ ♦
Die kremigen Blüten stehen im Sommer unregelmäßig an den sich gabelnden Gliedern. Diese weisen etwa 6 Rippen mit breiten Brakteen an den Areolen auf. Die Areolen sind manchmal mit Borsten besetzt. Brasilien, Uruguay.

prismatica ✱ ♦
Im Sommer erscheinen weiße Blüten. Die am Boden kriechenden, zylindrischen Glieder vergabeln sich häufig; sie werden 45 cm lang und haben Areolen, die gewöhnlich mit Borsten besetzt sind. Brasilien.

Rhodochiton SCROPHULARIACEAE

atrosanguineum (syn. **R. volubile**) ✱ ♦
Eine interessante, 3 m hoch werdende Kletterpflanze, die sich mit Hilfe der Blatt- und Blütenstiele emporrankt und sich an allen möglichen Stützen festhält. Die Blätter sind im Grunde herzförmig und verjüngen sich zu einer schlanken Spitze. Sie sind leicht behaart und haben einige spitze Zähne. Die blutroten, röhrigen Blüten sind groß und unregelmäßig 5fach gelappt. Sie stehen in einem 5fach gezähnten, breit glockenförmigen, rosigen Kelch. Die Blütezeit ist im Juni. Obwohl die Pflanze eigentlich ausdauernd ist, sollte man sie als einjährig behandeln und jedes Jahr durch Samen weiter vermehren. Man setzt sie ins Beet in ein temperiertes Gewächshaus, bzw. in große Töpfe oder Kübel mit lehmhaltiger Erde. Sie muß vor direkten Sommersonne geschützt werden und braucht im Sommer viel Luft. Mexiko.

Rhododendron ERICACEAE Alpenrose

Zu dieser Gattung gehören heute auch die Vertreter der heute nicht mehr geführten Gattung *Azalea*. In der Hauptsache handelt es sich um immergrüne Sträucher mit attraktiven, einfachen, trichterförmigen Blüten. Man setzt sie im Kühl- oder Kalthaus ins Beet oder in Kübel mit einer Spezialheide- oder -nadelerde. Die Pflanzen brauchen Luft und von Frühjahr bis Herbst Schatten. Man vermehrt sie durch Stecklinge im Sommer oder Frühherbst.

bullatum ✱
Die sehr hübsche Art bildet einen 2,50 m hohen Busch. Sie hat lange, eiförmige, dunkelgrüne und runzlige Blätter. Die großen Blüten sind weiß, rosa getönt und erscheinen in kleinen Büscheln von April bis Juni; sie duften süß. China. **424**

ciliicalyx ✱
Ein großer, immergrüner Strauch mit langen, schmalen, spitzen, 6 bis 12 cm langen, borstigen Stielen. Die süß duftenden Blüten sind 10 cm im Durchmesser und reinweiß bis rosa mit einem gelben Flecken. Die Blüten öffnen sich im März und April. China.

edgeworthii ✱
2 bis 3 m hoher, etwas rankender Strauch mit filzigen Zweigen, an denen eiförmige, 5 bis 12 cm lange Blätter stehen, die oberseits runzlig und unterseits ebenfalls mit einem braunen Filz bedeckt sind. Die stark duftenden Blüten stehen in Büscheln zu 2 bis 4; sie sind wächsern, weiß, rosa getönt und werden bis zu 12 cm breit. Sie blühen von April bis Mai. Himalaya.

griffithianum ✱
Der große Strauch kann 6 m hoch werden. Seine länglichen Blätter sind oberseits mattgrün, unterseits bläulich und werden bis zu 30 cm lang. Mit ihren weißen, weiten, glockenförmigen Blüten von jeweils 12 bis 15 cm Durchmesser ist sie die größte blühende Art. Die Blüten duften und stehen in Büscheln von 3 bis 6 im Mai. Die ausgezeichnete Pflanze wird oft bei Kreuzungen verwendet. Himalaya.

indicum → R. simsii

johnstonianum ✱
Eine hellgelb bis weiß blühende Art mit 5 bis 6 cm großen Blüten, in deren Innern man einen dunkelgelben Flecken und rote Punkte erkennt. Die duftenden Blüten bilden sich im Mai in Büscheln von bis zu 4 und bilden einen hübschen Kontrast zu den dunkelgrünen, 5 bis 10 cm großen, eiförmigen Blättern. Gelegentlich kann der Strauch bis zu 2 m hoch werden. Indien.

kaempferi ✱
Dieser Strauch wird 2,50 m hoch und hat dunkelgrüne, eiförmige Blätter und orange bis ziegelrote, trichterförmige Blüten von 4 bis 5 cm Breite. Sie sind mit dunklen Punkten versehen. Die Büschel von 2 bis 4 Blüten erblühen im Mai. Japan.

lindleyi ✱
Die weißen, wächsernen Blüten sind stark duftend. Sie bilden sich im April in Büscheln von 2 bis 4 Blüten. Die Art wird bis 1,20 m hoch und hat unbehaarte, bis zu 15 cm lange Blätter. Himalaya.

nuttallii ✱
Eine kräftigwüchsige, buschige Art, die höher als 3,50 m werden kann. Sie hat 5 bis 30 cm lange, eiförmige Blätter, die stark

geändert sind, und von April bis Mai 3 bis 6 aromatisch duftende Blüten in jedem Blütenbüschel. Die Blüten sind weiß bis cremegelb. Sie werden 10 bis 13 cm groß. Die Pflanze ist wohl die beste unter den zartgelb blühenden Arten. Indien.

simsii Zimmerazalee
Die Pflanze wird oft mit *R. indicum* verwechselt. Man kann sie als gute Topfpflanze bezeichnen. Sie hat lange, spitze, dunkle und immergrüne Blätter und endständige Büschel von Blüten in leuchtenden Farben von weiß über alle Schattierungen von rosa bis zu rot und karminrot. Die 5 bis 8 cm großen Blüten können gefüllt oder ungefüllt sein und erscheinen im Mai. Sie ist die Stammform der beliebten Topfazalee. China.
'Hexe' syn. 'Firefly', flammend karminrot, halb gefüllt;
'Perle de Noisy', rosa mit weiß; **425**
'Purple Queen', purpurrot, Blütenblätter gekräuselt, halbgefüllt;
'Satsuki', rosa mit einem dunkleren Fleck in der Mitte, einfach;
'Vervaeneana', gefüllt, rosa, kamelienartig; **426**

taggianum
Die besonders stark duftende Art wird 1,80 oder 2 m hoch. Die elliptischen Blätter sind 8 bis 15 cm lang, oberseits unbehaart und weich und unterseits etwas schuppig. In jedem Blütenbüschel stehen 3 bis 4 Blüten; sie sind weiß und trichterförmig. Am Grunde der Blütenblätter befindet sich ein gelber Fleck. Die Blüten werden 8 bis 10 cm lang. Birma. **427**

Rhoeo COMMELINACEAE

spathacea (syn. **R. discolor**)
Eine hübsche Blattpflanze mit lanzettlichen, steifen, fleischigen Blättern von 20 bis 30 cm Länge. Oberseits sind sie glänzend grün, unterseits purpurn. Sie stehen in dichten Rosetten, in denen auch die Büschel mit den sehr kleinen, weißlichen oder bläulichen Blüten stehen. Diese ruhen in großen, kahnähnlichen, purpurnen Brakteen. Sie sind fürs Warmhaus, temperierte Gewächshaus und Zimmer geeignet, wo man sie in Töpfe mit lehm- oder torfhaltiger Erde setzt. Man schützt sie vor direkter Sonne und hält sie im Sommer feucht. Weiterkultur im Frühjahr durch Kopfstecklinge, vor allem von Seitentrieben, die sich nach Abschneiden der Köpfe in großer Zahl bilden oder durch Samen. Mexiko.

Rhoicissus VITACEAE

Eine Gattung von immergrünen Kletterpflanzen. Die hier besprochene Art wird wegen ihres dekorativen Blattwerks gezüchtet. Man setzt sie im temperierten Gewächshaus ins Beet oder in Töpfe mit lehmhaltiger Erde und sorgt im Sommer für Lüftung. Sie ist auch eine sehr haltbare Zimmerpflanze. Jedes Jahr setzt man sie um. Vermehrung im April und Mai durch Stecklinge.

capensis (syn. **Cissus capensis**) Kapland-Klimme
Ein starkwüchsiger Kletterer mit verholzten Trieben und rostrot behaarten Blättern. Diese sind ledrig, glänzend und leicht gebuchtet oder wellig gezähnt. Aus den unansehnlichen Blüten entwickeln sich glänzende, tiefrote Früchte. Südafrika.

rhomboidea → **Cissus rhomboidea**

Rhopalostylis PALMAE

sapida
Eine anmutige Palme fürs temperierte Gewächshaus, die maximal 9 m hoch werden kann, aber sehr langsamwüchsig ist. In ihrer Jugend gedeiht sie in großen Räumen gut als Topfpflanze. Die tief eingeschnittenen Blätter haben linealische Segmente, die ihnen ein gefiedertes Aussehen verleihen. Von der Stammspitze aus wachsen sie nach oben, ohne sich, wie man es von den übrigen Palmen her kennt, nach unten zu biegen. Man pflanzt sie in große Töpfe oder Kübel in lehm- oder torfhaltige Erde. Weiterkultur im Frühjahr durch Samen. Neuseeland, Norfolk Inseln.

Ricinus EUPHORBIACEAE Wunderbaum, Palma Christi

communis
Eine strauchige Art, die gewöhnlich als einjährige Pflanze gezogen wird und dabei 1,20 m hoch wird. Sie kann jedoch als Strauch oder Baum 2,50 bis 4,50 m Höhe erreichen. Ihre mittelgrünen Blätter sind fast bis zur Mitte in 5 bis 7 Fiedern gegliedert. Unansehnliche, fast rispige Blüten stehen an den Zweigenden, die unteren männlich, die oberen weiblich, und werden zu grünen oder rötlichen, stacheligen Samenhülsen. Temperiertes Gewächshaus, lehmhaltige Erde. Vermehrung anfangs Frühjahr durch Samen. Wahrscheinlich tropisches Afrika.
'Gibsonii' hat dunkelrot getönte Blätter und Zweige; **429**
'Sansibarensis', die 25 cm langen Blätter weisen entlang der Hauptader einen blassen Streifen auf.

Riesengranadilla → **Passiflora quadrangularis**
Rippenfarn → **Blechnum**
Ritterstern → **Hippeastrum**

Rivina PHYTOLACCACEAE

humilis
Die attraktive Pflanze wird vor allem wegen ihrer herabhängenden Büschel von leuchtend karminroten, glänzenden Beeren gezüchtet, die im Winter besonders schön sind. Die Blätter sind eirund und verjüngen sich zu einer Spitze; sie sind dick, etwas behaart und stehen an sich verzweigenden Ästen. Die Pflanze wird 45 bis 60 cm hoch. Von Januar bis Oktober blühen weiße oder rosa Blütenbüschel. Man setzt die Pflanze im temperierten oder warmen Gewächshaus in Töpfe mit lehmhaltiger Erde. Sie braucht Schutz vor heißer Sonne und während der Wachstumsperiode viel Wasser. Vermehrung durch Samen im Frühjahr oder durch Stecklinge. Süden der USA bis Südamerika.

Rochea CRASSULACEAE Rochee

Eine Art in Kultur. Für ihre Pflege gilt, was in der Einführung über Erdkakteen gesagt wurde. Mindesttemperatur 4 °C.

coccinea Feuerrote Rochee
Sie wird 40 cm hoch und 20 bis 30 cm breit. An den Zweigen wächst eine Fülle von mittelgrünen Blättern in 4 dichten Reihen. Endständige Blütenbüschel von 8 bis 13 cm Durchmesser werden aus karminroten Blüten gebildet, von denen jede eine kurze, etwa 2,5 cm lange Röhre aufweist. Man kann die Pflanze durch Samen vermehren. Es gibt verschiedene Sorten. Südafrika. **430**

falcata → **Crassula falcata**

Rondeletia RUBIACEAE

Eine Gattung von farbenprächtigen, immergrünen Sträuchern tropischer Herkunft. Sie haben ledrige, eiförmige Blätter und gestielte Büschel mit kleinen, röhrigen Blüten, die sich oben zu einer Platte öffnen. Sie stehen an langen Stielen in den Blattachseln und an den Triebspitzen. Am besten gedeihen sie im Beet im temperierten oder warmen Gewächshaus, sie passen sich aber auch an Töpfe oder Kübel mit lehm- oder torfhaltiger Erde an. Bei heißer Sonne im Sommer stellt man sie etwas in den Schatten und sorgt für Luftfeuchtigkeit. An warmen Tagen belüftet man sie. Im Sommer kann man sie durch Stecklinge aus halbharten Trieben von Januar bis März vermehren.

amoena ✻ ♦
1,20 m hoher Strauch mit 5 bis 13 cm großen Blättern, die sich zu einer Spitze verjüngen. Die Blüten sind rosa mit goldgelbem Schlund, der einen Ring von Härchen aufweist. Sie erscheinen im Juni. Guatemala.

odorata ✻ ♦
Ein Strauch mit behaarten Trieben, der 1 m Höhe erreicht. Die eirunden Blätter sind gewellt und kurz gestielt. An den 3fach verzweigten Büscheln erscheinen im November die duftenden, leuchtend orange bis scharlachroten Blüten mit ihrem gelben Schlund. Cuba.

roezlii ✻ ♦
Der schlanke Strauch hat 2,5 bis 10 cm lange Blätter mit schmaler Spitze. Die Blüten sind rosa-purpurn, weisen einen gelben Fleck auf und sind röhrenförmig. Guatemala. **431**

Roseneibisch, Chinesischer → Hibiscus rosa-sinensis
Rosenpelargonie → Pelargonium graveolens, P. radula
Rotblatt → Setcreasea

Roystonea PALMAE Königspalme

granatensis (syn. Dreodoxa granatensis) ♦
Eine hochgewachsene Palme mit schlankem Stamm. In der Jugend eignet sie sich gut als Zimmerpflanze. In ihrer Heimat wird sie, wenn sie ausgewachsen ist, allerdings über 30 m hoch. Sie hat anmutig geschwungene Blätter, die tief in schmale, lange, etwas nach unten hängende Segmente geteilt sind. Sie sind glänzend dunkelgrün. Man setzt die Pflanze in Töpfe mit lehmhaltiger Erde und gießt im Sommer reichlich. Vermehrung durch Aussaat im Februar und März. Kolumbien.

Ruellia ACANTHACEAE

Eine Gattung von immergrünen, ausdauernden Pflanzen mit dekorativem Laubwerk und auffälligen, trompetenförmigen Blüten. Sie sind ein Schmuck fürs Warmhaus. Man pflanzt sie in Töpfe mit lehmhaltiger Erde und ersetzt sie besser alle 2 Jahre durch junge Pflanzen, die blütenfreudiger sind. Vermehrung im April und Mai durch Stecklinge.

devosiana (syn. Dipteracanthus devosianus) ✻ ♦
Ein Halbstrauch mit purpurnen Stengeln und langen, schmalen, gezähnten, dunkelgrünen Blättern, die oberseits eine helle bis weißliche Äderung haben und unterseits purpurfarben sind. Die rosagetönten, weißen Blüten weisen eine lange Röhre auf, die in der Mitte gebogen ist. Sie öffnet sich in 5 tief eingeschnittenen Lappen. Die Blütezeit fällt bei dieser Art auf den Beginn des Frühjahrs. Brasilien.

macrantha ✻ ♦
1 m hoher Strauch mit 15 cm großen, dunkelgrünen, schmalen Blättern. Die rosigen Blüten besitzen eine 9 cm lange, Röhre, deren Schlund dunkler rot gestreift ist und die sich oben in weiten Zipfeln öffnet. Die Blüten stehen in Büscheln in den Blattachseln an den Triebenden und blühen vom Winter bis ins Frühjahr. Brasilien. **432**

portellae (syn. Dipteracanthus portellae) ✻ ♦
Die Art ist viel kleiner als die beiden obigen, sie wird nur 20 cm hoch oder etwas mehr. Sie ist eine zierliche, rundliche Pflanze mit 5–8 cm langen, schmalen, eiförmigen, spitzen Blättern, die oberseits dunkelgrün mit bronzenem Schimmer sind und eine silberne Äderung zeigen; unterseits sind sie purpurfarben. Die einzeln stehenden Blüten sind rosa bis purpurn und haben eine 4 cm große Röhre, die sich oben 2,5 cm breit öffnet. Die Blüten erscheinen im Winter. Brasilien. **314, 315**

Ruhmesblume → Clianthus
Ruhmeskrone → Gloriosa

Russelia SCROPHULARIACEAE

Eine Gattung von immergrünen, strauchigen Pflanzen mit auffallenden, zylindrischen Blüten. Sie eignen sich hervorragend für Hängekörbchen im Gewächshaus; man kann sie aber auch in Töpfe oder Ampeln pflanzen, die man mit lehmhaltiger Erde füllt. Im Sommer sorgt man für Luftfeuchtigkeit und Schatten. Vermehrung durch Stecklinge, Ausläufer oder Aussaat.

equisetiformis (syn. R. juncea) ✻
Der 90 cm bis 1,20 m hohe Strauch hat kleine, schmale Blätter, die an den binsenähnlichen Ästen zu winzigen Schuppen verkümmert sind. Die 3 cm großen, scharlachroten Blüten erscheinen in lockeren, langgestielten, herabhängenden Büscheln und blühen im Sommer. Die Pflanze ist fürs temperierte Gewächshaus geeignet. Mexiko.

sarmentosa ✻
1,20 m hoher, kletternder Strauch mit Quirlen von eiförmigen bis dreieckigen Blättern und Büscheln von scharlachroten Blüten. An jedem Stengel befinden sich 30 bis 40 Einzelblüten, in endständigen Trauben zusammengedrängt, die im Juli erblühen. Gedeiht am besten im Warmhaus. Mexiko.

Rutenkaktus → Rhipsalis

S

Sägeblattkaktus → **Epiphyllum anguliger**
Säulenkaktus → **Cereus**
Safranwurz → **Curcuma**

Saintpaulia GESNERIACEAE Usambaraveilchen

ionantha ✻ ♠
Die so beliebte Zimmer- oder Warmhauspflanze braucht ständig eine Mindesttemperatur von 16 °C. Es ist auch besser, wenn die Temperatur des Gießwassers nicht darunter liegt. Die dunklen, samtigen Blätter sind rund und am Grunde herzförmig. Sie bilden ein breites Büschel oder eine Blattrosette direkt über dem Boden. Aus ihr wachsen Trugdolden von 2 bis 4 cm großen Blüten, die in ihrer Form einem Veilchen mit breiten Blütenblättern gleichen, jedoch flacher und größer sind und ein 'Auge' aus goldenen Staubbeuteln haben. Es gibt eine Reihe von Namenssorten in Farben von rosa bis dunkel-purpurfarben oder weiß; auch gefüllte Sorten werden gezüchtet, und jedes Jahr entstehen neue Varietäten. Im Sommer bilden sich Blüten in reicher Zahl; manche Sorten blühen aber auch das ganze Jahr über. Die neuen Züchtungen erweisen sich als unempfindlicher gegen Temperatur- und Feuchtigkeitsschwankungen im Zimmer. Sie eignen sich daher besser als Zimmerpflanzen; außerdem blühen sie lange Zeit hindurch. Man setzt sie in Töpfe mit torfhaltiger Erde und hält sie feucht; sie dürfen jedoch nie zu naß werden. Sie lieben zwar einen hellen Standort, ertragen aber kein direktes Sonnenlicht. Vermehrung im März oder April durch Samen oder im Sommer durch Blattstecklinge mit Stielen. Östliches tropisches Afrika.
'Blue Fairy Tale', tiefblaue, einzelne Blüten;
'Calypso', einzeln stehende, purpurrote Blüten mit weißem Rand;
'Diana Blue', leuchtend purpurblaue Blüten; **433**
'Diana Double Pink', halb gefüllt mit purpurfarbenen Blüten;
'Grandiflora Pink', einfache, rosige Blüten;
'Icefloe', hat gefüllte, weiße Blüten;
'Red Spark', halbgefüllt, rot;
'Rhapsodie', eine gute, moderne Sorte mit breiter Farbskala; einfarbige und zweifarbige Blüten; **434** bis **437**

Salbei → **Salvia**

Salpiglossis SOLANACEAE

sinuata Trompetenzunge ✻
Die einjährige Pflanze ist ein hübscher Schmuck fürs temperierte Gewächshaus. An den schlanken, 60 cm hoch werdenden Stengeln stehen blaßgrüne, schmale Blätter mit welligem Rand. Die samtigen Blüten sind trichterförmig. Es gibt sie in Schattierungen von gelb über orange, rot bis purpurn; oft zeigen sie eine dunklere Äderung. Sie blühen von Juni bis Oktober. Am besten gedeihen sie in Töpfen mit lehmhaltiger Erde. Man kann sie durch Samen vermehren. Chile.
'Superbissima', hat große Blüten mit goldener Äderung; **438**

Salvia LABIATAE Salbei

Eine sehr große Gattung mit ein- und mehrjährigen Pflanzen. Die genannten Arten sind ein dekorativer Schmuck fürs Gewächshaus. Meist handelt es sich um mehrjährige Sträucher. Man pflanzt sie ins Beet im temperierten Gewächshaus oder in Töpfe mit lehmhaltiger Erde. Während der Hauptwachstumszeit sorgt man für gute Belüftung und gießt regelmäßig, außer im Winter. Die krautigen Arten lassen sich im April durch Samen vermehren, die Sträucher im April und Mai durch Stecklinge von nichtblühenden Seiten- oder Wurzelschößlingen. Auch im September ist noch Zeit dafür.

ambigens → **S. guarantica**) ✻ ♠

greggii ✻ ♠
Ein 1 m hoher Strauch mit kleinen, schmal länglichen, ganzen Blättern. Sie wachsen an Stengeln, die in ihrer Jugend oft gebogen sind. Die 2,5 bis 4 cm großen, karminroten Blüten entwickeln sich paarweise in den Blattachseln. Die Blütezeit ist von August bis Oktober. Texas, Mexiko.

guarantica (syn. **S. ambigens**) ✻ ♠
Die jetzt unter dem Namen *S. guarantica* geführte Art ist ein mehrjähriger Strauch von 1,50 m Höhe wenn man ihn ins Gewächshausbeet pflanzt. In Töpfen wird er längst nicht so hoch. Er hat eiförmige, sich zu einer Spitze verjüngende Blätter mit gewelltem Rand, die im Grunde herzförmig sind. Die 5 cm großen, dunkelblauen, röhrigen Blüten öffnen sich in 2 Lippen und stehen in einem 1,5 cm großen, violettblauen Kelch. Sie blühen im Spätsommer. Brasilien.

involucrata ✻ ♠
Die krautige, an der Basis oft verholzte Art wird gewöhnlich 1,20 m hoch. Die 10 cm langen, spitzen, eiförmigen Blätter haben einen gezähnten Rand. Die Blüten erscheinen von August bis Oktober. Sie sind rosig oder rot, haben eine 5 cm lange Röhre und werden von einem kurzen, rosaroten Kelch umgeben. Unter den Blüten erkennt man große, rosarote Blätter (Brakteen), die abfallen, wenn sich die Blüten öffnen. Mexiko, Guatemala.

microphylla (syn. **S. neurepia**) ✻ ♠
Eine üppige, rot blühende Art mit 3 cm großen Blüten, die von purpurnen Brakteen umschlossen sind und von Juli bis Oktober blühen; die Blätter sind elliptisch, blaßgrün und duften, wenn man sie zerreibt. Mexiko.

patens ✻ ♠
Die leuchtend hellblauen Blüten dieser Art erreichen mehr als 5 cm Länge und blühen von August bis September. Ihre ausdauernden Stengel werden 60 bis 90 cm hoch und tragen breite, eiförmige Blätter, die etwas gezähnt und behaart sind. Dadurch wirkt die Pflanze buschig und weich behaart. Mexiko.

rutilans ✻ ♠
Die Blätter dieser Art duften ähnlich wie die Ananas, wenn man sie zwischen den Fingern reibt. Sie sind eiförmig und spitz, hellgrün und kurz behaart. Die dunkel rosarot gefärbten Blüten wachsen aus glockigen Brakteen hervor. Blütezeit ist der Winter. Die Herkunft dieses 45 bis 90 cm hoch werdenden Strauches ist unbekannt.

Salvinia SALVINIACEAE Schwimmfarn

auriculata ♠
Ein winziger Wasserfarn mit eiförmigen, gelbgrünen Blättern von weniger als 4,5 cm Länge an sehr zarten, wenig verzweigten Sprossen. Die ganze Pflanze schwimmt an der Wasseroberfläche und macht sich besonders gut in Aquarien oder Wasserbecken im Gewächshaus. Die Pflanze braucht Wärme und vermehrt sich sehr schnell durch Teilung. Kuba bis Paraguay. **439**

Sanchezia ACANTHACEAE

nobilis ✻ ♠
Ein hübscher, tropischer Strauch mit langen, eiförmigen Blättern, die sich langsam zum Stiel hin verjüngen, und mit 5 cm großen, gelben, röhrigen Blüten, die in Büscheln von 8 bis 10 in jedem Paar der leuchtend roten Brakteen stehen. Die Brakteen und Blütenbüschel wachsen an langen Stengeln zu 5 oder 6 an den Triebspitzen. Sie sind aufgerichtet. Die interessante Pflanze eignet sich für ein feuchtes Warmhaus. Man pflanzt sie in lehm- oder torfhaltige Erde und schützt sie vor der heißesten Sonne. Vermehrung im Sommer durch Kopfstecklinge. Ecuador. **440**
'Glaucophylla', eine ausgezeichnete, bunte Pflanze, deren graugrüne Blätter weiß und gelb gestreift sind.

Sandersonia LILIACEAE

aurantiaca ✻ ♠
Die reizvolle, 45 cm hohe Staude mit knolligen Rhizomen hat ungestielte, lanzettliche Blätter, die sich zu einer feinen Spitze verjüngen. Sie stehen an schlanken Stengeln, an denen sie nach oben zu an Größe abnehmen. Die auffallenden, orangen Blüten sind lampionartig und hängen an der oberen Hälfte des Hauptstammes an langen Stielen von den Blattachseln herab. Man setzt die Pflanze in Töpfe mit lehm- oder torfhaltiger Erde und gibt ihr eine Stütze. Die Knollen setzt man im Frühjahr und gießt sie spärlich, bis die Pflanze zu wachsen beginnt, später reichlicher. Sobald die Blätter gelb werden läßt man sie vertrocknen und stellt sie an einen frostfreien Platz. An warmen Tagen sorgt man für Luftzufuhr und Schatten. Vermehrung im Frühjahr durch Samen oder beim Umtopfen durch Seitenknollen. Natal (Südafrika).

Sansevieria AGAVACEAE Bogenhanf

Eine Gattung von immergrünen, ausdauernden Pflanzen mit dekorativen, aufgerichteten, schwertförmigen Blättern. Im Zimmer und im Gewächshaus lassen sich die dankbaren Blattpflanzen gut halten. Man setzt sie in lehm- oder torfhaltige, leicht sandige Erde. Das ganze Jahr über kann man sie zwischen dem Gießen immer wieder austrocknen lassen. Vermehrung durch Teilung oder durch Blattstecklinge (nur die grünen Arten!) im Sommer.

cylindrica Ife ♠
Die starren Blätter werden bis zu 1,50 m lang und 3 cm dick; sie sind im Profil rund; leicht gebogen und verjüngen sich zur Spitze hin. In der Jugend sind die dunkelgrün, mit helleren, grauen Querstreifen versehen und weisen deutliche Furchen entlang der Blätter auf. Tropisches Afrika, Natal.

grandis ♠
Eine Art mit 90 cm bis 1,20 m langen, bunten Blättern; sie sind 30 bis 60 cm breit und dunkel- und mittelgrün gebändert. Blattrand bei einigen Pflanzen rötlich-braun. Tropisches Afrika.

trifasciata ♠
Sie ist die beliebteste Art. Ihre starren, geraden Blätter verjüngen sich zu einer scharfen Spitze und sind 30 bis 45 cm hoch. Sie sind beiderseits quergestreift in Schattierungen von dunkel bis gelb oder graugrün. Tropisches Westafrika. **441**
'Hahnii': Diese Sorte unterscheidet sich im Aussehen von den anderen hier beschriebenen Vertretern der Gattung. Sie hat eiförmige bis dreieckige Blätter von 10 cm Länge und 6 cm Breite mit scharfer Spitze; sie bilden breite Rosetten und sind dunkelgrün und gelb gebändert. Tropisches Westafrika.
'Laurentii': Sorte mit gelbem Blattrand. Dieser bleibt bei der Vermehrung nur durch Teilung erhalten; Blattstecklinge schlagen immer in die Art zurück. **442**

Sarracenia SARRACENIACEAE Schlauchpflanze

Eine Gattung von seltsamen, insektenfressenden, ausdauernden Pflanzen mit hohlen Blätter. Sie enthalten eine Verdauungsflüssigkeit am Grunde, die oben durch eine Falte, eine Art Deckel, geschützt wird. Die Blattröhren besitzen im Innern nach unten zeigende Härchen und eine Zuckerlösung, die Fliegen, Käfer und andere kleine Insekten anlockt. Insekten, die einmal in der Röhre sind, können wegen der Härchen nicht mehr entkommen und fallen schließlich nach unten in den Blattgrund oder Schlauch, wo sie verzehrt werden. Die Pflanzen haben bunte Blüten. Man halte sie im temperierten Gewächshaus in Schalen mit einer Erde, die zu gleichen Teilen aus Torf und klein gehacktem Sphagnum besteht. An der Oberfläche breitet man eine Schicht aus frischem Sphagnum aus. Man hält die Pflanze ständig feucht und sorgt im Sommer für Luftfeuchtigkeit. Vermehrung im März durch Samen.

drummondii (syn. S. leucophylla) ✻ ♠
Eine farbenprächtige Art mit langen Schläuchen von 40 bis 75 cm Höhe. Sie sind unten grün und zunehmend rotgeädert, mit zahlreichen runden weißen Flecken. Die 5 bis 10 cm großen, nickenden Blüten sind grünlich bis purpurfarben mit gelben Schattierungen und lang gestielt. Blütezeit: April und Mai. Nordamerika.

flava ✻ ♠
Die hohen, schlanken Schläuche sind leuchtend gelbgrün und im Schlund karminrot geädert. Die großen Blüten haben einen Durchmesser von 8 bis 13 cm, sie sind gelb und nickend. Es entströmt ihnen ein unangenehmer Geruch. Südöstliche USA.

leucophylla → S. drummondii

purpurea ✻ ♠
Bei dieser Art sind die Schläuche meist halb liegend oder zurückgebogen. Sie sind purpurn und grün, in der Mitte deutlich angeschwollen und zeigen im Schlund und auf dem Deckel eine reiche rote Äderung. Sie sind in Rosetten angeordnet. Die grünlich-purpurnen, nickenden Blüten entwickeln sich im April und Mai. Nordöstliche USA bis Kanada. **443, 444**

Sauerklee → Oxalis
Saumfarn → Pteris

Sauromatum ARACEAE Eidechsenwurz

guttatum ✻ ♠
Eine tropische Pflanze mit großen Knollen, aus denen dicke, 45 cm lange Stiele mit tief und unregelmäßig eingeschnittenen Blättern wachsen. Die einzelnen Segmente sind eiförmig, verjüngen sich zur Spitze und werden 25 cm lang. Die Blüten gleichen denen des Aronstabs und haben eine 30 bis 60 cm lange Haube, die innen purpurn mit dunkleren Flecken ist, oberseits und an der Außenseite grünlich ist und innen weiße Niederblätter hat. Die Blüten erscheinen im Mai. Die variable Art kann im warmen oder temperierten Gewächshaus gezogen werden. Im Herbst pflanzt man die Knollen in große Töpfe mit lehmhaltiger Erde, gießt reichlich bis die Blätter gelb werden und läßt sie dann austrocknen bis im kommenden Frühjahr die Pflanze wieder zu wachsen beginnt. Im Sommer schützt man sie vor heißer Sonne und sorgt für Luftfeuchtigkeit. Vermehrung erfolgt beim Umtopfen durch Brutknollen. Subtropische Gebiete Asiens bis tropisches Afrika.

Saxifraga SAXIFRAGACEAE Steinbrech

stolonifera (syn. **S. sarmentosa**) Judenbart ♠
Eine buschige Art mit vielen, sich verzweigenden, roten Ausläufern, auf denen sich wie bei den Erdbeeren neue Pflanzen bilden. Sie wird vor allem wegen ihres dekorativen Blattwerks gezüchtet. Die runden Blätter sind oberseits grün mit heller oder silberner Nervatur und unterseits rötlich oder rosa getönt. Die Pflanze hat lockere Büschel von sternförmigen, weißen Blüten mit unregelmäßig großen Blütenblättern. Die Blüten stehen an langen Stielen und blühen im Juli und August. Man kann die Pflanze im temperierten Gewächshaus oder im Zimmer halten, wo sie sich besonders gut in Hängekörbchen mit lehmhaltiger Erde ausnimmt. Man kann sie vermehren, indem man die jungen Pflänzchen von den Ausläufern trennt und sie einzeln in Töpfe setzt. Es gibt viele Sorten mit unterschiedlich gefärbtem Blattwerk. China. **445**
'Tricolor' hat kremfarben und rosa gefleckte Blätter.

Schamhafte Sinnpflanze → Mimosa pudica
Scharlachfuchsie → Fuchsia magellanica
Schattenröhre → Episcia

Schefflera ARALIACEAE

Eine Gattung von dekorativen, immergrünen Bäumen und Sträuchern. Die hier beschriebenen Vertreter sind dankbare Blattpflanzen fürs temperierte Gewächshaus oder fürs Zimmer. Man setzt sie in Töpfe mit lehmhaltiger Erde und beschattet sie im Sommer. Man hält die Erde feucht und sorgt für Luftfeuchtigkeit. Vermehrung im Frühjahr durch Samen.

actinophylla (syn. **Brassaia actinophylla**) Strahlenaralie ♠
Der langsamwüchsige Strauch wird 2,5 bis 3 m und höher. Die glänzend grünen Blätter setzen sich aus 3 bis 5 schmalen, länglich eiförmigen, spitzen Fiederblättchen zusammen. Sie stehen an aufgerichteten Ästen, die von einem Stamm ausgehen. Die gute und dekorative Pflanze kommt in einem großen, warmen Büro oder im Gewächshaus gut zur Wirkung. Polynesien, Australien.

digitata ♠
Ein Busch oder kleiner Baum, der ausgewachsen über 3 m hoch sein kann. Er hat dünne, lederige und glänzende Blätter mit 7 bis 10 Blattfiedern, die von einem zentralen Punkt am Ende des Stieles ausgehen. Jedes Fiederblatt wird 18 cm lang. Oberseits sind die Blätter dunkel und mattgrün, unterseits hellgrün und glänzend. Der Rand ist gewellt. Am besten gedeiht die Pflanze im temperierten Gewächshaus; warme, trockene Luft bekommt ihr nicht. Neuseeland.

Scheinmalve → Malvastrum
Schiefblatt → Begonia
Schildblume → Aspidistra elatior

Schizanthus SOLANACEAE Spaltblume

pinnatus ✱
Eine sehr hübsche, einjährige Pflanze von etwa 60 cm Höhe mit aufrechten, etwas klebrigen Stengeln, die leicht abbrechen. An ihnen entwickeln sich blaßgrüne, tief eingeschnittene, farnartige Blätter und eine Fülle von auffälligen, orchideenartigen Blüten. Die Blüten sind blaß fliederfarben mit dunkelrosa und purpurner Zeichnung. In der Mitte zeigen sie einen großen gelben Fleck. Sie erscheinen im Juni bis Oktober. Am besten gedeihen sie in Töpfen mit lehmhaltiger Erde. Um einen buschigen Wuchs zu erhalten, zwickt man die Haupttriebe, wenn sie jung sind, oben ab. Vermehrung im August und September durch Samen, wenn man sie in Töpfen ziehen will. Es gibt eine Menge Hybriden und Sorten. Chile **446**
'Crimson Cardinal', die tief roten Blüten zeigen einen dunkleren Fleck;
'Dwarf Bouquet', eine Zwergform mit einer Fülle von Blüten in allen möglichen Farben;
'Pansy Flowered', eine reichlich blühende Zuchtform mit großen Blüten.

Schizocentron MELASTOMATACEAE

elegans (syn. **Heeria elegans**) ✱ ♠
Die reizvolle, kriechende oder teppichbildende Pflanze eignet sich gut als Bodendecker fürs temperierte Gewächshausbeet oder für Ampeln. Die leuchtend grünen Blätter sind eiförmig und haben eine schlanke Spitze. Sie bilden einen hübschen Hintergrund für die 3 cm großen, weit geöffneten Blüten mit ihren 4 Blütenblättern von rosa-purpurner Farbe. Man setzt sie in Schalen oder Körbe mit handelsüblicher Erdmischung und gießt sie vom Frühjahr bis in den Herbst reichlich, im Winter dagegen weniger. An sonnigen Tagen sorgt man für Schatten und Luft. Vermehrung durch Aussaat im Winter oder durch krautige Stecklinge zu jeder Jahreszeit. Mexiko.

Schlangenbart → Ophiopogon
Schlangenkaktus → Aporocactus
Schlauchpflanze → Sarracenia

Schlumbergera CACTACEAE

Nach neueren wissenschaftlichen Erkenntnissen gehört zu dieser Gattung nur mehr eine einzige Art (*S. russeliana*), jedoch gibt es viele Hybriden. Die Pflege ist die selbe wie bei *Rhipsalidopsis*. Blüht von Oktober bis Februar und ruht nach der Blüte aus. Mindesttemperatur im Winter 13 °C, wenn sie blühen soll, und 1 °C zum Überleben. Wird oft auf *Pereskia* und *Hyclocereus undatus* aufgepfropft.

gaertneri → Rhipsalidopsis gaertneri

truncata (syn. **Zygocactus truncatus, Epiphyllum truncatum**) ✱ ♠
Die Pflanzenkörper sind 4 bis 5 cm lang und verzweigen sich dichotom (in Paaren). Sie sind grün, mit 1 bis 2 Kerben und spärlichen Borsten. Die roten Blüten werden 5 cm lang und 1,5 cm weit. Brasilien. Die Art wächst nicht mehr wild. Es ist zweifelhaft, ob die ursprüngliche Art überhaupt heute kultiviert wird. Es handelte sich um den ursprünglichen Weihnachtskaktus und um ein Elter der Buckleyhybriden, unserer heutigen Weihnachtskakteen.
Es gibt viele Hybriden und Zuchtformen:
× *buckleyi*, Weihnachtskaktus, mit malvenfarbenen-rosigen Blüten, die um die Weihnachtszeit erblühen, bei niedrigerer Temperatur aber auch später; **447**
'Frankenstolz', mit karminroten Blüten;
'Königers Weihnachtsfreude', hat scharlachrote Blüten, die im November und Dezember blühen **448**
'Noris', mit rosigen Blüten zu fast jeder Zeit, meist jedoch um die Weihnachtszeit;
'Wintermärchen', hat weiße, karminrot getönte Blüten, die sich um Weihnachten öffnen; **449**

Schnapsnase → Sedum pachyphyllum
Schneckenbohne → Phaseolus caracalla
Schnurbaum → Sophora

Schonfaden → **Callistemon**
Schönfrucht → **Callicarpa**
Schönmalve → **Abutilon**
Schönorche → **Calanthe**
Schönranke → **Eccremocarpus**
Schopfcereus → **Cephalocereus**
Schopflilie → **Eucomis**
Schuhblüte → **Pedilanthus**
Schwammgurke → **Luffa cylindrica**
Schwarzäugige Susanne → **Thunbergia alata**
Schwertfarn → **Nephrolepis**
Schwielenorche → **Oncidium**
Schwimmfarn → **Salvinia**

Scilla LILIACEAE

Eine Gattung von kleinen Zwiebelpflanzen mit linealischen Blättern und Büscheln von kleinen, sternförmigen Blüten an langen Stielen. Man kann sie sowohl im temperierten Gewächshaus als auch im Zimmer halten, wo man sie in Töpfe mit lehmhaltiger Erde pflanzt. Im Herbst setzt man sie um. Sie brauchen viel Luft, jedoch nur spärlich Wasser. Die Weiterkultur bzw. Vermehrung erfolgt, indem man die Brutzwiebeln im Herbst abtrennt. Die Gattung umfaßt besonders hübsche Pflanzen für Zimmer und Gewächshaus.

adlamii

Die fleischigen, schmalen, etwas faltigen Blätter wachsen einzeln aus jeder Zwiebel und werden 20 bis 23 cm lang. Die sternförmigen, malvenfarbenen, purpurnen Blüten stehen in kurzen, dichten Büscheln an 8 bis 10 cm langen Stengeln. Sie blühen im April. Südafrika.

violacea (syn. **Ledebouria socialis**)

Eine reizende Pflanze mit 8 bis 13 cm großen, fleischigen Blättern, die oberseits olivgrün gesprenkelt und silbern gezeichnet sind. Ihre Unterseite ist glänzend purpurrot. Sie entwickeln sich an kurzen Sprossen und stehen fast in einem rechten Winkel ab. Die kleinen, grünen Blüten mit ihren violetten Staubbeuteln erscheinen im Winter zu mehreren an den starren, aufrechten Stengeln über den Blättern. Südafrika.

Scindapsus ARACEAE Efeutute

Eine Gattung von tropischen Kletterpflanzen mit dekorativem, oft buntem Laub. In der Jugend sind sie gute Topfpflanzen und eignen sich für zentral beheizte Räume. Zu diesem Zeitpunkt werden die Blätter 20 cm lang. Später nehmen sie an Größe zu und die Pflanze kann nicht mehr länger im Zimmer gehalten werden. Man setzt sie in Töpfe und stellt sie ins Warmhaus. Während des Sommers hält man sie feucht und stellt sie aus der heißen Sonne. Die Vermehrung erfolgt hier durch Stecklinge im Frühjahr.

aureus → **Rhaphiodophora aurea**

pictus Gefleckte Efeutute

Die Pflanze hat in ihrer Wuchsform Ähnlichkeit mit Rhaphiodophora aurea. Die dicken, dunkelgrünen, ledrigen Blätter sind silbern marmoriert. Ihre Blattspitzen sind nach einer Seite gebogen; am Grunde sind die Blätter herzförmig. Ostindien, Philippinen.

Sedum CRASSULACEAE Fetthenne

Bunte gelbe, rosa oder weiße, sternförmige Blüten entwickeln sich in endständigen Kolben, die oft wie eine Dolde abgeflacht sind. Die Blätter sind fleischig und besonders hübsch. Zur Pflege siehe Einführung (Erdsukkulenten). Mindesttemperatur im Winter 4 °C. Vermehrung durch Stecklinge oder Samen.

allantoides

Immergrüner Halbstrauch mit blaugrünen Blättern; er kann 30 cm hoch werden. Die Blätter sind wechselständig angeordnet und stehen an der Spitze am dichtesten. Grünlich-weiße Blüten bilden lockere Büschel von 10 bis 13 cm Länge. Sie erscheinen im Juni und Juli. Mexiko.

bellum

Die unverzweigten, belaubten Sprosse erreichen 15 cm Länge. An ihnen wachsen blaugrüne, löffelförmige Blätter von 2,5 cm Länge. Die ganze Pflanze ist dicht bemehlt. Von April bis Mai erscheinen die weißen Blüten von 1,5 cm Durchmesser in flachen Blütenständen. Mexiko.

brevifolium

Die kleinen, 3 bis 5 cm langen Sprossen breiten sich zu Gruppen von 30 cm Breite aus. Die rosa Blätter sind dicht mit einem filzigen Reif bedeckt und sehr klein. Im Juli kann man weiße Blüten in wenigen Trugdolden erkennen. Südwesteuropa. Marokko.

lineare

Die kriechende Art wird nur 3 cm hoch, hat aber 30 cm im Durchmesser. Die Blätter sind blaßgrün, linealisch und oberseits flach. Im Mai erscheinen gelbe Trugdolden, die bis Juli blühen. Japan.

morganianum

Sprosse mit dicken, fleischigen, eingebogenen stielrunden Blättern. Blüten bilden sich in blaßrosa Trugdolden von bis zu 4 cm Durchmesser; sie stehen an den Spitzen der Sprosse und blühen den Sommer über. Die Pflanze ist ideal für Hängekörbchen. Mexiko.

oaxacanum

Die 30 cm langen, wuchernden Sprosse bilden überall Wurzeln aus, wo sie in Berührung mit dem Boden kommen. Sie besitzen sehr kurze, überlappende Blätter von stumpfer, mittelgrüner Farbe. 1 bis 3 gelbe Blüten von etwa 1 cm Länge erscheinen im Sommer an den Triebspitzen. Mexiko.

pachyphyllum Schnapsnase

Ein niederwüchsiger, sukkulenter Strauch, der 25 cm hoch und breit wird. Er verzweigt sich von der Basis weg. Die Sprossen sind rundum mit spatelförmigen Blättern besetzt, die meergrün sind und eine rote Spitze haben. Im Frühjahr entwickeln sich gelbe Blütenstände von 5 cm Durchmesser. Mexiko.

rubrotinctum Rotgefärbte Fetthenne

Aparte, zylindrische, grüne Blätter mit rotbrauner Spitze wachsen in dichter Menge an den 20 cm hohen Stengeln, die sich von der Basis weg vielfach verzweigen. Die strauchige Art blüht bei uns selten. Mexiko.
'Aurora' mit aparten, meergrün-blauen Blättern, die rötlich getönt sind; **451**

sieboldii Siebolds Mauerpfeffer

Die gebogenen, 23 cm langen, purpurnen Stengel sind rundum mit spiralig angeordneten Blättern besetzt, die in Wirteln zu 3

SEL

entstehen. Die rundlichen Blätter sind blaugrün und haben einen gewellten Rand. Die kleinen, rosaroten Blüten blühen in vielverzweigten Trugdolden, die im Oktober an der Spitze der Pflanze erblühen. Japan.

'Mediovariegatum', eine Sorte mit cremefarbenen Flecken auf den Blättern. **452**

treleasei

Die etwa 30 cm hohe, kriechende und immergrüne Pflanze hat Stengel, die mit spatelförmigen Blättern besetzt sind. Diese werden 3 cm lang und 1,5 cm dick. Im Frühling erscheinen leuchtend gelbe Blüten von 1,5 cm Durchmesser in dicht verzweigten Büscheln. Mexiko. **453**

Seeigelkaktus → **Echinopsis**
Seerose → **Nymphaea**
Segge → **Carex**
Seidenpflanze → **Asclepias**

Selaginella SELAGINELLACEAE Mooskraut

Eine Gattung von blütenlosen Pflanzen, die mit den Farnen verwandt sind und kleine, muschelförmige Blätter haben. Manche Arten sind von niedrigem Wuchs oder kriechend, andere sind Kletterer und wachsen eher in die Höhe. Man zieht sie im temperierten Gewächshaus, wenn nichts anderes angegeben wird. Sie brauchen Feuchtigkeit, sowie Schatten und sind empfindlich gegen Luftzug. Man setzt sie in Gefäße mit torfhaltiger Erde und hält sie feucht. Vermehrung im Frühjahr durch Teilung oder Stecklinge.

apoda (syn. **S. apus**)
Eine dicht verfilzte Pflanze, die mit ihren tief eingeschnittenen, moosartigen Blättern an 3 bis 10 cm langen Stengeln einen runden Buckel bildet. Sie ist besonders reizvoll, wenn man sie in eine flache Schale pflanzt. Nordamerika.

braunii
Eine aufrechte Pflanze mit 3 bis 4 cm langen, strohfarbenen bis braunen Sprossen, die sich zu einem Gewirr verzweigen und von kleinen, dreieckigen Blättern ganz umgeben werden. Das Ganze wirkt wie ein bemooster Farn, und jeder einzelne Zweig sieht aus wie ein einzelner Farnwedel. Westchina.

caulescens → **S. involvens**

grandis
Diese widerstandsfähige und aparte Art hat farnwedelartige Sprosse, die an der Basis unbelaubt sind, sich oben vielfach verzweigen und rundum von kleinen, sich überlappenden, eirunden Blättern besetzt sind. Jeder Zweig ist abgeflacht und etwas dreieckig im Umriß und gleicht einem Farnwedel. Fürs Warmhaus geeignet. Borneo.

involvens (syn. **S. caulescens**)
Eine viel verzweigte, aufrechte Art von bis zu 30 cm Höhe, die etwas an eine kleine, buschige Zypresse erinnert, denn sie hat dichte, sich überlappende, schuppige Blätter. Japan, China, Malaysia.
var. *argentea* hat auf den Blattunterseiten einen silbernen Schimmer. **454**

kraussiana
Eine niedere, Rasen bildende Art mit etwa 30 cm langen Sprossen. Die kleinen Zweige sind stark verzweigt und flach. Sie sind mit eiförmigen, spitzen, leuchtend grünen Blättern besetzt, die einige lange Haare aufweisen. Die Art ist sehr unempfindlich gegen Schatten und kann sogar unter einer Stellage im Kalthaus gedeihen. Südafrika.

lepidophylla Auferstehungspflanze
Die farnwedelartigen, belaubten Zweige dieser Art bilden eine flache Rosette. Sie gehen radial von einem in der Mitte stehenden, verholzten Stämmchen aus. Bei Trockenheit kann sich die Pflanze zu einem bräunlichen Ball einrollen; so übersteht sie die Trockenperioden, die in ihrer Heimat häufig sind. In diesem Zustand wird sie oft als Kuriosum verkauft. Sobald die trockene Knolle gegossen wird, öffnet sie sich in überraschender Weise zu einer grünen, farnartigen Pflanze. Texas bis Peru.

martensii
Eine kriechende Art mit 15 bis 30 cm langen, aufrechten, flachen Ästen, die an Farnwedel erinnern. Die winzigen, eiförmigen Blätter sind unsymmetrisch, überlappend und leuchtend grün. Die Pflanze eignet sich für Ampeln. Mexiko.

vogelii
Eine hohe, schlanke Art mit farnwedelartigen Zweigen. Die leuchtend grünen Blätter wachsen an rosaroten Stielen. Unter guten Bedingungen kann die Pflanze 60 cm hoch werden, in Töpfen wird sie jedoch selten über 30 cm hoch. Westafrika. **455**

Selago SCROPHULARIACEAE

Zu dieser Gattung gehören hauptsächlich immergrüne Sträucher und Halbsträucher mit Büscheln von röhrigen Blüten. Am besten gedeihen sie im Beet im temperierten Gewächshaus; man kann sie aber auch in große Töpfe oder Kübel pflanzen. Sie brauchen viel Licht und Luft. Am besten eignet sich eine lehmhaltige Erde. Vermehrung im Sommer durch Stecklinge.

fruticosa
Ein 30 bis 45 cm hoher, viel verzweigter Halbstrauch mit behaarten Trieben und kleinen, schmalen Blättern. Die purpurnen oder weißen Blüten stehen in dichten Ähren von 2 bis 3 cm Länge an den Zweigenden. Die Blütezeit ist im April. Südafrika.

serrata
Eine aparte, unbehaarte Art. Sie wird 30 bis 60 cm hoch und hat stark gezähnte, dunkelgrüne und eiförmige Blätter. Die aromatischen Blüten sind trichterförmig; sie haben eine weißliche Röhre und malvenfarbene Blütenblätter. Im Juli blühen sie in dichten, runden Blütenbüscheln von 5 bis 10 cm Durchmesser. Südafrika.

Selakraut → **Selaginella**

Senecio COMPOSITAE Kreuzkraut

Ungewöhnlich große Gattung mit gut über tausend über die ganze Welt verbreiteten Arten, vor allem in gemäßigten und gebirgigen Gebieten. Sie sind ein- oder mehrjährig, viele auch winterhart. Die empfindlicheren Arten sind wegen ihrer ungewöhnlichen Blätter oder Sprosse bekannt, während die Blüten meist unbedeutend sind. Für die Kultur siehe Erdsukkulenten (Einleitung). Mindesttemperatur im Winter normalerweise 4 °C. Vermehrung durch Samen oder Stecklinge. Viele Arten wurden früher bei *Kleinia* aufgeführt, jetzt aber üblicherweise bei dieser Gattung.

articulatus (syn. **Kleinia articulata**)
Bläulichgraue, stielrunde, vielverzweigte Äste bildet die ca. 30 bis 60 cm hohe Pflanze. In der Jugend sind sie mit 3 dunkelgrünen

Linien gemustert. Die tief eingeschnittenen Blätter sind blaugrün und stehen an der Spitze der Stämme. Die Blüten sind gelblichweiß und blühen im Sommer an doldenartigen Schäften. Südafrika.

cinerascens → **S. haworthii**

citriformis ♠
Die verzweigten, 10 cm hohen Äste gehen von einem zentralen Wurzelstock aus und haben spiralig angeordnete, zitronenförmige, blaugrüne Blätter. Diese tragen ein Muster von vielen senkrechten, durchscheinenden Linien und sind von einer wächsernen Schicht bedeckt. Im Dezember und Januar erscheinen die gelben sternförmigen Blüten. Südafrika. **456**

cruentus (syn. **Cineraria cruenta**) ✽
Eine 45 cm hohe, ausdauernde Pflanze, die meist als zweijährige Pflanze gezüchtet wird, mit eiförmigen, tiefgrünen Blättern und verschiedenfarbenen, gänseblümchenartigen Blüten.
Es gibt eine große Anzahl von Hybriden und Zuchtformen, die sich gut als Topfpflanzen eignen und von Dezember bis Juni blühen. Da sie den Winter hindurch blühen, sind sie besonders geschätzt. Ihre Farbe reicht von weiß über rosa, rot, malvenfarben und purpur bis zu blau. Daneben gibt es auch zweifarbige Sorten. Sie gedeihen gut in jeder nährstoffhaltigen Erdmischung. Wann immer es möglich ist, sorgt man für Luftzufuhr und stellt die jungen Pflanzen von Mai bis September in einem offenen Frühbeetkasten ins Freie. Falls sie unter Glas stehen, muß man im Sommer für Beschattung sorgen. Sollen die Pflanzen im Winter blühen, so muß man im Frühjahr aussäen. Erfolgt die Aussaat im Sommer, so kann man die Blüten im nächsten Frühling erwarten. Stecklinge von der Basis zurückgeschnittener Pflanzen wurzeln zwar gut an, die auf diese Weise gewonnenen Pflanzen werden aber nicht so stattlich wie die aus Samen gezogenen. Nach Blütengröße und Aussehen unterscheidet man drei verschiedene Gruppen:

1. Grandiflora: 45 bis 60 cm hohe Pflanze mit großen Blüten, die breite Blütenblätter aufweist.
'Exhibition Mixed', große Blüten mit 7,5 cm Durchmesser. Es gibt sie in vielen Farben, wobei die Mitte der Blüten oft weiß ist. Die Pflanzen können 40 cm hoch werden.

2. Multiflora Nana: eher eine Zwergform, die nicht höher als 40 cm wird und breite Blütenblätter hat.
'Berlin Market', in allen möglichen Farben mit großen Köpfen aus vielen Blüten. Blüten und Blätter geben ihr ein dichtes Aussehen. Sie wird bis zu 40 cm hoch. **128**

3. Stellata: die Gruppe umfaßt Pflanzen mit schmalen Blütenblättern und sternförmigen Blüten. Gegenüber 'Berlin Market' zeigen sie ein weniger geschlossenes Aussehen. Sie werden 45 bis 75 cm hoch.
'Mixed Star' syn. 'Stellata Mixed', Büschel von sternartigen Blüten in vielen Farben.

grandifolius ✽ ♠
Schöner, im Winter blühender Strauch fürs Treibhaus oder große Zimmer, 1,5 bis 4,5 m hoch, mit einem oder mehreren purpurfarbenen Sprossen. Die Blätter sind groß, 15 bis 45 cm lang, eiförmig bis länglich, oberseits dunkelgrün, unterseits zart flaumig. Die gelben Blüten wachsen in großen endständigen Doldentrauben von 30 bis 45 cm Durchmesser. Mexiko. **457**

haworthii (syn. **S. cinerascens, Kleinia tomentosa**) ♠
Zunächst bildet sich ein 30 bis 60 cm Höhe erreichender, einzelner und verholzter Stamm, der sich später verzweigt. Die röhrenförmigen, fleischigen Blätter verjüngen sich an den Enden und sind mit seidigen, wolligen, weißen Haaren bedeckt. Im Juli erscheinen die gelborangen Blüten. Südafrika.

herreianus (syn. **Kleinia herreiana**) ♠
Rasenbildend, Äste kriechend wurzelnd, stielrund, mehr oder weniger verzweigt. Blätter 15 mm dick, mit Stachelspitzchen und durchsichtigen Streifen. Blüten erscheinen in Kultur selten. Südafrika.

petasitis ✽ ♠
Verzweigte, bis über 1,20 m hohe Staude mit Blättern von 15 bis 30 cm Durchmesser und Länge, unterseits flaumig. Sie haben gewellte Ränder und Stiele, die so lang wie die Blätter sind. Die Blüten haben einen Durchmesser von 3 cm; sie sind leuchtend gelb und stehen in großen endständigen Rispen. Blütezeit Dezember bis Februar. Mexiko.

radicans (syn. **Kleinia radicans**) ♠
Die kriechenden, 8 bis 10 cm hohen Stengel breiten sich bis über 60 cm aus. An den Stengeln wachsen zahlreiche runde bis zylindrische, graugrüne Blätter mit einem dunkelgrünen Streifen in der Mitte. Zart cremeweiße Blüten erscheinen (allerdings sehr selten) im Dezember. Südafrika.

rowleyanus ✽ ♠
Die Pflanze bildet einen Rasen aus Sprossen mit kugeligen, zugespitzten Blättern, die mit einem senkrecht durchscheinendem Band gemustert sind. Die an 5 cm langen Stengeln einzeln stehenden Blütenköpfe erscheinen von September bis November. Die kleinen weißen Blüten kontrastieren mit den purpurnen Narben. Die süß duftende Pflanze ist ideal für Hängekörbe oder hübsche Blumenteppiche; sie breitet sich 60 bis 90 cm im Durchmesser aus. Südafrika.

serpens (syn. **Kleinia serpens**) ♠
Rasenbildende Art mit kriechenden Sprossen. Die linealischen, fleischigen, blaugrünen Blätter haben einen weißen, wächsernen Schimmer. Sie sind oberseits gefurcht und wachsen rosettenförmig um die Sproßspitzen. Im Sommer öffnen sich weiße Blüten. Südafrika. **458**

Serissa RUBIACEAE

foetida (syn. **S. japonica, Lycium japonicum**) ✽ ♠
Dieser anmutige, 60 cm hohe, verzweigte, immergrüne Strauch ist eine gute Pflanze fürs Zimmer oder temperierte Gewächshaus. Die ziemlich ledrigen, kleinen Blätter sind eiförmig zugespitzt und dunkelgrün. In ihren Achseln stehen im Sommer und Herbst strahlige, weiße Blüten, oft in großer Menge. Es folgen kleine, fleischige Früchte. Eine Sorte hat goldgeränderte Blätter. Man zieht sie in Töpfen mit einer handelsüblichen Erdmischung, sorgt für Halbschatten und an sonnigen, warmen Tagen vor allem für Lüftung. Die Vermehrung erfolgt im Sommer durch Stecklinge. Japan, China.
'Plena', die in Kultur üblichste Form mit gefüllten Blüten, die wie winzige weiße Rosen aussehen.

Sesbania LEGUMINOSAE

punicea (syn. **Daubentonia punicea**) ✽ ♠
1 m hoher Busch mit langen, herabhängenden Blättern, die in 10 bis 20 Paare von verkehrt-eiförmigen Blättchen gegliedert sind. Die leuchtend scharlachroten, schmetterlingsartigen Blüten stehen an 1 cm langen Stielen und bilden lange, herunterhängende Büschel. Nach der Blüte im Juli folgen dicke, 5 bis 10 cm lange Schoten mit ledrigen Segmenten. Ein sehr reizvoller Strauch fürs Beet oder Töpfe im warmen Gewächshaus. Man zieht ihn in lehmhaltiger Erde, sorgt für Luftfeuchtigkeit und im Sommer

SET

möglichst für etwas Beschattung. Die Vermehrung erfolgt entweder im Sommer durch Stecklinge oder aber durch Samen im Frühjahr. Brasilien.

Setcreasea COMMELINACEAE Rotblatt

Eine Gattung von ausdauernden Pflanzen mit dekorativem Laub. Die folgende Art ist eine gute Zierpflanze fürs Haus oder temperierte Gewächshaus. Man zieht sie in lehmhaltiger Blumenerde oder einer handelsüblichen Torfmischung. Im Sommer gut gießen und leicht beschatten, wenn die Pflanze in der prallen Sonne steht. Im Winter nur etwas feucht halten. Jedes Jahr im April umtopfen. Vermehrung durch Stecklinge von Wurzelschößlingen, die man von Mai bis August nehmen kann.

purpurea
Dankbare Zimmerpflanze mit auffälligen purpurnen Blättern, die bei vollem Licht noch dunkler werden. Sie sind linealisch, bis 15 cm lang und besonders am Rand von wolligen Haaren bedeckt. Die langen, purpurnen Blütenstiele tragen von Mai bis Dezember tiefrosarote Blüten in dichten Büscheln. Sie haben 3 Blütenblätter und öffnen sich eine nach der anderen. Sie wachsen in einem brakteenartigen Blatt, das sie teilweise umhüllt. Mexiko.

striata → Callisia elegans
Silbereiche, Australische → Grevillea robusta
Silberkerze → Cleistocactus
Singrün → Vinca

Sinningia GESNERIACEAE Gloxinie

Stattliche, ausdauernde Pflanzen mit dicken, knolligen Rhizomen. Ein samtiges Laub und farbenprächtige Trompetenblüten zeichnen sie aus. Die hier beschriebenen Arten und Hybriden sind unter dem volkstümlichen Namen 'Gloxinie' bekannt. Sie eignen sich ausgezeichnet für das warme Gewächs- und Treibhaus oder fürs Zimmer. Für kurze Zeit ertragen sie auch kühlere Temperaturen. Sie bevorzugen eine torfhaltige Erde und sollten nicht in die heiße Sonne gestellt werden. Man kann sie im Frühjahr oder Sommer durch Samen vermehren, aber auch durch Trieb- oder Blattstecklinge (Kormus). Man kann auch Knollen kaufen und sollte sie dann so einsetzen, daß sie oben ebenerdig mit der Blumenerde liegen. Siehe auch *Rechsteineria*.

regina
Die 5 cm großen, violetten, röhrigen Blüten stehen an langen Stielen oberhalb der langen, eiförmigen Blätter. Sie blühen von Mai bis Juli. Die Blätter sind oberseits samtig grün mit elfenbeinweißer Nervatur und unterseits dunkelrot. Brasilien. **459**

speciosa
Die Pflanze bildet eine Rosette mit großen, eiförmigen Blättern. In der Mitte entwickelt sich ein Büschel aus großen, samtig purpurnen, fingerhutähnlichen Blüten mit fleischigem Gewebe. Viele Sorten sind im Handel. Sie haben Blüten in verschiedenen Farben; es gibt sogar Sorten mit 3 Farbtönen, siehe Bild **460**. Sie sind weiß, rot, rosa und purpur. Samenmischungen und Namenssorten sind erhältlich. Brasilien.
'Blanche de Meru', blaß-rosa mit weißem Rand;
'Defiance', leuchtend rot;
'Emperor Frederick', rot mit weißem Saum;
'Mont Blanc', rein-weiß;
'Prince Albert', violett-blau;
'Reine Wilhelmine', intensiv dunkelrosa;
'Rose Bells', rosarot mit schmalen, kleineren Blüten als die vorhergehende Art. Diese Kreuzung zwischen *S. eumorpha* und *Rechsteineria macropoda* ist unter dem Namen *Sinningia × rosea* 'Rose Bells' bekannt.

tubiflora
Eine höher wachsende (90 cm), verzweigte Pflanze mit duftenden, wachsweißen Glocken und kleineren, behaarten, grünen Blättern. Argentinien.

Sinnpflanze → Mimosa pudica
Sinnpflanze, Schamhafte → Mimosa pudica

Smilax LILIACEAE Stechwinde

Eine Gattung von Kletterpflanzen mit oft stachligen oder borstigen Zweigen; sie werden besonders wegen ihres aparten Blattwerks gezüchtet. Am besten setzt man sie ins Beet oder in Kübeln ins temperierte Gewächshaus. Die Vermehrung erfolgt im Frühjahr. Man kann dazu sowohl Samen als auch Ausläufer oder halbreife Stecklinge verwenden.

asparagoides → Asparagus medeoloides

aspera
Eine immergrüne Kletterpflanze mit kantigen Zweigen, die teilweise mit leicht gebogenen Zweigen besetzt sind. Ihre Blätter sind lederig, eiförmig und am Grunde herzförmig. Sie verjüngen sich zu einer schlanken Spitze. Sie haben einen stachligen Blattrand und sind oft weiß gefleckt. Die kleinen, blaßgrünen Blüten stehen in Trauben in den Blattachseln. Sie blühen im August und September und werden zu roten Beeren. Südeuropa.

excelsa
Eine dornige, laubwerfende Kletterpflanze mit eiförmigen Blättern, die in ihrer Form, jedoch nicht in ihrem Gewebe, eine Ähnlichkeit mit obiger Art haben. Die kleinen, grünen Blüten entwickeln sich zu 5 bis 10 in Trauben; sie blühen im Juni und werden im Herbst zu Beeren. Südasien.

rotundifolia
Kräftige, laubwerfende Kletterpflanze mit sehr stachligen Zweigen. Sie blüht von Mai bis Juni grünlich-gelb und hat später schwarze Beeren. Osten der USA und Kanada.

Smithiantha (syn. Naegelia) GESNERIACEAE

Gattung von krautigen Pflanzen mit gezähnten, weich behaarten Blättern und aufrechten Trauben von bunten, fingerhutähnlichen Blüten, die lange blühen. Man setzt sie im temperierten Gewächshaus in Töpfe mit lehm- oder torfhaltiger Erde, hält sie während der Blütezeit feucht und stellt sie bei Sommersonne in den Schatten. Wenn sie zu blühen beginnen, kann man sie gut ins Zimmer stellen. Sobald die Blätter gelb werden, läßt man die Pflanzen austrocknen und stellt sie an einen frostsicheren Platz, bis sie im Frühjahr wieder zu treiben beginnt. Vermehrung im Frühjahr durch Auslegen der Rhizome oder durch Blattstecklinge im Sommer.

cinnabarina
Die dunkelgrünen, samtenen Blätter sind rot getönt. Sie bilden einen hübschen Kontrast zu den auffallend gefärbten, zinnoberroten Blütentrauben, die an kurzen Stielen an den kräftigen, aufrechten, 60 cm langen Ästen hängen. Die Blüten erscheinen von Juni bis Dezember in üppiger Fülle; im Schlund sind sie orangerot mit roten Flecken. Mexiko.

multiflora ✱ ♠

Eine sehr aparte Art mit herabhängenden weißen Blüten, die im Schlund blaßgelb getönt sind und von Juni bis Oktober an langen, aufrechten, 90 cm hohen Stengeln stehen. Die herzförmigen Blätter sind samtig, dunkelgrün, braun gesprenkelt und unterseits heller und mit langen, weichen Härchen besetzt. Mexiko.

zebrina ✱ ♠

Eine 60 bis 90 cm hoch werdende Art mit dunkelgrünen, seidig behaarten Blättern, die ein rotbraunes Muster zeigen. An den schlanken, leicht behaarten Stengeln wachsen 4 cm lange, herabhängende Blüten, die außen leuchtend scharlachrot sind und einen gelben, rot gepunkteten Schlund haben. Sie entwickeln sich an langen, aufrechten Trauben von Juni bis Oktober. Mexiko.

'Elke', hat gold-orange Blüten mit gelbem Schlund und olivgrünem Laub mit orangem Schimmer; **461**

'Firebird', hat leuchtende, karmin-scharlachrote Blüten mit gelbem, scharlachrot gesprenkeltem Schlund;

'Orange King', hat intensiv orange Blüten mit bronzefarbenem Laub;

'Pink Domino', hat rosige Blüten; der weiße Schlund trägt eine rote Zeichnung; **462**

'Rose Queen', hat intensiv rosarote Blüten, die innen eine purpurne Zeichnung aufweisen;

'White Pyramid', hat kremig-weiße Blüten, die sich aus grünlich-weißen Knospen entwickeln. Das Laub hat einen purpurnen Schimmer.

Solanum SOLANACEAE Nachtschatten

Die Gattung umfaßt eine Vielzahl von einjährigen oder mehrjährigen Pflanzen, Sträuchern und Bäumen, dazu gehören auch einige attraktive Arten, die besonders wegen ihres dekorativen Beerenschmucks gehalten werden. Man setzt sie im temperierten Gewächshaus in Töpfe; größere und rankende Arten pflanzt man ins Beet. Man nimmt am besten eine lehmhaltige Erde und sorgt während der Wachstumsperiode für Feuchtigkeit. Einjährige Pflanzen vermehrt man durch Samen, bei mehrjährigen nimmt man Stecklinge von Seitentrieben, ebenso bei Kletterpflanzen.

aviculare ✱ ♣

Der 1,80 m hohe Halbstrauch eignet sich fürs temperierte Gewächshaus; er hat schmale, tief eingeschnittene Blätter von 15 bis 25 cm Länge, die bei älteren Exemplaren weniger gegliedert sind. Die violetten Blüten haben oben einen Durchmesser von 2 bis 3 cm und entwickeln sich im Sommer in lockeren Trauben im Bereich der Triebenden. Ihre Beeren sind grünlich oder gelb. Australien, Neuseeland.

capsicastrum ♣

Eine wegen ihrer runden Früchte sehr beliebte Zimmerpflanze. Diese sind zunächst grün, dann gelb und wenn sie reif sind leuchtend scharlachrot. Die Pflanze ist ein buschiger Halbstrauch mit weichhaarigen Trieben. Sie wird jedes Jahr neu gezogen. Sie hat dunkelgrüne Blätter, die schmal eiförmig und am Rande etwas gewellt sind. Sie stehen meist zu zweit; eines ist immer viel kleiner als das andere. Im Juni und Juli erscheinen weiße Blütensterne. Brasilien. **463**

'Cherry Ripe', hat viele leuchtend rote Beeren.

cornutum ✱ ♠

Einjährige Art mit ungleich gebuchteten Blättern, die einen tief gewellten Rand haben und an stachligen, 1,20 m hohen Stengeln stehen. Die gelben Blüten haben 2,5 bis 3,5 cm Durchmesser und bilden oben einen Blütenstern. Sie stehen endständig, zu dritt bis viert. Die Frucht ist klein und stachlig. Mexiko.

jasminoides ✱ ♠

Hübsche, buschige, immergrüne Kletterpflanze mit schlanken 2,5 bis 3 m hohen Ranken. An ihnen wachsen tief gebuchtete, blaßgrüne und glänzende Blätter. Die auffälligen Blüten sind weiß, blau getönt, 2 cm im Durchmesser. Sie blühen von Juli bis Oktober in verzweigten rispenartigen Trauben. Brasilien.

macranthum ✱ ♠

Ein großer, dorniger Strauch von über 1,80 m Höhe, der sich fürs Gewächshausbeet eignet. Die schmalen, eiförmigen Blätter werden 25 bis 38 cm lang und sind leicht gebuchtet. 4 bis 6 cm Durchmesser erreichen die bläulich violetten Blüten. Sie bilden sich im Sommer an langgestreckten Büscheln in den Blattachseln. Brasilien.

melongena Eierfrucht, Aubergine ✱ ♣

Eine einjährige Art, die vor allem wegen ihrer Früchte gezogen wird. Diese sind eßbar und je nach Sorte in Größe und Form verschieden; sie können rund und weiß sein (*S. m.* 'Ovigerum'), aber auch lang und schmal wie bei *S. m.* 'Serpentinum', wo sie am Ende eingerollt sind. Die Pflanze wird 60 cm bis 1,80 m hoch oder höher und besitzt gebuchtete Blätter mit gewelltem Rand, die oberseits wollig und unterseits mit Stacheln besetzt sind. Sommers erscheinen blaue, 3 bis 5 cm große Blüten in kleinen Büscheln an den Spitzen der Nebenzweige. Äthiopien.

muricatum ♣

Die stachlige Art bildet einen aufrechten Halbstrauch. Die eiförmigen Blätter besitzen einen welligen Rand. Auf die kleinen, blauen Blüten folgen 10 bis 15 cm große, gelbe Früchte mit purpurner Zeichnung und gelbem, saftigem und duftendem Fleisch. Peru.

pseudocapsicum Korallenbäumchen ♣

Die Pflanze hat Ähnlichkeit mit *S. capsicastrum*, ist aber widerstandsfähiger und hat unbehaarte Zweige. Die 5 bis 6 cm großen Blätter sind oberseits filzig und unterseits glatt und hellgrün. Kleine, weiße Blütensterne erscheinen im Sommer. Aus ihnen entwickeln sich die glänzenden, erst gelben, bald orangen und schließlich scharlachroten Früchte. Am schönsten sind sie im Dezember und daher ist die Topfpflanze zur Weihnachtszeit besonders beliebt. Madeira.

seaforthianum ✱ ♠ ♣

Eine kriechende Art mit tief eingeschnittenen, 10 bis 20 cm großen Blättern und rosa oder fliederfarbenen Blüten in breiten Rispen. Sie werden zu runden, gelblich-roten Früchten. Die Pflanze ist fürs Warmhaus geeignet. Südamerika.

wendlandii ✱ ♠

Eine wuchskräftige, stachlige Kletterpflanze, die über 4,50 m hoch wird, wenn sie gute Bedingungen vorfindet. Die hellgrünen Blätter können verschieden groß und mehr oder weniger tief eingeschnitten sein. Die 6,5 cm großen, bläulich-malvenfarbenen Blüten entwickeln sich an 15 cm großen, endständigen Scheindolden an den herabhängenden Ästen. Die Blüte erfolgt im August. Costa Rica. **464**

Soleirolia URTICACEAE

soleirolii (syn. *Helxine soleirolii*) Bubiköpfchen ♠

Die niedrige, kriechende Pflanze ist unter ihrem alten Namen *Helxine* gut bekannt. Sie wächst in die Breite und bildet dabei Wurzeln. Daher ist sie als Bodendecker fürs Gewächs- und Treibhaus ideal, sie macht sich aber auch gut in Töpfen, in denen die rosaroten Sprosse mit ihren winzigen, runden Blättern nach unten

SOL

wachsen können. Es gibt noch eine apartere Form mit goldfarbenen Blättern. Bei der Topfkultur setzt man sie in lehmhaltige Erde und stellt sie sommers in den Schatten. Im Frühsommer kann man durch Abtrennen von kleinen, bewurzelten Teilen die Pflanze vermehren. Korsika.

Sollya PITTOSPORACEAE

fusiformis (syn. S. heterophylla)
Ein rankender Halbstrauch, der im temperierten Gewächshaus an Stützen emporwächst. Die Pflanze hat eiförmige Blätter mit schlanker Spitze, die sich zum Stengel hin verjüngen und verzweigte Büschel von 4 bis 12 blauen, becherartigen Blüten, die im Juli blühen. Im Gewächshaus setzt man sie ins Beet oder in Töpfe mit lehmhaltiger Erde bzw. in eine Tofmischung. An heißen Tagen braucht sie Luft und Schatten. Vermehrung durch Samen oder Stecklinge. Australien. **465**

Sonerila MELASTOMATACEAE Sonerile

Von dieser Gattung tropischer Blütenpflanzen sind die folgenden Arten fürs Zimmer oder Warmhaus geeignet. Sie bevorzugen eine torfhaltige Erde, Feuchtigkeit und Schatten bei heißer Sonne. Vermehrung im April durch Samen oder durch Stecklinge.

margaritacea
Eine niedrige Pflanze mit roten, kriechenden Sprossen und langen, eiförmigen Blättern mit schlanker Spitze. Sie sind dunkelgrün mit silberweißen Punkten zwischen den Adern an der Blattoberseite. Die Unterseite ist rosa mit purpurner Nervatur. Die rosa Blüten mit ihren 3 Blütenblättern stehen von Mai bis September in Büscheln von 8 bis 10. Java. **466**

orientalis
Die hübschen Blätter sind breit und spitz und am Grunde herzförmig. Sie sind rötlich-purpurn mit weißer Zeichnung, die entweder aus einem einzigen Streifen mit gefiedertem Rand, oder kleinen Punkten auf einem hellen oder dunklen Streifen besteht. Die rosa oder purpurnen Blüten haben 3 Blütenblätter und erblühen im Sommer. Birma.

Sonnentau → Drosera

Sophora LEGUMINOSAE Schnurbaum

secundiflora
Immergrüner Baum, der in ausgewachsenem Zustand mehr als 6 m hoch wird. Die reizvolle, duftende Art ist besonders für Gewächshausbeet geeignet, wo man sie am besten an eine Wand pflanzt. Die 10 bis 15 cm großen Blätter gliedern sich in 7 bis 9 eiförmige Blattfiedern. Violettblaue, schmetterlingsartige Blüten von 2,5 cm Größe stehen an den Zweigenden in langen, herabhängenden Büscheln. Sie duften nach Veilchen. Texas bis Mexiko.

Sophronitis ORCHIDACEAE

coccinea (syn. S. grandiflora)
Diese Zwergorchidee fühlt sich im temperierten Gewächshaus wohl. Sie bildet kleine Gruppen von eirunden bis kugeligen Pseudobulben aus, von denen jede ein Blatt trägt, das länglich oder langzettlich, steif, etwas fleischig und dunkelgrün ist. Die Blüten stehen zu 1 oder 2 an schlanken Stengeln; sie können zinnoberrot, scharlach- bis orangerot, karminfarben-purpurn oder rosa sein. Die einzelnen Blüten werden 4 bis 8 cm im Durchmesser groß und haben Ähnlichkeit mit einem Stiefmütterchen, jedoch ist das obere Kelchblatt schmal und die Lippe spitz. Sie blühen während der Wintermonate. Man setzt sie in kleine Schalen mit gleichen Teilen Osmundafaser und Sphagnum. Am besten hängt man sie an die Decke des Gewächshauses. Im Sommer gießt man reichlich, im Winter weniger. Bei heißer Sonne sorgt man für leichten Schatten und während der wärmsten Monate für Luftfeuchtigkeit. Vermehrung durch Teilung im späten Frühjahr oder wenn die Pflanze wieder treibt. Brasilien.

Spaltblume → Schizanthus

Sparaxis IRIDACEAE Fransenschwertel

Eine kleine Gattung aparter Knollenpflanzen. Ihre flachen, schwertförmigen Blätter verjüngen sich zur Spitze hin. Die Blüten sind auffällig. Man pflanzt sie in lehmhaltige Erde und stellt sie ins temperierte Gewächshaus. Nach dem Einpflanzen gießt man, dann aber erst wieder, wenn sich die Blätter zeigen. Bis die Blätter gelb werden, gießt man reichlich, dann läßt man die Pflanze austrocknen. Vermehrung durch die Nebenknollen.

grandiflora
Eine sehr hübsche Art mit 5 cm großen Blüten, die jeweils 6 purpurn oder weiß gezeichnete Blütenblätter haben, die sich zu weiten Sternen öffnen. Sie stehen an einem 30 bis 60 cm hohen, belaubten Stengel in Büscheln von 3 bis 5 Blüten und blühen im April. Variable Art; Grundlage für viele Zuchtformen. Südafrika.

tricolor
Die 30 cm langen, linealischen Blätter stehen in Büscheln und umhüllen die 30 bis 45 cm langen Stengel, an denen die Blüten erscheinen, die 6 Blütenblätter aufweisen und 4 bis 5 cm im Durchmesser werden. Es gibt sie in einer Vielzahl von Farben: weiß, gelb, orange, rot und purpurn, sowohl ein-, als auch mehrfarbig. Die Blütezeit ist im Mai und Juni. Südafrika.

Sparmannia TILIACEAE Zimmerlinde

africana
Ein immergrüner Strauch, der oft als Topfpflanze gehalten wird. Als solche wird er 60 bis 90 cm hoch; in einem Beet im temperierten Gewächshaus kann er aber mehr als 2,50 m hoch werden. Die 2,5 bis 3 cm großen, weißen Blüten zeigen in der Mitte auffallende gelbe Staubblätter mit purpurner Spitze. Die Blüten entwickeln sich im Mai und Juni. Die herzförmigen Blätter sind leuchtend grün, gezähnt und beiderseits etwas behaart. Man kann die Pflanzen in lehmhaltige Erde oder ins Gewächshausbeet pflanzen; sommers gießt man reichlich und sorgt für Schatten und viel Luft. Vermehrung im April durch Stecklinge. Südafrika. **467**

Spathiphyllum ARACEAE Einblatt

Eine Gattung immergrüner Pflanzen mit typischen, dem Aronstab ähnlichen Blüten und ganzen, dunkelgrünen, glänzenden Blättern. Sie gedeihen gut in lehm- oder torfhaltiger Erde. Besonders im Sommer brauchen sie Luftfeuchtigkeit und Wärme. Vermehrung beim Umtopfen im April durch Teilung.

cannifolium
Die 30 bis 50 cm langen, ledrigen, eiförmigen Blätter sind oberseits glänzend grün und unterseits matt. Sie wachsen an 30

bis 40 cm langen Stielen und bilden einen hübschen Kontrast zu dem außen grünen und innen leuchtend weißen Hüllblatt. Dieses ist 13 bis 20 cm lang und umgibt den kurzen, kremigen Kolben. Nordwestliches Südamerika.

cochlearispathum ✻ ♠
Eine sehr große Pflanze, die bei guten Bedingungen höher als 1,50 m wird. Sie hat große, breite, längliche, gefurchte Blätter und ein großes, gelbes bis grünes Hüllblatt (Spathum), das später dunkler wird und den gelblichen Kolben umschließt, der sehr an die kleinen Ähren des Zuckermais erinnert. Mexiko, Guatemala.

wallisii ✻ ♠
Die Art ist kleiner als die oben beschriebenen und wird nur 22 bis 30 cm hoch. An aufrechten und herabhängenden Stengeln stehen hellgrüne, lanzettliche Blätter. Der gelbe Blütenkolben ist von einem reinweißen, eirunden Hüllblatt umgeben und blüht von Mai bis August. Kolumbien, Venezuela. **468**
'Mauna Loa', eine aparte Kreuzung mit der niedrigen Form von S. wallisii; sie hat aber größere Hüllblätter. Im Warmen kann sie das ganze Jahr über blühen.

Sphaeralcea MALVACEAE Kugelmalve

Eine Gattung von mehrjährigen Pflanzen, die in ihrem Aussehen den Malven ähneln. Die Blüten besitzen 5 Blütenblätter und sind meist rötlich. Sie eigenen sich fürs temperierte oder warme Gewächshaus, wo sie besonders im Beet gut gedeihen. S. abutiloides und S. umbellata lassen sich gut in Kübeln ziehen. Am besten pflanzt man sie in lehmhaltige Erde und sorgt bei praller, heißer Sonne für etwas Schatten. Im Sommer achtet man darauf, daß die Pflanzen regelmäßig gegossen werden. Vermehrung im Frühjahr durch Samen oder im Sommer durch Kopfstecklinge in Sand.

abutiloides ✻
Der 1,20 m hohe Strauch hat rundliche Blätter, die unregelmäßig gebuchtet sind. Die rosaroten Blüten stehen in einem grünen Kelch, der halb so lang wie die Blütenblätter ist. Sie erscheinen im August in Trauben von 1 bis 5 in den Blattachseln. Bahamas.

elegans ✻
Ein Halbstrauch, der einen ziemlich niedrigen Teppich bildet. Mit seinen wuchernden Sprossen wird er zu einer buschigen Pflanze von mehr als 1,20 m Durchmesser. Die 3fach gebuchteten Blätter haben einen geschweiften Rand und sind mit Härchen bedeckt. Blaßrosa Blüten mit purpurner Äderung stehen einzeln in den Blattachseln gegen die Triebspitzen zu. Die Blütezeit liegt im Juli. Südafrika.

umbellata ✻
Ein aufrechter Strauch mit bis zu 3 m langen Zweigen. Die langgestielten Blätter sind 5- bis 7fach gebuchtet. An lang gestielten Büscheln erscheinen die leuchtend scharlachroten oder violetten Blüten. Manchmal stehen sie auch einzeln. Sie entwickeln sich in den Blattachseln und blühen von Januar bis April. Eine sehr aparte Art fürs Warmhaus. Mexiko. **469**

Spitzblume → **Ardisia**

Sprekelia AMARYLLIDACEAE Jakobslilie

formosissima ✻
Eine außergewöhnlich reizvolle Zwiebelpflanze mit langen, linealischen Blättern, die sich nach der Blüte entwickeln. Die Blüten erscheinen einzeln; sie sind intensiv karminrot, haben 10 cm Durchmesser und 6 Blütenblätter. Drei dieser Blütenblätter bilden eine Lippe, 2 sind seitlich nach hinten gerollt; das sechste steht aufrecht an der Spitze der Blüte. Die Blütezeit ist im Juni und Juli. Man setzt die Zwiebel so in lehmhaltige Erde, daß ihre Spitze sichtbar ist. Während die Blüten und Blätter wachsen, gießt man reichlich, dann läßt man die Pflanzen austrocknen. Vermehrung durch Abtrennen der Brutzwiebeln.

Springkraut → **Impatiens**
Stachelpelz → **Oplismenus hirtellus**

Stapelia ASCLEPIADACEAE Ordensstern, Aasblume

Die Pflanzen dieser Gattung werden aufgrund ihrer ungewöhnlichen Blüte gehalten; diese sind oft sehr groß und auffällig und immer interessant. Es handelt sich um Stammsukkulenten, deren Haltung nicht einfach ist, da sie bei zu wenig Wasser einschrumpfen. Zu viel Wasser hat oft angeschwollene Pflanzen und schwarze, faulende Flecken an der Basis der Sprosse zur Folge. Ist letzteres der Fall, dann kann man die Spitze der Pflanze abschneiden und als Steckling anwurzeln lassen. Meist sind die Sprosse vierkantig und verzweigen sich von der Basis her. An den Kanten stehen gewöhnlich Stacheln. Die Blätter sind verkümmert und fallen bald ab.
Gewöhnlich sind die Blüten strahlig, mit 5 Blütenblättern versehen und von seltsamer Farbe; sie haben meist 5 Haare, die sich beim leisesten Lufthauch bewegen. Oft riechen sie nach verfaulendem Fleisch oder schlecht gewordenem Fisch. Dieser Aasgeruch lockt Schmeißfliegen an, die die Bestäubung vornehmen.
Sie brauchen dieselbe Pflege wie die Erdsukkulenten, wobei man besonders auf Durchlässigkeit des Bodens und richtiges Gießen im Winter (nicht zuviel Wasser!) achtet, obwohl die Pflanzen nicht ganz austrocknen dürfen. Bei sehr heißem Wetter sorgt man für etwas Schatten, sonst brauchen sie viel Licht. Vermehrung durch Kopfstecklinge im Juni bis August. Sie sollten ein bis zwei Tage trocknen, bevor sie eingepflanzt werden, sie dürfen jedoch nicht so lange liegen, daß sie einschrumpfen. In Torf und grobem Sand und reichlich Wärme erfolgt die Bewurzelung sehr schnell. Um Fäulnis zu vermeiden, sollte die Mindesttemperatur im Winter 10 °C betragen; die Pflanzen überleben aber auch bei 4 °C.

europaea → **Caralluma europaea**

hirsuta ✻ ♠
Die Blüten sind gelb oder kremfarben; sie haben eine purpurbraune Zeichnung und blühen im August. Ihr Durchmesser beträgt 6 bis 13 cm, und sie sind mit feinen, etwas langen Haaren bedeckt, die braun, weiß oder purpurn sind. Die Stämmchen sind bronze-grün bis grün, etwa 20 cm lang und mit feinen, kurzen Härchen bedeckt. Eine sehr variable Pflanze. Südafrika.

mammillaris → **Caralluma mammilaris**

nobilis (syn. S. gigantea) ✻ ♠
Diese Art blüht im Sommer. Die Blüten sind groß, 25 cm im Durchmesser, mit langen, schlanken Kronabschnitten und einer glockenförmigen Mitte. Sie sind blaß, stumpf gelbbraun, haben eine Zeichnung von feinen, purpurnen Linien und sind mit dünnen, purpurnen Härchen bedeckt. Die Stämmchen sind aufgerichtet und samtig grün. Südafrika.

pillansii ✻ ♠
Eine weitere, sommers blühende Art mit purpurbraunen, fast schwarzen und unangenehm riechenden Blüten. Sie erreichen einen Durchmesser von etwa 13 cm und haben Kronabschnitte, die in langen Schwänzen mit dunklen Haaren auslaufen. Die

vierkantigen, aufrechten Stämmchen sind grün. Sie haben samtige Haare und auffällige Zähne. Südafrika.

variegata ✽ ♠
Die unbehaarten, graugrünen Stämmchen sind purpurn gesprenkelt; sie werden 15 cm lang und haben abstehende Zähne. Die blaßgelben Blüten sind 5 bis 8 cm im Durchmesser und haben purpurne Punkte. Bei ihnen fehlen die Härchen, wie wir sie von den obigen Arten kennen, aber auch sie haben einen unangenehmen Geruch. Sie blühen im August und sind sehr variabel. Es gibt 80 Formen mit Namen, jedoch sind sie so unbeständig, daß eigene Namen wohl kaum gerechtfertigt sind. Südafrika. 470

Stechapfel → Datura
Stechpalmenfarn → Cyrtomium falcatum 'Rochfordianum'
Stechwinde → Smilax
Steinbrech → Saxifraga
Steine, Blühende → Conophytum
Steine, Lebende → Lithops
Steineibe → Podocarpus

Stenocarpus PROTACEAE

sinuatus ♠
Obwohl die Pflanze in ihrer Heimat ein 30 m hoher Baum wird, eignet sie sich in ihrer Jugend gut zur Haltung in Töpfen und Kübeln. Ihre Blätter sind in 2 bis 8 längliche Buchten gegliedert. Sie sind glänzend, lederig und von einem hellen Mittelgrün. Unter guten Bedingungen erscheinen 5 bis 8 cm große, scharlachrote und gelbe Blüten. Sie wachsen alle von einem Punkt in der Mitte aus und bilden radartige Trugdolden. Die Blüte dauert von August bis November. Die Pflanze bevorzugt lehmhaltige Erde und bei heißer Sonne Schatten. Die Vermehrung geschieht im Frühjahr durch Samen, durch Stecklinge im Spätherbst. Australien.

Stephanotis ASCLEPIADACEAE

floribunda Kranzschlinge ✽ ♠
Ein rankender Strauch mit herrlich duftenden Blüten, der sich besonders hübsch ausnimmt, wenn man ihn mit einer Stütze an der Wand im Warmhaus aufbindet. Dort kann er bis 3 m Höhe erreichen. Die dunkelgrünen, eiförmigen Blätter sind lederig und immergrün. Wachsweiße, 4 cm große, röhrige Blüten erweitern sich oben zu einer Trugdolde. Die Pflanzen blühen von Mai bis Oktober. Sie gedeihen in lehm- oder torfhaltiger Erde in großen Töpfen oder Kübeln, besonders gut jedoch im Gewächshausbeet. Sommers gießt man reichlich und sorgt für Schatten. Vermehrung von April bis Juni durch Stecklinge. Madagaskar. 471

Sternanis → Illicium
Sternkaktus → Astrophytum ornatum
Sternwinde → Quamoclit
Strahlenaralie → Schefflera actinophylla

Streptanthera IRIDACEAE
Diese Gattung umfaßt lediglich zwei Arten. Beides sind Zwiebelpflanzen mit zwergförmigem Wuchs. Sie werden 23 cm hoch und haben fächerförmige Büschel von spitzen, linealischen Blättern. Die Blüten stehen zu 2 bis 3 an schlanken Stielen. Beide Arten sind aparte Pflanzen fürs temperierte Gewächshaus. Man setzt sie in Töpfe mit lehmhaltiger Erde und hält sie während der Wachstumszeit feucht. Im Winter trocken und kühl halten. Vermehrung im November beim Umtopfen durch Nebensprossen.

cuprea ✽
Die aparten Blüten haben 4 cm im Durchmesser und sind mit 6 goldgelben Blütenblättern versehen. Das Innere der Blüten ist dunkelpurpurn und blaßgelb gefleckt. Die flachen Blüten stehen an schlanken Stielen und blühen im Mai und Juni. Südafrika. 'Coccinea', die leuchtend orangen Blütenblätter sind in der Mitte fast schwarz. Sehr reizvolle Blüten.

elegans ✽
Die weißen Blütenblätter schimmern blaßrosa und zeigen in der Mitte einen schwarzen, mit hellen gelben Punkten versehenen Kreis. Innen sind die Blütenblätter violett-purpurn. Südafrika.

Strauchdrazäne → Dracaena godseffiana
Streifenfarn → Asplenium

Strelitzia MUSACEAE Strelitzie
Eine Gattung von immergrünen, mehrjährigen Pflanzen, mit auffällig gefärbten und geformten Blüten, die dem Schopf eines Vogels gleichen. Zur Pflege siehe bei den einzelnen Arten.

alba (syn. S. augusta) ✽
Eine sehr auffallende Pflanze, die sich jedoch nur für ein großes Gewächshaus eignet, denn sie blüht erst, wenn sie reif ist. Dann kann ihr Stamm 6 m hoch werden und 1,20 bis 1,80 m große, glänzend grüne, aufrechte, lederige Blätter haben. Blüten erscheinen im März; sie sind reinweiß und stehen in einem starren, purpurnen, hüllblattähnlichem Hochblatt. Die Pflanze ist sehr interessant. Man setzt sie im Warmhaus ins Beet oder auch in Kübel mit lehmhaltiger Erde. Im Sommer beschattet man sie bei heißer Sonne und hält sie feucht. Vermehrung durch Samen, Abtrennen der Nebensprosse oder durch Teilung. Südafrika.

reginae Paradiesvogelblume ✽
Eine langsamwachsende Pflanze von 1 bis 1,50 m Höhe. Ihre 45 cm großen, graugrünen und lederigen Blätter sind schmal eiförmig und stehen in fächerartigen Rosetten. Im Mai und April entwickeln sich exotische Blüten. Jeder 1 m hohe Blütenstengel trägt ein großes, grünes, schiffchenförmiges Hochblatt mit rotem Rand, aus dem die aufrechten, schopfartigen, orangen und blauen Blüten wachsen. Sie haben lange, schmale Blütenblätter, die sich wochenlang, eine nach der anderen, öffnen. Man kann sie in Töpfe mit lehmhaltiger Erde oder noch besser ins Gewächshausbeet pflanzen. Im Sommer gießt man reichlich und stellt sie in den Schatten, während man sie im Winter fast trocken werden lassen kann. Vermehrung durch Teilung oder durch Abtrennen von bewurzelten Nebensprossen beim Umsetzen im Frühjahr. Man kann auch im Frühling Samen aussäen, jedoch entwickeln sie sich sehr langsam. Südafrika. 472

Streptocarpus GESNERIACEAE Drehfrucht
Eine reizvolle Gattung von Pflanzen mit aparten Blüten und Blättern. Ungewöhnlich ist die Tatsache, daß manche Vertreter dieser Gattung nur ein einziges Blatt während ihrer ganzen Lebensdauer erzeugen. Die interessanten Pflanzen eignen sich fürs temperierte Gewächshaus; sie blühen im Mai und Juni. Man setzt sie in Töpfe mit lehm- oder torfhaltiger Erde. Vermehrung durch Samen, oder bei buschigen Arten durch Teilung im Frühjahr, beziehungsweise Blattstecklinge im Sommer.

dunnii ✽ ♠
Eine beachtenswerte Art mit einem einzigen, länglichen bis eiförmigen, silbern behaarten Blatt, welches 90 cm lang wird und sich

nach unten biegt. Es ist sehr runzlig und trägt runde Büschel von 4 cm großen, trichterförmigen Blüten von ziegelroter Färbung. Südafrika.

holstii ✻ ♦
Eine aufrechte, sich verzweigende Pflanze, die 45 cm hoch werden kann. Triebe etwas schwächer, an den Knoten verdickt. Ihre 4 bis 5 cm großen, eiförmigen, ganzrandigen und dunkelgrünen Blätter sind besonders an der Nervatur auf der Unterseite behaart und runzlig. Die 2,5 bis 3 cm großen, purpurroten Blüten sind im Schlunde weiß und stehen an schlanken Schäften mit 2 bis 6 Einzelblüten. Tropisches Ostafrika.

× hybridus ✻
Eine Gruppe von Hybriden, von denen viele von *S. rexii* abstammen. Sie haben mittel- bis hellgrüne, linealische und etwas runzlige Blätter, die von der buschartigen Basis aus wachsen. Die großen Blüten von 4 bis 6 cm Durchmesser können in Farben von weiß, über rosa und rot bis zu purpur vorkommen. Sie erscheinen von Mai bis Oktober.
'Constant Nymph', blau-purpurne Blüten mit einem hellen Schimmer und einer dunkleren Äderung im Schlund. **473**
'Peed's Superb'-Hybriden, mit riesigen Blüten in vielen Farben.

rexii ✻
Eine kleine, buschige Art mit ungestielten, schmaleiförmigen, runzligen Blättern von sehr dunkler, grüner Farbe. Aus ihrer Mitte wachsen 23 bis 30 cm hohe Stiele mit 4 bis 5 cm großen, trompetenförmigen Blüten. Sie sind blau oder malvenfarben und zeigen auf ihren Blütenblättern eine purpurne Zeichnung. Die Blütezeit ist im Mai und Juni. Die Art ist in der Kultur weitgehend durch S.-Hybriden ersetzt worden. Südafrika.

saxorum ✻ ♦
Eine reizvolle Staude, die sich über den Boden ausbreitet und dicke, fleischige, mittelgrüne, elliptische Blätter hat, die dicht an den Stengeln stehen. Die Blüten sind sehr hübsch; ihre weiße Röhre bildet einen aparten Kontrast zu den fliederfarbenen-malvenfarbenen, veilchenartigen Zipfeln. Sie entwickeln sich in dauernder Folge von April bis August. Tropisches Ostafrika.

wendlandii ✻ ♦
Sie ist vielleicht die beachtenswerteste Art mit ihrem riesigen, einzigen Blatt, das 90 cm bis 1,20 m lang und 60 cm breit sein kann. Oberseits ist es olivgrün, behaart und sehr runzlig und unterseits purpurfarben. Von der Basis der Pflanze hängt es nach unten. Die blau-purpurnen und weißen, veilchenähnlichen Blüten stehen in Büscheln von bis zu 30 Einzelblüten an 30 cm langen Stengeln und blühen im Mai und Juni. Südafrika.

Streptosolen SOLANACEAE

jamesonii ✻ ♦
Der schöne und ungewöhnliche Strauch eignet sich fürs temperierte Gewächshaus. Er hat dichte, gerundete Büschel von strahlend orangen Blüten. Sie stehen in einer endständigen, doldenartigen Rispe. Die 4 cm großen, eiförmigen, runzligen und weich behaarten Blätter bilden sich an langen, gebogenen Zweigen von 1,20 bis 1,80 m Länge. Am besten kommt die Pflanze zur Wirkung, wenn man sie an einer Wand oder an einer anderen Stütze emporzieht. Die Blüten erscheinen von Mai bis Juli. Man setzt sie ins Gewächshausbeet oder in große Töpfe mit lehmhaltiger Erde und bindet sie an einer Stütze fest. Sie brauchen viel Luft und müssen jährlich im Frühjahr umgesetzt werden. Vermehrung im Frühjahr durch Aussaat oder durch krautige Stecklinge unter Glas. Kolumbien, Ecuador. **474**

Strobilanthes ACANTHACEAE

Eine große Gattung von strauchigen Pflanzen mit attraktiven Blättern und Blüten. die hier beschriebene Art ist eine dankbare Pflanze fürs Warmhaus oder fürs temperierte Gewächshaus. Sie bevorzugt torf- oder lehmhaltige Erde und braucht im Sommer Schatten und vor allem Luftfeuchtigkeit. Man vermehrt sie durch krautige Stecklinge.

dyerianus (syn. **Perilepta dyerana**) ♦
Eine schöne Blattpflanze mit herrlichen, 15 cm langen Blättern. Sie sind dunkelgrün und haben oberseits einen interessanten, silbrig purpurnen Schimmer. Die Blüten sind 4 cm lang, sie sind blaßblau und entwickeln sich an kleinen Ähren in den Blattachseln. Besonders bei jungen Pflanzen kommt die interessante Wirkung der Blätter zur Geltung. Malaysia. **475.**

Stylidium STYLIDIACEAE

graminifolium ✻ ♦
Eine schöne, mehrjährige Pflanze (Staude) mit großen Büscheln von dunkelgrünen, steifen, grasartigen Blättern, die 5 bis 23 cm lang werden können. Von der Basis der Pflanze aus wachsen lange Stengel. Sie werden 45 cm lang und tragen einen zylindrischen Blütenstand mit kleinen, ungestielten, leuchtend scharlachroten bis rosigen Blüten. Sie blühen im Sommer. Jede Blüte hat eine reizbare, gebogene Säule. Sie besteht aus dem mit den Staubblättern verwachsenen Griffel und springt auf, wenn Insekten herbeifliegen, die sie bestäuben können. Man setzt die Pflanze ins temperierte Gewächshaus und zwar in Töpfe mit lehm- oder torfhaltiger Erde, verschafft ihr viel Luft und achtet darauf, daß sie im Sommer nicht austrocknet. Vermehrung durch Teilung oder Aussaat im Frühjahr. Australien.

Süßkartoffel → Ipomoea batatas

Sutherlandia LEGUMINOSAE

frutescens (syn. **S. tomentosa**) ✻ ♣
Ein 1,50 bis 4,50 m hoher Strauch, der fürs temperierte Gewächshaus geeignet ist. Er hat 6 bis 9 cm große Blätter, die aus 13 bis 21 langen, eiförmigen Blattfiedern bestehen. Die üppigen, scharlachroten Blüten gleichen denen der Erbsen und entwickeln sich in hängenden Trauben von 6 bis 10 Blüten, die in den Blattachseln stehen. Die Blütezeit liegt im Juni. Später entwickeln sich 5 cm große, angeschwollene Hülsen. Man setzt die Pflanzen in lehmhaltige Erde ins Gewächshausbeet oder in große Töpfe und Kübel. Im Sommer sorgt man für Luftzufuhr. Vermehrung im Frühjahr durch Samen (Keimzeit 2 Wochen), oder im Sommer durch Kopfstecklinge. Südafrika.

Swainsona LEGUMINOSAE

galegifolia ✻ ♦
Eine sehr dekorative Pflanze mit aufgerichteten, biegsamen Zweigen von über 30 cm Länge. Die Blätter gliedern sich in 11 bis 21 längliche, stumpfe und gekerbte Fiederblättchen. Im Juli erblühen die schmetterlingsförmigen Blüten. Sie sind gewöhnlich orangerot, sie können aber auch in Schattierungen von malvenfarben über rot, braun und orange bis zu gelb sein. Es gibt auch eine weiße Varietät. Man setzt die Pflanze in Töpfe mit torfhaltiger Erde und stellt sie ins temperierte, gut belüftete Gewächshaus. Vermehrung im Frühjahr durch Samen. Queensland (Australien).

Syngonium ARACEAE

Eine Gattung von Kletterpflanzen, die mit dem *Philodendron* verwandt ist. Die aparten Blätter sind besonders in der Jugend dekorativ, in der sie glänzen. Sie sind dankbare Pflanzen fürs Zimmer und Warmhaus. Man pflanzt sie in Töpfe mit lehmhaltiger Erde, gießt reichlich und sorgt für Luftfeuchtigkeit. Direktes Sonnenlicht sollte man besonders im Sommer vermeiden. Vermehrung durch Stecklinge oder durch Zerschneiden der Stämme in Stücke mit einem Auge.

podophyllum
In ihrer Jugend ist diese Art eine ausgezeichnete Topfpflanze mit dunklen, glänzenden, grünen, pfeilförmigen Blättern an aufrechten, steifen Stengeln. Es gibt viele bunte Sorten. Im Alter entwickelt sie gebuchtete Blätter. Sie wird zu einer großen, mit schweren Blättern versehenen, stark belaubten Kletterpflanze. Mexiko bis Costa Rica.
'Albo-Virens', die jungen Blätter sind etwas elfenbeinweiß und haben nur einen grünen Rand;
'Emerald Gem', die dunkelgrünen Blätter sind glänzender und noch mehr pfeilförmig als die Art; sie haben kürzere Sprosse und sind dichter.

vellozianum (syn. S. auritum)
Die mittelgrünen, glänzenden, 4 bis 5fach geteilten Blätter sind von unregelmäßiger Größe, die alle von der Spitze des Triebes ausgehen, auf welchem sie wachsen. Der Blattstiel ist 30 bis 40 cm lang, bis über die Hälfte scheidig. Jamaika, Haiti, Mexiko.

Syzygium MYRTACEAE

cumini (syn. Eugenia jambolana)
Ein hoher Strauch mit 15 cm großen, eiförmigen Blättern und großen, pyramidenförmigen Rispen von aromatischen Blüten, die aus kleineren Blütenköpfchen bestehen, von denen jedes mehrere kleine, rote Blüten aufweist. Sie erscheinen im August. Im Herbst entwickelt die Pflanze rundliche, 4 cm große, dunkel purpurfarbene, eßbare Früchte, die gut im Geschmack sind. Tropisches Asien.

T

Tacca TACCACEAE

Eine Gattung von seltsamen, tropischen, immergrünen und mehrjährigen Pflanzen mit endständigen Blütenbüscheln. Die Blüten haben auffallende, blattartige Hochblätter, oft fadenförmig verlängert. Man setzt sie in eine handelsübliche Erdmischung und sorgt für dauernde Wärme und Feuchtigkeit. Direkte Sonne bekommt den Pflanzen nicht. Während der Wachstumsperiode und der Blütezeit gießt man reichlich, während der Ruhepause dagegen kann man sie fast austrocknen lassen.

aspera
Ein 45 bis 60 cm hoher Strauch mit langgestielten, breit lanzettlichen Blättern und dichten Büscheln mit mattpurpurfarbenen, becherförmigen Blüten. Unter ihnen wachsen 4 purpurne, blattartige Hochblätter und die langen fadenartigen Staubfäden, die die Pflanze so ungewöhnlich erscheinen lassen. Blütezeit Sommer. Südostasien.

chantrieri
Die olivgrünen, eiförmigen Blätter wachsen an langen Stielen von der Basis der Pflanze, ebenso wie die eigenartigen, braunpurpurnen Blüten mit ihren großen, flügelartigen, tiefpurpurnen Brakteen und den langen dünnen Staubfäden, die wie Schnurrbarthaare aussehen und 60 cm lang werden. Blütezeit Frühjahr. Malaysia.

leontopetaloides
Die Blätter dieser Art gliedern sich in 3 Fiedern, von denen jede tief eingeschnitten und gebuchtet ist. Die Büschel von purpurnen, trichterförmigen Blüten zeigen 4 große Deckblätter und lange Staubfäden. Sie erblühen im Juni. Tropen.

Talinum PORTULACACEAE

Eine Gattung von hübschen, sukkulenten Pflanzen mit flachen, ziemlich fleischigen Blättern und Büscheln aus 5blättrigen Blüten. Man setzt sie ins temperierte, luftige Gewächshaus; am besten gedeihen sie in einer Erde, die zu 2 Teilen aus lehmhaltiger Erde und zu 1 Teil aus grobem Sand besteht. Im Winter gieße man nur spärlich. Vermehrung im Frühjahr durch Samen und im Sommer durch Stecklinge.

caffrum
Eine niedrige Art mit langen, schmalen, fleischigen Blättern; sie werden 2,5 bis 4 cm lang und 0,5 bis 1,5 cm breit. Die zitronengelben Blüten stehen in kleinen Büscheln von 1 bis 3 Blüten an kurzen Stengeln in den Blattachseln der oberen Blätter. Südliches und tropisches Afrika.

guadalupense
Eine interessante, sukkulente Art, die dicht über dem Boden dicke, fleischige Anschwellungen zeigt. Der 20 bis 33 cm hohe Sproß wird 2,5 cm dick und ist verzweigt. An ihm wachsen Büschel von fleischigen Hüllblättern von blaugrüner Farbe mit rotem Saum. Ungestielte, rosarote Blütensterne mit auffallenden, rötlichen Staubblättern erscheinen im Sommer. Mexiko.

portulacifolium
Ein aufrechter, 45 cm hoher Strauch mit eiförmigen bis dreieckigen Blättern, die oben zwar rund sind, aber eine kurze Spitze

aufweisen. Die rötlich-purpurnen Blüten stehen in Büscheln an den Zweigenden und erscheinen im Juli und August. Indien.

Tazatten → **Narcissus**

Tecoma BIGNONIACEAE

stans (syn. **Stenolobium stans**) *
Ein 3,50 m hoher, tropischer, immergrüner, blühender Strauch mit schlanken, von der Basis ausgehenden und geschwungenen Sprossen. Er hat hellgrüne, 15 cm lange Blätter, die sich in 5 bis 11 schmale und gezähnte Fiederblättchen mit schlanker Spitze gliedern. An den Triebspitzen entwickeln sich 15 bis 23 cm große, hängende Büschel von hellgelben, trichterförmigen Blüten mit 4 cm Durchmesser. Sie blühen von Juni bis August. Man setzt sie in große Töpfe oder Kübel mit lehmhaltiger Erde, oder im temperierten Gewächshaus ins Beet. Während der Wachstumsperiode gießt man reichlich und belüftet gut. Vermehrung durch Stecklinge. Westindische Inseln.

Tecomaria BIGNONIACEAE

capensis *
Ein 1,80 bis 2,50 m hoher, immergrüner, etwas rankender Strauch, den man am besten an einer Wand im temperierten Gewächshaus emporzieht. Seine langen, glänzend grünen Blätter gliedern sich in 4 Paare von gezähnten Blattfiedern, die jede bis zu 5 cm lang wird. Die 5 cm großen, zinnoberroten Blüten haben lange Staubblätter, die weit über die Platte der gebogenen, trichterförmigen Blüten hinausragen. Sie erblühen von Mai bis September in dichten Büscheln. Südafrika. **476**

Telegraphenpflanze → **Desmodium gyrans**

Telopea PROTAECEAE

Eine Gattung von auffallenden, immergrünen Bäumen und Sträuchern, von denen die drei unten beschriebenen besonders gut fürs temperierte oder warme Gewächshaus geeignet sind. Man gibt die Pflanzen in ein Beet oder in Kübel mit handelsüblicher Erdmischung. An warmen Tagen sorgt man für Belüftung. Vermehrung im Frühjahr durch Samen.

oreades *
Ein kleiner Baum oder Strauch mit ganzrandigen, schmalen bis länglichen, dunkelgrünen und 15 bis 20 cm langen Blättern. Er hat dichte, rundliche, endständige Blütenköpfe mit auffallenden, dunkel-karminroten Blüten von 8 bis 10 cm Durchmesser. Jede Blüte hat eine 3 cm lange, gebogene Röhre, die an einer Seite aufgeschlitzt ist; aus ihr ragt ein langer, an der Spitze eingerollter Griffel hervor. Sie ist von allen 3 genannten Arten am leichtesten kultivierbar. Australien.

speciosissima *
Ein herrlicher Strauch mit 8 bis 10 cm großen, runden Blütenköpfen mit dunkel-korallenroten Blüten und dunkelroten, 4 bis 8 cm langen Deckblättern. Die 13 bis 23 cm großen Blätter sind schmal eiförmig, grob gezähnt, jedoch nicht gefiedert. Im Warmhaus kann die Art zwar leicht 1,50 bis 1,80 m hoch werden, sie blüht aber nur sehr selten. Neusüdwales (Australien) **477**

truncata *
Ein kleiner, immergrüner Strauch, der sich fürs temperierte Gewächshaus eignet. Er hat 5 bis 13 cm große, schlanke, gebuchtete oder gezähnte Blätter. Die 3 cm langen Blüten sind üppig karminrot und röhrig; sie haben einen langen, herausragenden Griffel. Im Juli erscheinen sie in dichten, endständigen Büscheln von 5 bis 8 cm Durchmesser. Tasmanien.

Tephrosia LEGUMINOSAE

grandiflora *
Eine 30 bis 60 cm hohe, aufrechte Staude mit langen Blättern, die sich in 5 bis 7 Paare von schmalen bis länglichen Fiederblättchen gliedern. Die Blüten gleichen denen der Erbsen; sie sind außen rotbraun und innen rot und entwickeln sich in langen Büscheln gegenüber den Blättern an den Seitenzweigen und besonders dicht an der Sproßspitze. Man setzt sie in Töpfe mit lehm- oder torfhaltiger Erde. An warmen Tagen belüftet man sie. Die Vermehrung erfolgt im Frühjahr durch Aussaat oder im Sommer durch Stecklinge. Südafrika.

Testudinaria → **Dioscorea**

Tetranema SCROPHULARIACEAE

mexicanum (syn. **Allophyton mexicanum**) *
Eine aufrecht wachsende Staude mit kurzen Sprossen. Die attraktive Topfpflanze eignet sich fürs Warmhaus oder Zimmer. Die kleinen, fingerhutähnlichen Blüten sind purpurnviolett und heller gezeichnet. Sie entwickeln sich in Trauben an den 15 bis 20 cm langen, schlanken, purpurnen Stengeln. Sie erscheinen meist im Sommer, können aber auch fast das ganze Jahr über blühen. Man gibt sie in Töpfe mit lehmhaltiger Erde, hält sie feucht und sorgt für Luftfeuchtigkeit. An warmen, sonnigen Tagen stellt man sie in den Schatten. Vermehrung durch Samen oder durch Teilung im Frühjahr. Mexiko.

Tetrastigma VITIDACEAE

Eine Gattung von laubwerfenden oder immergrünen Kletterpflanzen, die mit *Cissus* verwandt sind. Die Blätter sind in 3 bis 5 Lappen gegliedert. Man pflanzt sie in Töpfe oder Kübel mit lehm- oder torfhaltiger Erde und hält sie im warmen Zimmer oder Gewächshaus; im Winter muß die Mindesttemperatur 10 bis 13 °C betragen.

voinierianum (syn. **Vitis voinieriana**) Kastanienwein ♦
Eine kräftige Kletterpflanze mit handförmig-5fach geteilten, bis 25 cm lang gestielten Blättern. Sie sind oberseits glänzend grün, unterseits braun-filzig behaart. Die winzigen grünlichen Blüten bilden sich nur selten auf kleinen Exemplaren. Indochina. **478**

Teufelsnadelkissen → **Ferocactus acanthodes**
Teufelszunge → **Ferocactus latispinus**

Thrinax PALMAE

Eine Gattung von langsamwüchsigen Palmen, von denen manche in ihrer Jugend als Containerpflanzen einen schönen Zimmerschmuck bilden. Sie haben sehr dekorative Blätter; ihre Wedel wachsen in fächerförmigen Halbkreisen an langen, gebogenen Stengeln. Wenn sie älter sind, können sie mehr als 4,50 m hoch werden, daher sind sie außer in ihrer Jugend nur für sehr große Gewächshäuser geeignet. Man setzt sie im temperierten Gewächshaus in lehmhaltige Erde und sorgt im Sommer für Luftzufuhr. Während der heißesten Monate braucht die Pflanze Schat-

THU

ten; im Winter hält man sie lediglich feucht. Vermehrung durch Samen im Frühjahr.

argentea
Diese Art wird jetzt als *Coccothrinax argentea* bezeichnet. Sie hat zierlich geschwungene Palmwedel mit langen, schwertförmigen Segmenten, die sich zur Spitze hin verjüngen und unterseits silbergrau sind. Die einzelnen Segmente des fächerförmigen Blatts sind am Grunde miteinander verwachsen. Im ausgewachsenen Zustand kann der Stamm mehr als 3,50 m hoch werden; er ist jedoch langsamwüchsig. Die Art ist ganz besonders dekorativ. Westindische Inseln.

Thunbergia   ACANTHACEAE   Thunbergie

Eine Gattung von ein- und mehrjährigen Kletterpflanzen, zu der auch einige mehrjährige Pflanzen mit aufrechtem Wuchs zu rechnen sind. Dazu gehört die hier beschriebene *T. natalensis*. Sie hat lange, röhrige Blüten, die sich oben in 5 tellerförmige Lappen weiten. Alle Arten wachsen am besten im Gewächshausbeet, die kleineren jedoch lassen sich auch gut in Töpfen mit lehmhaltiger Erde ziehen. Die Kletterer unter ihnen brauchen Stützen. Im Winter hält man sie lediglich feucht, im Sommer gut gießen und beschatten. Die verholzten Arten vermehrt man im April oder Mai durch Stecklinge, die anderen durch Samen im Frühjahr.

alata   Schwarzäugige Susanne, Braunauge
Die einjährige, rankende Pflanze kann in ihrer einzigen Wachstumsperiode 3 m hoch werden. Die Blätter sind eiförmig und mittelgrün. Ihre Blüten stehen einzeln von Juni bis September in den Blattachseln. Die orangegelben Blüten, in der Mitte mit einem schokoladenbraunen Auge versehen, sitzen einzeln an achselständigen langen Blütenstielen. Die Röhre ist tief dunkelrot. Die trichterförmigen Blüten erreichen 5 cm im Durchmesser. Südafrika. **479**

coccinea
Eine groß werdende Kletterpflanze, die über 4,50 m hoch wird und sich verzweigt. Die eiförmigen Blätter sind 13 bis 20 cm lang und im Grunde herzförmig; die 2,5 cm großen Blüten sind von roter Farbe und stehen in langen, hängenden Büscheln von 15 bis 45 cm. Sie blühen im Frühjahr. Indien bis Malaya.

fragrans
Ausdauernde Kletterpflanze mit 5 bis 8 cm großen, eiförmigen und gezähnten Blättern; im Grunde zeigen sie schmale, herzförmige Lappen. Die 3 cm großen Blüten sind weiß und duften manchmal stark. Sie erscheinen an 5 bis 8 cm langen Blütenstengeln sommers in den Blattachseln. Indien.

grandiflora
Eine schöne, immergrüne Kletterpflanze mit 5 bis 8 cm großen, blaßblauen Blüten, die sich von Juni bis September in Büscheln entwickeln. Die Blätter sind bis zu 15 cm lang, eiförmig und am Grunde herzförmig, dunkelgrün und glänzend. Die Pflanze eignet sich ausgezeichnet fürs große Gewächshaus. Indien.

gregorii
Die mehrjährige Kletterpflanze hat dunkelgrüne, dreieckige Blätter und 4 cm große, wächserne und orange Blüten. Diese stehen einzeln an langen Stielen in den Blattachseln. Sie blühen von Juni bis September. Ost- und Südafrika. **480**

mysorensis
4,50 m hoch werdende Kletterpflanze mit 10 bis 15 cm langen, spitzen und elliptischen Blättern. Die trichterförmigen Blüten haben eine 4 cm große, purpurne Röhre und gelbe Lappen von 5 cm Durchmesser. Die Art blüht im Frühjahr. Indien.

natalensis
Ein 60 cm hoher, aufrechter Strauch. Die Blüten stehen einzeln an achselständigen Stielen, sind 3,5 bis 7 cm lang und haben eine trichterförmige Krone mit gebogener Röhre. Sie erscheinen im Juli. Die ungestielten Blätter sind mittelgrün und schmal eiförmig. Südafrika. **481**

Tibouchina   MELASTOMATACEAE

semidecandra (syn. *T. urvilleana*)
Die allgemein unter diesem Namen bekannte strauchige Pflanze heißt *T. urvilleana*. Sie kann 4,50 m hoch werden und hat dunkelgrüne, eiförmige Blätter mit weichem, samtenem Gewebe, das beim Welken manchmal rot wird. Die 8 bis 13 cm großen Blüten sind intensiv und glühend scharlachrot und haben einen seidigen Schimmer. Sie bilden sich fast das ganze Jahr über, sind aber von Juli bis November am schönsten. Besonders gut gedeihen sie im Gewächshausbeet, man kann sie aber auch erfolgreich in Töpfen oder Kübeln ziehen. Ideal ist eine lehmhaltige Erde und ein Warmhaus. Man gibt ihnen eine Stütze und gießt sie während der Wachstumsperiode reichlich. Vermehrung aus halbkrautigen Stecklingen im Frühjahr im Warmbeet. Südbrasilien. **482**

Tigermaul → **Faucaria tigrina**

Tigridia   IRIDACEAE   Tigerblume

Interessante Zwiebelpflanzen mit schmalen, oft faltigen Blättern und seltsam geformten und gesprenkelten Blüten. In ihnen scheinen sich die Eigenschaften von der Tulpe und der Iris zu vereinigen. Man kann sie leicht in Töpfen oder im Beet kultivieren, wobei sich besonders ein gut belüftetes, temperiertes Gewächshaus eignet. Man setzt die Zwiebeln im Frühjahr 5 cm tief in lehmhaltige Erde ein. Bis sich die Triebe zeigen, gießt man sparsam, dann reichlicher. Sobald die Blätter verblassen, hört man mit dem Gießen auf. Man setzt die Pflanze jährlich um. Vermehrung durch Samen im Frühjahr oder durch Brutzwiebeln, die man beim Umsetzen abtrennt.

pavonia   Tigerblume, Pfauenblume
Eine auffallende Pflanze mit gelben Blüten. Sie haben 3 große, nicht gezeichnete Blütenblätter und 3 kleinere, die rotbraun gesprenkelt sind. Es gibt viele Sorten. Mexiko. **483**
'Alba', hat weiße Blütenblätter mit karminroten Flecken;
'Lutea', gelb; **484**
'Rubra', orangerot.

violacea
Sie hat glockige, violette Blüten, die weiß und purpurrosa gezeichnet sind und in Büscheln von 3 bis 4 Einzelblüten erscheinen, die zunächst von langen, blattartigen Brakteen umschlossen sind. Die Blätter wachsen von der Basis der Pflanze aus und werden 20 bis 35 cm lang. Die Blüten öffnen sich im Mai. Mexiko.

Tillandsia   BROMELIACEAE   Tillandsie

Eine Gattung von immergrünen, mehrjährigen Pflanzen; die meisten wachsen in der Natur in den Astgabeln von Bäumen. Sie sind interessante Pflanzen und machen sich gut in Töpfen oder Hängekörbchen. Sie brauchen Wärme und Feuchtigkeit. *T. usneoides* wächst, wenn man sie an Drähte oder Äste befestigt, die anderen

Vertreter der Gattung benötigen jedoch Töpfe, in die man am besten zu gleichen Teilen Torf, Sand und Osmundafasern gibt. Sommers gießt man reichlich und stellt die Pflanzen ins Warmhaus. Vermehrung im Sommer durch Abtrennen von gut entwickelten Ablegern.

cyanea
Die epiphytische Art bildet mit ihren langen, grasartigen Blättern, die gefurcht und rotbraun gezeichnet sind, eine Rosette. Ein 5 cm großer Blütenkopf wächst aus der Mitte der Pflanze. In ihm erkennt man sich überlappende Reihen von grünen, rosa getönten Brakteen; aus ihnen ragen die 5 cm großen, mit 3 Blütenblättern versehenen, violettblauen Blüten hervor. Ecuador.

distachya
Die 30 cm langen, schmalen Blätter sind rosettig angeordnet und blaßgrün. Die grünen Deckblätter stehen an 15 cm langen Stengeln; sie bilden eine sich überlappende Ähre, aus der die 4 cm großen, weißen Blüten mit ihren 3 Blütenblättern hervorragen. Britisch Honduras.

lindeniana (syn. T. lindenii)
Eine auffallende Art mit über 30 cm langen Blättern, die oberseits grün und unterseits purpurn sind. Sie bilden eine Rosette. Die 10 bis 20 cm großen, breitährigen Blütenstände entwickeln sich an einem 15 bis 30 cm langen Stengel. In der Blütenähre zeigen sich dunkelrosige Deckblätter und tiefblaue Blüten, die im Innern weiß gezeichnet sind. Die Blütezeit fällt in den Sommer. Peru, Ecuador. **485**

pulchella (syn. T. tenuifolia)
Eine kleine, buschige Art mit 10 bis 15 cm langen und schmalen Blättern mit feiner Spitze. Sie sind dünn mit weißen Härchen bedeckt. Ihre sich überlappenden Deckblätter sind dunkelrot und bilden eine 10 bis 15 cm lange Ähre, in der man kaum die weißen, blauen oder rosaroten Blüten erkennen kann. Westindische Inseln, Brasilien.

usneoides Louisianamoos
Eine hängende, epiphytische Pflanze mit biegsamen Stengeln und grauen, fadenartigen Blättern von 2,5 bis 8 cm Länge. Sie verleihen der Pflanze das Aussehen eines Mooses. Die kleinen, gelblichgrünen Blüten entwickeln sich nur spärlich während des ganzen Sommers. Tropisches Amerika. **486**

Torenia SCROPHULARIACEAE

fournieri
Eine aparte, einjährige Pflanze, die als hübsche Topfpflanze von Juli bis September eine Fülle von Blüten entwickelt. Sie ist buschig und hat schmale, fein gezähnte, blaßgrüne Blätter und fliederfarbene bis blaue, röhrige Blüten. Ihre großen, zurückgebogenen Blütenblätter haben dunkelpurpurne, samtige Flecken und sind an der Lippe gelb gezeichnet. Man setzt sie in Töpfe mit lehmhaltiger Erde, beschattet sie bei zu heißer Sonne und gibt der Pflanze eine verzweigte Stütze. Vermehrung durch Aussaat im März. Auch Stecklinge wachsen leicht. Indochina **487**
'Alba', eine weißblühende Form;
'Grandiflora' mit sehr großen Blüten.

Tradescantia COMMELINACEAE Dreimasterblume

Eine Gattung von mehrjährigen Pflanzen, von denen die hier aufgezählten Arten besonders beliebte Blattpflanzen sind, die man im Zimmer oder im Gewächshaus hält. Die Blüten sind mit 3 Blütenblättern versehen. Man zieht sie in Töpfen oder Ampeln mit lehmhaltiger Erde. Im Sommer brauchen sie viel Wasser und Schatten vor direkter Sonne. Jedes Jahr setzt man sie am besten im Frühjahr um und ersetzt sie durch im Frühling bewurzelte Stecklinge. Vermehrung durch Stecklinge von Frühjahr bis Herbst.

albiflora
Eine niedrig wachsende Art mit langen Sprossen, die sich ideal für Ampeln eignet. Die kultivierten Pflanzen sind fast alle bunte Zuchtformen; die reine Art besitzt grüne Blätter. Südamerika.
'Albo-Vittata', eine große Pflanze mit blaugrünen, 8 bis 10 cm langen Blättern, die weiß gebändert und mit einem ebensolchen Rand versehen sind;
'Tricolor', die grünen Blätter sind weiß gebändert und mit purpurnen Streifen versehen.

blossfeldiana
Eine widerstandsfähige, behaarte, halb aufrecht wachsende Art, mit wächsernen, dunkelgrünen Blättern, die unten purpurn sind. Die rosa-purpurnen Blüten sind in der Mitte weiß und entwickeln sich von März bis August oder später reichlich. Argentinien.
'Variegata', hat cremeweiß gestreifte Blätter.

fluminensis
Die kräftige, kriechende Pflanze hat grüne oder purpurfarbene, biegsame Stengel mit hellgrünen, eiförmigen Blättern. Diese sind an der Unterseite oft blaßpurpurn. Südamerika.
'Aurea', hat grüngelbe Blätter;
'Quicksilver', hat schmale, silberweiße Linien; **488**
'Variegata', hat breitere, kremig-weiße Streifen.

pexata (syn. T. sillamontana)
Die Art besitzt steifere Stengel und ist dicht mit weißen, flaumigen, weichen Härchen bedeckt. Die Blätter sind unterseits purpurn getönt, 4 bis 8 cm lang und umhüllen den Stengel. Intensiv karminrote Blüten öffnen sich vom Frühsommer bis in den Spätherbst in ununterbrochener Folge. Wird es der Pflanze im Winter zu kalt oder zu trocken, so stirbt sie bis zur Basis ab, entwickelt sich aber im kommenden Frühjahr neu. Eine sehr hübsche Art. Mexiko.

Tränendes Herz → Dicentra spectabilis

Trichocereus CACTACEAE Haarcereus

Eine Gattung, die behaarte Areolen mit Blüten aufweist. Die säulenförmigen Pflanzen haben gewöhnlich viele Rippen, sie blühen bei Nacht und haben weiße und duftende Blüten. Die Blütenröhren sind schuppig und behaart wie bei *Echinopsis*. Als Sonnenanbeter lieben sie hohe Temperaturen. Zur Pflege siehe Einführung (Erdkakteen). Die Mindesttemperatur im Winter beträgt 4 °C. Vermehrung durch Samen oder Stecklinge.

candicans
Die kräftigen Stämme mit ihren 9 bis 11 Rippen werden bis zu 90 cm hoch und 5 bis 18 cm dick. Sie verzweigen sich an der Basis vielfach. Die großen Areolen sind mit gelblichen Stacheln besetzt; es sind 10 bis 14 radiale, fächerförmige und 1 bis 4 zentral angeordnete Dornen. Letztere sind dicker und bis zu 10 cm lang. Die großen, süß duftenden Blüten sind weiß, etwa 25 cm lang und erscheinen im Sommer. Argentinien. **489**

chilensis (syn. T. chiloensis)
Eine große, aber langsamwüchsige Art mit mattgrünen Pflanzenkörpern von 5 bis 10 cm Dicke. Manchmal verzeigen sie sich an

TRI

der Basis. An den 10 bis 17 Rippen stehen weiße, wollige Areolen mit kräftigen, radialen Dornen; die 1 bis 4 stärkeren, mittleren Dornen werden manchmal 13 cm lang. Im Sommer erscheinen große Blüten von 15 cm Länge. Sie sind weiß und haben grüne, am Rande rötliche äußere Blütenblätter. Chile.

coquimbanus ✻ ♦
Die Sprosse werden 90 cm hoch und etwa 8 cm dick. Sie sind hellgrün und weisen 12 bis 13 Rippen auf. Die bräunlichen Areolen sind mit zahlreichen, gebogenen, radialen und etwa 4 zentral angeordneten Dornen bewehrt. Von den letzteren wird einer 8 cm lang. Im Sommer erscheinen Blüten mit spitzen, weißen inneren Blütenblättern, die mit den schwarzbehaarten äußeren kontrastieren. Die Blüten werden 13 cm lang. Chile.

schickendantzii ✻ ♦
Der aufrechte, dunkelgrüne Stamm wird 25 bis 60 cm hoch und 2,5 bis 5 cm dick. Er besitzt etwa 16 Rippen und verzeigt sich an der Basis. Die Dornen – etwa zehn radial und 1 bis 4 dickere zentral angeordnete – sind kurz und gelb, werden später gelbbraun und schließlich grau. Die stark duftenden Blüten sind groß, 23 cm lang und weiß. An der Röhre sind sie mit schwarzen Haaren besetzt. Die raschwüchsige Art läßt sich einfach durch Stecklinge vermehren und ist eine sehr gute Pfropfunterlage. Argentinien.

spachianus ✻ ♦
Die an der Basis verzweigten Pflanzenkörper werden etwa 1,20 m hoch. Sie sind hellgrün und mit 10 bis 15 Rippen versehen. Borstige, gelbe bis braune Dornen stehen an den mit lockiger, weißer, weicher Wolle besetzten Areolen. An älteren Pflanzen bilden sich im Sommer die großen, weißen 20 cm langen Blüten in reicher Zahl. Die Pflanze wird oft als Pfropfunterlage für schwächere Varietäten verwendet. Zu viel Kalk im Boden ist für sie schädlich. Argentinien.

Trichopilia ORCHIDACEAE

Eine aparte Gattung von auf Bäumen wachsenden (epiphytischen) Orchideen mit sehr auffallenden Blüten an blattlosen Stengeln. Jede Scheinbulbe trägt ein ziemlich lederiges, aufrecht stehendes Blatt. Die Pflanzen eignen sich außerordentlich gut für Ampeln oder Hängekörbchen. Man setzt sie am besten in eine Erde, die zu 2 Teilen aus Osmundafaser und zu 1 Teil aus Sphagnum besteht. Sie bevorzugen das Warmhaus, wo man sie vor sehr heißer Sommersonne schützt; sie brauchen jedoch Licht und Luft. Vermehrung im Sommer nach der Blüte durch Teilung größerer Pflanzen.

marginata (syn. **T. coccinea**) ✻
Die Art blüht im Frühsommer mit großen Blüten. Sie haben 6 cm große, gewundene, bräunliche Blütenblätter und Kelchblätter mit einer dunkelroten, glockigen Lippe. Sie ist außen und am Rande weiß. Der mittlere Zipfel ist intensiv rosa und dunkler gestreift. An jedem der 6 bis 13 cm langen, biegsamen Stengel entwickelt sich von April bis Juni eine Blüte. Die Blätter sind 15 bis 23 cm lang, schmal und dunkelgrün. Costa Rica.

suavis ✻
Eine schöne Pflanze mit weißdornähnlich duftenden Blüten. Die Blüten erreichen 10 cm im Durchmesser, sie sind kremig-weiß und haben eine große, gekrauste, purpurrot gesprenkelte Lippe und im Schlunde einen gelben Fleck. Sie blühen im März und April; ihre Blüten halten sehr lange und stehen in Büscheln von 3 bis 4. Die langen breiten Blätter können 30 cm groß werden. Costa Rica.

tortilis ✻
Eine Art mit sehr attraktiven Blüten. Die 6 cm großen, gelbgrünen Blüten- und Kelchblätter sind in der Mitte purpurn und 2 bis 3 mal spiralig gewunden. An der glockenförmigen Lippe bemerkt man einen welligen Rand; sie ist außen weiß, innen gelblich-weiß und mit roten und gelben Zeichnungen versehen. Die 13 bis 18 cm langen Blätter sind dunkelgrün und etwas gewellt. Mexiko.

Trichosporum → **Aeschynanthus**
Trompetennarzisse → **Narcissus**
Trompetenzunge → **Salpiglossis sinuata**

Tropaeolum TROPAEOLACEAE Kapuzinerkresse

Eine Gattung von ein- und mehrjährigen Arten. Bei den unten beschriebenen handelt es sich um mehrjährige Pflanzen mit knolligen Wurzeln, die für ein luftiges, temperiertes Gewächshaus geeignet sind. Man pflanzt sie in Töpfe mit lehmhaltiger Erde und gibt ihnen eine verzweigte Stütze oder Draht. Die Knollen setzt man im Sommer in die Töpfe und gießt spärlich, bis sich die Triebe zeigen. Wenn die Pflanze wächst, braucht sie mehr Wasser, aber man muß vorsichtig sein, denn zu viel Gießen verursacht Fäulnis oder Absterben. An sonnigen Tagen belüftet man die Pflanze. Sobald die Blätter gelb werden, läßt man die Pflanze völlig austrocknen. Man setzt sie jährlich um. Vermehrung durch Samen, wenn die Reife erreicht ist, oder durch Stecklinge oder Knollen, die sich bilden, wenn junge Stengel flach mit Erde bedeckt werden.

azureum ✻
Eine Art mit zerbrechlichen Sprossen, die in der Kultur selten über 60 cm lang wird. Sie hat kleine, etwas graue Blätter, die in 5 schmale, spitze Lappen gegliedert sind. Ihre runden Blüten werden 2,5 cm breit und sind tief violettblau und samten. Sie haben ein weißliches Auge und einen kurzen, bräunlichen Sporn. Die Blüte erfolgt im Herbst. Die Art hält sich auf längere Zeit nur schlecht in der Kultur, da sie sorgfältiges Gießen erfordert und eine trockene, luftige Umgebung braucht. Chile.

tricolor ✻ ♦
Die schlanke Kletterpflanze kann über 90 cm lang werden. Die kleinen, hübschen Blätter sind in 5 oder 6 eiförmige Fiedern geteilt und bilden einen hübschen Kontrast zu den eigenartigen, aber auffallenden, mit einer Art Haube versehenen Blüten. Sie haben große, gebogene, rote oder orange Sporne, Kelchblätter mit kastanienbrauner Spitze und kleine, zitronengelbe Blütenblätter. Blütezeit zwischen März und Mai. Chile, Bolivien. **490**

Tuberose → **Polianthes tuberosa**
Tüpfelfarn → **Polypodium**

Tulipa LILIACEAE Tulpe ✻

Alle Tulpenarten und Sorten sind winterhart und werden meist in den Garten gesetzt. Man kann sie jedoch auch gut in Töpfe setzen; schon früh im Jahr bilden sie so einen bunten Blumenschmuck fürs Zimmer oder Gewächshaus. Man gibt die Zwiebeln im Oktober oder November in eine handelsübliche Torfmischung und vergräbt sie in Sand, Erde oder Torf. Dann stellt man sie in einen kühlen Raum oder in den Keller. Sind die Triebe etwa 3 cm hoch, bringt man sie ins Licht. Sie brauchen nun eine Temperatur von 10 bis 13 °C. Sobald die Knospen zu sehen sind, darf die Erde nicht mehr austrocknen, sonst verkümmern sie oder öffnen sich nicht richtig. Folgende Zuchtformen eignen sich zur Kultur in Töpfen (Auswahl).

Ungefüllte Frühblüher:
'Brilliant Star', scharlachrot; **491**
'Diana', weiß;
Gefüllte Frühblüher:
'Murillo', rosa und weiß;
'Electra', malvenfarben bis rosa;
Darwin (im Mai blühend):
'Bartigon', geranienrot
'Sunkist', leuchtend goldfarben. Argentinien.

Tweedia → **Oxypetalum**

U

Ugni MYRTACEAE

molinae (syn. **Myrtus ugni**)
Die einzeln stehenden, weißen Blüten dieser Art sind rosa getönt; es folgen ihnen saftige, rotschwarze, eßbare Früchte. Sie kontrastieren vorteilhaft mit den glänzenden, dunkelgrünen, ganzrandigen, ledrigen Blättern, die an flaumigen Trieben stehen. Die Pflanze kann über 2,50 m Höhe erreichen. Blütezeit Mai. Chile.

Urceolina AMARYLLIDACEAE

peruviana
Eine schöne Zwiebelpflanze mit 15 bis 20 cm langen, spitzen, lanzettlichen Blättern mit erhabener Äderung. Die leuchtend roten, röhrigen Blüten stehen in Büscheln von 2 bis 6 und werden 4 cm lang. Die Blüten entwickeln sich an 20 bis 35 cm langen Stengeln im September. Wenn man die Zwiebeln im Sommer einsetzt, muß die obere Hälfte über der Erde liegen. Man nimmt eine lehmhaltige Erde und sorgt für gute Belüftung. Vermehrung durch Brutzwiebeln oder durch Samen im Frühjahr. Peru.

Urginea LILIACEAE

maritima Meerzwiebel
Eine beachtenswerte Pflanze mit großen fleischigen Zwiebeln. Im Frühling bilden sich 10 bis 20 graugrüne, lanzettliche Blätter von 30 bis 45 cm Länge. Im Sommer sterben sie ab. Dafür erscheinen im Herbst an 90 cm langen, rötlichen Stielen lange Blütentrauben. Die Blüten sind 0,5 bis 1,5 cm im Durchmesser, weiß mit grüner Zeichnung und stehen in dichten, zylindrischen Ähren bis zu 30 cm Länge. Man setzt sie im Sommer in große Töpfe mit lehmhaltiger Erde, am besten ins temperierte Gewächshaus, wobei die Zwiebel zur Hälfte aus der Erde herausschauen muß. Solange die Blätter vorhanden sind, gießt man reichlich und ebenso, sobald die Blütenähren erscheinen. Während der sommerlichen Ruhepause läßt man sie austrocknen und stellt sie an einen warmen, sonnigen Platz. Vermehrung durch Ableger oder durch Samen, die man im Herbst aussät. Mittelmeergebiet.

Usambaraveilchen → **Saintpaulia**

V

Vallota AMARYLLIDACEAE

speciosa (syn. **V. purpurea**)
Eine reizvolle Zwiebelpflanze mit 45 bis 60 cm langen, linealischen, hellgrünen Blättern. Die immergrüne Pflanze hat Büschel von bis zu 10 hell scharlachroten, röhrigen und 8 bis 10 cm großen Blüten. Sie stehen aufrecht und steif an den 60 bis 90 cm langen, fleischigen und hohlen Schäften. Die Blütezeit ist von Juni bis September. Man pflanzt sie im Frühjahr in Töpfe mit lehmhaltiger Erde und zwar so, daß die Spitzen der Zwiebeln herausragen. Man gießt das ganze Jahr hindurch, da alte Blätter stets erneuert werden. Vermehrung durch Abtrennen von Brutzwiebeln. Die Pflanze gedeiht gut im temperierten Gewächshaus oder im Zimmer. Südafrika. **492**

Vanda ORCHIDACEAE

Eine Gattung tropischer, immergrüner Orchideen mit auffallenden, bunten Blüten. Die meisten Arten benötigen ein Warmhaus. Man setzt sie in Ampeln oder Hängekörbchen mit einer Erde, die zu 2 Teilen aus Osmundafaser und zu 1 Teil aus Sphagnum besteht. Von März bis Oktober gießt man reichlich, sonst spärlich. Im Sommer sorgt man für Luft und Schatten bei heißer Sonne. Vermehrung durch Abtrennen der Seitentriebe im März und April.

coerulea Himmelblaue Vanda
Eine reizvolle Pflanze mit 6 bis 10 cm weiten, hellblauen Blüten, die manchmal dunkler gezeichnet sind und eine tief-purpurrote Lippe aufweisen. Sie erscheinen in Trauben von 8 bis 20 von August bis November und stehen an kräftigen, 60 bis 90 cm hohen Stengeln. Die 13 bis 30 cm großen, ledrigen, linealischen Blätter zeigen tiefe Furchen und stehen entlang der Blütenstengel in 2 sich überlappenden Reihen. Es gibt viele Zuchtformen. Assam (Indien).

parishii (syn. × **Vandopsis parishii**)
Die 5 cm großen Blüten durften stark. Sie haben gelb-grüne, rötlichbraun gesprenkelte Blütenblätter. Die Lippe zeigt einen mittleren, purpurroten Lappen, der am Rande weiß ist. Die Pflanze blüht während des Sommers an aufgerichteten, beblätterten Stengeln. Jedes Blatt wird 15 bis 23 cm lang und ist fleischig und hellgrün. Birma.

tessellata (syn. **V. roxburghii**)
Eine oft aromatische Art mit Büscheln von 6 bis 12 Blüten, die jede 5 cm im Durchmesser mißt. Die Blütenblätter sind hellgrün, mit einer braunen Zeichnung versehen und an der Rückseite weiß. Die violett-purpurne Lippe ist an den Seiten weiß, während der kurze Sporn rosarot ist. Die Blüten stehen an aufrechten Stengeln mit 5 bis 9 sich überlappenden Blättern. Südostasien.

teres
Eine Art mit 2 bis 5 Blüten, deren lange Sprosse über 1,80 m werden können. Die Pflanze braucht eine Stütze. Sie hat kremig weiße Kelchblätter; die seitlichen sind rosa getönt und gewunden. Dunkler rosa erscheinen die Blütenblätter. Die Spitze der Lippe ist leuchtend scharlachrot und der Schlund orange oder gelb mit roter Zeichnung. Die Blüten öffnen sich von Juni bis August. Blätter und Stengel sind dunkelgrün. Birma.

VEL

tricolor ✽

Die kräftig wachsende Art hat Stengel von über 2 m Höhe mit dicken, linealischen Blättern, die an ihrer ganzen Länge wachsen. Von Oktober bis Februar erscheinen Büschel mit duftenden Blüten. Diese haben blasse, kremig-rosarote Blütenblätter, die innen braun gefleckt und auf ihrer Rückseite weiß sind. Die 3fach gelappte Lippe ist intensiv rosa, wobei der mittlere Lappen dunkler als die beiden äußeren ist. Die Art ist leicht kultivierbar. Java.

Veilchenstrauch → **Iochroma**

Veltheimia LILIACEAE

capensis → **V. viridifolia**

viridifolia Kap-Veltheimie, Winterrakete, Walzenlilie ✽ ♦

Die hübsche Zwiebelpflanze hat eine Rosette aus 8 bis 12 breiten, linealischen Blättern mit stark gewellten Rändern. Sie sind intensiv hellgrün und so glänzend, als wären sie lackiert. Aus der Rosette sprießt im Frühjahr ein rot gepunkteter, fleischiger, 30 bis 45 cm langer Stengel, der eine Ähre von bis zu 60 röhrigen und nickenden Blüten trägt. Die Blüten sind 4 cm lang, gelb bis rosa oder rot und haben eine grüne Spitze. Die in der Kultur gebräuchlichste Form hat rosa Blüten. Man setzt sie in Töpfe mit einer torf- oder lehmhaltigen Mischung und stellt sie ins Kalthaus oder Zimmer. Nach dem Eintopfen im Spätsommer gießt man spärlich, während des Wachstums reichlicher. Wenn die Blätter gelb werden, läßt man die Pflanze vertrocknen. Südafrika. **493**

× Venidio-arctotis

Venidium fastuosum wurde mit *Arctotis grandis* und *A. breviscapa* gekreuzt. Was dabei herauskam war eine auffallende Art von Hybriden. Sie haben Ähnlichkeit mit *Venidium fastuosum* in ihrem allgemeinen Aussehen, ihre Blüten zeigen jedoch die Form von *Arctotis* und blühen in verschiedenen Farben. **494**

Venidium COMPOSITAE

Eine Gruppe von aparten ein- bis mehrjährigen Pflanzen mit strahlenförmigen Blüten, die im Innern kontrastreich gefärbt sind. Man setzt sie im temperierten Gewächshaus ins Beet oder in Töpfe. Vermehrung im Frühjahr durch Samen.

decurrens ✽ ♦

Eine wenig verzweigte Pflanze von 45 cm Wuchshöhe. Die Blätter sind etwas leierförmig und besonders in der Jugend mit weißen, spinnwebenartigen Haaren besetzt. Von Juli ab bis zum Oktober folgen die hellgelben, sternförmigen Blüten aufeinander. Sie sind 5 cm im Durchmesser und haben einen dunkelbraunen oder fast schwarzen Diskus in ihrer Mitte. Südafrika. **495**

fastuosum ✽ ♦

Die Art ist etwas kräftiger als *V. decurrens*, hat aber ähnliche Blätter, die am Grunde allerdings einige Buchten zeigen. Beiderseits sind sie grau behaart. Die sternförmigen Blüten sind 13 cm im Durchmesser, üppig goldgelb, am Grunde lebhaft bräunlich und öffnen sich bei schlechtem Wetter nicht. Südafrika. **496**

Venusfliegenfalle → **Dionaea muscipula**
Venusschuh → **Paphiopedilum**
Versteckblüte → **Cryptanthus**
Vinca → **Catharanthus**
Vitis voinfriana → **Tetrastigma voinierianum**

Vriesea BROMELIACEAE Vrisee

Eine Gattung von äußerst dekorativen Pflanzen, die sowohl wegen ihrer seltsam gezeichneten und gefärbten, immergrünen Blätter, als auch wegen ihrer Blütenähren beliebt ist. Letztere zeigen große, bunte Deckblätter, die besonders auffallend sind. Es sind schöne und reizvolle Pflanzen fürs Zimmer und Warmhaus. Man setzt sie in Töpfe mit einer Erde, die zu gleichen Teilen aus Sand, Torf und Sphagnum besteht. Sie brauchen Wärme und Feuchtigkeit. Während der Sommermonate gießt man viel. Die Vermehrung durch Samen ist möglich, aber so gezogene Pflanzen blühen lange nicht. Am besten trennt man bewurzelte Ableger ab.

fenestralis ♦

Die Art wird wegen ihrer Blattrosette aus zurückgebogenen, gelbgrünen Blättern gehalten. Diese sind mit einem dichten Netzwerk von grünen Adern und Querstreifen bedeckt und unterseits fein beschuppt. Duftende, schwefelgelbe und röhrige Blüten stehen in lockeren Ähren an den Spitzen der 45 cm langen Schäfte. Sie blühen im Sommer, die Blüten sind jedoch weniger attraktiv als die dekorativen Blätter. Brasilien. **498**

hieroglyphica ✽ ♦

Die herrliche Art hat eine große Rosette von gelb-grünen Blättern, die 45 cm lang und 10 cm breit werden. Sie weisen ein dunkelgrünes bis purpurbraunes Muster auf, das unregelmäßige, hieroglyphenähnliche Bänder zeigt, die gegen das Innere der Rosette zu dunkler werden. Die Blüten sind gelb und röhrig, 6 cm lang und stehen in langen Ähren an einem 75 cm langen Schaft. Sie blühen im Frühling, aber nicht regelmäßig. Brasilien.

psittacina Papageien-Bromelie ✽ ♦

Die Pflanze ist kleiner als die vorhergehenden. Ihre dünnen, gelbgrünen Blätter werden nur 20 cm lang. Sie sind rosettig angeordnet. Aus der Rosette wächst der 25 bis 30 cm hohe Blütensproß. Er trägt einen lang gestreckten Blütenkopf aus sich überlappenden, fleischroten Deckblättern mit gelben Rändern. Aus ihnen ragen gerade noch die kleinen, gelben Blüten mit ihren grünen Spitzen hervor. Brasilien, Paraguay.

regina ✽ ♦

Die Pflanze eignet sich wunderbar fürs Gewächshaus. Die breiten, grünen Blätter sind 18 cm breit und 1,20 m lang, an den Spitzen zurückgebogen und stehen in einer dichten Rosette. Der Blütenschaft kann über 2 m hoch werden und trägt einen verzweigten Blütenstand. Die nach Jasmin duftenden Blüten sind weiß bis hellgelb, die Brakteen rosarot. Brasilien.

splendens (syn. *V. speciosa*) Flammendes Schwert ✽ ♦

Die dankbare Blattpflanze hat große Blätter von 35 cm Länge und 6 cm Breite. Sie sind dunkelgrün und längs gestreift und bilden eine elegante, trichterförmige Rosette. Aus ihr sprießt der 45 cm lange Blütenschaft mit einem breitährigen Blütenstand aus roten Deckblättern, die sich eng in 2 Reihen überlappen, und kleinen, gelben Blüten. Sie sind fast in den Brakteen verborgen. Die Ähre kann maximal sogar 35 cm groß werden. Trinidad, nordöstliches Südamerika. **499**

× Vuylstekeara ORCHIDADEAE ✽

Eine umfangreiche Gruppe von Hybriden aus *Cochlioda* × *Miltonia* × *Odontoglossum*. In ihrer Art und Blütenform gleichen sie eher dem *Odontoglossum*-Elter. **500**

W

Wachsbaum → Carissa
Wachsblume → Hoya
Waldcereus → Hylocereus
Walzenlilie → Veltheimia viridifolia
Wandelröschen → Lantana
Warzenkaktus → Mammillaria
Wasserdost → Eupatorium
Wasserhyazinthe → Eichhornea speciosa
Wassermohn → Hydroscleys

Watsonia IRIDACEAE

Die Gattung von reizvollen Zwiebelpflanzen sieht aus wie eine Mischung von Gladiolen und Monbretien. Die Blätter sind lang und schwertförmig und die röhrigen bis trompetenförmigen Blüten stehen in sie umhüllenden Brakteen in starren Ähren. Am besten setzt man sie in lehm- oder torfhaltige Erde, der man groben Sand beimengt. Den Kormus setzt man im Herbst ein und belüftet das Gewächshaus an allen sonnigen Tagen. Wenn sich die Blätter voll entwickelt haben, gießt man viel, sonst weniger. Die Vermehrung erfolgt durch Samen oder durch Ableger des Kormus beim Umtopfen.

beatricis

Die 45 bis 75 cm langen Blätter haben einen verdickten, gelblichen Rand. Die auffälligen Blüten sind groß; sie erreichen 8 cm Länge, sind tief orangerot und haben eine lange Röhre, die sich in 6 ausgebreiteten und zurückgebogenen Zipfeln öffnet. Die Blüten erscheinen im allgemeinen in der Zeit von Juli bis September, wobei sich immer mehrere Einzelblüten zur selben Zeit öffnen. Südafrika.

coccinea

Die großen, karminroten Blüten haben eine gebogene Röhre, 5 bis 6 cm lange und 2,5 cm breite Lappen. Sie stehen in lockeren Ähren an einem 30 cm langen, unverzweigten Stengel und blühen im Juni und Juli. Die schmalen Blätter, die von der Basis ausgehen, werden 15 bis 23 cm lang. Südafrika.

fourcadei

Eine 90 cm hoch werdende Art mit 30 bis 60 cm langen, von der Basis ausgehenden Blättern und einem langen, lockeren Büschel von großen, korallenroten Blüten. Jede Blüte hat eine 5 cm lange Röhre und ausgebreitete Blütenblätter von 2,5 cm Durchmesser. Die Blüte erfolgt im Juni. Südafrika.
'Maculata', eine großblütige Varietät, die an der Öffnung der Röhre purpurne Flecken hat.

tabularis

Die hochgewachsene Art erreicht 1,50 bis 1,80 m Höhe. Ihre Blätter sind 60 cm bis 1 m lang. Sie hat eine verzweigte Blütenähre. Ihre Blüten haben eine leuchtend korallenrote Röhre und 3 äußere Blütenblätter, die an ihrer Außenseite gleich gefärbt sind. Die Innenseite der geöffneten Blüten ist gelb bis blaß-rosarot. Die Art ist sehr apart. Südafrika.

Weihnachtskaktus → Schlumbergera truncata
Weihnachtsnarzisse → Narcissus
Weihnachtsstern → Euphorbia pulcherrima
Wein, Australischer → Cissus antarctica

Westringia LABIATAE

fruticosa (syn. W. rosmariniformis)

Ein kleiner, hübscher Strauch von 60 bis 90 cm Höhe mit 2,5 cm langen, schmalen, ledrigen Blättern, die denen des Rosmarinstrauchs sehr ähneln. Oberseits sind sie grün und glänzend und unterseits silbern. Die blaßblauen Blüten stehen in beblätterten Ähren an den Triebspitzen; ihre kurze Röhre öffnet sich in 2 Lippen, von denen die obere groß und 2fach gelappt, die untere 3fach gelappt und etwas ausgebreitet ist. Die Pflanze macht sich gut im temperierten Gewächshaus. Man setzt sie in Töpfe mit einer handelsüblichen Erdmischung, der man groben Sand beimengt. An allen sonnigen Tagen sorgt man für Luftzufuhr. Vermehrung durch Stecklinge. Will man einen buschigen Wuchs erhalten, so knipst man die Triebspitze bei jungen Pflanzen ab. Australien.

Widerstoß → Limonium

× Wilsonara ORCHIDACEAE

Eine Gruppe von Hybriden, die Kreuzungen zwischen 3 Gattungen von Orchideen sind; *Cochloida* × *Odontoglossum* × *Oncidium*. In der Form gleichen sie meist *Odontoglossum*-Arten. Sie blühen von November bis Mai. Man setzt sie in durchlöcherte Töpfe oder Körbe in eine Mischung aus zu 2 Teilen Osmundafaser und zu 1 Teil Sphagnum. Das Gewächshaus hält man gut belüftet und die Pflanzen feucht. Im Sommer verschafft man ihnen bei heißer Sonne Schatten. Vermehrung im Frühjahr oder anfangs Herbst durch Teilung beim Versetzen. Es gibt viele Sorten, vor allem die Lyoth-Gruppen. **501**
Lyoth 'Gold', dunkelrote bis orange Blüten;
Lyoth 'Ruby', hat vielblütige Ähren mit scharlachroten Blüten;
'Tangerine', orangegelbe Blüten.

Winterrakete → Veltheimia viridifolia
Wolfsmilch → Euphorbia
Wunderbaum → Ricinus
Wunderstrauch → Codiaeum
Wundklee → Anthyllus

Z

Zahnzunge → Odontoglossum

Zantedeschia ARACEAE Kalla

Eine Gattung von attraktiven, im Frühjahr und Sommer blühenden Pflanzen, die sich fürs temperierte Gewächshaus eignen. Sie haben dunkelgrüne, fleischige und pfeilförmige Blätter und aparte, aronstabähnliche Blüten. Man setzt sie in große Töpfe in eine normale Erdmischung und hält die Erde nur feucht bis die ersten Triebe erscheinen. Dann begießt man sie reichlich, bis die Blüten verwelken. Bei heißer Sonne brauchen sie Schatten. Vermehrung durch Abtrennen von Ablegern oder durch Teilung der knollenartigen Rhizome, wenn man sie im Januar oder Februar umtopft. Lediglich Z. aethiopica bildet eine Ausnahme und sollte im Spätherbst umgesetzt werden.

aethiopica Zimmerkalla ✽ ♠
Ein Büschel von mittel- bis dunkelgrünen Blättern wird 60 bis 90 cm hoch. Aus ihm sprießen bis zu 1,50 m hohe Blütenstiele hervor. An jedem entwickelt sich ein einzelnes, wächsernes, weißes Spathum (Hüllblatt) von 13 bis 23 cm Länge, das einen auffallenden, gelben Kolben (Spadix) umgibt. Blütezeit März bis Juni. Südafrika. **502**

albo-maculata ✽ ♠
Eine schlanke Pflanze mit Büscheln von 30 bis 60 cm langen, pfeilförmigen Blättern, die mit weißlichen, etwas durchscheinenden Flecken gezeichnet sind. Das kremigweiße, trompetenförmige Hüllblatt ist 10 bis 13 cm lang und an der Basis karminrot gefleckt. Südafrika.

elliottiana ✽ ♠
Die 30 cm langen Blätter sind eirund und am Grunde herzförmig. Sie sind dunkelgrün mit durchscheinenden, weißlichen Flecken. Das glockige Hüllblatt ist üppig gelb, an seiner Basis grünlich und öffnet sich oben weit. Es erscheint im Juni an einem 45 bis 60 cm langen Stiel. **503**

melanoleuca ✽ ♠
Die pfeilförmigen Blätter werden 15 bis 30 cm lang; sie sind mit durchscheinenden Flecken verziert. Das kleine, weit ausgebreitete Hüllblatt ist blaßgelb mit einem schwarzen Flecken an seiner Basis und steht im Sommer an einem schlanken Stiel. Natal (Südafrika).

pentlandii ✽ ♠
Eine 60 cm hoch werdende Art mit mittelgrünen, pfeilförmigen Blättern und schlanken Stielen mit einer Blüte. Diese hat ein breites, dunkel-goldgelbes Hüllblatt von 15 cm Länge und purpurne Flecken an der Basish Die Blüten erscheinen im Juni. Südafrika.

rehmannii ✽ ♠
Diese Art hat schlanke, sich verjüngende Blätter mit durchscheinenden Streifen, die gegen die hellgrüne Blattoberseite weiß wirken. Die Hüllblätter sind oben breit trichterförmig und ihre Farbe schwankt von cremefarben, rosarot bis zum purpurroten Inneren. Sie erscheinen von April bis Juni. Südafrika. **432, 504**

Zebrakraut → Zebrina

Zebrina COMMELINACEAE Zebrakraut

Die Gattung umfaßt Arten mit apartem Blattwerk, die sich hübsch im Zimmer oder Gewächshaus ausnehmen. Sie sind kriechende, mehrjährige Pflanzen, die sowohl in Hängekörbchen, als auch in Töpfen oder als Bodendecker wachsen. Am besten gedeihen sie in lehm- oder torfhaltiger Erde. Sie brauchen viel Luft und im Sommer etwas Schatten. Man vermehrt sie durch Stecklinge von Mai bis September.

pendula Vierfarbiges Ampelkraut ✽ ♠
Eine fleischige, kriechende Pflanze mit 6 cm großen, eiförmigen Blättern, die unterseits purpurfarben und oberseits grün bis purpurfarben mit 2 silbernen Streifen ist. Die purpurn- rosigen Blüten haben 3 Blütenblätter, sind 1,5 cm im Durchmesser und stehen in blattartigen Brakteen; die Blütezeit ist von Juni bis September. Mexiko. **505**
'Quadricolor', eine sehr bunte Form mit purpurrosa und weißen Blättern, die unterseits purpurn getönt sind.

purpusii ✽ ♠
Eine kräftigwachsende Pflanze mit 5 bis 6 cm großen, eiförmigen Blättern, die oberseits prupurn getönt und unterseits glänzend und leuchtend purpurfarben gefärbt sind. Die mit 3 Blütenblättern ausgerüsteten, lavendelfarbenen Blüten erscheinen im Herbst. Mexiko.

Zephyranthes AMARYLLIDACEAE Zephyrblume

Eine Gattung von aparten Zwiebelpflanzen mit schmalen, linealischen Blättern und einzeln stehenden Blüten an hohen Schäften. Sie sind trichterförmig, öffnen sich nach außen und zeigen 6 ausgebreitete oder zurückgebogene Blütenblätter. Die dekorative Gattung eignet sich fürs temperierte Gewächshaus. Man setzt sie in eine torfhaltige Erde, gießt während der Wachstumsperiode reichlich und läßt sie während der Ruhepause fast austrocknen. Alle 3 bis 4 Jahre setzt man sie um und vermehrt sie durch Brutzwiebeln beim Umsetzen oder im Frühjahr durch Samen.

candida ✽
Eine subtropische, immergrüne Art mit dunkelgrünen, fleischigen Blmttern. An den 10 bis 20 cm hohen Stengeln wachsen weiße Blüten, die manchmal einen rosa Schimmer haben. Sie sind krokusähnlich, werden 5 cm lang und erscheinen im September und Oktober. Argentinien, Uruguay. **506**

citrina ✽
Die 20 bis 35 cm langen, schmalen, linealischen Blätter erscheinen zur selben Zeit wie die goldgelben Blüten. Diese stehen an 13 bis 25 cm langen Stengeln; sie besitzen eine grüne Röhre und Blütenblätter mit ausgebreiteten Spitzen. Sie blühen von Juni bis September. Britisch Guayana.

grandiflora ✽
Eine sehr attraktive Pflanze mit 30 cm langen, schmalen, fast grasartigen, von der Basis ausgehenden Blättern und einzeln stehenden, rosigen Blüten. Sie sind trichterförmig und haben eine lange Röhre, die sich oben zu einem Durchmesser von 8 bis 10 cm weitet und ausgebreitete Blütenblätter besitzt. Die Blüten erscheinen im Juni und Juli an den 13 bis 20 cm langen Stengeln. Mittelamerika, Westindische Inseln.

rosea
Die 20 cm langen, schmalen, linealischen Blätter sind fast bis zum Boden nach unten gebogen. Dadurch sieht man den 9 bis 18 cm langen Blütenstengel gut. An ihm entwickelt sich eine rosa Ein-

zelblüte von 2,5 bis 4 cm Länge und einem Durchmesser von 1,5 cm an der Öffnung. Die Blüten erscheinen von Juli bis Dezember. Guatemala, Westindische Inseln.

Zierefeu → **Hedera**
Zierpaprika → **Capsicum**
Zierspargel → **Asparagus**
Zimmerahorn → **Abutilon**
Zimmeraralie → **Fatsia japonica**
Zimmerazalaee → **Rhododendron simsii**
Zimmerefeu → **Hedera**
Zimmerhafer → **Bilbergia**
Zimmerhopfen → **Beloperone guttata**
Zimmerkalla → **Zantedeschia aethiopica**
Zimmerlinde → **Sparmannia**
Zimmertanne → **Araucaria**
Zitrone → **Citrus limon**
Zitronenpelargonie → **Pelargonium odoratissimum**
Zwergkaktus → **Chamaecereus**
Zwergpalme → **Chamaerops**
Zwergpfeffer → **Peperomia**
Zwergrebutie → **Rebutia pygmaea**
Zwergwachsblume → **Hoya bella**

Zygocactus CACTACEAE Gliederkaktus

In Großbritannien und den USA wird die Gattung jetzt als zu *Schlumbergera* gehörig betrachtet; in anderen Ländern ist dies jedoch nicht der Fall. Dort kann man die Pflanze unter ihrem alten Namen erhalten. Zur allgemeinen Verwirrung trägt ferner bei, daß man sie teilweise auch noch unter ihrem noch älteren Namen *Epiphyllum* finden kann. Möglicherweise wird die Stellung der Gattung demnächst endgültig geklärt.

truncatus → **Schlumbergera truncata**

Zygopetalum ORCHIDACEAE

mackaii ✱

Eine ganz reizvolle Orchiedee mit mittelgrünen, 20 bis 25 cm langen Blättern, die sich biegen, wenn sie länger werden. Der 30 bis 60 cm lange Blütenstengel trägt 5 bis 7 Blüten. Sie duften und haben schmale, gewellte, grüne und braungefleckte Kelch- und Blütenblätter, sind 5 cm im Durchmesser und weisen eine ganz runde, leicht wellige Lippe auf. Sie ist weiß und hat rosa Punkte und Streifen. Blütezeit November bis Februar. Man hält sie im temperierten Gewächshaus, wo man sie in Körbchen oder Ampeln in eine Erde setzt, die zu 2 Teilen aus Torf, 2 Teilen aus Lehm und 1 Teil aus Sphagnum besteht. Im Sommer verschafft man der Pflanze Schatten und dauernde Feuchtigkeit. An allen Sonnentagen sorgt man für Luftzufuhr und gießt das ganze Jahr hindurch reichlich. Die Vermehrung erfolgt am besten im Frühjahr, wenn man die Pflanzen umsetzt, und zwar durch Teilung. Brasilien.

Zylinderputzer → **Callistemon**
Zypergras → **Cyperus**
Zypresse → **Cupressus**